기출이 답이다

FINANCIAL ACCOUNTING TECHNICIAN

FAT 1급
기출문제해설 + 핵심요약집

10회

시대에듀

2025 시대에듀 기출이답이다
FAT 1급 기출문제해설 10회 + 핵심요약집

Always **with you**

사람의 인연은 길에서 우연하게 만나거나 함께 살아가는 것만을 의미하지는 않습니다.
책을 펴내는 출판사와 그 책을 읽는 독자의 만남도 소중한 인연입니다.
시대에듀는 항상 독자의 마음을 헤아리기 위해 노력하고 있습니다. 늘 독자와 함께하겠습니다.

머리말 PREFACE

AT자격시험은 한국공인회계사회에서 주관하는 국가공인 회계·세무 실무 자격을 평가하는 시험으로, 실제 기업에서 사용하는 실무프로그램인 더존 Smart A를 통해 회계 및 세무 처리 능력을 인증하는 자격시험입니다.

실제로 거의 모든 세무나 회계 관련 업무가 실무프로그램을 통해 이루어지고 있으므로, 실무중심의 AT자격 취득을 통해 취업에 한 걸음 더 다가가시길 바라는 마음으로 집필하였습니다.

본서는 최신 기출문제 10회분으로 구성되어 있습니다. 자세한 해설과 핵심 요약집을 수록하여 시험에 충분히 대비할 수 있게 하였고, 더존 Smart A 프로그램 화면을 통한 직관적인 풀이를 통해 실무 학습에 도움이 되도록 하였습니다.

실무이론이나 실무수행 부분의 학습도 중요하지만 무엇보다도 기출문제가 가장 중요합니다. 기출문제를 반복하여 꼼꼼히 풀면 출제유형이나 풀이방식 등을 익힐 수 있으며, 출제되었던 유형의 문제가 다시 출제되는 경우가 많기 때문에 자격취득에 보다 가까워질 수 있습니다. 반복된 학습을 통해 기출문제를 완전한 내 것으로 만들어 합격의 기쁨을 누리시길 바랍니다.

세무회계연구소

AT 자격시험 안내 INFORMATION

검정기준

구 분	내 용
FAT 2급	회계기본 순환과정을 이해하고 증빙관리 및 상거래 활동에서 발생하는 회계정보의 활용 능력을 평가
FAT 1급	재무회계의 기본과정을 이해하고 전자세금계산서 관리 및 부가가치세 신고를 수행할 수 있으며, 상기업에서 발생하는 회계정보관리 능력을 평가
TAT 2급	재무회계와 부가가치세 수정신고 등 수행능력과 소득세 원천징수의 전자신고를 통한 세무정보 분석능력을 평가
TAT 1급	재무회계와 부가가치세, 소득세, 법인세, 회계정보관리의 수행 능력을 종합적으로 평가

시험정보

시험구분	국가공인 민간자격
합격기준	100점 만점 중 70점 이상
응시자격	제한 없음
시험시간	FAT 60분, TAT 90분
시험 응시료	등급별 39,000원
시험 준비물	신분증, PC(혹은 노트북), 휴대폰, A4백지 1장, 필기구 1개, 사칙연산용 계산기 ※ 비대면 시험 전환으로 준비물 확인 중요

※ 한국공인회계사회 AT자격시험 홈페이지(at.kicpa.or.kr)에서 정확한 정보를 확인하실 수 있습니다.

등급별 평가범위

구 성		평가범위
FAT 2급	이론(30%)	회계의 기초
	실무(70%)	기초정보관리의 이해, 거래자료입력, 전표수정, 결산, 자료조회
FAT 1급	이론(30%)	재무회계의 기초, 부가가치세
	실무(70%)	기초정보관리의 이해, 거래자료입력, 부가가치세, 결산, 자료조회
TAT 2급	이론(30%)	재무회계, 부가가치세, 소득세(원천징수)
	실무(70%)	거래자료입력, 결산, 전표수정, 부가가치세, 근로소득 관리
TAT 1급	이론(30%)	재무회계, 부가가치세, 소득세(원천징수), 법인세 기초
	실무(70%)	거래자료입력, 결산, 부가가치세, 원천징수 관리, 법인세무조정

최신 기출문제 10회분

최신 출제경향이 반영된 기출문제 10회 분과 핵심요약을 함께 제공하는 도서입니다. 동일한 유형의 문제가 반복되어 출제되는 시험이오니 핵심요약집과 함께 반복하여 학습하면서 자주 틀리는 유형을 체크하여 시험을 대비하시기 바랍니다.

제 74 회 기출문제

응시시간 : 60분

실무이론평가

아래 문제에서 특별한 언급이 없으면 기업의 보고기간(회계기간)은 매년 1월 1일부터 12월 31일까지입니다. 또한 기업은 일반기업회계기준 및 관련 세법을 계속적으로 적용하고 있다고 가정하고 물음에 가장 합당한 답을 고르시기 바랍니다.

01 다음 중 도매업을 영위하는 (주)한공의 손익계산서와 관련된 설명으로 옳지 않은 것은?

① 영업외수익은 배당금수익, 임대료, 접대비 등을 포함한다.
② 판매비와관리비는 상품 등의 판매활동과 기업의 관리활동에서 발생하는 비용으로써 복리후생비, 급여, 통신비 등을 포함한다.
③ 매출액은 총매출액에서 매출할인, 매출환입, 매출에누리를 차감한 금액으로 한다.
④ 상품매출원가는 '기초상품재고액 + 당기상품매입액 - 기말상품재고액'이다.

핵심요약집 제공

기출문제 해설과 연계하여 핵심요약집을 수록하였습니다. 해설과 관련된 이론 뿐만 아니라 시험에 나올 수 있는 주요 핵심이론과 실무 프로그램에서 사용할 수 있는 팁도 함께 수록하였으므로 시험에 완벽히 대비하시기를 바랍니다.

---

(5) 단가 산정방법 기출 70-4

물가가 상승, 재고자산의 수량이 일정하게 유지된다는 가정하에 단가 산정방법 비교

- 기말재고금액, 매출총이익, 당기순이익, 법인세비용
  선입선출법 > 이동평균법 > 총평균법 > 후입선출법
- 매출원가
  선입선출법 < 이동평균법 < 총평균법 < 후입선출법

(6) 유형자산 취득원가 기출 70-2·3, 71-6

- 유형자산의 취득원가 = 매입가액 + 취득 시 부대비용 - 매입할인

〈취득 시 부대비용〉
1. 설치장소 준비지출
2. 운송 및 취급비
3. 설치비
4. 설계 관련 지급수수료
5. 국·공채 매입금액과 일반기업회계기준 현재가치의 차액
6. 자본화대상 차입원가
7. 취득과 직접 관련된 제세공과금
8. 복구원가
9. 정상작동 시험 과정 발생 원가

한눈에 보는 해설

자세한 해설, 관련 핵심이론의 위치와 실제 프로그램 화면을 수록하여 한눈에 확인할 수 있도록 하였습니다. 복잡하게 찾을 필요 없이 모든 내용을 직관적으로 확인할 수 있으므로 문제 푸는 시간을 단축하는데 도움이 되시기를 바랍니다.

---

③ **입력** [전표입력/장부] - [일반전표입력] - 4월 10일

(차) 201.토지　　4,140,000　　(대) 103.보통예금　　4,140,000
　　　　　　　　　　　　　　　(98002.기업은행(보통))

일	번호	구분	코드	계정과목	코드	거래처	적요	차변	대변
10	00001	차변	201	토지				4,140,000	
10	00001	대변	103	보통예금	98002	기업은행(보통)			4,140,000

※ 토지관련 취득세는 토지의 취득원가에 포함되기 때문에 '토지'계정을 사용하여 회계처리한다.

핵심요약 유형자산 취득원가　　419p

④ **입력** [전표입력/장부] - [일반전표입력] - 4월 28일

(차) 133.선급비용　　900,000　　(대) 103.보통예금　　900,000
　　　　　　　　　　　　　　　(98002.기업은행(보통))

일	번호	구분	코드	계정과목	코드	거래처	적요	차변	대변
28	00001	차변	133	선급비용				900,000	
28	00001	대변	103	보통예금	98002	기업은행(보통)			900,000

⑤ **입력** [전표입력/장부] - [일반전표입력] - 5월 18일

(차) 102.당좌예금　　16,250,000　　(대) 110.받을어음　　16,500,000
　　　(98000.국민은행(당좌))　　　　　　(02334.(주)순양유통)
　　　936.매출채권처분손실　　250,000

일	번호	구분	코드	계정과목	코드	거래처	적요	차변	대변

시험 진행순서 PROCESS

◉ 사전테스트

1. 테스트 초대 메일 링크 접속

- 수신할 이메일 정보 미리 입력 : [AT홈페이지] ▸ [마이페이지] ▸ [나의 정보관리] ▸ [회원정보 수정]
  ※ 초대 메일을 통해 사전테스트 및 본테스트를 해야하므로 중요
- 크롬브라우저를 실행하여 메일 링크 접속

2. 더존 프로그램&수험용 데이터 파일 설치 및 사전점검

- 더존 교육용 프로그램 Smart A(최신버전)과 등급별 수험용 데이터 설치파일을 순서대로 설치
  ※ 미리 설치하지 않고 시험시작 후 설치하여 소요되는 시간은 추가시간 미부여

3. 화상기기 화면 공유 및 웹캠 연결

- PC를 이용하는 경우 웹캠 이용, 내장된 카메라가 있는 노트북의 경우 웹캠 불필요
  ※ 노트북의 경우 내장된 카메라가 있어도 오류 생기는 경우가 가끔 있으므로 주의

4. 신분증 제출 및 휴대폰 연결

- 신분증은 주민등록증, 운전면허증, 내국인 여권, 외국인 등록증, 기타 신분증 가능
- 시험시작 전에 휴대폰은 [화면켜짐상태유지], [화면잠금해제], [방해금지모드]를 설정
- 전원이 OFF 되지 않도록 충전선을 연결
- 휴대폰 카메라는 수험자의 양손, 얼굴 측면, 책상 위, 모니터가 보이도록 각도 설정 필수

5. 사전(체험) 테스트 실시

- 수험자는 본테스트 1일 전 오후 6시까지 사전테스트 필수 실시
  ※ 사전테스트 미완료자 본테스트 응시 불가
- 테스트 체험 후 [체험하기 종료] 버튼을 반드시 눌러야 사전테스트 완료한 것으로 인정
  ※ 사전테스트 완료 여부는 초대메일의 [응시페이지 바로가기]를 누르면 확인 가능

◉ 본테스트

1. 테스트 초대 메일 링크 접속

- 크롬브라우저를 실행하여 사전테스트 시 받았던 메일 링크로 접속
  ※ 원활한 신분확인 및 환경점검을 위해 1시간 전에 미리 입실
  ※ 시험시작 20분 전까지 시험준비를 마쳐야 하며, 해당 시각 이후에는 테스트 접속 불가

▼

2. 테스트 준비(화상기기설정, 수험용 데이터파일 설치)

- 사전테스트와 동일하게 수험용 데이터파일을 설치하고 화상기기 화면 공유 및 웹캠 연결

▼

3. [감독관] 수험자 신분확인 및 시험환경점검

- 테스트 설정 완료 후 감독관의 신분확인과 시험환경 확인을 위해 착석하여 대기
- 정숙이 유지되는 1인 1실의 독립공간에서 응시가능(자택, 개인사무실, 스터디카페 1인실 등)
- 책상 위에는 A4백지 1장, 필기구 1개, 사칙연산용 계산기만 허용

▼

4. 시작시각에 [테스트 시작] 누르고 시험진행

- [테스트 시작] 버튼을 누르면 시험이 시작되며, [감독관확인번호]는 전체 공지사항으로 안내
- 시험규정에 맞추어 응시해야 하며, 부정행위가 발견될 경우 시험 일시중단 및 종료처리

❖ 한국공인회계사회 AT자격시험 홈페이지(at.kicpa.or.kr)의 [공지사항]에서 정확한 정보를 확인하실 수 있습니다.

이 책의 차례 CONTENTS

PART 1
프로그램 설치 및 실행

더존 Smart A 설치 및 백데이터 실행

더존 Smart A 설치 및 백데이터 실행

(1) 한국공인회계사회 AT자격시험 웹사이트(https://at.kicpa.or.kr) 접속 → 홈페이지 하단 [교육용 프로그램 다운로드] 클릭 → 교육용 프로그램 다운로드 및 설치

(2) 시대에듀 홈페이지(https://sdedu.co.kr) 접속 → [학습자료실] → [프로그램 자료실] → [2025 FAT 1급 백데이터] 검색 및 다운로드

(3) 다운로드한 [2025 FAT 1급 백데이터] 파일의 압축 해제

이름	수정한 날짜	유형	크기
3165_#_(주)샤방가방_#_회계_법인개인_...	2024-07-25 오후 2:14	공인회계사 파일	1,099KB
3166_#_(주)케이푸드_#_회계_법인개인_...	2024-07-25 오후 2:15	공인회계사 파일	1,148KB
3167_#_(주)슬림하자_#_회계_법인개인_...	2024-07-25 오후 2:16	공인회계사 파일	1,114KB
3168_#_(주)강우문구_#_회계_법인개인_...	2024-07-25 오후 2:17	공인회계사 파일	1,113KB
3169_#_(주)제로음료_#_회계_법인개인_...	2024-07-25 오후 2:18	공인회계사 파일	1,116KB
3170_#_(주)독도우산_#_회계_원천_법인_...	2024-07-25 오후 2:19	공인회계사 파일	1,572KB
3171_#_(주)대전장식_#_회계_법인개인_...	2024-07-25 오후 2:20	공인회계사 파일	1,113KB
3172_#_(주)스마토리_#_회계_법인개인_...	2024-07-25 오후 2:21	공인회계사 파일	1,173KB
3173_#_(주)닥터스킨_#_회계_법인개인_...	2024-07-25 오후 2:22	공인회계사 파일	1,154KB
3174_#_(주)대우전자_#_회계_법인개인_...	2024-07-25 오후 2:24	공인회계사 파일	1,163KB

(4) [Smart A 프로그램] 실행 → [사용급수 : 3.FAT 1급] 지정 → [회사등록] 클릭

※ [Smart A 프로그램]에 회사가 이미 등록되어 있는 경우 설치과정 생략 가능

(5) 최초 로그인을 위한 임의의 [회사등록] 정보 입력 → [회사등록] 창 닫기

※ [Smart A 프로그램]에 회사가 이미 등록되어 있는 경우 설치과정 생략 가능

- 코드 : 1111
- 구분 : 0.법인
- 1.회계연도 : 제1기 2024년 1월 1일 ~ 2024년 12월 31일 입력
- 회사명 : 시대에듀
- 사용 : 0.사용

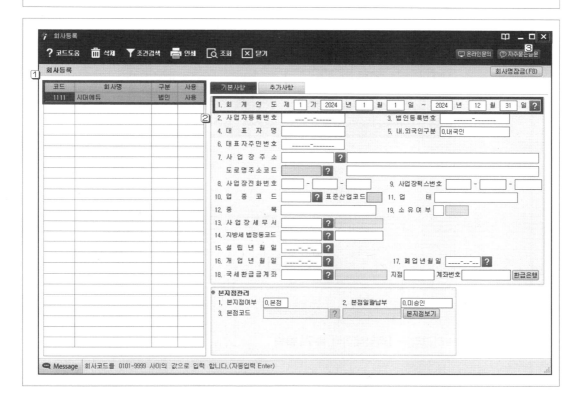

(6) [회사코드]의 돋보기 아이콘 클릭 → [회사선택] 후 확인 → [로그인] 클릭

(7) [재무회계] – [데이터관리] – [백업데이터 복구] 클릭

(8) 데이터경로의 [선택] 클릭 → 다운로드 후 압축 해제한 [2025 FAT 1급 백데이터] 폴더 선택 → [복구할 회사 목록]이 생성 → [복구할 회사] 선택 → [복구하기] 클릭

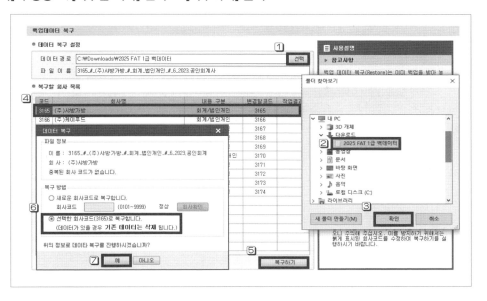

(9) [작업결과] 성공 확인 → 좌측 상단 [1111] 시대에듀 탭 클릭 또는 Shift + F1 입력 → 풀이하고자 하는 회사코드 입력 후 풀이 시작

※ [1111] 시대에듀 탭은 문제를 풀이하는 회사로 변경되므로, 이후 회사를 바꾸고 싶다면 현재 풀이한 회사 이름의 탭을 클릭할 것

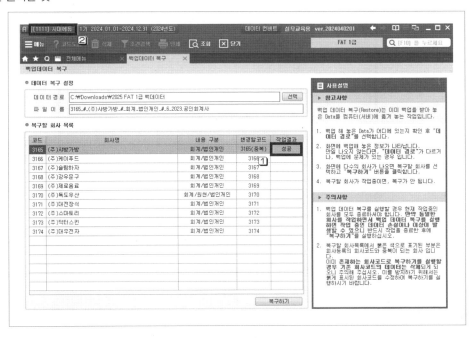

백데이터 복구 시 유의사항

• 백업데이터 복구 중 [복구 암호]를 입력하라는 팝업창이 뜨거나, [작업결과]가 실패로 뜨는 경우가 있다. 이러한 경우에 [작업결과]의 실패를 더블클릭하면 실패 원인을 알 수 있다.

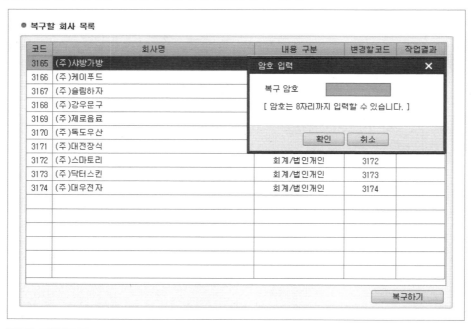

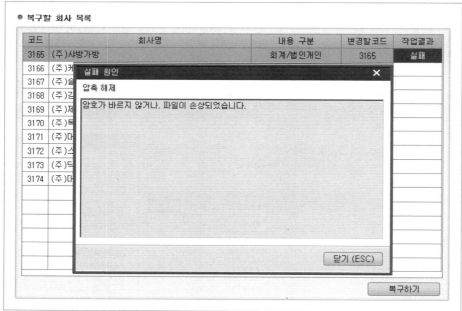

※ 대부분의 경우 백데이터 파일을 다운로드 중 오류가 발생하거나 다운로드 한 파일의 경로를 변경한 상태에서 기존의 경로를 통하여 복구하려고 시도하기 때문에 발생하는 원인이다. 백데이터 파일을 다시 다운로드 하여 복구를 시도하거나 백데이터 파일을 이동한 경로로 데이터 경로를 수정하여 복구하면 정상적으로 백데이터가 복구된다.

PART 2

기출문제

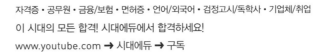

실무이론평가

아래 문제에서 특별한 언급이 없으면 기업의 보고기간(회계기간)은 매년 1월 1일부터 12월 31일까지입니다. 또한 기업은 일반기업회계기준 및 관련 세법을 계속적으로 사용하고 있다고 가정하고 물음에 가장 합당한 답을 고르시기 바랍니다.

01 다음 중 재무제표의 표시에 대한 내용을 잘못 설명하고 있는 사람은?

① 희 영
② 상 철
③ 동 연
④ 윤 우

02 다음 중 매도가능증권에 대한 평가이익이 재무제표에 미치는 영향으로 옳은 것은?

| 가. 자본의 증가 | 나. 영업이익의 증가 |
| 다. 영업외수익의 증가 | 라. 기타포괄손익누계액의 증가 |

① 가, 다
② 나, 다
③ 가, 라
④ 다, 라

03 (주)한공은 연령분석법을 적용하여 매출채권에 대한 대손예상액을 산출하고 있다. 매출채권 연령별 금액이 다음과 같을 때, 결산 후 재무상태표에 표시될 대손충당금은 얼마인가?(결산 전 대손충당금 잔액은 120,000원이다)

매출채권 연령	금 액	추정대손율
3개월 이내	600,000원	5%
3개월 ~ 6개월	300,000원	10%
6개월 초과	200,000원	40%
계	1,100,000원	–

① 20,000원
② 100,000원
③ 120,000원
④ 140,000원

04 다음은 직원이 제출한 출장완료 보고서의 일부이다. 해당 보고서상 사용내역을 회계처리할 때 나타나는 계정과목이 아닌 것은?

출장완료 보고서

1. 출장목적 : 대구지사와 매출거래처 방문
2. 출장기간 : 2023년 7월 6일부터 2023년 7월 8일까지
3. 사용내역

(단위: 원)

구 분	운 임	숙박비	직원 회식대	매출거래처 선물대	계
금 액	100,000	150,000	300,000	50,000	600,000

① 여비교통비
② 기부금
③ 복리후생비
④ 접대비

05 다음 자료를 토대로 기말상품재고액을 계산하면 얼마인가?

• 순매출액	5,000,000원	• 기초상품재고액	500,000원
• 순매입액	4,000,000원	• 매출총이익	800,000원

① 200,000원
② 300,000원
③ 500,000원
④ 700,000원

06 다음은 (주)한공의 기계장치 관련 자료이다. 2022년과 2023년의 감가상각비는 얼마인가?

> • 2022년 1월 1일 기계장치를 10,000,000원에 취득하였다.
> • 내용연수는 5년이고, 감가상각은 정률법(상각률 45%)을 적용한다.

	2022년	2023년
①	2,000,000원	2,000,000원
②	3,000,000원	3,500,000원
③	4,500,000원	4,500,000원
④	4,500,000원	2,475,000원

07 다음 중 당기순이익을 증가시키는 결산정리사항이 아닌 것은?

① 전액 비용으로 처리한 보험료 중 선급분 계상
② 전액 수익으로 인식한 이자수익 중 선수분 계상
③ 기간 경과한 임대료 미수분 계상
④ 전액 비용으로 처리한 소모품비 중 소모품 미사용액 계상

08 다음 중 부가가치세법상 사업자등록에 대한 설명으로 옳지 않은 것은?

① 사업자는 사업장마다 사업개시일로부터 20일 이내에 사업자등록을 신청하는 것이 원칙이다.
② 신규로 사업을 시작하는 경우 사업개시일 이전에는 사업자등록을 신청할 수 없다.
③ 사업자등록은 전국 모든 세무서에서 신청 가능하다.
④ 상호를 변경하는 경우 사업자는 변경사항을 적은 사업자등록 정정신고서를 세무서장에게 제출하여
   야 한다.

09 다음 중 부가가치세법상 재화의 공급에 대하여 바르게 설명하고 있는 사람은?

① 영 환
② 정 민
③ 규 헌
④ 정 원

10 다음은 제조업을 영위하는 일반과세자 (주)한공의 2023년 제2기 예정신고기간의 매입세액 내역이다. 공제 가능한 매입세액은 얼마인가?(단, 세금계산서는 적법하게 수취하였고, 매입세액을 공제받기 위한 절차를 모두 이행하였다)

가. 원재료 구입 관련 매입세액	5,000,000원
나. 공장부지 조성을 위한 지출 관련 매입세액	500,000원
다. 거래처 접대용품 구입 관련 매입세액	300,000원
라. 종업원 명절선물(과세재화) 구입 관련 매입세액	200,000원

① 5,200,000원
② 5,300,000원
③ 5,500,000원
④ 6,000,000원

(주)샤방가방(회사코드 3165)은 가방 등을 도·소매하는 법인으로 회계기간은 제6기(2023.1.1. ~ 2023.12.31.)이다. 제시된 자료와 [자료설명]을 참고하여 [수행과제]를 완료하고 [평가문제]의 물음에 답하시오.

실무수행 유의사항	1. 부가가치세 관련 거래는 [매입매출전표입력] 메뉴에 입력하고, 부가가치세 관련 없는 거래는 [일반전표입력] 메뉴에 입력한다. 2. 타계정 대체액과 관련된 적요는 반드시 코드를 입력하여야 한다. 3. 채권·채무, 예금거래 등 관리대상 거래자료에 대하여는 반드시 거래처코드를 입력한다. 4. 자금관리 등 추가 작업이 필요한 경우 문제의 요구에 따라 추가 작업하여야 한다. 5. 판매비와관리비는 800번대 계정코드를 사용한다. 6. 등록된 계정과목 중 가장 적절한 계정과목을 선택한다.

실무수행 1   기초정보관리의 이해

회계관련 기초정보는 입력되어 있다. [자료설명]을 참고하여 [수행과제]를 수행하시오

① 사업자등록증에 의한 거래처등록 수정

자료설명	매출거래처 (주)하늘가방(코드번호 : 01007)의 담당자 메일주소가 변경되어 사업자등록증을 영업사원으로부터 전달받았다.
수행과제	사업자등록증을 참고하여 변경사항을 수정하시오.

② 계정과목추가 및 적요등록 수정

자료설명	회사는 '294.임대보증금' 계정과목을 '294.장기임대보증금'으로 사용하고자 한다.
수행과제	계정과목을 수정하고, 표준재무제표항목의 표준코드를 등록하시오. (표준코드 : 326.장기임대보증금)

실무수행 2 거래자료 입력

실무프로세스 자료이다. [자료설명]을 참고하여 [수행과제]를 수행하시오.

① 3만원 초과 거래자료 입력

영 수 증

2023/01/09

스마트광고   Tel. (02)222-6110

서울특별시 구로구 디지털로 217 (구로동)

214-12-45123   성명: 심기재

품목	수량	단가	금액
마우스패드	100	800	80,000

합계 : 80,000원

감사합니다.

자료설명	홍보목적으로 불특정 다수에게 나누어 줄 마우스패드를 구입하고, 대금은 현금으로 지급하였다. 회사는 이 거래가 지출증명서류미수취가산세 대상인지를 검토하려고 한다.
수행과제	1. 거래자료를 입력하시오. 2. 영수증수취명세서(2)와 (1)서식을 작성하시오.

② 증빙에 의한 전표입력

신 용 카 드 매 출 전 표

가 맹 점 명   (주)도자기천국 (02)512-4451
사 업 자 번 호   118-81-12975
대 표 자 명   박 새 벽
주   소   서울특별시 서대문구 간호대로 12-6

삼 성 카 드   신용승인
거 래 일 시   2023-02-01   19:08:04
카 드 번 호   8449-2210-★★★★-32★★
가 맹 점 번 호   45451124
매 입 사   삼성카드(전자서명전표)
품   명   머그잔 세트(4P)

공 급 가 액   40,000원
부 가 가 치 세   4,000원
합   계   44,000원

자료설명	매출거래처에 선물할 머그잔 세트를 구입하고 받은 신용카드 매출전표이다.
수행과제	거래자료를 입력하시오.

③ 기타 일반거래

자료 1.

고용 보험료   2023 년 2 월 영수증 (납부자용)

사 업 장 명	(주)샤방가방		
사 용 자	서울특별시 강남구 강남대로 252 (도곡동)		

납 부 자 번 호	5700000123	사 업 장 관리번호	22081032170
납부할보험료 (ⓐ+ⓑ+ⓒ+ⓓ+ⓔ)			270,000 원
납 부 기 한			2023.3.10. 까지

보 험 료	건 강 ⓐ	원	연금 ⓒ	원
	장 기 요 양 ⓑ		고용 ⓓ	270,000원
	소계 (ⓐ+ⓑ)	270,000 원	산재 ⓔ	원

납기후금액	273,500원	납기후기한	2023.3.31.까지

◉ 납부기한까지 납부하지 않으면 연체금이 부과됩니다.
※ 납부장소 : 전 은행, 우체국, 농·수협(지역조합 포함), 새마을금고, 신협, 증권사, 산림조합중앙회, 인터넷지로(www.giro.or.kr)
※ 2D코드 : GS25, 세븐일레븐, 미니스톱, 바이더웨이, 씨유에서 납부 시 이용.(우리·신한은행 현금카드만 수납가능)

2023 년 2 월 20 일

자료 2. 보통예금(신한은행) 거래내역

번 호	거래일	내 용	찾으신금액	맡기신금액	잔 액	거래점
		계좌번호 112-088-654321 (주)샤방가방				
1	2023-03-10	고용보험료	270,000		***	***

자료설명	[3월 10일] 1. 2월 급여 지급분에 대한 고용보험료를 납부기한일에 신한은행 보통예금 계좌에서 이체하여 납부하였다. 2. 고용보험료 중 135,000원은 급여 지급 시 원천징수한 금액이며, 135,000원은 회사부담분이다. 3. 당사는 회사부담분을 '복리후생비'로 처리하고 있다.
수행과제	거래자료를 입력하시오.

④ **약속어음의 수취거래**

자료 1.

전 자 어 음

(주)샤방가방 귀하   00420230410123456789

금   삼천만원정   **30,000,000원**

위의 금액을 귀하 또는 귀하의 지시인에게 지급하겠습니다.

지급기일	2023년 7월 10일	발행일	2023년 4월 10일
지 급 지	국민은행	발행지 주 소	서울특별시 강남구 강남대로 552
지급장소	강남지점	발행인	(주)제일가방

자료 2. 보통예금(국민은행) 거래내역

번 호	거래일	내 용	찾으신금액	맡기신금액	잔 액	거래점
		계좌번호 096-25-0096-751 (주)샤방가방				
1	2023-04-10	외상대금		3,000,000	***	***

자료설명	[4월 10일] (주)제일가방의 외상매출대금 중 3,000,000원은 국민은행 보통예금 통장으로 입금받고, 나머지 금액은 어음으로 수취하였다.
수행과제	1. 거래자료를 입력하시오. 2. 자금관련정보를 입력하여 받을어음현황에 반영하시오.

⑤ 약속어음의 만기결제

자료 1.

전 자 어 음

(주)수연유통 귀하   00420230315123456789

금   일천삼백이십만원정   13,200,000원

위의 금액을 귀하 또는 귀하의 지시인에게 지급하겠습니다.

지급기일 2023년 5월 15일   발행일 2023년 3월 15일
지 급 지 국민은행   발행지 서울특별시 강남구 강남대로
지급장소 강남지점   주 소 252 (도곡동)
                                   발행인 (주)샤방가방

자료 2. 당좌예금(국민은행) 거래내역

번 호	거래일	내 용	찾으신금액	맡기신금액	잔 액	거래점
		계좌번호 096-24-0094-789 (주)샤방가방				
1	2023-05-15	어음만기	13,200,000		***	***

자료설명	상품 구입대금으로 발행한 어음의 만기일이 도래하여 국민은행 당좌예금 계좌에서 출금되었다.
수행과제	1. 거래자료를 입력하시오. 2. 자금관련정보를 입력하여 지급어음현황에 반영하시오.

부가가치세 신고 관련 자료이다. [자료설명]을 참고하여 [수행과제]를 수행하시오.

① 과세매출자료의 전자세금계산서 발행

거래명세서			(공급자 보관용)					

공급자	등록번호	220-81-03217			공급받는자	등록번호	130-81-17456	
	상호	(주)샤방가방	성명	이한진		상호	(주)소라유통	성명	이용빈
	사업장주소	서울특별시 강남구 강남대로 252 (도곡동)				사업장주소	서울특별시 영등포구 63로 36-2	
	업태	도소매업	종사업장번호			업태	도소매업	종사업장번호
	종목	가방외				종목	잡화	

거래일자	미수금액	공급가액	세액	총 합계금액
2023.4.7.		1,296,000	129,600	1,425,600

NO	월	일	품목명	규격	수량	단가	공급가액	세액	합계
1	4	7	남성 백팩		20	64,800	1,296,000	129,600	1,425,600

자료설명	(주)소라유통에 상품을 외상으로 공급하고 발급한 거래명세서이다.
수행과제	1. 매입매출자료를 입력하시오. 2. 전자세금계산서 발행 및 내역관리 를 통하여 발급 및 전송하시오. 　(전자세금계산서 발급 시 결제내역 및 전송일자는 고려하지 말 것)

② 매출거래

<table>
<tr><td colspan="5" rowspan="2">전자계산서</td><td colspan="2" rowspan="2">(공급자 보관용)</td><td colspan="2">승인번호</td></tr>
<tr><td colspan="2"></td></tr>
<tr><td rowspan="6">공급자</td><td>등록번호</td><td colspan="3" align="center">220-81-03217</td><td rowspan="6">공급받는자</td><td>등록번호</td><td colspan="3" align="center">214-81-09142</td></tr>
<tr><td>상호</td><td>(주)샤방가방</td><td>성명
(대표자)</td><td>이한진</td><td>상호</td><td>(주)슬금비서적</td><td>성명
(대표자)</td><td>박민규</td></tr>
<tr><td>사업장
주소</td><td colspan="3">서울특별시 강남구 강남대로 252
(도곡동)</td><td>사업장
주소</td><td colspan="3">서울특별시 서초구 효령로12길 5</td></tr>
<tr><td>업태</td><td>도소매업</td><td colspan="2">종사업장번호</td><td>업태</td><td>도소매업</td><td colspan="2">종사업장번호</td></tr>
<tr><td>종목</td><td colspan="3">가방외</td><td>종목</td><td colspan="3">책</td></tr>
<tr><td>E-Mail</td><td colspan="3">gabang@hanmail.net</td><td>E-Mail</td><td colspan="3">soorin@naver.com</td></tr>
<tr><td colspan="2">작성일자</td><td colspan="2">2023.5.12.</td><td>공급가액</td><td colspan="2">1,200,000</td><td>비 고</td><td></td></tr>
</table>

월	일	품목명	규격	수량	단가	공급가액	비 고
5	12	월간 패션		100	12,000	1,200,000	

합계금액	현금	수표	어음	외상미수금	이 금액을	◉ 영수 ○ 청구 함
1,200,000		1,200,000				

자료설명	면세상품(잡지)을 판매하고 발급한 전자계산서이며, 대금은 전액 자기앞수표로 받았다.(본 문제에 한하여 과세사업과 면세사업을 겸영한다고 가정할 것)
수행과제	매입매출자료를 입력하시오. (전자계산서 거래는 '전자입력'으로 입력할 것)

③ 매출거래

```
        신용카드매출전표
-----------------------------------
카드종류: 기업카드
회원번호: 5585-3737-****-5**2
거래일시: 2023.05.31. 14:05:16
거래유형: 신용승인
과세금액: 320,000원
부가세 :  32,000원
합   계: 352,000원
결제방법: 일시불
승인번호: 26765397
은행확인: 기업은행
-----------------------------------

가맹점명: (주)샤방가방
가맹점번호: 55721112
        - 이 하 생 략 -
```

자료설명	개인소비자(신지희)에게 상품(핸드백)을 판매하고 발급한 신용카드 매출전표이다.
수행과제	매입매출자료를 입력하시오.

④ 매입거래

전자세금계산서			(공급받는자 보관용)		승인번호			

공급자	등록번호	602-86-00004			공급받는자	등록번호	220-81-03217	
	상호	형제스포츠(주)	성명(대표자)	박진형		상호	(주)샤방가방	성명(대표자)	이한진
	사업장주소	부산광역시 연제구 중앙대로 1028 (연산동)				사업장주소	서울특별시 강남구 강남대로 252 (도곡동)	
	업태	도소매업	종사업장번호			업태	도소매업	종사업장번호
	종목	스포츠용품				종목	가방외	
	E-Mail	park@naver.com				E-Mail	gabang@hanmail.net	

작성일자	2023.6.8.	공급가액	2,500,000	세 액	250,000
비고					

월	일	품목명	규격	수량	단가	공급가액	세액	비고
6	8	산악자전거		1	2,500,000	2,500,000	250,000	

합계금액	현금	수표	어음	외상미수금	이 금액을	○ 영수	함
2,750,000				2,750,000		◉ 청구	

자료설명	대표이사(이한진)가 개인 레저용으로 사용할 산악자전거를 외상으로 구입하고 받은 세금계산서이다.(단, '가지급금'으로 처리할 것)
수행과제	매입매출자료를 입력하시오. (전자세금계산서 거래는 '전자입력'으로 입력할 것)

⑤ 매출거래

전자세금계산서			(공급자 보관용)				승인번호		

공급자	등록번호	220-81-03217			공급받는자	등록번호	211-81-75191		
	상호	(주)샤방가방	성명	이한진		상호	(주)남도자동차	성명(대표자)	양승일
	사업장주소	서울특별시 강남구 강남대로 252 (도곡동)				사업장주소	서울특별시 강남구 강남대로 246 (도곡동, 다림빌딩)		
	업태	도소매업	종사업장번호			업태	도소매업	종사업장번호	
	종목	가방외				종목	중고차매매		
	E-Mail	gabang@hanmail.net				E-Mail	namdo@bill36524.com		

작성일자	2023.6.23.	공급가액	15,000,000	세 액	1,500,000
비고					

월	일	품목명	규격	수량	단가	공급가액	세액	비고
6	23	승용차				15,000,000	1,500,000	

합계금액	현금	수표	어음	외상미수금	이 금액을	○ 영수 / ◉ 청구	함
16,500,000				16,500,000			

자료설명	1. 업무에 사용하는 승용차를 매각하고 발급한 전자세금계산서이다. 2. 매각 전의 자산내역 계정과목 / 자산명 / 기초가액 / 감가상각누계액 차량운반구 / 승용차 / 20,000,000원 / 5,000,000원 3. 매각대금은 말일에 받기로 하였다.(단, 주어진 자료를 이용하고, 매각일까지의 감가상각비는 고려하지 말 것)
수행과제	매입매출자료를 입력하시오. (전자세금계산서 거래는 '전자입력'으로 입력할 것)

⑥ 부가가치세신고서에 의한 회계처리

■ 보통예금(신한은행) 거래내역

번 호	거래일	내 용	찾으신금액	맡기신금액	잔 액	거래점
		계좌번호 112-088-654321 (주)샤방가방				
1	2023-4-25	역삼세무서	4,918,000		***	***

자료설명	제1기 예정 부가가치세를 신한은행 보통예금 계좌에서 이체하여 납부하였다.
수행과제	3월 31일에 입력된 일반전표를 참고하여 납부세액에 대한 회계처리를 하시오. (단, 거래처 코드를 입력할 것)

실무수행 4   결산

[결산자료]를 참고하여 결산을 수행하시오.(단, 제시된 자료 이외의 자료는 없다고 가정함)

① 수동결산 및 자동결산

자료설명	1. 기말 현재 장기차입금의 유동성대체를 위한 내역은 다음과 같다.
	
	표 아래 참조
	
	2. 기말상품재고액은 45,000,000원이다.
	3. 이익잉여금처분계산서 처분 확정(예정)일
	  – 당기분: 2024년 2월 27일
	  – 전기분: 2023년 2월 27일

수행과제	1. 수동결산 또는 자동결산 메뉴를 이용하여 결산을 완료하시오. 2. 12월 31일을 기준으로 '손익계산서 ➡ 이익잉여금처분계산서 ➡ 재무상태표'를 순서대로 조회 작성하시오. (단, 이익잉여금처분계산서 조회 작성 시 '저장된 데이터 불러오기' ➡ '아니오' 선택 ➡ '전표추가'를 이용하여 '손익대체분개'를 수행할 것)

항 목	금 액	발생일	만기일	비 고
장기차입금(국민은행(차입금))	50,000,000원	2022.09.01.	2024.08.31.	만기 일시상환

입력자료 및 회계정보를 조회하여 [평가문제]의 답안을 입력하시오.

평가문제 답안입력 유의사항		
❶ 답안은 **지정된 단위의 숫자로만** 입력해 주십시오.		
* 한글 등 문자 금지		
	정답	**오답(예)**
(1) **금액은 원 단위로 숫자를** 입력하되, 천 단위 콤마(,)는 생략 가능합니다.	1,245,000 1245000	1,245.000 1,245,000원 1,245,0000 12,45,000 1,245천원
(1-1) 답이 0원인 경우 반드시 "0"입력 　(1-2) 답이 음수(-)인 경우 숫자 앞에 "-" 입력 　(1-3) 답이 소수인 경우 반드시 "." 입력		
(2) 질문에 대한 답안은 숫자로만 입력하세요.	4	04 4건/매/명 04건/매/명
(3) **거래처 코드번호는 5자리 숫자로** 입력하세요.	00101	101 00101번
❷ 답안에 천원단위(000) 입력시 더존 프로그램 숫자 입력 방법과 다르게 숫자키패드 '+' 기능은 지원되지 않습니다.		
❸ 더존 프로그램에서 조회되는 자료를 복사하여 붙여넣기가 가능합니다.		
❹ 수행과제를 올바르게 입력하지 않고 작성한 답과 모범답안이 다른 경우 오답처리됩니다.		

번호	평가문제	배점
11	**평가문제 [거래처등록 조회]** [거래처등록] 관련 내용으로 옳지 않은 것은? ① (주)하늘가방(코드 : 01007)의 대표자명은 '이승현'이다. ② '카드거래처'는 모두 6곳이다. ③ 금융거래처 중 '차입금'과 관련된 거래처는 1곳이다. ④ (주)하늘가방(코드 : 01007)의 담당자메일주소는 'star@bill36524.com'이다.	4
12	**평가문제 [계정과목및적요등록 조회]** '294.장기임대보증금'의 표준코드 번호를 기입하시오. ( )	4
13	**평가문제 [일/월계표 조회]** 2/4분기(4월 ~ 6월) '외상매출금' 증가액(차변 합계)은 얼마인가? ( )원	2
14	**평가문제 [합계잔액시산표 조회]** 6월 말 '미수금' 잔액은 얼마인가? ( )원	3
15	**평가문제 [합계잔액시산표 조회]** 12월 말 '가지급금' 잔액은 얼마인가? ( )원	3
16	**평가문제 [합계잔액시산표 조회]** 12월 말 '유동성장기부채' 잔액은 얼마인가? ( )원	3
17	**평가문제 [지급어음현황 조회]** 만기일이 2023년에 도래하는 '지급어음'의 미결제 금액은 얼마인가? ( )원	3
18	**평가문제 [받을어음현황 조회]** 만기일이 2023년에 도래하는 '받을어음'의 보유 금액은 얼마인가? ( )원	3
19	**평가문제 [재무상태표 조회]** 12월 말 '차량운반구'의 장부금액(취득원가 − 감가상각누계액)은 얼마인가? ( )원	3
20	**평가문제 [재무상태표 조회]** 12월 말 '부채'에 속하는 계정별 잔액으로 옳은 것은? ① 미지급금 154,753,140원 ② 예수금 1,379,130원 ③ 미지급세금 4,918,000원 ④ 장기차입금 50,000,000원	4

번 호	평가문제	배 점
21	**평가문제 [재무상태표 조회]** 12월 말 '이월이익잉여금(미처분이익잉여금)' 잔액은 얼마인가? ① 550,127,500원 ② 553,127,249원 ③ 611,616,070원 ④ 719,011,029원	2
22	**평가문제 [손익계산서 조회]** 당기에 발생한 '상품매출원가' 금액은 얼마인가? ( )원	3
23	**평가문제 [손익계산서 조회]** 당기에 발생한 '판매비와관리비' 중 계정별 금액이 옳지 않은 것은? ① 급여 137,433,000원 ② 복리후생비 17,547,200원 ③ 접대비 26,207,900원 ④ 광고선전비 18,156,200원	4
24	**평가문제 [영수증수취명세서 조회]** '영수증수취명세서(2)'의 3만원 초과 거래 중 금액이 가장 적은 계정과목의 계정코드를 기입하시오. ( )	3
25	**평가문제 [부가가치세신고서 조회]** 제1기 확정신고기간 부가가치세신고서의 '과세_신용카드.현금영수증(3란)'의 금액은 얼마인가? ( )원	3
26	**평가문제 [부가가치세신고서 조회]** 제1기 확정신고기간 부가가치세신고서의 '공제받지못할매입세액(16란)'의 세액은 얼마인가? ( )원	2
27	**평가문제 [부가가치세신고서 조회]** 제1기 확정신고기간 부가가치세신고서의 '그밖의공제매입세액(14란)_신용매출전표수취/일반(41란)'의 금액은 얼마인가? ( )원	3
28	**평가문제 [세금계산서합계표 조회]** 제1기 확정신고기간의 전자매출세금계산서 부가세(세액)는 얼마인가? ( )원	3
29	**평가문제 [계산서합계표 조회]** 제1기 확정신고기간 전자매출계산서 중 사업자에게 발급한 매수는 몇 매인가? ( )매	3
30	**평가문제 [예적금현황 조회]** 12월 말 은행별(계좌명) 예금 잔액으로 옳은 것은? ① 국민은행(당좌) 42,250,000원 ② 신한은행(보통) 480,076,560원 ③ 하나은행(보통) 20,000,000원 ④ 국민은행(보통) 44,905,000원	4
총 점		62

회계정보를 조회하여 [회계정보분석] 답안을 입력하시오.

31   **재무상태표 조회 (4점)**

부채비율이란 기업의 부채와 자본 간의 관계를 나타내는 대표적인 안정성 지표이다. 전기 부채비율을 계산하면 얼마인가?(단, 소숫점 이하는 버림할 것)

$$부채비율(\%) = \frac{부채총계}{자본총계} \times 100$$

① 38%

② 48%

③ 62%

④ 159%

32   **손익계산서 조회 (4점)**

영업이익률은 기업경영활동 성과를 총괄적으로 보여주는 대표적인 지표이다. 전기 영업이익률을 계산하면 얼마인가?(단, 소숫점 이하는 버림할 것)

$$영업이익률(\%) = \frac{영업이익}{매출액} \times 100$$

① 17%

② 20%

③ 27%

④ 29%

실무이론평가

아래 문제에서 특별한 언급이 없으면 기업의 보고기간(회계기간)은 매년 1월 1일부터 12월 31일까지입니다. 또한 기업은 일반기업회계기준 및 관련 세법을 계속적으로 적용하고 있다고 가정하고 물음에 가장 합당한 답을 고르시기 바랍니다.

01 다음 중 이 과장의 답변에서 알 수 있는 거래 분석으로 옳은 것은?

① (차) 부채의 감소   (대) 자산의 증가
② (차) 부채의 감소   (대) 자산의 감소
③ (차) 자산의 감소   (대) 부채의 증가
④ (차) 자산의 감소   (대) 부채의 감소

02 다음 중 재무상태표 구성항목에 대한 설명으로 옳지 않은 것은?

① 자산과 부채는 총액으로 표시하는 것이 원칙이다.
② 자산과 부채는 유동성이 큰 항목부터 배열한다.
③ 자산은 유동자산과 비유동자산으로 구분한다.
④ 잉여금은 주주와의 거래에서 발생한 이익잉여금과 영업활동에서 발생한 자본잉여금으로 구분한다.

03 다음 자료를 토대로 (주)한공의 2023년 12월 31일 매출채권 금액을 계산하면 얼마인가?

• 기초 매출채권	600,000원
• 2023년도 매출액	1,400,000원
• 2023년 중 현금매출액	300,000원
• 2023년 중 매출채권회수액	1,300,000원

① 300,000원
② 400,000원
③ 500,000원
④ 600,000원

04 다음 중 유동자산으로 분류할 수 없는 것은?

① 선급비용
② 매출채권
③ 상 품
④ 장기대여금

05 다음 자료를 토대로 도소매업을 영위하는 (주)한공의 판매비와관리비를 계산하면 얼마인가?

급 여	2,000,000원	퇴직급여	500,000원
복리후생비	600,000원	대손상각비	300,000원
임차료	100,000원	이자비용	250,000원
기부금	200,000원	접대비	270,000원

① 3,770,000원
② 3,970,000원
③ 4,020,000원
④ 4,220,000원

06 다음 중 손익계산서의 당기손익으로 보고되지 않는 것은?

① 단기매매증권평가손익
② 단기매매증권처분손익
③ 매도가능증권평가손익
④ 매도가능증권처분손익

07 (주)한공의 2023년 결산정리사항 반영 전 당기순이익은 200,000원이다. 다음 결산정리사항을 반영한 후 당기순이익은 얼마인가?

> • 당기발생분 이자수익 20,000원에 대한 미수수익을 인식하지 아니함
> • 12월 급여 미지급분 30,000원을 인식하지 아니함

① 170,000원
② 180,000원
③ 190,000원
④ 210,000원

08 다음 중 세금계산서를 발급할 수 있는 경우는?

① 컴퓨터 제조업자가 컴퓨터를 공급하는 경우
② 미용업자가 미용용역을 공급하는 경우
③ 택시운송사업자가 택시운송용역을 공급하는 경우
④ 목욕탕을 운영하는 사업자가 목욕용역을 공급하는 경우

09 다음 중 부가가치세 과세거래에 해당하는 것을 모두 고르면?

> 가. 세금을 사업용 자산으로 물납하는 경우
> 나. 업무용 소형승용차를 중고차 매매상에게 유상으로 처분하는 경우
> 다. 양도담보의 목적으로 부동산을 제공하는 경우
> 라. 상표권을 유상으로 양도하는 경우

① 가, 다
② 나, 다
③ 나, 라
④ 가, 라

PART 2

10 다음은 (주)한공의 2023년 제2기 부가가치세 확정신고기간의 자료이다. 이를 토대로 부가가치세 과세표준을 계산하면 얼마인가?(단, 주어진 자료의 금액은 부가가치세가 포함되어 있지 않은 금액이며, 세금계산서 등 필요한 증빙서류는 적법하게 발급하였다)

가. 외상판매액(수출액 2,000,000원 포함)	12,000,000원
나. 할부판매액	5,200,000원
다. 토지매각액	10,500,000원
라. 담보제공액	6,000,000원

① 15,200,000원
② 17,200,000원
③ 27,700,000원
④ 33,700,000원

(주)케이푸드(회사코드 3166)는 전통식품을 도·소매하는 법인으로 회계기간은 제5기(2023.1.1. ~ 2023.12.31.)이다. 제시된 자료와 [자료설명]을 참고하여 [수행과제]를 완료하고 [평가문제]의 물음에 답하시오.

실무수행 유의사항	1. 부가가치세 관련 거래는 [매입매출전표입력] 메뉴에 입력하고, 부가가치세 관련 없는 거래는 [일반전표입력] 　 메뉴에 입력한다. 2. 타계정 대체액과 관련된 적요는 반드시 코드를 입력하여야 한다. 3. 채권·채무, 예금거래 등 관리대상 거래자료에 대하여는 반드시 거래처코드를 입력한다. 4. 자금관리 등 추가 작업이 필요한 경우 문제의 요구에 따라 추가 작업하여야 한다. 5. 판매비와관리비는 800번대 계정코드를 사용한다. 6. 등록된 계정과목 중 가장 적절한 계정과목을 선택한다.

실무수행 1 　 기초정보관리의 이해

회계관련 기초정보는 입력되어 있다. [자료설명]을 참고하여 [수행과제]를 수행하시오.

① 사업자등록증에 의한 거래처등록 수정

사 업 자 등 록 증
(법인사업자)
등록번호: 127-81-15151

상　　　　호: (주)해피식품
대 표 자 명: 홍수빈
개 업 년 월 일: 2014년 1월 2일
법 인 등 록 번 호: 110111-0634752
사업장　소재지: 경기도 의정부시 녹양로 87
사 업 의 종 류: 업태 도소매업
　　　　　　　　 종목 건강식품

교 부 사 유: 정정

사업자단위과세 적용사업자여부: 여( )　부(√)
전자세금계산서 전용 메일주소: happy@naver.com

2023년 1월 5일

의정부 세무서장

자료설명	(주)해피식품의 변경된 사업자등록증 사본을 받았다.
수행과제	사업자등록증의 변경내용을 확인하여 대표자명과 담당자 메일주소를 수정하시오.

② 전기분 손익계산서의 입력수정

손 익 계 산 서

제4(당)기 2022년 1월 1일부터 2022년 12월 31일까지
제3(전)기 2021년 1월 1일부터 2021년 12월 31일까지

(주)케이푸드

(단위: 원)

과 목	제4(당)기		제3(전)기	
	금 액		금 액	
Ⅰ. 매 출 액		600,000,000		280,000,000
상 품 매 출	600,000,000		280,000,000	
Ⅱ. 매 출 원 가		320,000,000		165,000,000
상 품 매 출 원 가		320,000,000		165,000,000
기 초 상 품 재 고 액	25,000,000		5,000,000	
당 기 상 품 매 입 액	385,000,000		185,000,000	
기 말 상 품 재 고 액	90,000,000		25,000,000	
Ⅲ. 매 출 총 이 익		280,000,000		115,000,000
Ⅳ. 판 매 비 와 관 리 비		132,980,000		58,230,000
급 여	82,300,000		30,800,000	
복 리 후 생 비	10,100,000		2,100,000	
여 비 교 통 비	3,500,000		1,500,000	
접 대 비	5,200,000		2,400,000	
통 신 비	2,800,000		3,200,000	
세 금 과 공 과 금	2,300,000		2,800,000	
감 가 상 각 비	5,900,000		4,000,000	
보 험 료	1,840,000		700,000	
차 량 유 지 비	8,540,000		2,530,000	
교 육 훈 련 비	4,900,000		5,400,000	
광 고 선 전 비	800,000		2,300,000	
건 물 관 리 비	4,800,000		500,000	
Ⅴ. 영 업 이 익		147,020,000		56,770,000
Ⅵ. 영 업 외 수 익		3,200,000		2,100,000
이 자 수 익	3,200,000		2,100,000	
Ⅶ. 영 업 외 비 용		4,800,000		2,400,000
이 자 비 용	4,800,000		2,400,000	
Ⅷ. 법인세차감전순이익		145,420,000		56,470,000
Ⅸ. 법 인 세 등		5,000,000		2,000,000
법 인 세 등	5,000,000		2,000,000	
Ⅹ. 당 기 순 이 익		140,420,000		54,470,000

자료설명	(주)케이푸드의 전기(제4기)분 재무제표는 입력되어 있다.
수행과제	1. [전기분 손익계산서]의 입력이 누락되었거나 잘못된 부분을 찾아 수정하시오. 2. [전기분 이익잉여금처분계산서]의 처분 확정일(2023년 2월 23일)을 수정하시오.

실무수행 2 거래자료 입력

실무프로세스 자료이다. [자료설명]을 참고하여 [수행과제]를 수행하시오.

① 기타 일반거래

2023년 1월분 급여대장

(주)케이푸드 영업부   [귀속: 2023년 1월]   [지급일: 2023년 1월 25일]

기본급 및 제수당			공제 및 차인지급액			
기본급	**직책수당**	**지급합계**	**소득세**	**지방소득세**	**국민연금**	**건강보험**
			105,540원	10,550원	153,000원	120,530원
			고용보험	**장기요양보험**	**공제합계**	**차인지급액**
3,000,000원	200,000원	3,200,000원	28,800원	14,780원	433,200원	2,766,800원

자료설명	[1월 25일] 영업부의 1월분 급여를 신한은행 보통예금 계좌에서 이체하여 지급하였다.
수행과제	거래자료를 입력하시오.

② 약속어음 수취거래

전 자 어 음

(주)케이푸드 귀하   00420230213123456789

금   일천일백만원정   11,000,000원

위의 금액을 귀하 또는 귀하의 지시인에게 지급하겠습니다.

지급기일 2023년 5월 13일   발행일 2023년 2월 13일
지 급 지 국민은행   발행지 서울특별시 구로구 구로동로 24
지급장소 강남지점   주 소 (가리봉동)
                              발행인 (주)지우식품

자료설명	[2월 13일] (주)지우식품에 대한 상품 외상대금 중 일부를 전자어음으로 수취하였다.
수행과제	1. 거래자료를 입력하시오. 2. 자금관련정보를 입력하여 받을어음현황에 반영하시오.

③ 단기매매증권 구입 및 매각

자료 1. 주식매매 내역서

자료 2. 보통예금(수협은행) 거래내역

번 호	거래일	내 용	찾으신금액	맡기신금액	잔 액	거래점
		계좌번호 524-55-215457 (주)케이푸드				
1	2023-3-21	주식매각대금 입금		9,200,000	***	***

자료설명	[3월 21일] 단기매매목적으로 보유하고 있는 신성델타(주) 주식(장부금액: 8,000,000원)을 9,200,000원에 매각하고 매각대금이 수협은행 보통예금 계좌에 입금된 거래내역이다.
수행과제	주식 매각과 관련된 거래자료를 입력하시오.

④ 통장사본에 의한 거래입력

자료 1. 카드 이용대금 명세서(카드번호 : 7447-1221-8448-2514)

3월 이용대금 명세서	작성기준일: 2023.3.28. 결제일: 2023.4.10. / 실제출금일: 2023.4.10. 결제계좌: 기업은행
입금하실 금액 1,650,000원	이달의 할인혜택 0 원	포인트 및 마일리지 포인트리 16,500원
	할인 서비스 0 원 무이자 혜택금액 0 원	
		모두카드

자료 2. 보통예금(기업은행) 거래내역

번 호	거래일	내 용	찾으신금액	맡기신금액	잔 액	거래점
		계좌번호 204-24-0648-1007 (주)케이푸드				
1	2023-4-10	모두카드	1,650,000		***	***

자료설명	모두카드의 3월분 이용대금을 기업은행 보통예금 계좌에서 이체하여 지급하였다.
수행과제	거래자료를 입력하시오.

⑤ 증빙에 의한 전표입력

```
** 현금영수증 **
(지출증빙용)

사업자등록번호  : 120-34-11112 김민희
사업자명       : 홍보세상
단말기ID       : 73453259(tel:02-345-4546)
가맹점주소     : 서울특별시 구로구 디지털로 217 (구로동)

현금영수증 회원번호
110-87-01194  (주)케이푸드
승인번호        : 83746302    (PK)
거래일시        : 2023년 4월 24일
-------------------------------------
공급금액                        240,000원
부가세금액                        24,000원
총합계                          264,000원
-------------------------------------
휴대전화, 카드번호 등록
http://현금영수증.kr
국세청문의(126)
38036925-GCA10106-3870-U490
   <<<<<이용해 주셔서 감사합니다.>>>>>
```

자료설명	매출거래처에 제공할 기념품을 현금으로 구입하고 수취한 현금영수증이다.
수행과제	거래자료를 입력하시오.

실무수행 3   부가가치세

부가가치세 신고 관련 자료이다. [자료설명]을 참고하여 [수행과제]를 수행하시오.

① 과세매출자료의 전자세금계산서 발행

거래명세서 (공급자 보관용)

공급자	등록번호	110-87-01194			공급받는자	등록번호	215-81-24753		
	상호	(주)케이푸드	성명	김주은		상호	(주)청정식품	성명	고예원
	사업장주소	서울특별시 서대문구 충정로7길 12 (충정로2가)				사업장주소	서울특별시 강남구 강남대로 556 (논현동, 논현빌딩)		
	업태	도소매업	종사업장번호			업태	도소매업	종사업장번호	
	종목	전통식품				종목	건강식품		

거래일자	미수금액	공급가액	세액	총 합계금액
2023.7.10.		5,500,000	550,000	6,050,000

NO	월	일	품목명	규격	수량	단가	공급가액	세액	합계
1	7	10	한과세트		100	55,000	5,500,000	550,000	6,050,000

자료설명	1. 상품을 판매하면서 발급한 거래명세서이다. 2. 7월 5일에 계약금(공급대가의 10%)을 받았으며, 계약금을 제외한 잔액은 농협은행 보통예금 계좌로 입금받았다.
수행과제	1. 7월 5일 거래를 참고하여 매입매출자료를 입력하시오. 2. 전자세금계산서 발행 및 내역관리 를 통하여 발급 및 전송하시오. (전자세금계산서 발급 시 결제내역 및 전송일자는 고려하지 말 것)

② 매출거래

수정전자세금계산서 (공급자 보관용)

	등록번호	110-87-01194				등록번호	121-81-36236		
공급자	상호	(주)케이푸드	성명	김주은	공급받는자	상호	(주)예림유통	성명(대표자)	최예림
	사업장주소	서울특별시 서대문구 충정로7길 12 (충정로2가)				사업장주소	서울특별시 서대문구 가좌로 19		
	업태	도소매업	종사업장번호			업태	도소매업	종사업장번호	
	종목	전통식품				종목	전통과자		
	E-Mail	kfood@bill36524.com				E-Mail	yerim@bill36524.com		

작성일자	2023.7.17.	공급가액	-350,000	세 액	-35,000
비고					

월	일	품목명	규격	수량	단가	공급가액	세액	비고
7	17	다과세트		-7	50,000	-350,000	-35,000	

합계금액	현금	수표	어음	외상미수금	이 금액을	○ 영수 ● 청구	함
-385,000				-385,000			

자료설명	[7월 17일] 1. 7월 13일에 판매한 상품 중 일부가 불량으로 반품되어 수정전자세금계산서를 발급하였다. 2. 거래대금은 전액 외상매출금과 상계처리하기로 하였다.
수행과제	매입매출자료를 입력하시오. (전자세금계산서의 발급 및 전송업무는 생략하고 '전자입력'으로 입력할 것)

③ 매입거래

카드매출전표

- -

카드종류: 삼성카드
회원번호: 2112-3535-****-67*7
거래일시: **2023.8.8. 19:42:36**
거래유형: 신용승인
매　　출: 90,000원
부 가 세:　9,000원
합　　계: 99,000원
결제방법: 일시불
승인번호: 4522555

- -

가맹점명: (주)다도해호텔(310-81-12004)

- 이 하 생 략 -

자료설명	영업부 과장이 신상품 홍보를 위해 출장지에서 숙박비를 결제하고 받은 신용카드매출전표이다.
수행과제	매입매출자료를 입력하시오.

④ 매출거래

전자계산서 (공급자 보관용)　　승인번호

	등록번호	110-87-01194				등록번호	211-86-08979		
공급자	상호	(주)케이푸드	성명	김주은	공급받는자	상호	(주)독도식품	성명 (대표자)	김채원
	사업장 주소	서울특별시 서대문구 충정로7길 12 (충정로2가)				사업장 주소	서울특별시 강남구 강남대로 262		
	업태	도소매업	종사업장번호			업태	도소매업	종사업장번호	
	종목	전통식품				종목	건강식품 외		
	E-Mail	kfood@bill36524.com				E-Mail	korea@bill36524.com		

작성일자	2023.8.15.	공급가액	1,000,000	비 고	

월	일	품목명	규격	수량	단가	공급가액	비고
8	15	된장		200	5,000	1,000,000	

합계금액	현금	수표	어음	외상미수금	이 금액을	○ 영수 함
1,000,000						○ 청구

자료설명	면세상품을 판매하면서 전자계산서를 발급하고, 대금은 기업은행 보통예금 계좌로 입금받았다. (단, 본 거래에 한하여 과세사업과 면세사업을 겸영한다고 가정할 것)
수행과제	매입매출자료를 입력하시오.(전자계산서 거래는 '전자입력'으로 입력할 것)

⑤ **매입거래**

전자세금계산서

(공급받는자 보관용)　　승인번호

공급자	등록번호	110-85-13250			공급받는자	등록번호	110-87-01194		
	상호	국제클린(주)	성명 (대표자)	최희량		상호	(주)케이푸드	성명 (대표자)	김주은
	사업장 주소	서울특별시 서대문구 독립문로8길 120				사업장 주소	서울특별시 서대문구 충정로7길 12 (충정로2가)		
	업태	서비스업		종사업장번호		업태	도소매업		종사업장번호
	종목	건물청소				종목	전통식품		
	E-Mail	choi@bill36524.com				E-Mail	kfood@bill36524.com		

작성일자	2023.9.1.	공급가액	600,000	세 액	60,000
비고					

월	일	품목명	규격	수량	단가	공급가액	세액	비고
9	1	건물청소비				600,000	60,000	

합계금액	현금	수표	어음	외상미수금	이 금액을	○ 영수 ● 청구	함
660,000				660,000			

자료설명	국제클린(주)에 본사건물 청소를 의뢰하여 실시하고 전자세금계산서를 수취하였으며, 대금은 전액 9월 말까지 지급하기로 하였다.
수행과제	매입매출자료를 입력하시오. (단, 전자세금계산서 거래는 '전자입력'으로 입력하고, '건물관리비'로 처리할 것)

⑥ 부가가치세신고서에 의한 회계처리

■ 보통예금(수협은행) 거래내역

번 호	거래일	내 용	찾으신금액	맡기신금액	잔 액	거래점
		계좌번호 524-55-215457 (주)케이푸드				
1	2023-8-11	서대문세무서		539,000	***	***

자료설명	제1기 부가가치세 확정신고 환급세액이 수협은행 보통예금 계좌에 입금되었다.
수행과제	6월 30일에 입력된 일반전표를 참고하여 환급세액에 대한 회계처리를 하시오.

실무수행 4 결산

[결산자료]를 참고하여 결산을 수행하시오.(단, 제시된 자료 이외의 자료는 없다고 가정함)

① 수동결산 및 자동결산

자료설명	1. 구입 시 자산으로 처리한 소모품의 기말 현재 미사용 내역은 다음과 같다.
	
	표 참조
	
	2. 기말상품재고액은 26,000,000원이다.
	3. 이익잉여금처분계산서 처분 확정(예정)일
	  – 당기분: 2024년 2월 23일
	  – 전기분: 2023년 2월 23일

수행과제	1. 수동결산 또는 자동결산 메뉴를 이용하여 결산을 완료하시오. 2. 12월 31일을 기준으로 '손익계산서 ➡ 이익잉여금처분계산서 ➡ 재무상태표'를 순서대로 조회 작성하시오. (단, 이익잉여금처분계산서 조회 작성 시 '저장된 데이터 불러오기' ➡ '아니오' 선택 ➡ 상단부의 '전표추가'를 이용하여 '손익대체분개'를 수행할 것)

품목명	단 위	수 량	단 가	총액
용 지	Box	10	12,000원	120,000원
문구류	Set	30	15,000원	450,000원
계				570,000원

입력자료 및 회계정보를 조회하여 [평가문제]의 답안을 입력하시오.

평가문제 답안입력 유의사항

❶ 답안은 지정된 단위의 숫자로만 입력해 주십시오.

* 한글 등 문자 금지

	정답	오답(예)
(1) 금액은 원 단위로 숫자를 입력하되, 천 단위 콤마(,)는 생략 가능합니다.	1,245,000 1245000	1,245,000 1,245,000원 1,245,0000 12,45,000 1,245천원
(1-1) 답이 0원인 경우 반드시 "0"입력 (1-2) 답이 음수(-)인 경우 숫자 앞에 "-" 입력 (1-3) 답이 소수인 경우 반드시 "." 입력		
(2) 질문에 대한 답안은 숫자로만 입력하세요.	4	04 4건/매/명 04건/매/명
(3) 거래처 코드번호는 5자리 숫자로 입력하세요.	00101	101 00101번

❷ 답안에 천원단위(000) 입력시 더존 프로그램 숫자 입력 방법과 다르게 숫자키패드 '+' 기능은 지원되지 않습니다.

❸ 더존 프로그램에서 조회되는 자료를 복사하여 붙여넣기가 가능합니다.

❹ 수행과제를 올바르게 입력하지 않고 작성한 답과 모범답안이 다른 경우 오답처리됩니다.

번 호	평가문제	배 점
11	**평가문제 [거래처등록 조회]** (주)케이푸드의 [거래처등록] 관련 내용으로 옳지 않은 것은? ① 카드거래처의 매출 관련 거래처는 1개이다. ② 금융거래처 중 '3.예금종류'가 '차입금'인 거래처는 2개이다. ③ 일반거래처 '(주)해피식품'의 대표자명은 이영채이다. ④ 일반거래처 '(주)해피식품'의 담당자 메일주소는 happy@naver.com이다.	4
12	**평가문제 [일/월계표 조회]** 8월 한 달 동안 발생한 '상품매출' 금액은 얼마인가? ( )원	3
13	**평가문제 [일/월계표 조회]** 상반기(1월 ~ 6월)에 발생한 '접대비' 금액은 얼마인가? ( )원	3
14	**평가문제 [일/월계표 조회]** 하반기(7월 ~ 12월)에 발생한 '판매관리비' 중 계정별 금액이 옳지 않은 것은? ① 급여 60,349,000원 ② 여비교통비 349,500원 ③ 접대비 4,535,000원 ④ 소모품비 1,430,000원	3
15	**평가문제 [합계잔액시산표 조회]** 2월 말 '외상매출금'의 차변 잔액은 얼마인가? ( )원	4
16	**평가문제 [합계잔액시산표 조회]** 4월 말 '미지급금' 잔액은 얼마인가? ( )원	3
17	**평가문제 [거래처원장 조회]** 9월 말 '120.미수금' 잔액이 있는 거래처코드를 입력하시오. ( )	4
18	**평가문제 [현금출납장 조회]** 4월 말 '현금' 잔액은 얼마인가? ① 48,290,740원 ② 48,554,740원 ③ 77,117,260원 ④ 125,408,000원	3
19	**평가문제 [매입매출장 조회]** 제2기 예정신고기간 '매입' 유형 '카드과세(57.카과)' 공급가액의 합계금액은 얼마인가? ( )원	2
20	**평가문제 [재무상태표 조회]** 12월 말 계정과목별 금액으로 옳지 않은 것은? ① 미수금 27,940,000원 ② 선급금 200,000원 ③ 예수금 4,255,130원 ④ 선수금 6,565,000원	4

번 호	평가문제	배 점
21	**평가문제 [재무상태표 조회]** 12월 말 '단기매매증권' 잔액은 얼마인가? ( )원	3
22	**평가문제 [재무상태표 조회]** 12월 말 '이월이익잉여금(미처분이익잉여금)' 잔액은 얼마인가? ① 294,593,756원 ② 314,593,756원 ③ 319,841,756원 ④ 334,765,756원	2
23	**평가문제 [손익계산서 조회]** 당기에 발생한 '상품매출원가' 금액은 얼마인가? ( )원	2
24	**평가문제 [손익계산서 조회]** 전기 대비 '비용'의 증가 또는 감소 내용이 옳지 않은 것은? ① 여비교통비 2,081,400원 감소 ② 광고선전비 7,255,560원 증가 ③ 건물관리비 4,200,000원 감소 ④ 이자비용 6,461,000원 증가	4
25	**평가문제 [손익계산서 조회]** 당기에 발생한 '영업외수익' 중 금액이 가장 큰 계정과목의 코드번호를 입력하시오. ( )	2
26	**평가문제 [부가가치세신고서 조회]** 제2기 예정신고기간 부가가치세신고서의 '세금계산서수취부분_일반매입(10번란)'의 세액은 얼마인가? ( )원	4
27	**평가문제 [세금계산서합계표 조회]** 제2기 예정신고기간 전자매출세금계산서의 매수는 몇 매인가? ( )매	3
28	**평가문제 [계산서합계표 조회]** 제2기 예정신고기간의 전자매출계산서의 공급가액은 얼마인가? ( )원	3
29	**평가문제 [예적금현황 조회]** 6월 말 은행별 보통예금 잔액으로 옳지 않은 것은? ① 농협은행(보통) 46,274,000원 ② 신한은행(보통) 156,767,200원 ③ 수협은행(보통) 140,996,800원 ④ 기업은행(보통) 50,405,000원	3
30	**평가문제 [받을어음현황 조회]** '받을어음(조회구분 : 1.일별, 1.만기일 2023.1.1. ~ 2023.12.31.)'의 보유금액 합계는 얼마인가? ( )원	3
총 점		62

회계정보를 조회하여 [회계정보분석] 답안을 입력하시오.

31   재무상태표 조회 (4점)
자기자본비율이란 자산 중에서 자본이 차지하는 비중을 나타내는 대표적인 자본구조 분석 지표이다. 전기 자기자본비율을 계산하면 얼마인가?(단, 소숫점 이하는 버림할 것)

$$자기자본비율(\%) = \frac{자기자본(자본)총계}{자산총계} \times 100$$

① 69%

② 78%

③ 114%

④ 128%

32   재무상태표 조회 (4점)
당좌비율이란 유동부채에 대한 당좌자산의 비율로 재고자산을 제외시킴으로써 단기채무에 대한 기업의 지급능력을 파악하는데 유동비율 보다 더욱 정확한 지표로 사용되고 있다. 전기 당좌비율을 계산하면 얼마인가?(단, 소숫점 이하는 버림할 것)

$$당좌비율(\%) = \frac{당좌자산}{유동부채} \times 100$$

① 13%

② 63%

③ 768%

④ 868%

실무이론평가

아래 문제에서 특별한 언급이 없으면 기업의 보고기간(회계기간)은 매년 1월 1일부터 12월 31일까지입니다. 또한 기업은 일반기업회계기준 및 관련 세법을 계속적으로 적용하고 있다고 가정하고 물음에 가장 합당한 답을 고르시기 바랍니다.

01 다음에서 설명하는 재무제표의 기본가정은 무엇인가?

> 기업을 소유주와 독립적으로 존재하는 회계단위로 간주하고, 이 단위의 관점에서 그 경제활동에 대한 재무정보를 측정, 보고한다고 가정한다.

① 기간별 보고의 가정   ② 발생주의 가정
③ 기업실체의 가정   ④ 계속기업의 가정

02 다음 중 선생님의 질문에 옳지 않은 답변을 한 사람은 누구인가?

① 희 연   ② 민 혁
③ 은 수   ④ 우 진

03 다음은 정수기 제조판매업을 영위하고 있는 (주)한공의 2023년 자료이다. 2023년 말 재무상태표상 미수금 금액은 얼마인가?(단, 기중 외상판매대금의 회수는 없는 것으로 가정한다)

- 2023.1.1. 기초미수금 100,000원
- 2023.3.1. 정수기 외상판매액 500,000원
- 2023.5.10. 사무실중고비품 외상판매액 300,000원

① 300,000원
② 400,000원
③ 800,000원
④ 900,000원

04 다음은 (주)한공의 2023년 11월 상품수불부이다. 재고자산을 선입선출법으로 평가할 경우 11월 말 재고자산은 얼마인가?

일 자	구 분	수 량	단위당 원가
11월 1일	월초재고	200개	1,000원
11월 10일	매 입	300개	1,200원
11월 20일	매 출	400개	

① 100,000원
② 120,000원
③ 150,000원
④ 160,000원

05 다음 중 손익계산서에 나타나지 않는 계정과목은?

① 상품매출원가
② 단기매매증권평가이익
③ 매도가능증권처분이익
④ 자기주식처분이익

06 다음 자료를 토대로 (주)한공의 판매비와관리비를 계산하면 얼마인가?

| • 급 여 | 600,000원 | • 수도광열비 | 50,000원 | • 이자비용 | 30,000원 |
| • 접대비 | 300,000원 | • 세금과공과 | 80,000원 | • 잡손실 | 20,000원 |

① 1,020,000원

② 1,030,000원

③ 1,060,000원

④ 1,080,000원

07 다음 결산정리사항 중 수익의 이연에 해당하는 거래는?

① 보험료 선급분을 계상하다.

② 임대료수익 미수분을 계상하다.

③ 이자수익 선수분을 계상하다.

④ 이자비용 미지급분을 계상하다.

08 다음 중 사업자등록에 대하여 잘못 설명하고 있는 사람은 누구인가?

① 동 준

② 규 헌

③ 정 민

④ 정 원

09 다음 중 부가가치세법상 과세표준에 포함되지 않는 것은?

① 반환조건부 용기 포장비용
② 할부매출액의 이자상당액
③ 화물용 트럭의 매각대금
④ 대가의 일부로 받는 포장비

10 다음은 일반과세자인 (주)한공의 2023년 2기 확정신고기간의 매입세액 내역이다. 공제 가능한 매입세액은 얼마인가?(단, 세금계산서는 적법하게 수취하였으며, 매입세액을 공제받기 위한 절차를 모두 이행하였다고 가정한다)

• 사무실 비품 관련 매입세액	1,500,000원
• 거래처 명절 선물용 선물세트 구입 관련 매입세액	3,000,000원
• 제품 운반용 트럭 구입 관련 매입세액	5,000,000원
• 원재료 매입 관련 매입세액(세금계산서상 공급하는 자의 주소 누락)	10,000,000원

① 1,500,000원
② 6,500,000원
③ 16,500,000원
④ 19,500,000원

(주)슬림하자(회사코드 3167)는 운동용품 등을 도·소매하는 법인으로 회계기간은 제6기(2023.1.1. ~ 2023.12.31.)이다. 제시된 자료와 [자료설명]을 참고하여 [평가문제]의 물음에 답하시오.

실무수행 유의사항	1. 부가가치세 관련 거래는 [매입매출전표입력] 메뉴에 입력하고, 부가가치세 관련 없는 거래는 [일반전표입력] 메뉴에 입력한다. 2. 타계정 대체액과 관련된 적요는 반드시 코드를 입력하여야 한다. 3. 채권·채무, 예금거래 등 관리대상 거래자료에 대하여는 반드시 거래처코드를 입력한다. 4. 자금관리 등 추가 작업이 필요한 경우 문제의 요구에 따라 추가 작업하여야 한다. 5. 판매비와관리비는 800번대 계정코드를 사용한다. 6. 등록된 계정과목 중 가장 적절한 계정과목을 선택한다.

실무수행 1   기초정보관리의 이해

회계관련 기초정보는 입력되어 있다. [자료설명]을 참고하여 [수행과제]를 수행하시오.

① 사업자등록증에 의한 회사등록 수정

사 업 자 등 록 증

(법인사업자)

등록번호: 220-81-03217

상   호: (주)슬림하자
대   표   자: 박현웅
개 업 년 월 일: 2018년 11월 17일
법 인 등 록 번 호: 110111-1020314
사 업 장 소 재 지: 서울특별시 강남구 강남대로 254
                      (도곡동, 용문빌딩)

사 업 의 종 류: 업태 │도매 및 소매업
                    종목 │운동 및 경기용품 소매업

교 부 사 유: 정정교부

사업자단위과세 적용사업자여부: 여( ) 부(√)
전자세금계산서 전용 메일주소: slim@naver.com

2023년 1월 17일

역삼 세무서장

자료설명	(주)슬림하자는 대표자변경으로 역삼 세무서로부터 사업자등록증을 정정하여 발급받았다.
수행과제	사업자등록증을 참고하여 대표자명과 주민등록번호(731001-1734911)를 변경하고 업종코드(523931)도 등록하시오.

② 거래처별초기이월 등록 및 수정

미지급금 명세서

거래처명	적 요	금 액
(주)스마트광고	신제품 광고	2,800,000원
회계법인 최고	회계세무 자문	3,000,000원
우리카드	카드이용대금	6,200,000원
합 계		12,000,000원

자료설명	(주)슬림하자의 전기분 재무제표는 이월받아 등록되어 있다.
수행과제	거래처별초기이월 사항을 입력하시오.

실무프로세스 자료이다. [자료설명]을 참고하여 [수행과제]를 수행하시오.

① 증빙에 의한 거래자료 입력

영 수 증 (공급받는자용)

NO		(주)승인하자			귀하
공급자	사 업 자 등록번호	113-81-54719			
	상 호	(주)만능서비스	성명	이최강	
	사 업 장 소 재 지	서울특별시 구로구 구로동로 22			
	업 태	서비스업	종목	종합수리	

작성일자	공급대가총액	비고
2023.10.7.	25,000	

공 급 내 역

월/일	품명	수량	단가	금액
10/7	에어컨수리			25,000
합 계	₩25,000			

위 금액을 영수(청구)함

자료설명	사무실 에어컨을 수리하고 대금은 현금으로 지급하였다.
수행과제	거래자료를 입력하시오. (단, '수익적지출'로 처리 할 것)

② 약속어음 발행거래

전 자 어 음

(주)바디케어 귀하　　　　　　　　　　　　0032023101712345678

금　오백칠십만원정　　　　　　　　　　**5,700,000원**

위의 금액을 귀하 또는 귀하의 지시인에게 지급하겠습니다.

지급기일 2023년 12월 17일	발행일 2023년 10월 17일
지 급 지 기업은행	발행지 서울특별시 강남구 강남대로
지급장소 강남지점	주 소 254(도곡동, 용문빌딩)
	발행인 (주)슬림하자

자료설명	[10월 17일] (주)바디케어의 외상대금 17,700,000원 중 일부는 전자어음으로 발행하여 지급하고, 나머지는 자기앞수표로 지급하였다.
수행과제	1. 거래자료를 입력하시오. 2. 자금관련 정보를 입력하여 지급어음현황에 반영하시오. 　(단, 등록된 어음을 사용할 것)

③ 계약금 지급

■ 보통예금(국민은행) 거래내역

번 호	거래일	내 용	찾으신금액	맡기신금액	잔 액	거래점
		계좌번호 096-25-0096-751 (주)슬림하자				
1	2023-10-21	계약금	1,500,000		***	***

자료설명	(주)대한무역에서 상품 5,000,000원을 구입하기로 하고, 계약금을 국민은행 보통예금 계좌에서 이체하여 지급하였다.
수행과제	거래자료를 입력하시오.

④ 기타 일반거래

여비 정산서

소 속	영업부	**직 위**	사원	**성 명**	박용찬
출장내역	일 시	2023년 10월 24일 ~ 2023년 10월 26일			
	출 장 지	세종			
	출장목적	신규 거래처 상담			
출장비	지급받은 금액	500,000원	실제지출액	550,000원	출장비차액	50,000원
지출내역	숙박비	270,000원	식 비	150,000원	교 통 비	130,000원

2023년 10월 28일

신청인   성 명   박 용 찬 (인)

자료설명	[10월 28일] 출장을 마친 영업부 직원의 여비를 정산하고 차액은 현금으로 지급하였다.
수행과제	10월 24일의 거래를 참고하여 거래자료를 입력하시오.

⑤ 증빙에 의한 전표입력

자료설명	영업부 업무용 승용차의 엔진오일을 교체하고 대금을 카드로 결제한 후 받은 신용카드 매출전표이다.
수행과제	거래자료를 입력하시오. (단, '수익적지출'로 처리할 것)

실무수행 3 부가가치세

부가가치세 신고 관련 자료이다. [자료설명]을 참고하여 [수행과제]를 수행하시오.

① 과세매출자료의 전자세금계산서 발행

거래명세서
(공급자 보관용)

공급자	등록번호	220-81-03217			공급받는자	등록번호	211-81-44121		
	상호	(주)슬림하자	성명	박현웅		상호	(주)운동사랑	성명	이사랑
	사업장 주소	서울특별시 강남구 강남대로 254 (도곡동, 용문빌딩)				사업장 주소	서울특별시 강남구 논현로145길 18 (논현동)		
	업태	도매 및 소매업	중사업장번호			업태	도소매업	중사업장번호	
	종목	운동 및 경기용품				종목	스포츠용품		

거래일자	미수금액	공급가액	세액	총 합계금액
2023.7.12.		5,000,000	500,000	5,500,000

NO	월	일	품목명	규격	수량	단가	공급가액	세액	합계
1	7	12	스피닝바이크		2	1,500,000	3,000,000	300,000	3,300,000
2	7	12	고무덤벨세트		2	1,000,000	2,000,000	200,000	2,200,000

자료설명	1. 상품을 판매하고 발급한 거래명세서이다. 2. 미리 받은 계약금(선수금) 300,000원을 제외한 잔액은 이번 달 말일에 받기로 하였다.
수행과제	1. 거래명세서에 의해 매입매출자료를 입력하시오. （복수거래 키를 이용하여 입력할 것） 2. 전자세금계산서 발행 및 내역관리 를 통하여 발급 및 전송하시오. (전자세금계산서 발급 시 결제내역 및 전송일자는 고려하지 말 것)

② **매입거래**

전자세금계산서 (공급받는자 보관용)

| 승인번호 | 2023010320 |

공급자

등록번호	119-81-02126		
상호	(주)품생품	성명 (대표자)	나한수
사업장 주소	서울특별시 금천구 가산로 153		
업태	도소매업	종사업장번호	
종목	스포츠용품		
E-Mail	market@naver.com		

공급받는자

등록번호	220-81-03217		
상호	(주)슬림하자	성명 (대표자)	박현웅
사업장 주소	서울특별시 강남구 강남대로 254 (도곡동, 용문빌딩)		
업태	도매 및 소매업	종사업장번호	
종목	운동 및 경기용품		
E-Mail	slim@naver.com		

작성일자	2023.7.20.	공급가액	6,000,000	세액	600,000
비고					

월	일	품목명	규격	수량	단가	공급가액	세액	비고
7	20	천국의 계단		10	600,000	6,000,000	600,000	

합계금액	현금	수표	어음	외상미수금	이 금액을	○ 영수 ◉ 청구	함
6,600,000				6,600,000			

자료설명	판매용 상품을 외상으로 구입하고 받은 전자세금계산서이다.
수행과제	매입매출자료를 입력하시오. (전자세금계산서 거래는 '전자입력'으로 입력할 것)

③ 매출거래

```
                    신용카드매출전표
    ------------------------------------------------
        카 드 종 류: 삼성카드
        회 원 번 호: 8449-2210-**10-3**6
        거 래 일 시: 2023.08.13. 15:05:16
        거 래 유 형: 신용승인
        매        출: 700,000원
        부 가 세:   70,000원
        합       계: 770,000원
        결 제 방 법: 일시불
        가맹점번호: 55721112
    ------------------------------------------------

                   가맹점명: (주)슬림하자

                      -이 하 생 략-
```

자료설명	(주)요가야에 요가매트를 판매하고 발급한 신용카드매출전표이다.
수행과제	매입매출자료를 입력하시오.

④ 매입거래

전자계산서				(공급받는자 보관용)					승인번호		
공급자	등록번호	214-81-09142				공급받는자	등록번호	220-81-03217			
	상호	(주)에이티	성명 (대표자)	김아이			상호	(주)슬림하자	성명 (대표자)	박현웅	
	사업장 주소	서울특별시 서초구 효령로12길 5					사업장 주소	서울특별시 강남구 강남대로 254 (도곡동, 용문빌딩)			
	업태	제조 및 도소매업	종사업장번호				업태	도매 및 소매업	종사업장번호		
	종목	출판					종목	운동 및 경기용품			
	E-Mail	at@bill36524.com					E-Mail	slim@naver.com			

작성일자	2023.8.30.	공급가액	230,000	비 고	

월	일	품목명	규격	수량	단가	공급가액	비고
8	30	비대면 세무실무		10	23,000	230,000	

합계금액	현금	수표	어음	외상미수금	이 금액을	○ 영수 ● 청구	함
230,000				230,000			

자료설명	재경팀 업무용 참고도서를 외상으로 구입하고 발급받은 전자계산서이다.
수행과제	매입매출자료를 입력하시오.(전자계산서 거래는 '전자입력'으로 입력할 것)

⑤ 매입거래

전자세금계산서 (공급받는자 보관용)   승인번호

공급자	등록번호	314-81-11803			공급받는자	등록번호	220-81-03217		
	상호	(주)미래전자	성명(대표자)	이미래		상호	(주)슬림하자	성명(대표자)	박현웅
	사업장주소	서울특별시 서대문구 경기대로 62				사업장주소	서울특별시 강남구 강남대로 254 (도곡동, 용문빌딩)		
	업태	도소매업	종사업장번호			업태	도매 및 소매업	종사업장번호	
	종목	전자제품				종목	운동 및 경기용품		
	E-Mail	dream@hanmail.net				E-Mail	slim@naver.com		

작성일자	2023.9.21.	공급가액	3,000,000	세 액	300,000
비고					

월	일	품목명	규격	수량	단가	공급가액	세액	비고
9	21	스마트 냉장고		1	3,000,000	3,000,000	300,000	

합계금액	현금	수표	어음	외상미수금	이 금액을	○ 영수 함
3,300,000				3,300,000		● 청구

자료설명	면세사업에 사용할 스마트 냉장고를 구입하고 대금은 다음 달 말일에 지급하기로 하였다.(단, 본 거래에 한하여 과세사업과 면세사업을 겸영한다고 가정할 것)
수행과제	1. 매입매출자료를 입력하시오. (전자세금계산서 거래는 '전자입력'으로 입력할 것) 2. [고정자산등록]에 고정자산을 등록(코드 : 1001, 방법 : 정액법, 내용연수 5년, 경비구분 : 800번대)하시오.

⑥ 부가가치세신고서에 의한 회계처리

- 보통예금(신한은행) 거래내역

번 호	거래일	내 용	찾으신금액	맡기신금액	잔 액	거래점
		계좌번호 112-088-654321 (주)슬림하자				
1	2023-7-25	역삼세무서	2,026,050		***	***

자료설명	제1기 부가가치세 확정신고 납부세액을 신한은행 보통예금 계좌에서 이체하였다.
수행과제	6월 30일에 입력된 일반전표를 참고하여 납부세액에 대한 회계처리를 하시오. (거래처코드를 입력할 것)

실무수행 4 결산

[결산자료]를 참고하여 결산을 수행하시오.(단, 제시된 자료 이외의 자료는 없다고 가정함)

① 수동결산 및 자동결산

자료설명	1. 장기차입금에 대한 기간경과분 이자 1,320,000원을 계상하다. 2. [고정자산등록]에 등록된 비품의 감가상각비를 계상하다. 3. 기말 상품 재고액은 54,000,000원이다. 4. 이익잉여금처분계산서 처분 예정(확정)일 　- 당기분 : 2024년 2월 26일 　- 전기분 : 2023년 2월 26일
수행과제	1. 수동결산 또는 자동결산 메뉴를 이용하여 결산을 완료하시오. 2. 12월 31일을 기준으로 '손익계산서 → 이익잉여금처분계산서 → 재무상태표'를 순서대로 조회 작성하시오. 　(단, 이익잉여금처분계산서 조회 작성 시 '저장된 데이터 불러오기' → '아니오' 선택 → '전표추가'를 이용하 　여 '손익대체분개'를 수행할 것)

입력자료 및 회계정보를 조회하여 [평가문제]의 답안을 입력하시오.

평가문제 답안입력 유의사항		

❶ 답안은 **지정된 단위의 숫자로만 입력**해 주십시오.

* 한글 등 문자 금지

	정답	오답(예)
(1) **금액은 원 단위로 숫자를 입력**하되, 천 단위 콤마(,)는 생략 가능합니다. (1-1) 답이 0원인 경우 반드시 "0"입력 (1-2) 답이 음수(-)인 경우 숫자 앞에 "-" 입력 (1-3) 답이 소수인 경우 반드시 "." 입력	1,245,000 1245000	1,245.000 1,245,000원 1,245,0000 12,45,000 1,245천원
(2) 질문에 대한 **답안은 숫자로만 입력**하세요.	4	04 4건/매/명 04건/매/명
(3) **거래처 코드번호는 5자리 숫자로 입력**하세요.	00101	101 00101번

❷ 답안에 천원단위(000) 입력시 더존 프로그램 숫자 입력 방법과 다르게 숫자키패드 '+' 기능은 지원되지 않습니다.

❸ 더존 프로그램에서 조회되는 자료를 복사하여 붙여넣기가 가능합니다.

❹ 수행과제를 올바르게 입력하지 않고 작성한 답과 모범답안이 다른 경우 오답처리됩니다.

번호	평가문제	배점
11	**평가문제 [회사등록 조회]** [회사등록] 관련 내용으로 옳지 않은 것은? ① 대표자명은 '박현웅'이다. ② 사업장 세무서는 '역삼'이다. ③ 표준산업코드는 'G40'이다. ④ 국세환급금계좌 은행은 '기업은행'이다.	4
12	**평가문제 [거래처원장 조회]** 6월 말 '253.미지급금' 계정의 거래처별 잔액으로 옳지 않은 것은? ① 00109.(주)스마트광고 15,120,640원 ② 00131.(주)월드건강 17,600,000원 ③ 33000.회계법인 최고 3,000,000원 ④ 99602.우리카드 2,800,000원	4
13	**평가문제 [거래처원장 조회]** 12월 말 '251.외상매입금' 계정의 거래처별 잔액이 옳은 것은? ① 02180.(주)폼생폼 12,100,000원 ② 04007.(주)필라테스 3,000,000원 ③ 07002.(주)바디케어 17,700,000원 ④ 30011.(주)행복건강 5,000,000원	4
14	**평가문제 [거래처원장 조회]** 12월 말 '108.외상매출금' 잔액이 있는 거래처 중 금액이 가장 적은 거래처코드를 입력하시오 ( )	3
15	**평가문제 [총계정원장 조회]** '253.미지급금'의 월별 증가 금액(대변)으로 옳은 것은? ① 8월 12,870,000원 ② 9월 3,300,000원 ③ 10월 7,099,000원 ④ 11월 4,000,000원	3
16	**평가문제 [총계정원장 조회]** 7월에 발생한 '401.상품매출' 금액은 얼마인가? ( )원	3
17	**평가문제 [현금출납장 조회]** 10월 중 '현금' 출금 금액이 가장 큰 전표일자는 몇 일인가? ( )일	3
18	**평가문제 [고정자산관리대장 조회]** 당기말상각누계액은 얼마인가? ( )원	2
19	**평가문제 [재무상태표 조회]** 12월 말 '당좌자산' 계정 중 잔액이 가장 적은 계정과목 코드번호를 입력하시오. ( )	3
20	**평가문제 [재무상태표 조회]** 12월 말 '선수금' 잔액은 얼마인가? ( )원	2

번 호	평가문제	배 점
21	**평가문제 [재무상태표 조회]** 12월 말 '미지급비용' 잔액은 얼마인가? ( )원	3
22	**평가문제 [재무상태표 조회]** 12월 말 '이월이익잉여금(미처분이익잉여금)' 잔액은 얼마인가? ① 810,948,259원 ② 811,748,259원 ③ 812,248,259원 ④ 813,748,259원	1
23	**평가문제 [손익계산서 조회]** 당기에 발생한 '판매비와관리비'의 계정별 금액으로 옳지 않은 것은? ① 여비교통비 1,884,600원 ② 수선비 7,391,000원 ③ 차량유지비 6,350,100원 ④ 도서인쇄비 340,000원	4
24	**평가문제 [부가가치세신고서 조회]** 제2기 예정신고기간 부가가치세신고서의 '과세_신용카드.현금영수증(3란)'의 금액은 얼마인가? ( )원	3
25	**평가문제 [부가가치세신고서 조회]** 제2기 예정신고기간 부가가치세신고서의 '세금계산서수취부분_일반매입(10란)'의 금액은 얼마인가? ( )원	3
26	**평가문제 [부가가치세신고서 조회]** 제2기 예정신고기간 부가가치세신고서의 '공제받지못할매입세액(16란)'의 세액은 얼마인가? ( )원	3
27	**평가문제 [세금계산서합계표 조회]** 제2기 예정신고기간의 전자매출세금계산서의 매수는 몇 매인가? ( )매	3
28	**평가문제 [계산서합계표 조회]** 제2기 예정신고기간의 전자매입계산서의 공급가액은 얼마인가? ( )원	4
29	**평가문제 [예적금현황 조회]** 12월 말 은행별(계좌명) 예금 잔액으로 옳지 않은 것은? ① 기업은행(당좌) 30,980,000원 ② 신한은행(보통) 527,053,000원 ③ 우리은행(보통) 20,000,000원 ④ 국민은행(보통) 40,405,000원	4
30	**평가문제 [지급어음현황 조회]** 만기일이 2023년에 도래하는 '지급어음' 금액이 가장 큰 거래처 코드번호를 입력하시오. ( )	3
총 점		62

PART 2

회계정보를 조회하여 [회계정보분석] 답안을 입력하시오.

31　　**재무상태표 조회 (4점)**

부채비율은 타인자본의 의존도를 표시하며, 기업의 건전성 정도를 나타내는 지표이다. 전기분 부채비율은
얼마인가?(단, 소숫점 이하는 버림할 것)

$$부채비율(\%) = \frac{부채총계}{자본총계} \times 100$$

① 21%

② 43%

③ 57%

④ 66%

32　　**손익계산서 조회 (4점)**

영업이익률은 기업의 주된 영업활동에 의한 성과를 판단하는 비율이다. 전기분 영업이익률을 계산하면 얼
마인가?(단, 소숫점 이하는 버림할 것)

$$영업이익률(\%) = \frac{영업이익}{매출액} \times 100$$

① 12%

② 17%

③ 20%

④ 33%

실무이론평가

아래 문제에서 특별한 언급이 없으면 기업의 보고기간(회계기간)은 매년 1월 1일부터 12월 31일까지입니다. 또한 기업은 일반기업회계기준 및 관련 세법을 계속적으로 적용하고 있다고 가정하고 물음에 가장 합당한 답을 고르시기 바랍니다.

01 다음은 도매업을 영위하는 (주)한공의 손익 분석에 대한 대화장면이다. (가)에 들어갈 수 있는 계정과목은?

① 매출원가
② 임차료
③ 이자수익
④ 유형자산처분손실

02 다음 중 비유동부채에 해당되는 것을 모두 고른 것은?

가. 유동성장기부채	나. 부가세예수금
다. 퇴직급여충당부채	라. 사 채

① 가, 나
② 나, 다
③ 다, 라
④ 가, 라

03 다음 자료를 토대로 (주)한공의 12월 말 상품재고액을 계산하면 얼마인가?(총평균법 적용)

상 품 재 고 장

(단위 : 개, 원)

날 짜		적 요	인 수			인 도		
			수 량	단 가	금 액	수 량	단 가	금 액
12	1	전월이월	300	100	30,000			
	10	매 입	500	200	100,000			
	12	매 출				200	×××	×××
	20	매 입	200	400	80,000			
	25	매 출				200	×××	×××

① 50,000원
② 84,000원
③ 126,000원
④ 160,000원

04 다음은 도매업을 영위하고 있는 (주)한공의 대손 관련 자료이다. 손익계산서에 계상해야 하는 계정과목과 그 금액은 얼마인가?

> • 2023년 12월 10일 (주)서울의 파산으로 단기대여금 2,000,000원의 회수가 불가능하게 되었다.
> • 12월 10일 이전에 설정된 단기대여금에 대한 대손충당금 잔액은 800,000원이다.

① 대손상각비 1,200,000원
② 기타의대손상각비 1,200,000원
③ 대손상각비 2,000,000원
④ 기타의대손상각비 2,000,000원

PART 2

05 다음 중 무형자산에 관한 설명으로 옳지 않은 것은?

① 무형자산으로 인식되기 위해서는 식별가능성, 자원에 대한 통제, 미래 경제적효익의 존재라는 조건을 모두 충족해야 한다.
② 신제품을 개발하기 위한 프로젝트의 연구단계에서 발생한 지출은 발생한 기간의 비용으로 처리한다.
③ 무형자산의 상각방법은 정액법만 인정된다.
④ 무형자산의 잔존가치는 없는 것을 원칙으로 한다.

06 다음은 (주)한공의 단기매매증권(A주식) 관련 자료이다. 이에 대한 설명으로 옳은 것은?

> • 2022년 11월 22일   A주식 100주를 1주당 3,000원에 취득하고 취득수수료 2,000원을 지출하였다.
> • 2022년 12월 31일   A주식의 시가는 1주당 3,500원이다.
> • 2023년 12월 7일   A주식 전부를 1주당 3,700원에 처분하였다.

① 2022년 11월 22일 A주식의 취득원가는 302,000원이다.
② 2022년 12월 31일 재무상태표에 기록될 단기매매증권은 370,000원이다.
③ 2022년 12월 31일 손익계산서에 기록될 단기매매증권평가이익은 30,000원이다.
④ 2023년 12월 7일 A주식 처분으로 인식할 단기매매증권처분이익은 20,000원이다.

07 다음 회계처리에 대한 설명 중 옳지 않은 것은?

① 직원의 가족동반 야유회비는 복리후생비로 회계처리한다.
② 직원 업무역량 강화를 위한 영어학원 지원비는 교육훈련비로 회계처리한다.
③ 거래처 직원의 결혼축의금은 접대비로 회계처리한다.
④ 회사부담분 건강보험료는 예수금으로 회계처리한다.

08 다음 중 부가가치세법상 신고 · 납부에 대한 설명으로 옳은 것은?

① 폐업의 경우 폐업일로부터 25일 이내에 신고 · 납부하여야 한다.
② 법인사업자 확정신고의 경우 예정신고 시 이미 신고한 내용을 포함한다.
③ 간이과세자는 해당 과세기간의 공급대가의 합계액이 5,000만원 미만인 경우 납부의무가 면제된다.
④ 개인사업자의 경우 예정신고기간마다 사업장 관할세무서장이 예정고지세액을 결정하는 것이 원칙이다.

09 다음 중 부가가치세법상 재화의 공급시기로 옳지 않은 것은?

① 반환조건부 판매 : 조건이 성취되거나 기한이 지나 판매가 확정되는 때
② 재화의 공급으로 보는 가공의 경우 : 가공을 완성하는 때
③ 장기할부판매 : 대가의 각 부분을 받기로 한 때
④ 외상판매의 경우 : 재화가 인도되거나 이용가능하게 되는 때

10 다음은 제조업을 영위하는 일반과세자 (주)한공의 2023년 제2기 부가가치세 확정신고 자료이다. 확정신고 시 납부할 세액을 계산하면 얼마인가?

> 가. 국내매출액(공급가액) : 100,000,000원
> 나. 하치장 반출액 : 10,000,000원
> 다. 매입세액 : 7,000,000원(접대비 관련 매입세액 2,000,000원 포함)

① 3,000,000원
② 4,000,000원
③ 5,000,000원
④ 6,000,000원

(주)강우문구(회사코드 3168)는 문구용품 등을 도·소매하는 법인으로 회계기간은 제6기(2023.1.1. ~ 2023.12.31.)이다. 제시된 자료와 [자료설명]을 참고하여 [수행과제]를 완료하고 [평가문제]의 물음에 답하시오.

실무수행 유의사항	1. 부가가치세 관련 거래는 [매입매출전표입력] 메뉴에 입력하고, 부가가치세 관련 없는 거래는 [일반전표입력] 메뉴에 입력한다. 2. 타계정 대체액과 관련된 적요는 반드시 코드를 입력하여야 한다. 3. 채권·채무, 예금거래 등 관리대상 거래자료에 대하여는 반드시 거래처코드를 입력한다. 4. 자금관리 등 추가 작업이 필요한 경우 문제의 요구에 따라 추가 작업하여야 한다. 5. 판매비와관리비는 800번대 계정코드를 사용한다. 6. 등록된 계정과목 중 가장 적절한 계정과목을 선택한다.

실무수행 1 기초정보관리의 이해

회계관련 기초정보는 입력되어 있다. [자료설명]을 참고하여 [수행과제]를 수행하시오.

① 사업자등록증에 의한 거래처등록 수정

사 업 자 등 록 증
(일반과세자)
등록번호: 117-81-11236

상   호: (주)한국산업
대   표   자: 이경호
개 업 년 월 일: 2010년 4월 4일
법 인 등 록 번 호: 111111-1111112
사업장 소재지: 서울특별시 강남구 역삼로 246
사 업 의 종 류: 업태 도소매업 종목 생활용품
교 부 사 유: 정정
사업자단위과세 적용사업자여부: 여( ) 부(√)
전자세금계산서 전용 메일주소: korea@bill36524.com

2023년 1월 2일

역삼 세무서장 (인)

국세청

자료설명	(주)한국산업의 변경된 사업자등록증 사본을 받았다.
수행과제	사업자등록증의 변경내용을 확인하여 대표자명과 담당자 메일주소를 수정하시오.

② 계정과목및적요등록 수정

자료설명	(주)강우문구는 판매촉진목적 지출의 '판매촉진비'를 별도로 구분하여 관리하려고 한다.
수행과제	'850.회사설정계정과목'을 '판매촉진비'로 등록하고, 구분과 표준코드를 입력하시오. – 구분 : 4.경비 – 표준코드 : 091.광고선전비(판매촉진비 포함)

실무수행 2 거래자료 입력

실무프로세스 자료이다. [자료설명]을 참고하여 [수행과제]를 수행하시오.

① 증빙에 의한 전표입력

NO.	영 수 증 (공급받는자용)		
	(주)강우문구 귀하		

공급자	사업자 등록번호	133-01-42888		
	상 호	나리한정식	성명	정득남
	사업장 소재지	광주광역시 동구 필문대로 104 (계림동)		
	업 태	음식업	종목	한식

작성일자	공급대가총액	비고
2023.1.9.	₩ 220,000	

공 급 내 역

월/일	품명	수량	단가	금액
1/9	한정식세트			220,000

합 계	₩ 220,000

위 금액을 **영수**(청구)함

자료설명	지방 출장 중인 회사 영업팀 직원의 식사대금을 현금으로 지급하고 받은 영수증이다. 회사는 이 거래가 지출 증명서류미수취가산세 대상인지를 검토하려고 한다.
수행과제	1. 거래자료를 입력하시오. 　(단, 출장경비는 '여비교통비'로 처리할 것) 2. 영수증수취명세서 (2)와 (1)서식을 작성하시오.

② 증빙에 의한 전표입력

```
** 현금영수증 **
(지출증빙용)

사업자등록번호    : 117-18-12323
사업자명          : 강남주차장
단말기ID          : 12123232(tel: 02-313-0009)
가맹점주소        : 서울특별시 강남구 강남대로 250
                    (도곡동, 심현빌딩)
현금영수증 회원번호
220-81-03217                    (주)강우문구
승인번호          : 92380001    (PK)
거래일시          : 2023년 2월 13일 16시28분21초

- - - - - - - - - - - - - - - - - - - - - - - - - -
공급금액                          360,000원
부가가치세                         36,000원
총합계                            396,000원
- - - - - - - - - - - - - - - - - - - - - - - - - -

휴대전화, 카드번호 등록
http://현금영수증.kr
국세청문의(126)
38036925-GCA10106-3870-U490
      <<<<<<이용해 주셔서 감사합니다.>>>>>>
```

자료설명	영업부 업무용 승용차(1,998cc)의 주차를 위하여 강남주차장에 당월분 주차비를 현금으로 지급하고 수취한 현금영수증이다.
수행과제	거래자료를 입력하시오.(단, '차량유지비'로 처리할 것)

③ 기타 일반거래

■ 보통예금(국민은행) 거래내역

번호	거래일	내용	찾으신금액	맡기신금액	잔액	거래점
		계좌번호 096-25-0096-751 (주)강우문구				
1	2023-3-25	보증금		30,000,000	***	***

자료설명	물품 보관장소로 사용중인 (주)금비빌딩 창고의 계약기간이 만료되어 보증금 30,000,000원을 국민은행 보통예금 통장으로 입금받았다.
수행과제	거래자료를 입력하시오.(단, 거래처코드 입력할 것)

④ 약속어음의 배서양도

전 자 어 음

(주)강우문구 귀하   00420230206123456789

금 일천일백만원정   11,000,000원

위의 금액을 귀하 또는 귀하의 지시인에게 지급하겠습니다.

지급기일 2023년 5월 10일   발행일 2023년 2월 6일
지 급 지 국민은행   발행지 서울특별시 구로구 구로동로 30
지급장소 구로지점   주 소 (가리봉동)
                            발행인 (주)초록마트

자료설명	[4월 7일] (주)미소용품의 외상매입금 일부를 결제하기 위해 (주)초록마트에 상품을 매출하고 받은 전자어음을 배서양도 하였다.
수행과제	1. 거래자료를 입력하시오. 2. 자금관련정보를 입력하여 받을어음현황에 반영하시오.

⑤ 기타 일반거래

자료 1. 건강보험료 영수증

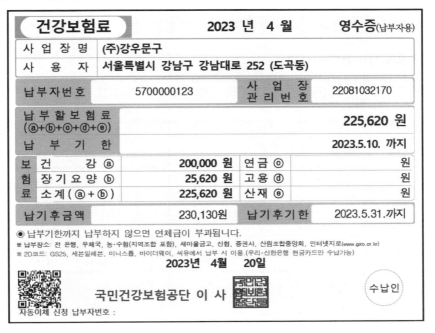

자료 2. 보통예금(신한은행) 거래내역

번 호	거래일	내 용	찾으신금액	맡기신금액	잔 액	거래점
		계좌번호 112-088-654321 (주)강우문구				
1	2023-5-10	건강보험료	225,620		***	***

자료설명	4월 급여 지급분에 대한 건강보험료(장기요양보험료 포함)를 납부기한일에 신한은행 보통예금 계좌에서 이체하여 납부하였다. 보험료의 50%는 급여 지급 시 원천징수한 금액이며, 나머지 50%는 회사부담분이다. 당사는 회사부담분을 '복리후생비'로 처리하고 있다.
수행과제	거래자료를 입력하시오.

부가가치세 신고 관련 자료이다. [자료설명]을 참고하여 [수행과제]를 수행하시오.

① 과세매출자료의 전자세금계산서 발행

거래명세서 (공급자 보관용)

공급자	등록번호	220-81-03217			공급받는자	등록번호	106-86-08702		
	상호	(주)강우문구	성명 (대표자)	김강우		상호	(주)제일유통	성명	장인수
	사업장 주소	서울특별시 강남구 강남대로 252 (도곡동)				사업장 주소	서울특별시 서대문구 충정로 30		
	업태	도소매업	종사업장번호			업태	도소매업	종사업장번호	
	종목	문구용품 외				종목	문구, 잡화		

거래일자	미수금액	공급가액	세액	총 합계금액
2023.7.12.		12,500,000	1,250,000	13,750,000

NO	월	일	품목명	규격	수량	단가	공급가액	세액	합계
1	7	12	다목적 문구함		500	25,000	12,500,000	1,250,000	13,750,000

자료설명	상품을 판매하고 발급한 거래명세서이며, 판매대금은 7월 말까지 받기로 하였다.
수행과제	1. 거래명세서에 의해 매입매출자료를 입력하시오. 2. 전자세금계산서 발행 및 내역관리 를 통하여 발급 및 전송하시오. (전자세금계산서 발급 시 결제내역 및 전송일자는 고려하지 말 것)

② 매출거래

카드매출전표

- -
카 드 종 류 : 삼성카드
회 원 번 호 : 5083-2117-****-8**8
거 래 일 시 : 2023.7.20. 10:25:26
거 래 유 형 : 신용승인
매   출 : 170,000원
부 가 세 : 17,000원
합   계 : 187,000원
결 제 방 법 : 일시불
승 인 번 호 : 2837379
- -
가 맹 점 명 : (주)강우문구
가맹점번호 : 55721112

- 이 하 생 략 -

자료설명	상품(멀티펜)을 비사업자인 신지희에게 판매하고 발행한 신용카드 매출전표이다.
수행과제	매입매출자료를 입력하시오.(매출채권에 대하여 '외상매출금' 계정으로 처리할 것)

③ 매입거래

2023년 8월 청구서

작성일자: 2023.09.03.
납부기한: 2023.09.15.

금 액	308,000원
고객명	(주)강우문구
이용번호	02-355-1919
명세서번호	**25328**
이용기간	8월 1일 ~ 8월 31일
8월 이용요금	308,000원
공급자등록번호	135-81-92483
공급받는자 등록번호	220-81-03217
공급가액	280,000원
부가가치세(VAT)	28,000원
10원미만 할인요금	0원
입금전용계좌	기업은행

이 청구서는 부가가치세법 시행령 53조 제4항에 따라 발행하는 전자
세금계산서입니다.

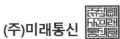

(주)미래통신

자료설명	영업부의 8월분 전화요금 청구서이다. 회사는 작성일자로 미지급금을 계상하고, 납부기한일에 자동이체하여 지급처리하고 있다.
수행과제	작성일자를 기준으로 매입매출자료를 입력하시오.('51.과세매입'으로 처리하고, '전자입력'으로 입력할 것)

④ 매입거래

전자계산서			(공급받는자 보관용)				승인번호			
공급자	등록번호	211-75-24158			공급받는자	등록번호	220-81-03217			
	상호	시대교육	성명(대표자)	이수빈		상호	(주)강우문구	성명(대표자)	김강우	
	사업장주소	서울특별시 강남구 역삼로 541				사업장주소	서울특별시 강남구 강남대로 252 (도곡동)			
	업태	서비스업	종사업장번호			업태	도소매업	종사업장번호		
	종목	교육				종목	문구용품 외			
	E-Mail	soo@hanmail.net				E-Mail	gangwoo@bill36524.com			

작성일자	2023.11.1.	공급가액	600,000	비고	
월	일	품목명	규격	수량	단가	공급가액	비고

월	일	품목명	규격	수량	단가	공급가액	비고
11	1	B2B 마케팅				600,000	

합계금액	현금	수표	어음	외상	이 금액을	○ 영수 함
600,000				600,000		● 청구

자료설명	당사 영업팀의 B2B 마케팅 교육을 실시하고 전자계산서를 발급받았다.
수행과제	매입매출자료를 입력하시오.(전자계산서 거래는 '전자입력'으로 입력할 것)

⑤ 매출거래

<table>
<tr><td colspan="10" style="text-align:center">전자세금계산서 (공급자 보관용)</td><td colspan="2">승인번호</td></tr>
<tr><td rowspan="7">공급자</td><td colspan="2">등록번호</td><td colspan="4">220-81-03217</td><td rowspan="7">공급받는자</td><td colspan="2">등록번호</td><td colspan="3">120-86-50832</td></tr>
<tr><td colspan="2">상호</td><td colspan="2">(주)강우문구</td><td>성명
(대표자)</td><td>김강우</td><td colspan="2">상호</td><td>(주)중고나라</td><td>성명
(대표자)</td><td>김유민</td></tr>
<tr><td colspan="2">사업장
주소</td><td colspan="4">서울특별시 강남구 강남대로 252
(도곡동)</td><td colspan="2">사업장
주소</td><td colspan="3">서울특별시 강남구 봉은사로 409
(삼성동)</td></tr>
<tr><td colspan="2">업태</td><td colspan="2">도소매업</td><td colspan="2">종사업장번호</td><td colspan="2">업태</td><td>도소매업</td><td colspan="2">종사업장번호</td></tr>
<tr><td colspan="2">종목</td><td colspan="4">문구용품 외</td><td colspan="2">종목</td><td colspan="3">가전제품</td></tr>
<tr><td colspan="2">E-Mail</td><td colspan="4">gangwoo@bill36524.com</td><td colspan="2">E-Mail</td><td colspan="3">yumin@naver.com</td></tr>
</table>

<table>
<tr><td>작성일자</td><td>2023.12.1.</td><td>공급가액</td><td>1,600,000</td><td>세 액</td><td>160,000</td></tr>
</table>

<table>
<tr><td colspan="8">비고</td></tr>
<tr><td>월</td><td>일</td><td>품목명</td><td>규격</td><td>수량</td><td>단가</td><td>공급가액</td><td>세액</td><td>비고</td></tr>
<tr><td>12</td><td>1</td><td>제습기</td><td></td><td></td><td></td><td>1,600,000</td><td>160,000</td><td></td></tr>
<tr><td></td><td></td><td></td><td></td><td></td><td></td><td></td><td></td><td></td></tr>
<tr><td></td><td></td><td></td><td></td><td></td><td></td><td></td><td></td><td></td></tr>
<tr><td></td><td></td><td></td><td></td><td></td><td></td><td></td><td></td><td></td></tr>
</table>

<table>
<tr><td>합계금액</td><td>현금</td><td>수표</td><td>어음</td><td>외상미수금</td><td rowspan="2">이 금액을</td><td>○ 영수</td><td rowspan="2">함</td></tr>
<tr><td>1,760,000</td><td></td><td></td><td></td><td></td><td>○ 청구</td></tr>
</table>

<table>
<tr><td>자료설명</td><td>1. 사무실에서 사용하던 비품(제습기)를 (주)중고나라에 매각하고 발급한 전자세금계산서이며 대금은 전액 하나은행 보통예금 계좌로 입금받았다.
2. 매각 직전 제습기의 장부금액은 1,500,000원(취득금액 2,000,000원, 감가상각누계액 500,000원)이다.</td></tr>
<tr><td>수행과제</td><td>매입매출자료를 입력하시오.(단, 전자세금계산서의 발급 및 전송업무는 생략하고 '전자입력'으로 입력할 것)</td></tr>
</table>

⑥ 부가가치세신고서에 의한 회계처리

<table>
<tr><td>수행과제</td><td>제1기 확정신고기간의 부가가치세신고서를 조회하여, 6월 30일 부가가치세 납부세액 또는 환급세액에 대한 회계처리를 하시오.(단, 납부할 세액은 '미지급세금', 환급받을 세액은 '미수금'으로 회계처리 하고, 거래처코드 입력할 것)</td></tr>
</table>

[결산자료]를 참고하여 결산을 수행하시오.(단, 제시된 자료 이외의 자료는 없다고 가정함)

① 수동결산 및 자동결산

<table>
<tr>
<td rowspan="4">자료설명</td>
<td colspan="4">1. 단기매매증권의 기말 내역은 다음과 같다.</td>
</tr>
<tr>
<td>회사명</td>
<td>주식수</td>
<td>단위당 장부금액</td>
<td>단위당 평가금액</td>
</tr>
<tr>
<td>(주)더존비즈온</td>
<td>300주</td>
<td>@55,000원</td>
<td>@70,000원</td>
</tr>
<tr>
<td colspan="4">2. 기말상품재고액은 31,000,000원이다.
3. 이익잉여금처분계산서 처분 예정(확정)일
　－ 당기분: 2024년 2월 23일
　－ 전기분: 2023년 2월 23일</td>
</tr>
<tr>
<td>수행과제</td>
<td colspan="4">1. 수동결산 또는 자동결산 메뉴를 이용하여 결산을 완료하시오.
2. 12월 31일을 기준으로 '손익계산서 ➡ 이익잉여금처분계산서 ➡ 재무상태표'를 순서대로 조회 작성하시오.
　(단, 이익잉여금처분계산서 조회 작성 시 '저장된 데이터 불러오기' ➡ '아니오' 선택 ➡ '전표추가'를 이용하여 '손익대체분개'를 수행할 것)</td>
</tr>
</table>

입력자료 및 회계정보를 조회하여 [평가문제]의 답안을 입력하시오.

PART 2

평가문제 답안입력 유의사항

❶ 답안은 **지정된 단위의 숫자로만 입력**해 주십시오.

   * **한글 등 문자 금지**

	정답	오답(예)
(1) **금액은 원 단위로 숫자를 입력**하되, 천 단위 콤마(,)는 생략 가능합니다.	1,245,000 1245000	1,245.000 1,245,000원 1,245,0000 12,45,000 1,245천원

(1-1) 답이 0원인 경우 반드시 "0"입력
   (1-2) 답이 음수(-)인 경우 숫자 앞에 "-" 입력
   (1-3) 답이 소수인 경우 반드시 "." 입력		

(2) 질문에 대한 **답안은 숫자로만 입력**하세요.	4	04 4건/매/명 04건/매/명
(3) **거래처 코드번호는 5자리 숫자로 입력**하세요.	00101	101 00101번

❷ 답안에 천원단위(000) 입력시 더존 프로그램 숫자 입력 방법과 다르게 숫자키패드 '+' 기능은 지원되지 않습니다.

❸ 더존 프로그램에서 조회되는 자료를 복사하여 붙여넣기가 가능합니다.

❹ 수행과제를 올바르게 입력하지 않고 작성한 답과 모범답안이 다른 경우 오답처리됩니다.

번 호	평가문제	배 점
11	**평가문제 [거래처등록 조회]** 다음 중 [거래처등록] 관련 내용으로 옳은 것은? ① 카드거래처의 매입 관련 거래처는 1곳이다. ② 금융거래처 중 '3.예금종류'가 '당좌예금'인 거래처는 5곳이다. ③ 일반거래처 '00189.(주)한국산업'의 대표자명은 최윤나이다. ④ 일반거래처 '00189.(주)한국산업'의 담당자메일주소는 'korea@bill36524.com'이다.	4
12	**평가문제 [계정과목및적요등록 조회]** '850.판매촉진비'의 표준코드 3자리를 입력하시오. ( )	4
13	**평가문제 [거래처원장 조회]** 7월(7/1 ~ 7/31) 한 달 동안 '108.외상매출금'이 가장 많이 증가한 거래처코드를 입력하시오. ( )	4
14	**평가문제 [거래처원장 조회]** 12월 말 현재 각 계정과목의 거래처별 잔액이 옳지 않은 것은? ① 251.외상매입금　　　(00105.(주)미소용품)　　　21,800,000원 ② 253.미지급금　　　　(00130.시대교육)　　　　600,000원 ③ 261.미지급세금　　　(05900.역삼세무서)　　　9,301,000원 ④ 962.임차보증금　　　(00107.(주)금비빌딩)　　　35,000,000원	3
15	**평가문제 [합계잔액시산표 조회]** 5월 말 '예수금' 잔액은 얼마인가? ( )원	3
16	**평가문제 [합계잔액시산표 조회]** 9월 말 '미지급금' 잔액은 얼마인가? ( )원	3
17	**평가문제 [현금출납장 조회]** 12월 말 '현금' 잔액은 얼마인가? ( )원	3
18	**평가문제 [재무상태표 조회]** 12월 말 '단기매매증권' 잔액은 얼마인가? ( )원	3
19	**평가문제 [재무상태표 조회]** 12월 말 '비품'의 장부금액(취득원가 - 감가상각누계액)은 얼마인가? ( )원	2
20	**평가문제 [재무상태표 조회]** 12월 말 '이월이익잉여금(미처분이익잉여금)' 잔액은 얼마인가? ① 241,481,433원 ② 258,481,433원 ③ 271,481,433원 ④ 276,541,433원	2

번 호	평가문제	배 점
21	**평가문제 [일/월계표 조회]** 9월 발생한 '판매관리비' 중 금액이 옳지 않은 것은? ① 복리후생비 618,000원 ② 여비교통비 88,000원 ③ 통신비 58,020원 ④ 차량유지비 830,800원	3
22	**평가문제 [손익계산서 조회]** 당기에 발생한 '교육훈련비' 금액은 얼마인가? ( )원	4
23	**평가문제 [손익계산서 조회]** 당기에 발생한 '영업외수익' 중 전년 대비 거래금액이 가장 많이 증가한 계정과목의 코드번호를 입력하시오. ( )	3
24	**평가문제 [영수증수취명세서 조회]** '영수증수취명세서(1),(2)'의 명세서제출 대상 거래 중 금액이 가장 큰 계정과목의 코드번호를 입력하시오. ( )	2
25	**평가문제 [부가가치세신고서 조회]** 제2기 예정신고기간 부가가치세신고서의 '과세_신용카드.현금영수증(3란)'의 금액은 얼마인가? ( )원	4
26	**평가문제 [부가가치세신고서 조회]** 제2기 예정신고기간 부가가치세신고서의 '세금계산서수취분_일반매입(10란)'의 세액은 얼마인가? ( )원	2
27	**평가문제 [세금계산서합계표 조회]** 제2기 확정신고기간의 전자매출세금계산서 매수는? ( )매	3
28	**평가문제 [계산서합계표 조회]** 제2기 확정신고기간의 전자매입계산서 공급가액 합계액은 얼마인가? ( )원	4
29	**평가문제 [예적금현황 조회]** 12월 말 은행별(계좌명) 예금 잔액으로 옳지 않은 것은? ① 신한은행(보통) 86,277,380원 ② 국민은행(보통) 53,137,000원 ③ 농협은행(보통) 49,500,000원 ④ 하나은행(보통) 28,515,000원	3
30	**평가문제 [받을어음현황 조회]** 만기일이 2023년에 도래하는 받을어음 중 '구분 : 보관'에 해당하는 금액은 얼마인가? ( )원	3
총 점		62

회계정보를 조회하여 [회계정보분석] 답안을 입력하시오.

31   재무상태표 조회 (4점)

유동비율이란 기업이 단기채무를 충당할 수 있는 유동자산이 얼마나 되는가를 평가하여 기업의 단기지급 능력을 판단하는 지표이다. 전기 유동비율을 계산하면 얼마인가?(단, 소숫점 이하는 버림할 것)

$$\text{유동비율(\%)} = \frac{\text{유동자산}}{\text{유동부채}} \times 100$$

① 24%

② 124%

③ 354%

④ 411%

32   손익계산서 조회 (4점)

매출액순이익률이란 매출액에 대한 당기순이익의 비율을 보여주는 지표이다. 전기 매출액순이익률을 계산하면 얼마인가?(단, 소숫점 이하는 버림할 것)

$$\text{매출액순이익률(\%)} = \frac{\text{당기순이익}}{\text{매출액}} \times 100$$

① 20%

② 27%

③ 34%

④ 489%

실무이론평가

아래 문제에서 특별한 언급이 없으면 기업의 보고기간(회계기간)은 매년 1월 1일부터 12월 31일까지입니다. 또한 기업은 일반기업회계기준 및 관련 세법을 계속적으로 적용하고 있다고 가정하고 물음에 가장 합당한 답을 고르시기 바랍니다.

01 다음 중 재무제표의 작성과 표시에 대한 설명으로 옳지 않은 것은?

① 경영진은 재무제표를 작성할 때 계속기업으로서의 존속가능성을 평가해야 한다.

② 재무제표의 작성과 표시에 대한 책임은 외부감사인에게 있다.

③ 재무제표는 경제적 사실과 거래의 실질을 반영하여 공정하게 표시하여야 한다.

④ 일반기업회계기준에 따라 적정하게 작성된 재무제표는 공정하게 표시된 재무제표로 본다.

02 다음 거래에서 매출채권으로 계상되는 금액은 얼마인가?

(주)한공은 상품 1,000개를 개당 6,000원에 판매하였다. 판매대금으로 현금 500,000원과 전자어음 3,000,000원을 수령하고 나머지 잔액은 2개월 후에 받기로 하였다.

① 3,000,000원

② 3,500,000원

③ 4,500,000원

④ 5,500,000원

03 다음 자료를 토대로 당기순이익을 계산하면 얼마인가?

• 기초자산 6,000,000원   • 기초부채 3,000,000원
• 기말자산 10,000,000원   • 기말부채 4,000,000원
• 당기 추가출자금액 2,000,000원

① 1,000,000원   ② 1,500,000원

③ 2,000,000원   ④ 3,000,000원

04 다음 설명의 (가), (나)의 내용으로 옳은 것은?

건물을 정상적인 영업과정에서 판매할 목적으로 취득하면 (가)으로, 장기간 사용할 목적으로 취득하면 (나)으로 처리한다.

	(가)	(나)
①	유형자산	투자자산
②	재고자산	투자자산
③	투자자산	재고자산
④	재고자산	유형자산

05 다음 자료를 토대로 2월 말 매출총이익을 계산하면 얼마인가?

• 2월의 매출액 : 300개 × 300원 = 90,000원
• 재고자산평가방법 : 선입선출법
• 2월의 상품재고장

날 짜	적 요	입 고			출 고
		수량(개)	단가(원)	금액(원)	수량(개)
2/1	전월이월	200	100	20,000	
2/15	매 입	300	200	60,000	
2/26	매 출				300

① 15,000원   ② 35,000원

③ 40,000원   ④ 50,000원

06 다음 중 손익계산서상의 영업이익에 영향을 미치는 계정과목으로 옳지 않은 것은?

① 복리후생비   ② 잡손실
③ 임차료   ④ 접대비

07 다음과 같은 회계처리 누락이 2024년도 손익계산서에 미치는 영향으로 옳은 것은?

> • (주)한공은 2024년 11월 1일에 가입한 1년 만기 정기예금 10,000,000원(연이율 3%, 월할계산)에 대한 이자 경과분(미수분)을 계상하지 않았다.

① 당기순이익 50,000원 과소계상
② 당기순이익 50,000원 과대계상
③ 당기순이익 250,000원 과소계상
④ 당기순이익 250,000원 과대계상

08 다음 중 부가가치세 납세의무에 대해 바르게 설명하고 있는 사람은?

진수: 재화를 수입하는 사람도 부가가치세 납세의무가 있어.

수현: 사업자등록을 하지 않으면 부가가치세 납세의무는 없어.

민혁: 면세사업자도 부가가치세 납세의무가 있어.

세진: 국가나 지방자치단체는 부가가치세 납세의무가 없어.

① 진 수   ② 수 현
③ 민 혁   ④ 세 진

09 다음 중 부가가치세법상 영세율 적용대상에 해당하는 것은 모두 몇 개인가?

> 가. 선박 또는 항공기의 외국항행 용역
>
> 나. 수출하는 재화
>
> 다. 국외에서 제공하는 용역
>
> 라. 국가 또는 지방자치단체에 무상으로 공급하는 재화 및 용역

① 1개

② 2개

③ 3개

④ 4개

10 다음 자료를 토대로 도매업을 영위하는 (주)한공이 공제받을 수 있는 매입세액을 계산하면 얼마인가?(단, 세금계산서는 적법하게 수령하였다)

• 상품 운반용 트럭 구입 관련 매입세액 :	6,000,000원
• 본사 건물의 자본적 지출과 관련된 매입세액 :	10,000,000원
• 거래처 접대와 관련된 매입세액 :	3,000,000원

① 6,000,000원

② 9,000,000원

③ 13,000,000원

④ 16,000,000원

(주)제로음료(회사코드 3169)는 음료와 주스 등을 도·소매하는 법인으로 회계기간은 제8기(2023.1.1. ~ 2023.12.31.)이다. 제시된 자료와 [자료설명]을 참고하여 [수행과제]를 완료하고 [평가문제]의 물음에 답하시오.

실무수행 유의사항	1. 부가가치세 관련 거래는 [매입매출전표입력] 메뉴에 입력하고, 부가가치세 관련 없는 거래는 [일반전표입력] 　메뉴에 입력한다. 2. 타계정 대체액과 관련된 적요는 반드시 코드를 입력하여야 한다. 3. 채권·채무, 예금거래 등 관리대상 거래자료에 대하여는 반드시 거래처코드를 입력한다. 4. 자금관리 등 추가 작업이 필요한 경우 문제의 요구에 따라 추가 작업하여야 한다. 5. 판매비와관리비는 800번대 계정코드를 사용한다. 6. 등록된 계정과목 중 가장 적절한 계정과목을 선택한다.

실무수행 1　기초정보관리의 이해

회계관련 기초정보는 입력되어 있다. [자료설명]을 참고하여 [수행과제]를 수행하시오.

① 거래처등록

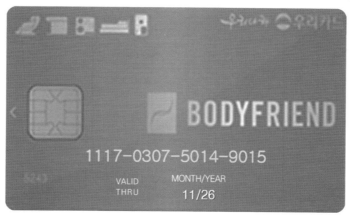

※ 카드 사용등록일로부터 다음 달 말일 까지는 실적 상관없이 20,000원 할인적용
　전월 카드 청구금액 50만원 이상 시 20,000원 할인은 1월 발급 고객에 한합니다.

자료설명	직원 휴게실에서 사용할 안마의자의 렌탈계약을 체결하고, 고객제휴 할인카드를 발급받았다.
수행과제	거래처등록을 하시오. ('코드 : 99710, 카드명 : 우리카드, 구분 : 매입, 카드 결제일 : 24일'로 할 것)

② 전기분 재무상태표의 입력수정

재 무 상 태 표

제7기 2022년 12월 31일 현재
제6기 2021년 12월 31일 현재

(주)제로음료 (단위: 원)

과 목	제7기		제6기	
자 산				
Ⅰ. 유 동 자 산		475,730,000		451,842,000
당 좌 자 산		405,730,000		378,142,000
현 금		95,200,000		87,000,000
당 좌 예 금		26,200,000		10,000,000
보 통 예 금		143,000,000		112,700,000
정 기 예 금		12,000,000		0
단 기 매 매 증 권		12,430,000		12,000,000
외 상 매 출 금	50,000,000		110,800,000	
대 손 충 당 금	500,000	49,500,000	1,108,000	109,692,000
받 을 어 음	60,000,000		25,000,000	
대 손 충 당 금	600,000	59,400,000	250,000	24,750,000
단 기 대 여 금		5,000,000		22,000,000
미 수 금		3,000,000		0
재 고 자 산		70,000,000		73,700,000
상 품		70,000,000		73,700,000
Ⅱ. 비 유 동 자 산		66,800,000		79,950,000
투 자 자 산		12,000,000		0
장 기 대 여 금		12,000,000		0
유 형 자 산		19,800,000		44,950,000
차 량 운 반 구	28,000,000		50,000,000	
감 가 상 각 누 계 액	12,600,000	15,400,000	10,000,000	40,000,000
비 품	11,000,000		9,000,000	
감 가 상 각 누 계 액	6,600,000	4,400,000	4,050,000	4,950,000
무 형 자 산		15,000,000		15,000,000
소 프 트 웨 어		15,000,000		15,000,000
기 타 비 유 동 자 산		20,000,000		20,000,000
임 차 보 증 금		20,000,000		20,000,000
자 산 총 계		542,530,000		531,792,000
부 채				
Ⅰ. 유 동 부 채		126,130,000		143,312,000
외 상 매 입 금		34,000,000		29,042,000
미 지 급 금		35,500,000		44,050,000
예 수 금		6,630,000		20,700,000
단 기 차 입 금		50,000,000		49,520,000
Ⅱ. 비 유 동 부 채		0		0
부 채 총 계		126,130,000		143,312,000
자 본				
Ⅰ. 자 본 금		350,000,000		350,000,000
자 본 금		350,000,000		350,000,000
Ⅱ. 자 본 잉 여 금				
Ⅲ. 자 본 조 정				
Ⅳ. 기타포괄손익누계액				
Ⅴ. 이 익 잉 여 금		66,400,000		38,480,000
미 처 분 이 익 잉 여 금 (당기순이익 27,920,000)		66,400,000		38,480,000
자 본 총 계		416,400,000		388,480,000
부 채 와 자 본 총 계		542,530,000		531,792,000

자료설명	1. (주)제로음료의 전기(제7기)분 재무제표는 입력되어 있다. 2. 전기(제7기)분 재무제표 검토결과 입력오류를 발견하였다.
수행과제	입력이 누락되었거나 오류부분을 찾아 수정입력하시오.

실무프로세스 자료이다. [자료설명]을 참고하여 [수행과제]를 수행하시오.

① 3만원 초과 거래자료에 대한 영수증수취명세서 작성

주차 영수증

2023/03/29

상   호: 공항주차장   (T.02-667-8795)

성   명: 김원배

사업장: 서울특별시 강서구 공항대로 227

사업자등록번호: 128-14-83868

차량번호	시간	단가	금 액
25오 7466	11	3,000	33,000

합계: 33,000원

감사합니다.

자료설명	관리부 업무용 차량의 주차비를 현금으로 지급하고 받은 영수증이다. 회사는 이 거래가 지출증명서류미수취 가산세대상인지를 검토하려고 한다.
수행과제	1. 거래자료를 입력하시오.('차량유지비' 계정으로 회계처리할 것) 2. 영수증수취명세서(1)과 (2)서식을 작성하시오.

2 **통장사본에 의한 거래입력**

자료 1. 대출금(이자)계산서

대출금(이자)계산서

2023년 4월 30일

IBK기업은행

(주)제로음료 귀하
(고객님 팩스 NO: 02-2643-1235)

대출과목: IBK기업은행 중소기업자금대출

계좌번호: 110-531133-64-6666

대 출 일: 2022-10-01

만 기 일: 2023-04-30

일 자	적 요	금 액	이자계산기간
2023.4.30.	원금상환	20,000,000원	
2023.4.30.	약정이자	177,600원	2023.4.1.~2023.4.30.
합 계		20,177,600원	

자료 2. 보통예금(하나은행) 거래내역

번 호	거래일	내 용	찾으신금액	맡기신금액	잔 액	거래점
			계좌번호 851-11-073757 (주)제로음료			
1	2023-4-30	IBK기업은행	20,177,600		***	***

자료설명	IBK기업은행의 중소기업자금대출 원금과 이자를 하나은행 보통예금 계좌에서 이체하여 상환하였다.
수행과제	거래자료를 입력하시오.

3 **대손의 발생과 설정**

■ 보통예금(하나은행) 거래내역

번 호	거래일	내 용	찾으신금액	맡기신금액	잔 액	거래점
			계좌번호 851-11-073757 (주)제로음료			
1	2023-5-9	자몽자몽(주)		3,000,000	***	***

자료설명	자몽자몽(주)의 파산으로 전기에 대손처리하였던 받을어음 금액 중 일부가 회수되어 하나은행 보통예금 계좌에 입금되었다.
수행과제	거래자료를 입력하시오.

④ 증빙에 의한 전표입력

<table>
<tr><td colspan="2">산출내역</td><td>서울특별시</td><td colspan="3">2023년 08월 주민세(사업소분)</td><td>납세자 보관용 영수증</td></tr>
<tr><td colspan="2">납기내
55,000 원</td><td>납세자</td><td colspan="3">(주)제로음료</td><td rowspan="2">• 이 영수증은 과세명세로도 사용 가능합니다.
• 세금 납부 후에는 취소가 되지 않습니다.</td></tr>
<tr><td>주 민 세</td><td>50,000 원</td><td rowspan="2">주 소</td><td colspan="4" rowspan="2">서울특별시 강남구 강남대로 238
(도곡동, 스카이쏠라빌딩)</td></tr>
<tr><td>지방교육세</td><td>5,000 원</td></tr>
<tr><td colspan="2">납기후
56,650 원</td><td>납세번호</td><td>기관번호</td><td>세목</td><td>납세년월기</td><td>과세번호</td></tr>
<tr><td>주 민 세</td><td>51,500 원</td><td rowspan="2">과세대상</td><td>주민세</td><td>50,000원</td><td colspan="2">납기내   55,000 원</td></tr>
<tr><td>지방교육세</td><td>5,150 원</td><td>지방교육세</td><td>5,000원</td><td colspan="2">2023.08.31. 까지</td></tr>
<tr><td colspan="2">전용계좌로도 편리하게 납부</td><td>체납세액</td><td colspan="3">체납표기 제외대상입니다.</td><td>납기후   56,650 원</td></tr>
<tr><td colspan="2">은행</td><td></td><td colspan="4">2023.09.20. 까지</td></tr>
<tr><td colspan="2">은행</td><td rowspan="2"><납부장소>
시중은행 본·지점(한국은행 제외),
농·수협(중앙회 포함), 우체국</td><td colspan="3" rowspan="2">위의 금액을 납부하시기 바랍니다. 위의 금액을 영수합니다.</td><td rowspan="2">수납인</td></tr>
<tr><td colspan="2">은행</td></tr>
<tr><td colspan="2">*세금 미납시에는 재산압류 등
체납처분을 받게 됩니다.</td><td>담당자</td><td colspan="2">서울특별시</td><td>강남구청장</td><td>• 수납인과 취급자인이 없으면 이 영수증은 무효입니다.
• 세금 납부 후에는 취소가 되지 않습니다.</td></tr>
</table>

자료설명	[8월 31일] 법인 사업소분 주민세를 신한은행 보통예금 계좌에서 이체하여 납부하였다.
수행과제	거래자료를 입력하시오.

⑤ 통장사본에 의한 거래입력

자료 1. 체크카드 영수증

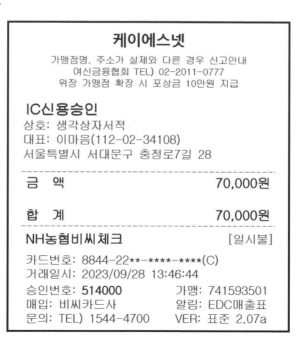

자료 2. 보통예금(농협은행) 거래내역

번 호	거래일	내 용	찾으신금액	맡기신금액	잔 액	거래점
		계좌번호 351-06-909476 (주)제로음료				
1	2023-9-28	생각상자서적	70,000		***	***

자료설명	1. 고객 대기실에 비치할 도서를 구입하고 받은 체크카드 영수증이다. 2. 체크카드 사용에 대한 농협은행 거래내역이다.
수행과제	거래자료를 입력하시오.

실무수행 3 부가가치세

부가가치세 신고 관련 자료이다. [자료설명]을 참고하여 [수행과제]를 수행하시오.

① 과세매출자료의 전자세금계산서 발행

거래명세서 (공급자 보관용)

공급자	등록번호	220-81-03217			공급받는자	등록번호	211-81-44121		
	상호	(주)제로음료	성명	김응준		상호	(주)탄산나라	성명	박나라
	사업장 주소	서울특별시 강남구 강남대로 238 (도곡동, 스카이쏠라빌딩)				사업장 주소	서울특별시 강남구 논현로145길 18 (논현동)		
	업태	도소매업	종사업장번호			업태	도소매업	종사업장번호	
	종목	음료, 주스 외				종목	음료 외		

거래일자	미수금액	공급가액	세액	총 합계금액
2023.10.6.		10,000,000	1,000,000	11,000,000

NO	월	일	품목명	규격	수량	단가	공급가액	세액	합계
1	10	6	제로 스파클링		5,000	2,000	10,000,000	1,000,000	11,000,000

자료설명	1. 상품을 판매하고 발급한 거래명세서이다. 2. 10월 1일에 받은 계약금을 제외한 잔액은 이번 달 말일에 받기로 하였다.
수행과제	1. 거래명세서에 의해 매입매출자료를 입력하시오. 2. 전자세금계산서 발행 및 내역관리를 통하여 발급 및 전송하시오. (전자세금계산서 발급 시 결제내역 및 전송일자는 고려하지 말 것)

② 매입거래

```
                    신용카드매출전표
--------------------------------------
    카드종류: 삼성카드
    회원번호: 8888-5432-**88-7**2
    거래일시: 2023.10.18.  14:05:16
    거래유형: 신용승인
    매    출: 300,000원
    부 가 세:  30,000원
    합    계: 330,000원
    결제방법: 일시불
    승인번호: 16482395
--------------------------------------
    가맹점명: (주)상큼해 (206-81-17938)

                 -이 하 생 략-
```

자료설명	(주)상큼해에서 상품(제로하이쿨)을 구입하고 발급받은 신용카드 매출전표이다.
수행과제	매입매출자료를 입력하시오.

③ 매입거래

2023년 10월 청구분   도시가스요금 지로영수증(고객용)

고객번호	3154892						
지로번호	1	3	4	0	5	2	8
고지금액	279,950 원						

납부마감일	2023.11.30.
미납금액	0 원
	0 원

주소/성명   서울특별시 강남구 강남대로 238 (도곡동, 스카이쏠라빌딩) / (주)제로음료

	사용기간	2023.10.1.~2023.10.31.	기 본 요 금	25,000 원
당월사용량	금월지침	8,416 m³	사 용 요 금	229,500 원
	전월지침	6,104 m³	계량기교체비용	원
	사용량	2,312 m³	공 급 가 액	254,500 원
사용량비교	전월	1,535 m³	부 가 세	25,450 원
	전년동월	2,931 m³	가 산 금	원
계량기번호	CD011		정 산 금 액	원
검침원명			고 지 금 액	279,950 원
			공급받는자 등록번호	220-81-03217
			공 급 자 등록번호	122-81-17950

작성일자   2023 년 11 월 15 일

입금전용계좌

※ 본 영수증은 부가가치세법 시행령 53 조 3 항에 따라 발행하는
전자세금계산서입니다.

한국도시가스(주)

자료설명	1. 회사의 10월분 도시가스 요금명세서이다. 2. 작성일자를 기준으로 입력하고 납부마감일에 보통예금 통장에서 자동이체되는 거래의 입력은 생략한다.
수행과제	매입매출자료를 입력하시오. (전자세금계산서의 발급 및 전송업무는 생략하고 '전자입력'으로 입력할 것)

④ **매출거래**

<table>
<tr><td colspan="4">전자계산서</td><td colspan="2">(공급자 보관용)</td><td>승인번호</td><td></td></tr>
<tr><td rowspan="6">공
급
자</td><td>등록번호</td><td colspan="3">220-81-03217</td><td rowspan="6">공
급
받
는
자</td><td>등록번호</td><td colspan="2">138-81-15466</td></tr>
<tr><td>상호</td><td>(주)제로음료</td><td>성명
(대표자)</td><td>김응준</td><td>상호</td><td>(주)주스러브</td><td>성명
(대표자)</td><td>강주희</td></tr>
<tr><td>사업장
주소</td><td colspan="3">서울특별시 강남구 강남대로 238
(도곡동, 스카이쏠라빌딩)</td><td>사업장
주소</td><td colspan="3">서울특별시 구로구 구로동로 30</td></tr>
<tr><td>업태</td><td>도소매업</td><td colspan="2">종사업장번호</td><td>업태</td><td>도소매업</td><td colspan="2">종사업장번호</td></tr>
<tr><td>종목</td><td colspan="3">음료, 주스 외</td><td>종목</td><td colspan="3">과일류</td></tr>
<tr><td>E-Mail</td><td colspan="3">zero@bill36524.com</td><td>E-Mail</td><td colspan="3">kang@naver.com</td></tr>
</table>

작성일자	2023.11.22.	공급가액	900,000	비 고	

월	일	품목명	규격	수량	단가	공급가액	비고
11	22	라임	kg	30	30,000	900,000	

합계금액	현금	수표	어음	외상미수금	이 금액을	⦿ 영수 ○ 청구 함
900,000		900,000				

자료설명	면세상품(라임)을 판매하고 대금은 자기앞수표로 받았다. (단, 본 문제에 한하여 과세사업과 면세사업을 겸영한다고 가정할 것)
수행과제	매입매출자료를 입력하시오. (전자계산서 거래는 '전자입력'으로 입력할 것)

⑤ 매입거래

<table>
<tr><td colspan="6">전자세금계산서</td><td colspan="2">(공급받는자 보관용)</td><td>승인번호</td><td></td></tr>
<tr><td rowspan="7">공급자</td><td colspan="2">등록번호</td><td colspan="4">211-81-10539</td><td rowspan="7">공급받는자</td><td>등록번호</td><td colspan="3">220-81-03217</td></tr>
<tr><td colspan="2">상호</td><td>(주)법무법인 한라</td><td>성명
(대표자)</td><td colspan="2">최한나</td><td>상호</td><td>(주)제로음료</td><td>성명
(대표자)</td><td>김응준</td></tr>
<tr><td colspan="2">사업장
주소</td><td colspan="4">서울특별시 서대문구 독립문로8길
120</td><td>사업장
주소</td><td colspan="3">서울특별시 강남구 강남대로 238
(도곡동, 스카이쏠라빌딩)</td></tr>
<tr><td colspan="2">업태</td><td colspan="2">서비스업</td><td colspan="2">종사업장번호</td><td>업태</td><td colspan="2">도소매업</td><td>종사업장번호</td></tr>
<tr><td colspan="2">종목</td><td colspan="4">법률자문</td><td>종목</td><td colspan="3">음료, 주스 외</td></tr>
<tr><td colspan="2">E-Mail</td><td colspan="4">ok@bill36524.com</td><td>E-Mail</td><td colspan="3">zero@bill36524.com</td></tr>
<tr><td colspan="2">작성일자</td><td colspan="2">2023.12.17.</td><td>공급가액</td><td colspan="2">1,300,000</td><td>세 액</td><td colspan="2">130,000</td></tr>
<tr><td colspan="2">비고</td><td colspan="8"></td></tr>
<tr><td>월</td><td>일</td><td colspan="2">품목명</td><td>규격</td><td>수량</td><td>단가</td><td>공급가액</td><td>세액</td><td>비고</td></tr>
<tr><td>12</td><td>17</td><td colspan="2">등기 대행수수료</td><td></td><td></td><td></td><td>1,300,000</td><td>130,000</td><td></td></tr>
<tr><td></td><td></td><td colspan="2"></td><td></td><td></td><td></td><td></td><td></td><td></td></tr>
<tr><td></td><td></td><td colspan="2"></td><td></td><td></td><td></td><td></td><td></td><td></td></tr>
<tr><td colspan="2">합계금액</td><td>현금</td><td>수표</td><td>어음</td><td colspan="2">외상미수금</td><td colspan="2" rowspan="2">이 금액을 ● 영수
○ 청구</td><td>함</td></tr>
<tr><td colspan="2">1,430,000</td><td>1,430,000</td><td></td><td></td><td colspan="2"></td><td></td></tr>
</table>

자료설명	상품 보관창고를 건설하기 위해 취득한 토지의 등기대행 수수료에 대한 전자세금계산서를 수취하고 대금은 현금으로 지급하였다.
수행과제	매입매출자료를 입력하시오. (자본적 지출로 처리하고, 전자세금계산서 거래는 '전자입력'으로 입력할 것)

⑥ 부가가치세신고서에 의한 회계처리

■ 보통예금(국민은행) 거래내역

		내 용	찾으신금액	맡기신금액	잔 액	거래점
번 호	거래일	계좌번호 096-24-0094-123 (주)제로음료				
1	2023-8-22	역삼세무서		1,398,000	***	***

자료설명	제1기 부가가치세 확정신고와 관련된 부가가치세 환급세액이 국민은행 보통예금 계좌로 입금되었다.
수행과제	6월 30일에 입력된 일반전표를 참고하여 환급세액에 대한 회계처리를 하시오. (단, 거래처코드를 입력할 것)

[결산자료]를 참고하여 결산을 수행하시오.(단, 제시된 자료 이외의 자료는 없다고 가정함)

① 수동결산 및 자동결산

자료설명	1. 장기대여금에 대한 미수이자 600,000원을 계상하다. 2. 기말상품재고액은 39,000,000원이다. 3. 이익잉여금처분계산서 처분 예정(확정)일 　－ 당기분: 2024년 2월 27일 　－ 전기분: 2023년 2월 27일
수행과제	1. 수동결산 또는 자동결산 메뉴를 이용하여 결산을 완료하시오. 2. 12월 31일을 기준으로 '손익계산서 ➔ 이익잉여금처분계산서 ➔ 재무상태표'를 순서대로 조회 작성하시오. 　(단, 이익잉여금처분계산서 조회 작성 시 '저장된 데이터 불러오기' ➔ '아니오' 선택 ➔ 상단부의 '전표추가' 　를 이용하여 '손익대체분개'를 수행할 것)

입력자료 및 회계정보를 조회하여 [평가문제]의 답안을 입력하시오.

평가문제 답안입력 유의사항		
❶ 답안은 지정된 단위의 숫자로만 입력해 주십시오. 　* 한글 등 문자 금지		
	정답	**오답(예)**
(1) 금액은 원 단위로 숫자를 입력하되, 천 단위 콤마(,)는 생략 가능합니다.	1,245,000 1245000	1,245,000 1,245,000원 1,245,0000 12,45,000 1,245천원
(1-1) 답이 0원인 경우 반드시 "0"입력 　(1-2) 답이 음수(-)인 경우 숫자 앞에 "-" 입력 　(1-3) 답이 소수인 경우 반드시 "." 입력		
(2) 질문에 대한 답안은 숫자로만 입력하세요.	4	04 4건/매/명 04건/매/명
(3) 거래처 코드번호는 5자리 숫자로 입력하세요.	00101	101 00101번
❷ 더존 프로그램에서 조회되는 자료를 복사하여 붙여넣기가 가능합니다.		
❸ 수행과제를 올바르게 입력하지 않고 작성한 답과 모범답안이 다른 경우 오답처리됩니다.		

번 호	평가문제	배 점
11	**평가문제 [거래처등록 조회]** [거래처등록] 관련 내용으로 옳지 않은 것은? ① 비씨카드사는 매출카드이다. ② 매출카드는 1개이고, 매입카드는 5개이다. ③ 우리카드의 결제일은 24일이다. ④ 신한체크카드의 결제계좌는 신한은행(보통)이다.	4
12	**평가문제 [현금출납장 조회]** 3월 한 달 동안 '현금'의 출금 금액은 얼마인가? ( )원	4
13	**평가문제 [일/월계표 조회]** 9월 한 달 동안 발생한 '도서인쇄비' 금액은 얼마인가? ( )원	3
14	**평가문제 [일/월계표 조회]** 11월 한 달 동안 발생한 '상품매출' 금액은 얼마인가? ( )원	3
15	**평가문제 [거래처원장 조회]** 10월 말 (주)탄산나라(코드 : 01121)의 '108.외상매출금' 잔액은 얼마인가? ( )원	3
16	**평가문제 [거래처원장 조회]** 10월 말 '251.외상매입금'의 거래처별 잔액으로 옳지 않은 것은? ① 00566.헬스음료(주) 30,800,000원 ② 02005.(주)정연식품 6,600,000원 ③ 02600.자몽자몽(주) 1,100,000원 ④ 99600.삼성카드 2,200,000원	3
17	**평가문제 [재무상태표 조회]** 12월 말 '받을어음'의 장부금액(받을어음 − 대손충당금)은 얼마인가? ( )원	3
18	**평가문제 [재무상태표 조회]** 12월 말 '자산'의 계정별 잔액으로 옳지 않은 것은? ① 미수수익 600,000원 ② 미수금 3,000,000원 ③ 장기대여금 12,000,000원 ④ 토지 20,000,000원	3
19	**평가문제 [재무상태표 조회]** 12월 말 '기타비유동자산'의 잔액은 얼마인가? ( )원	3
20	**평가문제 [재무상태표 조회]** 12월 말 '유동부채'의 계정별 잔액으로 옳은 것은? ① 미지급금 108,208,180원 ② 예수금 6,767,130원 ③ 선수금 6,610,000원 ④ 단기차입금 30,000,000원	3

번 호	평가문제	배 점
21	**평가문제 [재무상태표 조회]** 12월 말 '이월이익잉여금(미처분이익잉여금)' 잔액은 얼마인가? ① 119,246,370원 ② 120,446,370원 ③ 121,946,370원 ④ 122,846,370원	1
22	**평가문제 [손익계산서 조회]** 당기에 발생한 '상품매출원가' 금액은 얼마인가? <div align="right">( )원</div>	3
23	**평가문제 [손익계산서 조회]** 당기에 발생한 비용의 계정별 금액으로 옳지 않은 것은? ① 복리후생비 15,219,200원 ② 수도광열비 5,884,520원 ③ 세금과공과금 960,000원 ④ 이자비용 10,371,400원	3
24	**평가문제 [손익계산서 조회]** 당기에 발생한 '영업외수익' 금액은 얼마인가? <div align="right">( )원</div>	4
25	**평가문제 [영수증수취명세서 조회]** [영수증수취명세서(1)]에 작성된 '12.명세서제출 대상' 금액은 얼마인가? <div align="right">( )원</div>	3
26	**평가문제 [예적금현황 조회]** 12월 말 은행별 예금 잔액으로 옳은 것은? ① 국민은행(보통) 21,995,000원 ② 농협은행(보통) 10,130,000원 ③ 신한은행(보통) 53,600,000원 ④ 하나은행(보통) 24,060,000원	3
27	**평가문제 [부가가치세신고서 조회]** 제2기 확정신고기간 부가가치세신고서의 '그밖의공제매입세액(14란)_신용매출전표수취/일반(41란)'의 세액은 얼마인가? <div align="right">( )원</div>	4
28	**평가문제 [부가가치세신고서 조회]** 제2기 확정신고기간 부가가치세신고서의 '매입세액_공제받지못할매입세액(16란)'의 세액은 얼마인가? <div align="right">( )원</div>	3
29	**평가문제 [세금계산서합계표 조회]** 제2기 확정신고기간의 매출 전자세금계산서의 부가세는 얼마인가? <div align="right">( )원</div>	3
30	**평가문제 [계산서합계표 조회]** 제2기 확정신고기간의 매출 전자계산서 공급가액 합계는 얼마인가? <div align="right">( )원</div>	3
총 점		62

회계정보를 조회하여 [회계정보분석] 답안을 입력하시오.

31   **재무상태표 조회 (4점)**
     당좌비율이란 유동부채에 대한 당좌자산의 비율로 재고자산을 제외시킴으로써 단기채무에 대한 기업의 지급능력을 파악하는데 유동비율보다 더욱 정확한 지표로 사용되고 있다. 전기분 당좌비율을 계산하면 얼마인가?(단, 소숫점 이하는 버림할 것)

$$당좌비율(\%) = \frac{당좌자산}{유동부채} \times 100$$

① 229%

② 312%

③ 321%

④ 336%

32   **손익계산서 조회 (4점)**
     매출총이익률은 매출로부터 얼마의 이익을 얻느냐를 나타내는 비율로 높을수록 판매, 매입활동이 양호한 편이다. 전기분 매출총이익률은 얼마인가?(단, 소숫점 이하는 버림할 것)

$$매출총이익률(\%) = \frac{매출총이익}{매출액} \times 100$$

① 34%

② 37%

③ 41%

④ 45%

실무이론평가

아래 문제에서 특별한 언급이 없으면 기업의 보고기간(회계기간)은 매년 1월 1일부터 12월 31일까지입니다. 또한 기업은 일반기업회계기준 및 관련 세법을 계속적으로 적용하고 있다고 가정하고 물음에 가장 합당한 답을 고르시기 바랍니다.

01 다음 중 손익계산서에 대한 설명으로 옳지 않은 것은?

① 손익계산서는 경영성과에 대한 유용한 정보를 제공한다.

② 매출액은 총매출액에서 매출할인, 매출환입, 매출에누리를 차감한 금액으로 한다.

③ 매출원가는 매출액에 대응하는 원가로서, 매출원가의 산출과정을 재무상태표 본문에 표시하거나 주석으로 기재한다.

④ 포괄손익은 일정 기간 주주와의 자본거래를 제외한 모든 거래나 사건에서 인식한 자본의 변동을 말한다.

02 다음 중 재무제표의 표시에 대한 내용을 잘못 설명하고 있는 사람은?

① 영 미
② 철 수
③ 지 호
④ 윤 서

03 다음은 (주)한공의 손익계산서 일부와 추가자료이다. 이를 토대로 계산한 (가)의 금액으로 옳은 것은?

자료 1.

손익계산서

(주)한공   2024년 1월 1일부터 2024년 12월 31일까지   (단위 : 원)

과 목	제 5기	
매출액		7,000,000
매출원가		5,000,000
기초상품재고액	1,000,000	
당기상품매입액	6,000,000	
기말상품재고액	2,000,000	
매출총이익		×××
판매비와관리비		×××
⋮		
영업이익		(가)

자료 2. 추가자료

• 급 여	500,000원	• 복리후생비	50,000원	• 광고선전비	40,000원
• 접대비	10,000원	• 수도광열비	15,000원	• 기부금	5,000원

① 1,360,000원

② 1,385,000원

③ 1,410,000원

④ 1,500,000원

04 다음 중 매출원가가 가장 작게 나오는 재고자산 평가방법으로 옳은 것은?(단, 물가가 계속 상승하고 재고자산의 수량이 일정하게 유지된다고 가정한다)

① 선입선출법

② 이동평균법

③ 총평균법

④ 후입선출법

05 다음은 (주)한공의 연구개발 관련 자료이다. 비용으로 처리할 금액은 얼마인가?

> • 연구단계에서 지출한 금액은 500,000원이다.
> • 제품 개발단계에서 지출한 금액은 300,000원이다. 이 중 100,000원은 자산인식요건을 충족시키지 못하였다.

① 100,000원
② 200,000원
③ 600,000원
④ 800,000원

06 다음 설명에 대한 회계처리 시 차변 계정과목으로 옳은 것은?

> • 업무용 건물에 엘리베이터를 설치하여 내용연수가 5년 연장되었다.

① 건 물
② 수선비
③ 투자부동산
④ 선급금

07 다음은 (주)한공의 2024년 소모품 관련 자료이다. 결산 시 회계처리로 옳은 것은?

> • 2024년 4월 1일 소모품 1,000,000원을 구입하고 대금은 현금으로 지급하였으며, 구입한 소모품은 전액 비용처리하였다.
> • 2024년 12월 31일 소모품 미사용액은 200,000원이다.

① (차) 소모품   200,000원   (대) 소모품비   200,000원
② (차) 소모품   800,000원   (대) 소모품비   800,000원
③ (차) 소모품비   200,000원   (대) 소모품   200,000원
④ (차) 소모품비   800,000원   (대) 소모품   800,000원

08 다음 중 부가가치세법상 과세기간에 대한 설명으로 옳지 않은 것은?

① 법인사업자인 일반과세자의 제1기 예정신고기간은 1월 1일부터 3월 31일까지이다.
② 신규사업자의 과세기간은 사업개시일부터 그 날이 속하는 과세기간 종료일까지이다.
③ 폐업자의 과세기간은 해당 과세기간 개시일부터 폐업일까지이다.
④ 간이과세자는 1월 1일부터 6월 30일까지를 과세기간으로 한다.

PART 2

09 다음 중 부가가치세법상 재화 또는 용역의 공급시기로 옳은 것은?

① 현금판매 : 대금이 지급된 때
② 재화의 공급으로 보는 가공 : 재화의 가공이 완료된 때
③ 장기할부조건부 용역의 공급 : 대가의 각 부분을 받기로 한 때
④ 공급단위를 구획할 수 없는 용역의 계속적 공급 : 용역의 공급을 완료한 때

10 다음은 과세사업자인 (주)한공의 2024년 제1기 과세자료이다. 이를 토대로 부가가치세 과세표준을 계산하면 얼마인가?(단, 주어진 자료의 금액은 부가가치세가 포함되어 있지 않은 금액이며, 세금계산서 등 필요한 증빙서류는 적법하게 발급하였거나 수령하였다)

• 대가의 일부로 받는 운송보험료 · 산재보험료	5,000,000원
• 장기할부판매 또는 할부판매 경우의 이자상당액	2,600,000원
• 대가의 일부로 받는 운송비 · 포장비 · 하역비	4,500,000원
• 재화의 공급과 직접 관련되지 아니하는 국고보조금 수령액	7,000,000원

① 9,500,000원
② 11,500,000원
③ 12,100,000원
④ 14,100,000원

(주)독도우산(회사코드 3170)은 우산 등을 도·소매하는 법인으로 회계기간은 제7기(2024.1.1. ~ 2024.12.31.)이다. 제시된 자료와 [자료설명]을 참고하여 [수행과제]를 완료하고 [평가문제]의 물음에 답하시오.

실무수행 유의사항	1. 부가가치세 관련 거래는 [매입매출전표입력] 메뉴에 입력하고, 부가가치세 관련 없는 거래는 [일반전표입력] 메뉴에 입력한다. 2. 타계정 대체액과 관련된 적요는 반드시 코드를 입력하여야 한다. 3. 채권·채무, 예금거래 등 관리대상 거래자료에 대하여는 반드시 거래처코드를 입력한다. 4. 자금관리 등 추가 작업이 필요한 경우 문제의 요구에 따라 추가 작업하여야 한다. 5. 판매비와관리비는 800번대 계정코드를 사용한다. 6. 등록된 계정과목 중 가장 적절한 계정과목을 선택한다.

실무수행 1 기초정보관리의 이해

회계관련 기초정보는 입력되어 있다. [자료설명]을 참고하여 [수행과제]를 수행하시오.

① 사업자등록증에 의한 회사등록 수정

자료설명	사업장을 이전하여 서대문 세무서로부터 사업자등록증을 재교부 받았다.
수행과제	사업자등록증의 변경내용을 확인하여 사업장주소와 담당자 메일주소를 수정하시오.

② 거래처별초기이월 등록 및 수정

주 · 임 · 종단기채권 명세서

거래처명		적 요	금 액
00123	김완선	자녀 학자금 대출	7,000,000원
00234	이효리	자녀 학자금 대출	3,000,000원
07001	엄정화	일시 사용자금 대출	2,000,000원
합 계			12,000,000원

자료설명	회사는 직원 대출금에 대한 주.임.종단기채권을 종업원별로 관리하고 있다.
수행과제	거래처별 초기이월사항을 입력하시오.

실무수행 2 거래자료 입력

실무프로세스 자료이다. [자료설명]을 참고하여 [수행과제]를 수행하시오.

① 3만원 초과 거래자료 입력

<table>
<tr><th colspan="5">영 수 증 (공급받는자용)</th></tr>
<tr><td>NO</td><td colspan="4">(주)독도우산　귀하</td></tr>
<tr><td rowspan="4">공급자</td><td>사업자
등록번호</td><td colspan="3">603-81-16391</td></tr>
<tr><td>상　호</td><td>(주)금화서비스</td><td>성명</td><td>이현진</td></tr>
<tr><td>사업장
소재지</td><td colspan="3">서울특별시 강남구 역삼로 111</td></tr>
<tr><td>업　태</td><td>서비스업</td><td>종목</td><td>종합수리</td></tr>
<tr><td colspan="2">작성일자</td><td colspan="2">공급대가총액</td><td>비고</td></tr>
<tr><td colspan="2">2024.3.3.</td><td colspan="2">80,000</td><td></td></tr>
<tr><td colspan="5">공 급 내 역</td></tr>
<tr><td>월/일</td><td>품명</td><td>수량</td><td>단가</td><td>금액</td></tr>
<tr><td>3/3</td><td>컴퓨터 수리</td><td></td><td></td><td>80,000</td></tr>
<tr><td></td><td></td><td></td><td></td><td></td></tr>
<tr><td colspan="2">합　계</td><td colspan="3">₩80,000</td></tr>
<tr><td colspan="5">위 금액을 영수(청구)함</td></tr>
</table>

자료설명	사무실 컴퓨터를 수리하고 대금은 현금으로 지급하였다. 회사는 이 거래가 지출증명서류미수취가산세 대상인지를 검토하려고 한다.
수행과제	1. 거래자료를 입력하시오.(단, '수익적지출'로 처리할 것) 2. 영수증수취명세서(2)와 (1)서식을 작성하시오.

② 기타 일반거래

■ 보통예금(국민은행) 거래내역

		내 용	찾으신금액	맡기신금액	잔 액	거래점
번 호	거래일	764502-01-047720 (주)독도우산				
1	2024-3-7	계약금	3,000,000		***	***

자료설명	(주)무지개우산에서 상품을 구입하기로 하고, 계약금 3,000,000원을 국민은행 보통예금 계좌에서 이체하여 지급하였다.
수행과제	거래자료를 입력하시오.

③ 유 · 무형자산의 구입

자료 1. 취득세 납부서 겸 영수증

취득세 납부서 겸 영수증

(납세자)
보관용

납세 번호	과세기관	검	회계	과목	세목	년도	월	기분	과세번호	검
	750	2	10	101	001	2024	04	02	000005	1

{등기후 납부시 가산세 부과}

납 세 자 (주)독도우산
주   소 서울특별시 서대문구 충정로7길 12 (충정로2가)

과 세 원 인 유상취득
과 세 대 상 토지 - 서울특별시 서대문구 충정로7길 31(충정로2가)

세 (과) 목	납 부 세 액
취 득 세 액	3,600,000원
농 어 촌 특 별 세	180,000원
지 방 교 육 세	360,000원
합 계 세 액	4,140,000원

과 세 표 준 액
90,000,000원
전 자 납 부 번 호

위의 금액을 영수합니다.   수납인
2024년 4월 10일

자료 2. 보통예금(기업은행) 거래내역

번 호	거래일	내 용	찾으신금액	맡기신금액	잔 액	거래점
		계좌번호 096-24-0094-123 (주)독도우산				
1	2024-4-10	취득세 등	4,140,000		***	***

자료설명	본사 신규 창고 건설을 위해 구입한 토지의 취득세 등을 기업은행 보통예금 계좌에서 이체하여 납부하였다.
수행과제	거래자료를 입력하시오.

④ 증빙에 의한 전표입력

자료 1. 자동차보험증권

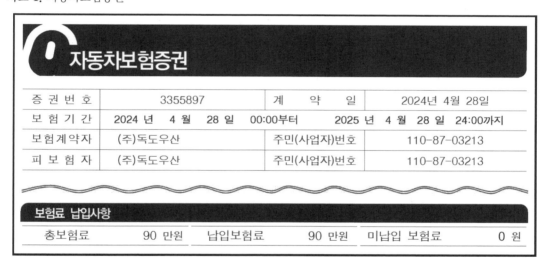

자료 2. 보통예금(기업은행) 거래내역

번 호	거래일	내 용	찾으신금액	맡기신금액	잔 액	거래점
		계좌번호 096-24-0094-123 (주)독도우산				
1	2024-4-28	보험료	900,000		***	***

자료설명	영업부 업무용 승용차의 보험료를 기업은행 보통예금 계좌에서 이체하여 납부하였다.
수행과제	거래자료를 입력하시오.(단, '자산'으로 처리할 것)

⑤ 약속어음의 할인

자료 1.

전 자 어 음

(주)독도우산 귀하   00420240320987654321

금 일천육백오십만원정   **16,500,000원**

위의 금액을 귀하 또는 귀하의 지시인에게 지급하겠습니다.

지급기일 2024년 6월 20일   발행일   2024년 3월 20일
지 급 지 국민은행   발행지   서울특별시 양천구 공항대로 530
지급장소 양천지점   주 소
                                    발행인   (주)순양유통

자료 2. 당좌예금(국민은행) 거래내역

번 호	거래일	내 용	찾으신금액	맡기신금액	잔 액	거래점
		계좌번호 112-088-123123 (주)국제우산				
1	2024-5-18	어음할인		16,250,000	***	***

자료설명	[5월 18일] (주)순양유통에서 받아 보관중인 전자어음을 국민은행 서대문지점에서 할인받고, 할인료 250,000원을 차감한 잔액을 국민은행 당좌예금 계좌로 입금받았다.
수행과제	1. 거래자료를 입력하시오.(매각거래로 처리할 것) 2. 자금관련정보를 입력하여 받을어음현황에 반영하시오. (할인기관은 '국민은행(당좌)'으로 할 것)

부가가치세 신고 관련 자료이다. [자료설명]을 참고하여 [수행과제]를 수행하시오.

① 과세매출자료의 전자세금계산서 발행

<table>
<tr><td colspan="11">거래명세서　（공급자 보관용）</td></tr>
<tr><td rowspan="6">공급자</td><td>등록번호</td><td colspan="4">110-87-03213</td><td rowspan="6">공급받는자</td><td>등록번호</td><td colspan="3">119-81-02126</td></tr>
<tr><td>상호</td><td colspan="2">(주)독도우산</td><td>성명</td><td>차기분</td><td>상호</td><td>(주)지성마트</td><td>성명</td><td>김지성</td></tr>
<tr><td>사업장
주소</td><td colspan="4">서울특별시 서대문구 충정로7길 12
(충정로2가)</td><td>사업장
주소</td><td colspan="3">서울특별시 강남구 강남대로 314
(역삼동, 서우빌딩)</td></tr>
<tr><td>업태</td><td colspan="2">도소매업</td><td colspan="2">종사업장번호</td><td>업태</td><td>도소매업</td><td colspan="2">종사업장번호</td></tr>
<tr><td>종목</td><td colspan="4">우산 외</td><td>종목</td><td colspan="3">생활용품</td></tr>
</table>

거래일자	미수금액	공급가액	세액	총 합계금액
2024.7.7.		7,000,000	700,000	7,700,000

NO	월	일	품목명	규격	수량	단가	공급가액	세액	합계
1	7	7	골프우산		1,000	7,000	7,000,000	700,000	7,700,000

자료설명	1. 상품을 판매하면서 발급한 거래명세서이다. 2. 계약금을 제외한 대금 전액은 하나은행 보통예금 계좌로 입금받았다.
수행과제	1. 7월 5일 일반전표를 참고하여 매입매출자료를 입력하시오. 2. 전자세금계산서 발행 및 내역관리 를 통하여 발급 및 전송하시오. 　(전자세금계산서 발급 시 결제내역 및 전송일자는 고려하지 말 것)

② 매출거래

전자세금계산서				(공급자 보관용)		승인번호		

공급자	등록번호	110-87-03213			공급받는자	등록번호	142-36-15766		
	상호	(주)독도우산	성명 (대표자)	차기분		상호	미래서점	성명 (대표자)	김주은
	사업장 주소	서울특별시 서대문구 충정로7길 12 (충정로2가)				사업장 주소	서울특별시 서대문구 독립문공원길 99 (현저동)		
	업태	도소매업		종사업장번호		업태	도소매업		종사업장번호
	종목	우산외				종목	책, 잡화		
	E-Mail	korea@bill36524.com				E-Mail	jooeun@naver.com		

작성일자	2024.8.4.	공급가액	2,000,000	세 액	200,000
비고					

월	일	품목명	규격	수량	단가	공급가액	세액	비고
8	4	8월 임대료				2,000,000	200,000	

합계금액	현금	수표	어음	외상미수금	이 금액을	○ 영수 ◉ 청구	함
2,200,000				2,200,000			

자료설명	당사의 사무실 일부를 일시적으로 임대하고 발급한 전자세금계산서이며, 당월 임대료(영업외수익)는 다음 달 10일에 받기로 하였다.
수행과제	매입매출자료를 입력하시오. (전자세금계산서의 발급 및 전송업무는 생략하고 '전자입력'으로 입력할 것)

③ 매입거래

전자세금계산서		(공급받는자 보관용)		승인번호			

<table>
<tr><td rowspan="6">공급자</td><td>등록번호</td><td colspan="3">211-81-10539</td><td rowspan="6">공급받는자</td><td>등록번호</td><td colspan="3">110-87-03213</td></tr>
<tr><td>상호</td><td>(주)죽동소프트</td><td>성명
(대표자)</td><td>이인식</td><td>상호</td><td>(주)독도우산</td><td>성명
(대표자)</td><td>차기분</td></tr>
<tr><td>사업장
주소</td><td colspan="3">서울특별시 서대문구 독립문로8길
120</td><td>사업장
주소</td><td colspan="3">서울특별시 서대문구 충정로7길 12
(충정로2가)</td></tr>
<tr><td>업태</td><td>서비스업</td><td colspan="2">종사업장번호</td><td>업태</td><td>도소매업</td><td colspan="2">종사업장번호</td></tr>
<tr><td>종목</td><td colspan="3">소프트웨어</td><td>종목</td><td colspan="3">우산 외</td></tr>
<tr><td>E-Mail</td><td colspan="3">insik@bill36524.com</td><td>E-Mail</td><td colspan="3">korea@bill36524.com</td></tr>
</table>

작성일자	2024.9.12.	공급가액	1,500,000	세 액	150,000
비고					

월	일	품목명	규격	수량	단가	공급가액	세액	비고
9	12	소프트웨어				1,500,000	150,000	

합계금액	현금	수표	어음	외상미수금	이 금액을	○ 영수 ● 청구	함
1,650,000				1,650,000			

자료설명	업무와 관련된 '소프트웨어'를 구입하고 전자세금계산서를 수취하였으며, 대금은 전액 9월 말일에 지급하기로 하였다.
수행과제	매입매출자료를 입력하시오. (단, '고정자산등록'은 생략하고, 전자세금계산서 거래는 '전자입력'으로 입력할 것)

④ 매입거래

```
                신용카드매출전표
 ----------------------------------------------
 카드종류: 기업카드
 회원번호: 5123-1**4-0211-65**
 거래일시: 2024.10.02. 11:11:54
 거래유형: 신용승인
 매    출: 500,000원
 부 가 세:  50,000원
 합    계: 550,000원
 결제방법: 일시불
 승인번호: 32232154
 은행확인: 기업은행
 ----------------------------------------------
 ----------------------------------------------
 가맹점명: (주)수아기프트(220-81-12375)

           - 이 하 생 략 -
```

자료설명	본사 직원에게 복리후생 목적으로 배부할 창립기념일 선물(텀블러)을 구입하고 법인 신용카드로 결제하였다.
수행과제	매입매출자료를 입력하시오.

5 **매입거래**

전자세금계산서			(공급받는자 보관용)			승인번호			

공급자	등록번호	211-81-75191			공급받는자	등록번호	110-87-03213		
	상호	(주)명성자동차	성명(대표자)	이성림		상호	(주)독도우산	성명(대표자)	차기분
	사업장주소	서울특별시 강남구 강남대로 227				사업장주소	서울특별시 서대문구 충정로7길 12 (충정로2가)		
	업태	도소매업	종사업장번호			업태	도소매업	종사업장번호	
	종목	중고차매매				종목	우산 외		
	E-Mail	famouscar@bill36524.com				E-Mail	korea@bill36524.com		

작성일자	2024.11.7.	공급가액	30,000,000	세 액	3,000,000

비고

월	일	품목명	규격	수량	단가	공급가액	세액	비고
11	7	제네시스				30,000,000	3,000,000	

합계금액	현금	수표	어음	외상미수금	이 금액을	● 영수 / ○ 청구	함
33,000,000	33,000,000						

자료설명	(주)명성자동차에서 업무용승용차(3,000cc, 개별소비세 과세대상)를 구입하고 대금은 현금으로 지급하였다.
수행과제	매입매출자료를 입력하시오. (단, 고정자산등록은 생략하고, 전자세금계산서 거래는 '전자입력'으로 입력할 것)

6 **부가가치세신고서에 의한 회계처리**

자료설명	제1기 예정 부가가치세 과세기간의 부가가치세 관련 거래자료는 입력되어 있다.
수행과제	제1기 예정 부가가치세신고서를 참고하여 3월 31일 부가가치세 납부세액(환급세액)에 대한 회계처리를 하시오.(단, 납부할 세액은 '미지급세금', 환급받을 세액은 '미수금'으로 회계처리하고, 거래처코드를 입력할 것)

[결산자료]를 참고하여 결산을 수행하시오.(단, 제시된 자료 이외의 자료는 없다고 가정함)

① 수동결산 및 자동결산

자료설명	1. 장기차입금에 대한 기간경과분 이자 300,000원을 계상하다.
	2. 기말상품재고액은 20,000,000원이다.
	3. 이익잉여금처분계산서 처분 예정(확정)일
	  – 당기분: 2025년 2월 28일
	  – 전기분: 2024년 2월 28일

수행과제	1. 수동결산 또는 자동결산 메뉴를 이용하여 결산을 완료하시오.
	2. 12월 31일을 기준으로 '손익계산서 ➡ 이익잉여금처분계산서 ➡ 재무상태표'를 순서대로 조회 작성하시오.
	  (단, 이익잉여금처분계산서 조회 작성 시 '저장된 데이터 불러오기' ➡ '아니오' 선택 ➡ 상단부의 '전표추가'
	  를 이용하여 '손익대체분개'를 수행할 것)

입력자료 및 회계정보를 조회하여 [평가문제]의 답안을 입력하시오.

평가문제 답안입력 유의사항

❶ 답안은 지정된 단위의 숫자로만 입력해 주십시오.

   * 한글 등 문자 금지

		정답	오답(예)
(1) 금액은 원 단위로 숫자를 입력하되, 천 단위 콤마(,)는 생략 가능합니다.		1,245,000 1245000	1.245.000 1,245,000원 1,245,0000 12,45,000 1,245천원
(1-1) 답이 0원인 경우 반드시 "0"입력 (1-2) 답이 음수(-)인 경우 숫자 앞에 "-" 입력 (1-3) 답이 소수인 경우 반드시 "." 입력			
(2) 질문에 대한 답안은 숫자로만 입력하세요.		4	04 4건/매/명 04건/매/명
(3) 거래처 코드번호는 5자리 숫자로 입력하세요.		00101	101 00101번

❷ 더존 프로그램에서 조회되는 자료를 복사하여 붙여넣기가 가능합니다.

❸ 수행과제를 올바르게 입력하지 않고 작성한 답과 모범답안이 다른 경우 오답처리됩니다.

PART 2

번호	평가문제	배점
11	**평가문제 [회사등록 조회]** [회사등록] 관련 내용으로 옳지 않은 것은? ① 사업장 세무서는 '서대문'이다. ② 대표자명은 '차기분'이다. ③ 국세환급금 계좌는 '국민은행 서대문지점'이다. ④ 담당자메일주소는 'korea@hanmail.net'이다.	4
12	**평가문제 [거래처원장 조회]** 1월 말 '137.주.임.종단기채권' 계정의 거래처별 잔액이 옳지 않은 것은? ① 00123.김완선 7,000,000원 ② 00234.이효리 3,000,000원 ③ 00775.이재원 2,000,000원 ④ 07001.엄정화 4,000,000원	4
13	**평가문제 [거래처원장 조회]** 12월 말 '253.미지급금' 계정의 거래처별 잔액이 옳은 것은? ① 04008.하늘유통 110,220원 ② 07117.(주)만세유통 10,000,000원 ③ 99602.기업카드 2,523,180원 ④ 99605.농협카드 290,000원	3
14	**평가문제 [일/월계표 조회]** 8월(8/1 ~ 8/31)동안 발생한 영업외수익 중 '임대료' 금액은 얼마인가? ( )원	4
15	**평가문제 [재무상태표 조회]** 12월 말 '현금' 잔액은 얼마인가? ( )원	3
16	**평가문제 [재무상태표 조회]** 12월 말 '선급금' 잔액은 얼마인가? ( )원	3
17	**평가문제 [재무상태표 조회]** 12월 말 '선급비용' 잔액은 얼마인가? ( )원	3
18	**평가문제 [재무상태표 조회]** 12월 말 '비유동자산' 계정의 금액으로 옳지 않은 것은? ① 토지 90,000,000원 ② 건물 310,000,000원 ③ 영업권 10,000,000원 ④ 소프트웨어 3,000,000원	3
19	**평가문제 [재무상태표 조회]** 12월 말 '선수금' 잔액은 얼마인가? ( )원	2
20	**평가문제 [재무상태표 조회]** 12월 말 '이월이익잉여금(미처분이익잉여금)' 잔액은 얼마인가? ① 402,246,150원 ② 408,538,870원 ③ 409,212,420원 ④ 410,837,320원	1

번 호	평가문제	배 점
21	**평가문제 [손익계산서 조회]** 당기에 발생한 '상품매출원가' 금액은 얼마인가? ( )원	3
22	**평가문제 [손익계산서 조회]** 당기에 발생한 '판매비와관리비'의 계정별 금액이 옳지 않은 것은? ① 복리후생비 15,786,400원 ② 접대비 7,350,500원 ③ 수선비 7,311,000원 ④ 보험료 7,491,000원	4
23	**평가문제 [손익계산서 조회]** 당기에 발생한 '영업외비용' 금액은 얼마인가? ( )원	3
24	**평가문제 [영수증수취명세서 조회]** [영수증수취명세서(1)]에 작성된 3만원 초과 거래분 중 '12.명세서제출 대상' 금액은 얼마인가? ( )원	3
25	**평가문제 [부가가치세신고서 조회]** 제2기 확정신고기간 부가가치세신고서의 '그밖의공제매입세액(14란)_신용카드매출전표수취/일반(41란)' 금액은 얼마인가? ( )원	3
26	**평가문제 [부가가치세신고서 조회]** 제2기 확정신고기간 부가가치세신고서의 '공제받지못할매입세액(16란)'의 세액은 얼마인가? ( )원	3
27	**평가문제 [전자세금계산서 발행 및 내역관리 조회]** 제2기 예정신고기간의 국세청 '전송성공' 건수는 몇 건인가? ( )건	4
28	**평가문제 [세금계산서합계표 조회]** 제2기 확정신고기간의 전자매입세금계산서의 매입처 수는 몇 개인가? ( )개	3
29	**평가문제 [예적금현황 조회]** 12월 말 은행별(계좌명) 예금 잔액으로 옳은 것은? ① 국민은행(당좌) 40,600,000원 ② 국민은행(보통) 224,156,400원 ③ 기업은행(보통) 31,440,700원 ④ 하나은행(보통) 27,000,000원	4
30	**평가문제 [받을어음현황 조회]** 만기일이 2024년에 도래하는 '받을어음' 미보유금액은 얼마인가? ( )원	2
총 점		62

회계정보를 조회하여 [회계정보분석] 답안을 입력하시오.

31   **재무상태표 조회 (4점)**
유동비율이란 기업의 단기 지급능력을 평가하는 지표이다. 전기 유동비율은 얼마인가?(단, 소숫점 이하는 버림할 것)

$$유동비율(\%) = \frac{유동자산}{유동부채} \times 100$$

① 13%

② 15%

③ 612%

④ 659%

32   **손익계산서 조회 (4점)**
이자보상비율은 기업의 채무상환능력을 나타내는 지표이다. 전기분 이자보상비율은 얼마인가?(단, 소숫점 이하는 버림할 것)

$$이자보상비율(\%) = \frac{영업이익}{이자비용} \times 100$$

① 1,007%

② 1,584%

③ 2,210%

④ 3,110%

응시시간 : 60분

실무이론평가

아래 문제에서 특별한 언급이 없으면 기업의 보고기간(회계기간)은 매년 1월 1일부터 12월 31일까지입니다. 또한 기업은 일반기업회계기준 및 관련 세법을 계속적으로 적용하고 있다고 가정하고 물음에 가장 합당한 답을 고르시기 바랍니다.

01 회계정보가 갖추어야 할 주요 질적특성은 목적적합성과 신뢰성이다. 다음 중 목적적합성의 하위 질적특성으로 옳은 것은?

① 표현의 충실성
② 예측가치
③ 이해가능성
④ 검증가능성

02 다음은 도소매업을 영위하는 (주)한공의 손익계산서의 계산구조이다. (다)에 적합한 것은?

	매출액
−	(가)
=	(나)
−	판매비와관리비
=	(다)
+	영업외수익
−	영업외비용
=	(라)
−	법인세비용
=	당기순이익

① 영업이익
② 매출총이익
③ 매출원가
④ 법인세비용차감전순이익

03 다음 중 재무상태표에 관한 설명으로 옳지 않은 것은?

① 유동자산 중 당좌자산에는 보통예금, 선급금, 미수금 등이 있다.

② 임대보증금은 비유동자산으로 구분한다.

③ 유형자산에는 토지, 건물, 건설중인자산 등이 있다.

④ 자본은 자본금, 자본잉여금, 자본조정, 기타포괄손익누계액 및 이익잉여금(또는 결손금)으로 구분한다.

04 다음 자료를 토대로 도소매업을 영위하는 (주)한공의 판매비와관리비를 계산하면 얼마인가?

여비교통비	4,000,000원	복리후생비	500,000원
개발비	3,000,000원	단기매매증권평가손실	400,000원
감가상각비	550,000원	접대비	1,100,000원
기부금	1,000,000원	이자비용	1,500,000원

① 4,500,000원

② 5,050,000원

③ 6,150,000원

④ 7,150,000원

05 다음 자료를 토대로 회계처리 시 차변 계정과목과 금액으로 옳은 것은?

(주)한공은 유가증권시장에 상장되어 있는 (주)국제의 주식 2,000주를 1주당 7,000원(1주당 액면금액 5,000원)에 취득하고, 거래수수료 270,000원을 지급하였다.(회사는 주식을 단기 보유할 목적이며, 주식은 시장성을 가지고 있음)

	계정과목	금 액
①	단기매매증권	14,000,000원
②	매도가능증권	14,000,000원
③	단기매매증권	14,270,000원
④	매도가능증권	14,270,000원

06 다음은 (주)한공이 취득한 기계장치에 대한 자료이다. 기계장치의 취득원가는 얼마인가?

• 기계장치 구입대금	10,000,000원	• 기계장치 설치비	450,000원
• 기계장치 운송비용	300,000원	• 기계장치 시운전비	110,000원
• 기계장치 설치 후 수선비	70,000원		

① 10,000,000원
② 10,450,000원
③ 10,750,000원
④ 10,860,000원

PART 2

07 다음 대화내용에 따른 거래를 회계처리할 경우 차변 계정과목으로 옳은 것은?

① 가지급금
② 가수금
③ 미지급금
④ 미수금

08 일반과세자 김한공 씨는 2024년 2월 10일에 부동산임대업을 폐업하였다. 2024년 1월 1일부터 2024년 2월 10일까지 거래에 대한 김한공 씨의 부가가치세 확정신고기한으로 옳은 것은?

① 2024년 2월 25일
② 2024년 3월 25일
③ 2024년 4월 25일
④ 2024년 7월 25일

09 다음 중 부가가치세 영세율에 대하여 잘못 설명하고 있는 사람은?

① 영 호
② 은 정
③ 철 수
④ 민 경

10 다음 자료를 토대로 제조업을 영위하는 일반과세자 (주)한공의 2024년 제1기 부가가치세 예정신고 시 부가가치세 납부세액을 계산하면 얼마인가?(단, 세금계산서는 적법하게 수수하였고 주어진 자료 외에는 고려하지 않는다)

> 가. 제품 매출액(공급대가) :   11,000,000원
> 나. 제품관련 매입세액 :   500,000원
> 다. 중고승용차 매입세액 :   200,000원
>   (영업부서에서 사용할 2,000cc 중고승용차에 대한 매입세액임)

① 300,000원
② 400,000원
③ 500,000원
④ 600,000원

(주)대전장식(회사코드 3171)은 인테리어소품을 도·소매하는 법인으로 회계기간은 제6기(2024.1.1. ~ 2024.12.31.)이다. 제시된 자료와 [자료설명]을 참고하여 [수행과제]를 완료하고 [평가문제]의 물음에 답하시오.

실무수행 유의사항	1. 부가가치세 관련 거래는 [매입매출전표입력] 메뉴에 입력하고, 부가가치세와 관련 없는 거래는 [일반전표입 력] 메뉴에 입력한다. 2. 타계정 대체액과 관련된 적요는 반드시 코드를 입력하여야 한다. 3. 채권·채무, 예금거래 등 관리대상 거래자료에 대하여는 반드시 거래처코드를 입력한다. 4. 자금관리 등 추가작업이 필요한 경우 문제의 요구에 따라 추가 작업하여야 한다. 5. 판매비와관리비는 800번대 계정코드를 사용한다. 6. 등록된 계정과목 중 가장 적절한 계정과목을 선택한다.

실무수행 1 기초정보관리의 이해

회계관련 기초정보는 입력되어 있다. [자료설명]을 참고하여 [수행과제]를 수행하시오.

1 사업자등록증에 의한 거래처등록 수정

자료설명	거래처 (주)명품인테리어(00108)의 대표자와 담당자 메일주소가 변경되어 변경된 사업자등록증 사본을 받았다.
수행과제	대표자명과 전자세금계산서 전용 메일주소를 수정하시오.

② 전기분 손익계산서의 입력수정

손 익 계 산 서

제5(당)기 2023년 1월 1일부터 2023년 12월 31일까지
제4(전)기 2022년 1월 1일부터 2022년 12월 31일까지

(주)대전장식

(단위: 원)

과 목	제5(당)기		제4(전)기	
	금 액		금 액	
Ⅰ. 매 출 액		560,000,000		280,000,000
상 품 매 출	560,000,000		280,000,000	
Ⅱ. 매 출 원 가		320,000,000		160,000,000
상 품 매 출 원 가		320,000,000		160,000,000
기 초 상 품 재 고 액	30,000,000		5,000,000	
당 기 상 품 매 입 액	380,000,000		185,000,000	
기 말 상 품 재 고 액	90,000,000		30,000,000	
Ⅲ. 매 출 총 이 익		240,000,000		120,000,000
Ⅳ. 판 매 비 와 관 리 비		132,980,000		58,230,000
급 여	82,300,000		30,800,000	
복 리 후 생 비	10,100,000		2,100,000	
여 비 교 통 비	3,500,000		1,500,000	
접대비(기업업무 추진비)	5,200,000		2,400,000	
통 신 비	2,800,000		3,200,000	
세 금 과 공 과 금	2,300,000		2,800,000	
접대비(기업업무 추진비)	5,200,000		2,400,000	
통 신 비	2,800,000		3,200,000	
세 금 과 공 과 금	2,300,000		2,800,000	
감 가 상 각 비	5,900,000		4,000,000	
보 험 료	1,840,000		700,000	
차 량 유 지 비	8,540,000		2,530,000	
경 상 연 구 개 발 비	4,900,000		5,400,000	
포 장 비	800,000		2,300,000	
소 모 품 비	4,800,000		500,000	
Ⅴ. 영 업 이 익		107,020,000		61,770,000
Ⅵ. 영 업 외 수 익		3,200,000		2,100,000
이 자 수 익	3,200,000		2,100,000	
Ⅶ. 영 업 외 비 용		4,800,000		2,400,000
이 자 비 용	4,800,000		2,400,000	
Ⅷ. 법 인 세 차 감 전 순 이 익		105,420,000		61,470,000
Ⅸ. 법 인 세 등		5,000,000		2,000,000
법 인 세 등	5,000,000		2,000,000	
Ⅹ. 당 기 순 이 익		100,420,000		59,470,000

자료설명	(주)대전장식의 전기(제5기)분 재무제표는 입력되어 있다.
수행과제	1. [전기분 손익계산서]의 입력이 누락되었거나 잘못된 부분을 찾아 수정하시오. 2. [전기분 이익잉여금처분계산서]의 처분 확정일(2024년 2월 27일)을 입력하시오.

실무수행 2 거래자료 입력

실무프로세스 자료이다. [자료설명]을 참고하여 [수행과제]를 수행하시오.

① 3만원 초과 거래자료에 대한 영수증수취명세서 작성

주차 영수증

2024/01/19

상 호: 하늘주차장   (T.02-667-8795)

성 명: 이하늘

사업장: 서울특별시 강남구 강남대로 276 (도곡동)

사업자등록번호: 128-14-83868

차량번호	시간	단가	금 액
25오 7466	11	3,000	33,000

합계: 33,000원

감사합니다.

자료설명	관리부 업무용 차량의 주차비를 현금으로 지급하고 받은 영수증이다. 회사는 이 거래가 지출증명서류미수취 가산세대상인지를 검토하려고 한다.
수행과제	1. 거래자료를 입력하시오.('차량유지비' 계정으로 회계처리 할 것) 2. 영수증수취명세서(2)와 (1)서식을 작성하시오.

② 기타 일반거래

지역개발채권 매입확인증

NH NongHyup

채권매입금액 :	사십오만 원정 (₩ 450,000)		

성명/법인명	(주)대전장식	주민등록번호 (사업자등록번호)	220-81-03217
주 소	서울특별시 강남구 강남대로 252 (도곡동)		
대 리 인	–	주민등록번호	–

청 구 기 관	서울특별시	전 화 번 호	–

용 도 : 자동차 신규등록 실 명 번 호 : 220-81-03217 성명(법인명) : (주)대전장식 주 소 : 서울특별시 강남구 강남대로 252 (도곡동) 금 액 : 450,000원	증 서 번 호 : 2024-2-00097369 매 출 일 자 : 2024-02-15 15:15:22 매 출 점 : 서울시청

총수납금액 : 450,000원	취급자명 : 이가을

자료설명	[2월 15일] 1. 본사 업무용으로 사용하기 위하여 구입한 차량을 등록하면서 법령에 의거한 공채를 액면금액으로 매입하고 대금은 현금으로 지급하였다. 2. 회사는 공채를 매입하는 경우 매입 당시의 공정가치는 '단기매매증권'으로 처리하고, 액면금액과 공정가치의 차이는 해당자산의 취득원가에 가산하는 방식으로 회계처리하고 있다. 3. 공채의 매입당시 공정가치는 400,000원이다.
수행과제	거래자료를 입력하시오.

③ 증빙에 의한 전표입력

NO.	영 수 증 (공급받는자용)			
	(주)대전장식			귀하
공급자	사 업 자 등 록 번 호	105-91-21517		
	상 호	만능수리	성 명	이애라
	사 업 장 소 재 지	서울특별시 서대문구 간호대로 12-6		
	업 태	서비스업	종목	가전수리
작성일자	공급대가총액		비고	
2024. 3. 20.	₩ 28,000			

공 급 내 역

월/일	품명	수량	단가	금액
3/20	컴퓨터 수리			28,000
합 계			₩	28,000

위 금액을 (영수)(청구)함

자료설명	업무용 컴퓨터를 수리하고 대금은 현금으로 지급하였다.
수행과제	거래자료를 입력하시오. (단, 수익적지출로 처리할 것)

④ 증빙에 의한 전표입력

```
             ** 현금영수증 **
               (지출증빙용)

사업자등록번호  : 133-01-42888 강명진
사업자명       : 나리한정식
단말기ID       : 73453259(tel:02-349-5545)
가맹점주소      : 서울특별시 영등포구 여의도동 731-12

현금영수증 회원번호
220-81-03217  (주)대전장식
승인번호       : 83746302    (PK)
거래일시       : 2024년 7월 1일
-------------------------------------
공급금액                       300,000원
부가세금액                       30,000원
총합계                         330,000원
-------------------------------------
휴대전화, 카드번호 등록
http://현금영수증.kr
국세청문의(126)
38036925-GCA10106-3870-U490
        <<<<<이용해 주셔서 감사합니다.>>>>>
```

자료설명	매출거래처 체육대회에 제공할 도시락을 구입하고 대금은 현금으로 지급하였다.
수행과제	거래자료를 입력하시오.

5 통장사본에 의한 거래입력

자료 1.

대출금(이자)계산서

2024년 7월 11일

국민은행

(주)대전장식 귀하
(고객님 팩스 NO: 02-3660-7212)
대출과목: 국민은행 중소기업자금단기대출
계좌번호: 777-088-123123
대 출 일: 2024-01-30

일 자	적 요	금 액	이자계산기간
2024.7.11.	원금상환	5,000,000원	
2024.7.11.	약정이자	500,000원	2024.1.30.~2024.7.11.
합 계		5,500,000원	

자료 2. 보통예금(하나은행) 거래내역

		내 용	찾으신금액	맡기신금액	잔 액	거래점
번 호	거래일	계좌번호 751-41-073757 (주)대전장식				
1	2024-7-11	원금과 이자	5,500,000		***	***

자료설명	국민은행의 중소기업자금단기대출 원금과 당기 귀속분 이자를 하나은행 보통예금 계좌에서 이체하여 상환하였다.
수행과제	거래자료를 입력하시오.

부가가치세 신고 관련 자료이다. [자료설명]을 참고하여 [수행과제]를 수행하시오.

① 과세매출자료의 전자세금계산서 발행

거래명세서				(공급자 보관용)						
공급자	등록번호	220-81-03217			공급받는자	등록번호	120-86-50832			
	상호	(주)대전장식	성명	박시유		상호	(주)유민가구	성명	김유민	
	사업장 주소	서울특별시 강남구 강남대로 252 (도곡동)				사업장 주소	서울특별시 강남구 봉은사로 409 (삼성동)			
	업태	도소매업		종사업장번호		업태	도소매업		종사업장번호	
	종목	인테리어소품				종목	가구			

거래일자	미수금액	공급가액	세액	총 합계금액
2024.8.7.		4,500,000	450,000	4,950,000

NO	월	일	품목명	규격	수량	단가	공급가액	세액	합계
1	8	7	테이블		5	500,000	2,500,000	250,000	2,750,000
2	8	7	의자		10	200,000	2,000,000	200,000	2,200,000

비고	전미수액	당일거래총액	입금액	미수액	인수자
		4,950,000	450,000	4,500,000	

자료설명	1. 상품을 공급하고 전자세금계산서를 발급 및 전송하였다. 2. 대금 중 450,000원은 자기앞수표로 받고, 잔액은 다음달 말일에 받기로 하였다.
수행과제	1. 거래명세서에 의해 매입매출자료를 입력하시오. (복수거래 키를 이용하여 입력하시오) 2. 전자세금계산서 발행 및 내역관리 를 통하여 발급 및 전송하시오. (전자세금계산서 발급 시 결제내역 및 전송일자는 고려하지 말 것)

② 매입거래

전자계산서		(공급받는자 보관용)			승인번호		

공급자	등록번호	211-75-24158			공급받는자	등록번호	220-81-03217	
	상호	강남학원	성명 (대표자)	김강남		상호	(주)대전장식	성명 (대표자)	박시유
	사업장 주소	서울특별시 강남구 역삼로 541				사업장 주소	서울특별시 강남구 강남대로 252 (도곡동)	
	업태	서비스업	종사업장번호			업태	도소매업	종사업장번호
	종목	교육				종목	인테리어소품	
	E-Mail	korea@hanmail.net				E-Mail	sunwoo@bill36524.com	

작성일자	2024.8.17.	공급가액	1,000,000	비고	

월	일	품목명	규격	수량	단가	공급가액	비고
8	17	소득세실무 교육		2	500,000	1,000,000	

합계금액	현금	수표	어음	외상	이 금액을	○ 영수 / ● 청구 함
1,000,000				1,000,000		

자료설명	회계팀 사원들의 소득세실무 교육을 실시하고 전자계산서를 발급받았다.
수행과제	매입매출자료를 입력하시오. (전자계산서 거래는 '전자입력'으로 입력할 것)

③ 매출거래

<table>
<tr><td colspan="5">전자세금계산서</td><td colspan="2" align="center">(공급자 보관용)</td><td>승인번호</td><td></td></tr>
<tr><td rowspan="7">공급자</td><td colspan="2">등록번호</td><td colspan="4" align="center">220-81-03217</td><td rowspan="7">공급받는자</td><td colspan="2">등록번호</td><td colspan="3" align="center">310-81-12004</td></tr>
<tr><td colspan="2">상호</td><td>(주)대전장식</td><td>성명
(대표자)</td><td colspan="2">박시유</td><td colspan="2">상호</td><td>(주)천사유통</td><td>성명
(대표자)</td><td>정하늘</td></tr>
<tr><td colspan="2">사업장
주소</td><td colspan="4">서울특별시 강남구 강남대로 252
(도곡동)</td><td colspan="2">사업장
주소</td><td colspan="3">서울특별시 마포구 마포대로 108
(공덕동)</td></tr>
<tr><td colspan="2">업태</td><td colspan="2">도소매업</td><td colspan="2">종사업장번호</td><td colspan="2">업태</td><td>도소매업</td><td colspan="2">종사업장번호</td></tr>
<tr><td colspan="2">종목</td><td colspan="4">인테리어소품</td><td colspan="2">종목</td><td colspan="3">생활용품</td></tr>
<tr><td colspan="2">E-Mail</td><td colspan="4">sunwoo@bill36524.com</td><td colspan="2">E-Mail</td><td colspan="3">sky@naver.com</td></tr>
</table>

작성일자	2024.9.10.	공급가액	1,400,000	세 액	140,000

비고	

월	일	품목명	규격	수량	단가	공급가액	세액	비고
9	10	냉난방기				1,400,000	140,000	

합계금액	현금	수표	어음	외상미수금	이 금액을	● 영수 ○ 청구	함
1,540,000							

자료설명	1. 매장에서 사용 중인 냉난방기를 매각하고 발급한 전자세금계산서이며, 매각대금은 전액 우리은행 보통예금 계좌로 입금받았다. 2. 매각 직전의 장부내역은 다음과 같다. (당기분 감가상각비는 없는 것으로 가정할 것) | 계정과목	자산명	취득원가	감가상각누계액
비 품	냉난방기	2,000,000원	800,000원	
---	---
수행과제	매입매출자료를 입력하시오. (전자세금계산서 거래는 '전자입력'으로 입력할 것)

④ 매입거래

전자세금계산서			(공급받는자 보관용)			승인번호			

공급자	등록번호	104-81-08128				공급받는자	등록번호	220-81-03217		
	상호	(주)디딤건설	성명(대표자)	김원배			상호	(주)대전장식	성명(대표자)	박시유
	사업장주소	서울특별시 강남구 강남대로 272					사업장주소	서울특별시 강남구 강남대로 252 (도곡동)		
	업태	건설업	종사업장번호				업태	도소매업	종사업장번호	
	종목	전문건설하도급					종목	인테리어소품		
	E-Mail	didim@naver.com					E-Mail	sunwoo@bill36524.com		

작성일자	2024.9.14.	공급가액	20,000,000	세액	2,000,000
비고					

월	일	품목명	규격	수량	단가	공급가액	세액	비고
9	14	토지 평탄화 작업				20,000,000	2,000,000	

합계금액	현금	수표	어음	외상미수금	이 금액을	● 영수 / ○ 청구	함
22,000,000							

자료설명	신규 매장 건설을 위한 토지 평탄화 작업을 의뢰하고 대금은 국민은행 보통예금 계좌에서 이체하여 지급하였다.(자본적 지출로 처리할 것)
수행과제	매입매출자료를 입력하시오. (전자세금계산서 거래는 '전자입력'으로 입력할 것)

⑤ 매출거래

카드매출전표

카드종류: 삼성카드사
회원번호: 0928-1117-****-3**4
거래일시: 2024.9.20. 14:05:16
거래유형: 신용승인
매　　출: 1,200,000원
부 가 세:　120,000원
합　　계: 1,320,000원
결제방법: 일시불
승인번호: 12985996
은행확인: 우리은행

가맹점명: (주)대전장식

- 이 하 생 략 -

자료설명	벽시계(상품)를 개인(최혜진)에게 판매하고 발급한 신용카드 매출전표이다.
수행과제	매입매출자료를 입력하시오. (단, '외상매출금' 계정으로 처리할 것)

⑥ 부가가치세신고서에 의한 회계처리

■ 보통예금(신한은행) 거래내역

번 호	거래일	내 용	찾으신금액	맡기신금액	잔 액	거래점
		계좌번호 112-088-654321 (주)대전장식				
1	2024-7-25	역삼세무서	3,291,000		***	***

자료설명	제1기 부가가치세 확정신고 납부세액을 신한은행 보통예금 계좌에서 이체하였다.
수행과제	6월 30일에 입력된 일반전표를 참고하여 납부세액에 대한 회계처리를 하시오.

[결산자료]를 참고하여 결산을 수행하시오.(단, 제시된 자료 이외의 자료는 없다고 가정함)

① 수동결산 및 자동결산

결산자료	1. 결산일 현재 정기예금에 대한 기간경과분 미수이자 500,000원을 계상하다.
	2. 기말상품재고액은 40,000,000원이다.
	3. 이익잉여금처분계산서 처분 예정(확정)일
	  – 당기분: 2025년 2월 27일
	  – 전기분: 2024년 2월 27일

평가문제	1. 수동결산 또는 자동결산 메뉴를 이용하여 결산을 완료하시오. 2. 12월 31일을 기준으로 '손익계산서 ➡ 이익잉여금처분계산서 ➡ 재무상태표'를 순서대로 조회 작성하시오. (단, 이익잉여금처분계산서 조회 작성 시 '저장된 데이터 불러오기' ➡ '아니오' 선택 ➡ '전표추가'를 이용하여 '손익대체분개'를 수행할 것)

입력자료 및 회계정보를 조회하여 [평가문제]의 답안을 입력하시오.

평가문제 답안입력 유의사항

❶ 답안은 지정된 단위의 숫자로만 입력해 주십시오.

　* 한글 등 문자 금지

	정답	오답(예)
(1) 금액은 원 단위로 숫자를 입력하되, 천 단위 콤마(,)는 생략 가능합니다.	1,245,000 1245000	1.245.000 1,245,000원 1,245,0000 12,45,000 1,245천원
(1-1) 답이 0원인 경우 반드시 "0"입력 (1-2) 답이 음수(-)인 경우 숫자 앞에 "-" 입력 (1-3) 답이 소수인 경우 반드시 "." 입력		
(2) 질문에 대한 답안은 숫자로만 입력하세요.	4	04 4건/매/명 04건/매/명
(3) 거래처 코드번호는 5자리 숫자로 입력하세요.	00101	101 00101번

❷ 더존 프로그램에서 조회되는 자료를 복사하여 붙여넣기가 가능합니다.

❸ 수행과제를 올바르게 입력하지 않고 작성한 답과 모범답안이 다른 경우 오답처리됩니다.

번 호	평가문제	배 점
11	**평가문제 [거래처등록 조회]** (주)대전장식의 [거래처등록] 관련 내용으로 옳지 않은 것은? ① 일반거래처 '(주)명품인테리어(코드 : 00108)'의 대표자는 신정일이다. ② 일반거래처 '(주)명품인테리어(코드 : 00108)'의 담당자메일주소는 shin@bill36524.com이다. ③ 금융거래처 중 '3.예금종류'가 차입금인 거래처는 2곳이다. ④ 카드거래처의 매입 관련 거래처는 1곳이다.	4
12	**평가문제 [총계정원장 조회]** 다음 중 '101.현금'의 월별 출금된 대변 금액으로 옳지 않은 것은? ① 1월 47,737,860원 ② 2월 27,399,000원 ③ 3월 24,711,340원 ④ 8월 20,394,000원	4
13	**평가문제 [합계잔액시산표 조회]** 7월 말 '단기차입금' 잔액은 얼마인가? ( )원	3
14	**평가문제 [합계잔액시산표 조회]** 8월 말 '미지급금' 잔액은 얼마인가? ( )원	4
15	**평가문제 [계정별원장 조회]** 9월 말 '108.외상매출금' 잔액은 얼마인가? ( )원	3
16	**평가문제 [재무상태표 조회]** 12월 말 '미수수익' 잔액은 얼마인가? ( )원	3
17	**평가문제 [재무상태표 조회]** 12월 말 '단기매매증권' 잔액은 얼마인가? ( )원	2
18	**평가문제 [재무상태표 조회]** 12월 말 '비품' 장부금액(취득원가 – 감가상각누계액)은 얼마인가? ( )원	3
19	**평가문제 [재무상태표 조회]** 12월 말 '이월이익잉여금(미처분이익잉여금)' 잔액은 얼마인가? ① 600,127,500원 ② 610,127,506원 ③ 612,947,756원 ④ 665,721,156원	2
20	**평가문제 [손익계산서 조회]** 당기에 발생한 '상품매출원가'는 얼마인가? ( )원	3

번 호	평가문제	배 점
21	**평가문제 [손익계산서 조회]** 당기의 '판매비와관리비'의 계정별 금액이 옳지 않은 것은? ① 접대비(기업업무추진비) 26,537,900원 ② 차량유지비 9,988,100원 ③ 교육훈련비 1,500,000원 ④ 수선비 7,394,000원	3
22	**평가문제 [손익계산서 조회]** 당기에 발생한 '영업외수익' 중 금액이 가장 큰 계정과목의 코드번호 세 자리를 기입하시오. ( )	4
23	**평가문제 [손익계산서 조회]** 당기에 발생한 '유형자산처분이익'은 얼마인가? ( )원	2
24	**평가문제 [부가가치세신고서 조회]** 제2기 예정신고기간 부가가치세신고서 '과세표준및매출세액_합계(9란)'의 과세표준 금액은 얼마인가? ( )원	4
25	**평가문제 [부가가치세신고서 조회]** 제2기 예정신고기간 부가가치세신고서 '과세_신용카드.현금영수증(3란)'의 세액은 얼마인가? ( )원	2
26	**평가문제 [부가가치세신고서 조회]** 제2기 예정신고기간 부가가치세신고서의 '공제받지못할매입세액(16란)'의 세액은 얼마인가? ( )원	3
27	**평가문제 [세금계산서합계표 조회]** 제2기 예정신고기간의 전자매출세금계산서의 부가세 합계금액은 얼마인가? ( )원	4
28	**평가문제 [계산서합계표 조회]** 제2기 예정신고기간의 전자매입계산서의 공급가액은 얼마인가? ( )원	2
29	**평가문제 [예적금현황 조회]** 12월 말 은행별(계좌명) 보통예금 잔액으로 옳은 것은? ① 신한은행(보통) 433,612,000원 ② 우리은행(보통) 14,500,000원 ③ 국민은행(보통) 31,905,000원 ④ 하나은행(보통) 4,315,000원	4
30	**평가문제 [영수증수취명세서 조회]** [영수증수취명세서(1)]에 작성된 '12.명세서제출 대상' 금액은 얼마인가? ( )원	3
총 점		62

회계정보를 조회하여 [회계정보분석] 답안을 입력하시오.

31　재무상태표 조회 (4점)

부채비율은 기업의 지급능력을 측정하는 비율로 높을수록 채권자에 대한 위험이 증가한다. 전기 부채비율은 얼마인가?(단, 소숫점 이하는 버림할 것)

$$부채비율(\%) = \frac{부채총계}{자기자본(자본총계)} \times 100$$

① 52%

② 56%

③ 190%

④ 198%

32　손익계산서 조회 (4점)

매출액순이익률이란 매출액에 대한 당기순이익의 비율을 보여주는 지표이다. (주)대전장식의 전기 매출액순이익률을 계산하면 얼마인가?(단, 소숫점 이하는 버림할 것)

$$매출액순이익률(\%) = \frac{당기순이익}{매출액} \times 100$$

① 15%

② 17%

③ 25%

④ 36%

응시시간 : 60분

아래 문제에서 특별한 언급이 없으면 기업의 보고기간(회계기간)은 매년 1월 1일부터 12월 31일까지입니다. 또한 기업은 일반기업회계기준 및 관련 세법을 계속적으로 적용하고 있다고 가정하고 물음에 가장 합당한 답을 고르시기 바랍니다.

01 다음 중 차 대리의 답변에서 알 수 있는 거래 분석으로 옳은 것은?

① (차) 부채의 감소   (대) 자산의 감소
② (차) 자산의 증가   (대) 수익의 발생
③ (차) 자산의 증가   (대) 자산의 감소
④ (차) 부채의 감소   (대) 부채의 증가

02 다음 중 손익계산서에 대한 설명으로 옳지 않은 것은?

① 손익계산서는 재무상태를 나타낼 뿐 아니라 기업의 미래현금흐름과 수익창출능력 등의 예측에 유용한 정보를 제공한다.

② 수익과 비용은 그것이 발생한 기간에 정당하게 배분하도록 처리한다.

③ 손익계산서 등식은 '수익 − 비용 = 이익'이다.

④ 수익과 비용은 각각 총액으로 보고하는 것을 원칙으로 한다.

03 다음 거래에서 매출채권으로 계상되는 금액은 얼마인가?

> (주)한공은 상품 3,000개를 개당 1,000원에 판매하였다. 판매대금 중 1,000,000원은 외상으로 하고 1,400,000원은 자기앞수표로 받았으며, 나머지는 전자어음으로 수령하였다.

① 1,000,000원

② 1,600,000원

③ 2,400,000원

④ 3,000,000원

04 다음 중 도매업을 영위하는 (주)한공의 (가)와 (나)에 해당하는 계정과목으로 옳은 것은?

> (가) 영업사원의 명함제작비용
> (나) 거래처 (주)공인의 창사기념일 축하 선물비

	(가)	(나)
①	통신비	복리후생비
②	도서인쇄비	접대비
③	여비교통비	수수료비용
④	도서인쇄비	기부금

05 다음 자료를 토대로 (주)한공이 보유하고 있는 매도가능증권의 취득원가를 계산하면 얼마인가?

가. 상장되어 있는 (주)공인의 주식 700주를 주당 8,000원(액면 5,000원)에 취득하였다.
나. 취득수수료는 560,000원이다.

① 3,500,000원
② 4,060,000원
③ 5,600,000원
④ 6,160,000원

06 다음은 (주)한공의 기계장치 관련 자료이다. 2024년 6월 30일에 기록될 유형자산처분손익은 얼마인가?

• 2022년 1월 1일 : 취득원가 5,000,000원
• 2023년 12월 31일 : 감가상각누계액은 2,000,000원이다.
• 2024년 6월 30일 : 2,700,000원에 현금으로 처분하였음
• 정액법 상각(내용연수 5년, 잔존가치 없음, 월할상각)

① 유형자산처분손실 200,000원
② 유형자산처분손실 300,000원
③ 유형자산처분이익 200,000원
④ 유형자산처분이익 300,000원

07 다음 비유동자산 중 감가상각대상이 아닌 것으로 짝지어진 것은?

가. 토 지   나. 건 물   다. 구축물
라. 건설중인자산   마. 기계장치

① 가, 라
② 나, 다
③ 다, 마
④ 라, 마

08 다음 중 부가가치세법상 사업자등록에 대하여 잘못 설명한 사람은?

① 해 원
② 지 수
③ 주 현
④ 민 정

09 다음 중 부가가치세법상 재화 또는 용역의 공급시기로 옳은 것은?

① 현금판매 : 대금이 지급된 때
② 재화의 공급으로 보는 가공 : 재화의 가공이 완료된 때
③ 장기할부조건부 용역의 공급 : 대가의 각 부분을 받기로 한 때
④ 공급단위를 구획할 수 없는 용역의 계속적 공급 : 용역의 공급을 완료한 때

10 다음은 도매업을 영위하는 (주)한공의 2024년 제1기 확정신고기간(2024.4.1. ~ 2024.6.30.) 자료이다. 이를 토대로 부가가치세 과세표준을 계산하면 얼마인가?(단, 주어진 자료의 금액은 부가가치세가 포함되어 있지 않은 금액이며, 세금계산서 등 필요한 증빙서류는 적법하게 발급하였다)

가. 외상판매액	15,000,000원
나. 10개월 할부판매(할부이자상당액 300,000원 포함)	5,300,000원
다. 견본품 제공액	2,000,000원
라. 토지매각액	10,000,000원

① 20,000,000원
② 20,300,000원
③ 27,000,000원
④ 30,300,000원

(주)스마토리(회사코드 3172)는 휴대폰 액세사리를 도·소매하는 법인으로 회계기간은 제5기(2024.1.1. ~ 2024.12.31.)이다. 제시된 자료와 [자료설명]을 참고하여 [수행과제]를 완료하고 [평가문제]의 물음에 답하시오.

실무수행 유의사항	1. 부가가치세 관련 거래는 [매입매출전표입력] 메뉴에 입력하고, 부가가치세와 관련 없는 거래는 [일반전표입력] 메뉴에 입력한다. 2. 타계정 대체액과 관련된 적요는 반드시 코드를 입력하여야 한다. 3. 채권·채무, 예금거래 등 관리대상 거래자료에 대하여는 반드시 거래처코드를 입력한다. 4. 자금관리 등 추가 작업이 필요한 경우 문제의 요구에 따라 추가 작업하여야 한다. 5. 판매비와관리비는 800번대 계정코드를 사용한다. 6. 등록된 계정과목 중 가장 적절한 계정과목을 선택한다.

실무수행 1 기초정보관리의 이해

회계관련 기초정보는 입력되어 있다. [자료설명]을 참고하여 [수행과제]를 수행하시오.

① 거래처별 초기이월

지급어음 명세서

거래처명	적 요	금 액	비 고
(주)세교상사	상품대금 어음지급	5,000,000원	어음수령일 : 2023.11.30. 어음종류 : 전자어음 만기일 : 2024.5.31. 발행일자 : 2023.11.30. 어음번호 : 00420231130123456789 금융기관 : 국민은행(당좌)

자료설명	(주)스마토리의 전기분 재무제표는 이월받아 등록되어 있다.
수행과제	지급어음에 대한 거래처별 초기이월사항을 입력하시오. (단, 등록된 어음을 사용할 것)

② 전기분 손익계산서의 입력수정

손 익 계 산 서

제4(당)기 2023년 1월 1일부터 2023년 12월 31일까지
제3(전)기 2022년 1월 1일부터 2022년 12월 31일까지

(주)스마토리 (단위: 원)

과 목	제4(당)기		제3(전)기	
	금 액		금 액	
I. 매 출 액		300,000,000		177,000,000
상 품 매 출	300,000,000		177,000,000	
II. 매 출 원 가		160,000,000		107,740,000
상 품 매 출 원 가		160,000,000		107,740,000
기 초 상 품 재 고 액	10,000,000		19,920,000	
당 기 상 품 매 입 액	175,000,000		97,820,000	
기 말 상 품 재 고 액	25,000,000		10,000,000	
III. 매 출 총 이 익		140,000,000		69,260,000
IV. 판 매 비 와 관 리 비		43,310,000		21,745,000
급 여	16,000,000		12,000,000	
복 리 후 생 비	2,100,000		950,000	
여 비 교 통 비	1,500,000		650,000	
접대비(기업업무추진비)	1,000,000		700,000	
통 신 비	3,600,000		450,000	
수 도 광 열 비	2,300,000		375,000	
세 금 과 공 과 금	4,100,000		120,000	
감 가 상 각 비	3,240,000		700,000	
보 험 료	1,000,000		1,200,000	
차 량 유 지 비	4,970,000		3,600,000	
운 반 비	1,300,000		500,000	
소 모 품 비	2,200,000		500,000	
V. 영 업 이 익		96,690,000		47,515,000
VI. 영 업 외 수 익		4,100,000		2,100,000
이 자 수 익	4,100,000		2,100,000	
VII. 영 업 외 비 용		5,400,000		800,000
이 자 비 용	5,400,000		800,000	
VIII. 법인세차감전순이익		95,390,000		48,815,000
IX. 법 인 세 등		2,800,000		750,000
법 인 세 등	2,800,000		750,000	
X. 당 기 순 이 익		92,590,000		48,065,000

자료설명	(주)스마토리의 전기(제4기)분 재무제표는 입력되어 있다.
수행과제	1. [전기분 손익계산서]의 입력이 누락되었거나 잘못된 부분을 찾아 수정하시오. 2. [전기분 이익잉여금처분계산서]의 처분 확정일(2024년 2월 28일)을 수정하시오.

실무프로세스 자료이다. [자료설명]을 참고하여 [수행과제]를 수행하시오.

① 기타 일반거래

PART 2

전자수입인지 판매 영수증

손해배상 등의 청구 시 영수증이 필요합니다.
문자메세지 및 상담문의 전화 : 1588-1300

판 매 일 자 : **2024-01-10** 13:15
판 　 매 　 자 : 창구 101 김민중
고유식별번호 : 180830145402877
구 　 매 　 자 : (주)스마토리

고유식별번호

판 매 금 액 : 　　　　　　　　　　10,000원

위의 금액을 정히 영수합니다.
2024-01-10 12:44
서대문 우체국

자료설명	법원에 법인 등기변경 관련 서류 접수를 위한 전자수입인지를 구입하고 대금은 현금으로 지급하였다.
수행과제	거래자료를 입력하시오. (단, '세금과공과금'으로 처리할 것)

② 3만원 초과 거래에 대한 영수증수취명세서 작성

영 수 증 (공급받는자용)

NO **(주)스마토리** 귀하

공급자	사업자 등록번호	120-34-11112		
	상 호	24퀵서비스	성명	최재수
	사업장 소재지	서울특별시 은평구 서오릉로 29 , 2층		
	업 태	서비스	종목	광고출판물

작성일자	공급대가총액	비고
2024.2.20.	40,000	

공 급 내 역

월/일	품명	수량	단가	금액
2/20	퀵요금	1	40,000	40,000

합 계	₩40,000

위 금액을 (영수)청구)함

자료설명	상품 판매 시 퀵배달 요금을 현금으로 지급하였다. 회사는 이 거래가 지출증명서류미수취가산세 대상인지를 검토하려고 한다.
수행과제	1. 거래자료를 입력하시오. 2. 영수증수취명세서 (2)와 (1)서식을 작성하시오.

③ 증빙에 의한 전표입력

자료 1.

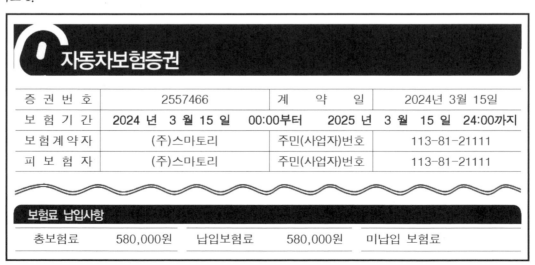

자동차보험증권

증 권 번 호	2557466	계 약 일	2024년 3월 15일
보 험 기 간	2024 년 3 월 15 일 00:00부터	2025 년 3 월 15 일 24:00까지	
보 험 계 약 자	(주)스마토리	주민(사업자)번호	113-81-21111
피 보 험 자	(주)스마토리	주민(사업자)번호	113-81-21111

보험료 납입사항

총보험료	580,000원	납입보험료	580,000원	미납입 보험료

자료 2. 보통예금(우리은행) 거래내역

번 호	거래일	내 용	찾으신금액	맡기신금액	잔 액	거래점
		계좌번호 542314-11-00027 (주)스마토리				
1	2024-3-15	자동차보험	580,000		***	***

자료설명	1. 자료 1은 영업부 업무용 승용차의 자동차보험증권이다. 2. 자료 2는 보험료를 우리은행 보통예금 계좌에서 이체하여 지급한 내역이다.
수행과제	거래자료를 입력하시오. (단, '자산'으로 회계처리할 것)

④ **약속어음 배서양도**

전 자 어 음

(주)스마토리 귀하　　　　　　　　　　　00420240120123456789

金　육백만원정　　　　　　　　　　　　**6,000,000원**

위의 금액을 귀하 또는 귀하의 지시인에게 지급하겠습니다.

지급기일 2024년 3월 20일　　　**발행일** 2024년 1월 20일
지 급 지 국민은행　　　　　　　**발행지** 서울특별시 서대문구 충정로7길 31
지급장소 서대문지점　　　　　　**주　소**
　　　　　　　　　　　　　　　발행인 (주)아이폰마켓

자료설명	[3월 18일] (주)대한상사의 외상매입금 일부를 결제하기 위해 (주)아이폰마켓에 상품을 매출하고 받은 전자어음을 배서양도하였다.
수행과제	1. 거래자료를 입력하시오. 2. 자금관련정보를 입력하여 받을어음현황에 반영하시오.

⑤ **통장사본에 의한 거래입력**

자료 1. 견적서

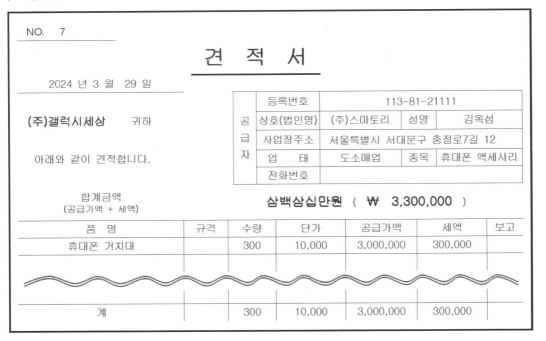

NO.   7

견 적 서

2024 년 3 월 29 일

(주)갤럭시세상   귀하

아래와 같이 견적합니다.

공급자	등록번호	113-81-21111		
	상호(법인명)	(주)스마토리	성명	김옥섭
	사업장주소	서울특별시 서대문구 충정로7길 12		
	업 태	도소매업	종목	휴대폰 액세사리
	전화번호			

합계금액
(공급가액 + 세액)

삼백삼십만원 （ ￦ 3,300,000 ）

품 명	규격	수량	단가	공급가액	세액	보고
휴대폰 거치대		300	10,000	3,000,000	300,000	
계		300	10,000	3,000,000	300,000	

자료 2. 보통예금(기업은행) 거래내역

번 호	거래일	내 용	찾으신금액	맡기신금액	잔 액	거래점
		계좌번호 096-24-0094-123 (주)스마토리				
1	2024-3-29	(주)갤럭시세상		330,000	***	***

자료설명	1. 자료 1은 (주)갤럭시세상에 상품을 판매하기 위해 발급한 견적서이다. 2. 자료 2는 공급대가의 10%(계약금)를 기업은행 보통예금 계좌로 입금 받은 내역이다.
수행과제	거래자료를 입력하시오.

부가가치세 신고 관련 자료이다. [자료설명]을 참고하여 [수행과제]를 수행하시오.

① 과세매출자료의 전자세금계산서발행

거래명세서

(공급자 보관용)

공급자	등록번호	113-81-21111			공급받는자	등록번호	314-81-17506		
	상호	(주)스마토리	성명	김옥섭		상호	(주)앤텔레콤	성명	이재용
	사업장주소	서울특별시 서대문구 충정로7길 12 (충정로2가)				사업장주소	경기도 수원시 팔달구 매산로 10 (매산로1가)		
	업태	도소매업		종사업장번호		업태	도소매업		종사업장번호
	종목	휴대폰 액세사리				종목	휴대폰 액세사리		

거래일자	미수금액	공급가액	세액	총 합계금액
2024.7.5.		6,000,000	600,000	6,600,000

NO	월	일	품목명	규격	수량	단가	공급가액	세액	합계
1	7	5	휴대폰 필름		2,000	3,000	6,000,000	600,000	

비 고	전미수액	당일거래총액	입금액	미수액	인수자
		6,600,000	1,000,000	5,600,000	

자료설명	1. 상품을 판매하고 발급한 거래명세서이다. 2. 대금 중 1,000,000원은 6월 20일 계약금으로 받았으며, 잔액은 외상으로 하였다.
수행과제	1. 거래명세서에 의해 매입매출자료를 입력하시오. 2. 전자세금계산서 발행 및 내역관리 를 통하여 발급 및 전송하시오. 　(전자세금계산서 발급 시 결제내역 및 전송일자는 고려하지 말 것)

② 매입거래

<table>
<tr><td colspan="5" rowspan="2">전자세금계산서</td><td colspan="2" rowspan="2">(공급받는자 보관용)</td><td>승인번호</td><td>2022010355</td></tr>
<tr><td></td><td></td></tr>
<tr><td rowspan="6">공급자</td><td>등록번호</td><td colspan="3">825-86-00742</td><td rowspan="6">공급받는자</td><td>등록번호</td><td colspan="3">113-81-21111</td></tr>
<tr><td>상호</td><td colspan="2">미래회계법인</td><td>성명
(대표자)</td><td>백경호</td><td>상호</td><td colspan="2">(주)스마토리</td><td>성명
(대표자)</td><td>김옥섭</td></tr>
<tr><td>사업장
주소</td><td colspan="4">서울특별시 남부순환로 2606, 8층</td><td>사업장
주소</td><td colspan="4">서울특별시 서대문구 충정로7길 12
(충정로2가)</td></tr>
<tr><td>업태</td><td colspan="2">서비스업</td><td colspan="2">종사업장번호</td><td>업태</td><td colspan="2">도소매업</td><td>종사업장번호</td></tr>
<tr><td>종목</td><td colspan="2">공인회계사</td><td></td><td></td><td>종목</td><td colspan="2">휴대폰 액세사리</td><td></td></tr>
<tr><td>E-Mail</td><td colspan="4">mirae@naver.com</td><td>E-Mail</td><td colspan="4">smartory@bill36524.com</td></tr>
</table>

작성일자	2024.7.20.	공급가액	1,500,000	세 액	150,000
비고					

월	일	품목명	규격	수량	단가	공급가액	세액	비고
7	20	컨설팅 수수료				1,500,000	150,000	

합계금액	현금	수표	어음	외상미수금	이 금액을	◉ 영수 ○ 청구	함
1,650,000							

자료설명	1. 내부회계관리제도 컨설팅 자문 수수료를 지급하고 발급 받은 전자세금계산서이다. 2. 자문 수수료는 우리은행 보통예금 계좌에서 이체하여 지급하였다.
수행과제	매입매출전표를 입력하시오. (전자세금계산서 거래는 '전자입력'으로 입력할 것)

③ 매출거래

카드매출전표

- -

카드종류: 우리카드
회원번호: 1561-2415-★★★★-3★★2
거래일시: 2024.7.30. 10:15:22
거래유형: 신용승인
매　　출:　100,000원
부 가 세:　　10,000원
합　　계:　110,000원
결제방법: 일시불
가맹점번호: 414095907

= =

가맹점명: (주)스마토리
- 이 하 생 략 -

자료설명	상품(휴대폰 가죽지갑)을 개인(이민우)에게 판매하고 발급한 신용카드 매출전표이다.
수행과제	매입매출자료를 입력하시오. (단, '외상매출금' 계정으로 처리할 것)

④ 매입거래

전자세금계산서		(공급받는자 보관용)			승인번호		

공급자	등록번호	268-88-00787			공급받는자	등록번호	113-81-21111	
	상호	(주)에스스킨	성명(대표자)	이정건		상호	(주)스마토리	성명(대표자)	김옥섭
	사업장주소	경기도 용인시 기흥구 관곡로 92-1, 6층				사업장주소	서울특별시 서대문구 충정로7길 12 (충정로2가)		
	업태	제조	종사업장번호			업태	도소매업	종사업장번호	
	종목	기능성화장품				종목	휴대폰 액세사리		
	E-Mail	sskin@naver.com				E-Mail	smartory@bill36524.com		

작성일자	2024.8.10.	공급가액	2,000,000	세 액	200,000

비고	

월	일	품목명	규격	수량	단가	공급가액	세액	비고
8	10	화장품세트		40	50,000	2,000,000	200,000	

합계금액	현금	수표	어음	외상미수금	이 금액을	● 영수 ○ 청구	함
2,200,000							

자료설명	매출거래처에 선물할 화장품세트를 구입하고, 대금은 전액 우리은행 보통예금 계좌에서 이체지급하였다.
수행과제	매입매출자료를 입력하시오. (전자세금계산서 거래는 '전자입력'으로 입력할 것)

⑤ 매입거래

신 용 카 드 매 출 전 표

```
가 맹 점 명    쿠팡(주)
사 업 자 번 호   120-88-00767
대 표 자 명    강한승
주       소    서울특별시 송파구 송파대로 570


농 협 카 드                            신용승인
거 래 일 시    2024-09-08 오전 09:40:12
카 드 번 호              8844-2211-****-49**
유 효 기 간                          **/**
가 맹 점 번 호                    186687393
매   입   사 : 농협카드(전자서명전표)

부가가치세물품가액               1,200,000원
부 가 가 치 세                   120,000원
합   계   금   액               1,320,000원
```

20240908/10062411/00046160

자료설명	사무실 냉난방기를 구입하고 받은 신용카드 매출전표이다.
수행과제	1. 매입매출자료를 입력하시오. 　(단, 자산으로 처리할 것) 2. [고정자산등록]에 고정자산을 등록(코드 : 1001, 자산명 : 냉난방기, 상각방법 : 정률법, 내용연수 5년, 경비구분 : 800번대)하시오.

⑥ 부가가치세신고서에 의한 회계처리

■ 보통예금(우리은행) 거래내역

번 호	거래일	내 용	찾으신금액	맡기신금액	잔 액	거래점
		계좌번호 542314-11-00027 (주)스마토리				
1	2024-8-5	서대문세무서		302,000	***	***

자료설명	제1기 부가가치세 확정신고와 관련된 부가가치세 조기환급세액이 우리은행 보통예금 계좌에 입금되었음을 확인하였다.
수행과제	6월 30일에 입력된 일반전표를 참고하여 환급세액에 대한 회계처리를 하시오. (단, 저장된 부가가치세신고서를 이용하고 거래처 코드를 입력할 것)

PART 2

[결산자료]를 참고하여 결산을 수행하시오.(단, 제시된 자료 이외의 자료는 없다고 가정함)

① 수동결산 및 자동결산

자료설명	1. 기말 현재 장기차입금의 내역은 다음과 같다.

항 목	금 액	발생일	만기일	비 고
신한은행(차입금)	50,000,000원	2022.09.01.	2025.09.01.	만기 일시상환
카카오뱅크(차입금)	40,000,000원	2022.06.30.	2026.06.30.	만기 일시상환
계	90,000,000원			

2. 기말상품재고액은 28,000,000원이다.
3. 이익잉여금처분계산서 처분 예정(확정)일
  – 당기분: 2025년 2월 28일
  – 전기분: 2024년 2월 28일

수행과제	1. 수동결산 또는 자동결산 메뉴를 이용하여 결산을 완료하시오.

2. 12월 31일을 기준으로 '손익계산서 ➡ 이익잉여금처분계산서 ➡ 재무상태표'를 순서대로 조회 작성하시오.
  (단, 이익잉여금처분계산서 조회 작성 시 '저장된 데이터 불러오기' ➡ '아니오' 선택 ➡ 상단부의 '전표추가'
  를 이용하여 '손익대체분개'를 수행할 것)

입력자료 및 회계정보를 조회하여 [평가문제]의 답안을 입력하시오.

평가문제 답안입력 유의사항		
❶ 답안은 **지정된 단위의 숫자로만 입력**해 주십시오.		
* 한글 등 문자 금지		
	정답	**오답(예)**
(1) **금액은 원 단위로 숫자를 입력**하되, 천 단위 콤마(,)는 생략 가능합니다.	1,245,000 1245000	1,245.000 1,245,000원 1,245,0000 12,45,000 1,245천원
(1-1) 답이 0원인 경우 반드시 "0"입력 (1-2) 답이 음수(-)인 경우 숫자 앞에 "-" 입력 (1-3) 답이 소수인 경우 반드시 "." 입력		
(2) 질문에 대한 **답안은 숫자로만 입력**하세요.	4	04 4건/매/명 04건/매/명
(3) **거래처 코드번호는 5자리 숫자로 입력**하세요.	00101	101 00101번
❷ 더존 프로그램에서 조회되는 자료를 복사하여 붙여넣기가 가능합니다.		
❸ 수행과제를 올바르게 입력하지 않고 작성한 답과 모범답안이 다른 경우 오답처리됩니다.		

번 호	평가문제	배 점
11	**평가문제 [일/월계표 조회]** 1/4분기(1월 ~ 3월) 발생한 '판매관리비' 금액은 얼마인가? ( )원	4
12	**평가문제 [일/월계표 조회]** 7월(7/1 ~ 7/31) 한 달 동안 '외상매출금' 증가액은 얼마인가? ( )원	3
13	**평가문제 [일/월계표 조회]** 다음 판매관리비 계정 중 3/4분기(7월 ~ 9월) 발생액이 가장 큰 계정과목은? ① 여비교통비 ② 접대비(기업업무추진비) ③ 세금과공과금 ④ 보험료	3
14	**평가문제 [거래처원장 조회]** 12월 말 현재 각 계정과목의 거래처별 잔액이 옳지 않은 것은? ① 108.외상매출금 (99700.우리카드) 110,000원 ② 251.외상매입금 (00104.(주)대한상사) 15,300,000원 ③ 253.미지급금 (99605.농협카드) 5,610,000원 ④ 261.미지급세금 (03100.서대문세무서) 2,283,000원	3
15	**평가문제 [현금출납장 조회]** 2월 말 현금 잔액은 얼마인가? ( )원	3
16	**평가문제 [합계잔액시산표 조회]** 3월 말 현재 '외상매입금' 잔액은 얼마인가? ( )원	3
17	**평가문제 [합계잔액시산표 조회]** 7월 말 현재 '선수금' 잔액은 얼마인가? ( )원	3
18	**평가문제 [손익계산서 조회]** 1월 ~ 9월 발생한 '판매비와관리비'의 전기(4기) 대비 증감내역이 옳지 않은 것은? ① 보험료 1,340,000원 증가 ② 운반비 300,000원 감소 ③ 도서인쇄비 110,000원 증가 ④ 수수료비용 1,600,000원 증가	3
19	**평가문제 [손익계산서 조회]** 당기에 발생한 '상품매출원가' 금액은 얼마인가? ( )원	3
20	**평가문제 [재무상태표 조회]** 12월 말 현재 '미수금' 잔액은 얼마인가? ( )원	3

번 호	평가문제	배 점
21	**평가문제 [재무상태표 조회]** 12월 말 현재 '선급비용' 잔액은 얼마인가? <div align="right">(　　　　　　　)원</div>	3
22	**평가문제 [재무상태표 조회]** 12월 말 현재 '비유동부채' 금액은 얼마인가? <div align="right">(　　　　　　　)원</div>	3
23	**평가문제 [재무상태표 조회]** 12월 말 '이월이익잉여금(미처분이익잉여금)' 잔액은 얼마인가? ① 454,388,690원 ② 455,168,690원 ③ 457,520,300원 ④ 458,600,000원	2
24	**평가문제 [영수증수취명세서 조회]** [영수증수취명세서(1)]에 작성된 3만원 초과 거래분 중 '12.명세서제출 대상' 금액은 얼마인가? <div align="right">(　　　　　　　)원</div>	4
25	**평가문제 [부가가치세신고서 조회]** 제2기 예정(7월 1일 ~ 9월 30일)신고기간 부가가치세신고서의 '그밖의공제매입세액명세(14번란)_신용카드매출전표수취/고정(42번란)' 금액(공급가액)은 얼마인가? <div align="right">(　　　　　　　)원</div>	4
26	**평가문제 [세금계산서합계표 조회]** 제2기 예정신고기간의 매출 전자세금계산서의 공급가액은 얼마인가? <div align="right">(　　　　　　　)원</div>	4
27	**평가문제 [고정자산관리대장 조회]** 비품의 당기말상각누계액은 얼마인가? <div align="right">(　　　　　　　)원</div>	2
28	**평가문제 [예적금현황 조회]** 3월 말 현재 은행별 보통예금 잔액으로 옳은 것은? ① 국민은행(당좌) 55,000,000원 ② 국민은행(보통) 249,600,000원 ③ 기업은행(보통) 45,230,000원 ④ 우리은행(보통) 52,600,000원	3
29	**평가문제 [받을어음현황 조회]** 만기일이 2024년 1월 1일 ~ 2024년 3월 31일에 해당하는 '받을어음'의 미보유 합계금액은 총 얼마인가? <div align="right">(　　　　　　　)원</div>	3
30	**평가문제 [지급어음현황 조회]** 2024년 5월에 만기일이 도래하는 '지급어음'의 거래처코드 5자리를 입력하시오. <div align="right">(　　　　　　　)</div>	3
총 점		62

회계정보를 조회하여 [회계정보분석] 답안을 입력하시오.

31 손익계산서 조회 (4점)

매출액순이익률이란 매출액에 대한 당기순이익의 비율을 보여주는 지표이다. (주)스마토리의 전기 매출액순이익률을 계산하면 얼마인가?(단, 소숫점 이하는 버림할 것)

$$매출액순이익률(\%) = \frac{당기순이익}{매출액} \times 100$$

① 30%

② 35%

③ 38%

④ 42%

32 재무상태표 조회 (4점)

유동비율이란 기업의 단기 지급능력을 평가하는 지표이다. (주)스마토리의 전기 유동비율은 얼마인가?(단, 소숫점 이하는 버림할 것)

$$유동비율(\%) = \frac{유동자산}{유동부채} \times 100$$

① 470%

② 492%

③ 514%

④ 529%

실무이론평가

아래 문제에 특별한 언급이 없으면 기업의 보고기간(회계기간)은 매년 1월 1일부터 12월 31일까지입니다. 또한 기업은 일반기업회계기준 및 관련 세법을 계속적으로 적용하고 있다고 가정하고 물음에 가장 합당한 답을 고르시기 바랍니다.

01 다음 중 재무제표의 작성과 표시에 대한 설명으로 옳지 않은 것은?

① 자산은 원칙적으로 1년을 기준으로 유동자산과 비유동자산으로 분류한다.

② 재무제표는 재무상태표, 손익계산서, 현금흐름표, 자본변동표로 구성되며 주석을 포함한다.

③ 손익계산서는 일정 시점의 재무상태에 대한 정보를 제공하는 재무보고서이다.

④ 일반적으로 인정되는 회계원칙에 따라 재무제표를 작성하면 회계정보의 기간별 · 기업간 비교가능성이 높아진다.

02 다음은 (주)한공의 기계장치 대장의 일부이다. 이를 토대로 2024년도 감가상각비를 계산하면 얼마인가?

기계장치 대장			
관리번호	A–01	관리책임	생산부장
취득일	2023년 1월 1일	처분금액	미처분
취득금액	15,000,000원	잔존가치	0원
내용연수	10년	상각방법	정률법(상각률 25%)가정

① 1,500,000원

② 1,875,000원

③ 2,812,500원

④ 3,750,000원

03 다음은 (주)한공의 재고자산 매입과 관련된 김과장과 강대리의 대화내용이다. (가), (나)에 해당하는 계정과목으로 알맞은 것은?

	(가)	(나)
①	매입에누리	매입할인
②	매입환출	매입에누리
③	매입할인	매입환출
④	매입에누리	매입환출

04 업무용 건물에 중앙집중식 냉난방기를 설치하여 건물의 가치가 증대되고 내용연수가 2년 연장되었다. 이에 대한 회계처리 시 차변 계정과목으로 옳은 것은?

① 수선비
② 선급금
③ 투자부동산
④ 건 물

05 다음은 (주)한공의 수정 전 잔액시산표와 결산조정사항을 반영한 재무상태표의 일부이다. (가), (나)의 금액으로 옳은 것은?

수정 전 잔액시산표

(주)한공   2024년 12월 31일   (단위 : 원)

차 변	계정과목	대 변
1,000,000	외상매출금	
	대손충당금	15,000
2,000,000	받을어음	
	대손충당금	30,000
:	:	:

• 매출채권 잔액에 대하여 2%의 대손충당금을 설정하다.

재무상태표

(주)한공   2024년 12월 31일   (단위 : 원)

과목	제4(당)기	
:	:	
매출채권	(가)	
(-대손충당금)	((나))	×××
:	:	:

	(가)	(나)
①	3,000,000원	15,000원
②	3,000,000원	45,000원
③	3,000,000원	60,000원
④	3,000,000원	75,000원

06 다음은 (주)한공의 직원이 출장 후 정산한 지출 내역서이다. 이 지출내역서에 대한 회계처리로 옳은 것은?

출장비 지출 내역서

일 자	출발지	도착지	KTX	숙박비	식 대	계
2024.3.11.	부 산	서 울	70,000원	70,000원	20,000원	160,000원
2024.3.12	서 울	부 산	70,000원	–	20,000원	90,000원
합 계			140,000원	70,000원	40,000원	250,000원
가지급금						300,000원
반납액(현금)						50,000원

가. (차) 여비교통비	250,000원	(대) 가지급금	250,000원
나. (차) 여비교통비	250,000원	(대) 가지급금	300,000원
현 금	50,000원		
다. (차) 여비교통비	300,000원	(대) 가지급금	300,000원
라. (차) 여비교통비	300,000원	(대) 가지급금	250,000원
		현 금	50,000원

① 가

② 나

③ 다

④ 라

07 다음 중 손익계산서에 반영되어야 할 내용으로 옳은 것은?

① 재고자산을 매입하면서 발생하는 부대비용

② 특허권을 취득하기 위해 지급한 금액

③ 유형자산에 대한 감가상각비

④ 매도가능증권의 평가손익

08 다음 중 부가가치세법상 전자세금계산서에 대해 잘못 설명하고 있는 사람은?

① 희 진
② 혜 민
③ 현 준
④ 명 기

09 다음 중 부가가치세법상 재화의 공급에 해당하는 것은?

① 저작권을 양도하는 경우
② 사업을 위하여 대가를 받지 아니하고 다른 사업자에게 견본품을 인도하는 경우
③ 양도담보의 목적으로 부동산을 제공하는 경우
④ 상품권을 양도하는 경우

10 다음은 의류제조업을 영위하는 (주)한공의 매입내역이다. 이를 토대로 부가가치세법상 공제가능한 매입세액을 계산하면 얼마인가?(단, 모든 거래는 사업과 관련하여 세금계산서를 적법하게 수취하였다고 가정할 것)

가. 원재료 매입세액	20,000,000원
나. 토지의 자본적 지출에 해당하는 매입세액	6,000,000원
다. 업무용 9인승 승합차(3,000cc)의 차량유지비에 해당하는 매입세액	3,000,000원
라. 접대비 관련 매입세액	5,000,000원

① 20,000,000원
② 23,000,000원
③ 26,000,000원
④ 28,000,000원

(주)닥터스킨(회사코드 3173)은 기능성 화장품을 도·소매하는 법인으로 회계기간은 제9기(2024.1.1. ~ 2024.12.31.)이다. 제시된 자료와 [자료설명]을 참고하여 [수행과제]를 완료하고 [평가문제]의 물음에 답하시오.

실무수행 유의사항	1. 부가가치세 관련 거래는 [매입매출전표입력] 메뉴에 입력하고, 부가가치세 관련 없는 거래는 [일반전표입력] 메뉴에 입력한다. 2. 타계정 대체액과 관련된 적요는 반드시 코드를 입력하여야 한다. 3. 채권·채무, 예금거래 등 관리대상 거래자료에 대하여는 반드시 거래처코드를 입력한다. 4. 자금관리 등 추가 작업이 필요한 경우 문제의 요구에 따라 추가 작업하여야 한다. 5. 판매비와관리비는 800번대 계정코드를 사용한다. 6. 등록된 계정과목 중 가장 적절한 계정과목을 선택한다.

실무수행 1 기초정보관리의 이해

회계관련 기초정보는 입력되어 있다. [자료설명]을 참고하여 [수행과제]를 수행하시오.

① 사업자등록증에 의한 거래처등록 수정

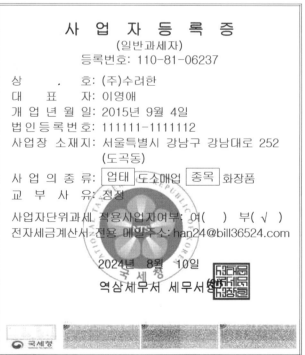

사 업 자 등 록 증

(일반과세자)

등록번호: 110-81-06237

상　　　　호: (주)수려한
대　표　자: 이영애
개 업 년 월 일: 2015년 9월 4일
법 인 등 록 번 호: 111111-1111112
사업장 소재지: 서울특별시 강남구 강남대로 252
　　　　　　　　(도곡동)

사 업 의 종 류: 업태 도소매업 종목 화장품
교 부 사 유: 정정

사업자단위과세 적용사업자여부: 여(　) 부(√)
전자세금계산서 전용 메일주소: han24@bill36524.com

2024년　8월　10일

역삼세무서 세무서장

자료설명	거래처 (주)수려한(코드 45678)의 대표자와 메일주소가 변경되어 변경된 사업자등록증 사본을 카톡으로 받았다.
수행과제	대표자명과 전자세금계산서 전용 메일주소를 수정하시오.

② 계정과목및적요등록 수정

자료설명	회사는 급증하는 '온라인 쇼핑몰 상품'을 일반상품과 구분하여 관리하기 위해 재고자산 코드 범위에 계정과목과 적요를 등록하려고 한다.
수행과제	1. '173.회사설정계정과목'을 '173.온라인몰상품' 계정으로 수정하시오. 2. '구분 : 1.일반재고', '표준코드 : 045.상품'으로 수정하시오.

실무수행 2 거래자료 입력

실무프로세스 자료이다. [자료설명]을 참고하여 [수행과제]를 수행하시오.

① 3만원 초과 거래에 대한 영수증수취명세서 작성

<table>
<tr><td colspan="5">NO.</td></tr>
<tr><td colspan="5" align="center"><h2>영 수 증 <small>(공급받는자용)</small></h2></td></tr>
<tr><td colspan="5" align="center">(주)닥터스킨 귀하</td></tr>
<tr><td rowspan="4">공급자</td><td>사업자
등록번호</td><td colspan="3" align="center">114-51-25414</td></tr>
<tr><td>상 호</td><td>비둘기마트</td><td>성명</td><td>이종수</td></tr>
<tr><td>사업장
소재지</td><td colspan="3">서울특별시 강남구 봉은사로 106</td></tr>
<tr><td>업 태</td><td>도소매</td><td>종목</td><td>잡화외</td></tr>
<tr><td colspan="2" align="center">작성일자</td><td colspan="2" align="center">공급대가총액</td><td>비고</td></tr>
<tr><td colspan="2" align="center">2024.4.10.</td><td colspan="2" align="center">₩ 92,000</td><td></td></tr>
<tr><td colspan="5" align="center">공 급 내 역</td></tr>
<tr><td>월/일</td><td>품명</td><td>수량</td><td>단가</td><td>금액</td></tr>
<tr><td>4/10</td><td>음료외</td><td></td><td></td><td>92,000</td></tr>
<tr><td></td><td></td><td></td><td></td><td></td></tr>
<tr><td colspan="3" align="center">합 계</td><td colspan="2" align="center">₩ 92,000</td></tr>
<tr><td colspan="5" align="center">위 금액을 영수(청구)함</td></tr>
</table>

자료설명	영업부 회의에 필요한 간식을 구입하고 현금으로 지급하였다. 회사는 이 거래가 지출증명서류미수취가산세 대상인지를 검토하려고 한다.
수행과제	1. 거래자료를 입력하시오. (단, '회의비'로 처리할 것) 2. 영수증수취명세서(2)와 (1)서식을 작성하시오.

② 기타 일반거래

자료 1. 급여대장

2024년 4월분 급여대장

(주)닥터스킨 관리부   [귀속: 2024년 4월]   [지급일: 2024년 4월 20일]

구분	급여합계	공제 및 차인지급액			
		소득세	지방소득세	국민연금	건강보험 (장기요양포함)
		195,960원	19,590원	180,000원	160,160원
관리부 (김지선)	4,000,000원	고용보험	가불금	공제계	차인지급액
		36,000원	1,000,000원	1,591,710원	2,408,290원

자료 2. 보통예금(신한은행) 거래내역

번 호	거래일	내 용	찾으신금액	맡기신금액	잔 액	거래점
		계좌번호 764502-01-047720 (주)닥터스킨				
1	2024-04-20	급여지급	2,408,290원		***	***

자료설명	[4월 20일] 관리부 직원 김지선의 4월분 급여를 신한은행 보통예금 계좌에서 이체하여 지급하였다.(가불금은 주.임.종단 기채권 계정에 계상되어 있으며, 그 외 공제내역은 통합하여 예수금으로 처리한다)
수행과제	거래자료를 입력하시오.

③ 기타 일반거래

출장비 정산서

소속	영업부	직위	과장	성명	이승수
출장내역	일 시	2024년 4월 25일 ~ 2024년 4월 30일			
	출 장 지	대구광역시			
	출장목적	거래처 관리			
지출내역	숙 박 비	360,000원	교 통 비		100,000원

2024년 4월 30일

신 청 인　성 명　이 승 수　

자료설명	[4월 30일] 출장을 마친 직원의 출장비 정산서를 받고 차액 40,000원은 현금으로 회수하였다
수행과제	4월 25일 거래를 확인한 후 거래자료를 입력하시오.

④ 기타 일반거래

자료설명	[6월 9일] 관리부 사원에 대한 5월분 산재보험료를 기업은행 보통예금 계좌에서 이체하여 납부하였다.
수행과제	거래자료를 입력하시오.(단, '보험료'로 처리할 것)

⑤ **약속어음의 만기결제**

자료 1.

<table>
<tr><td colspan="2" align="center"># 전 자 어 음</td></tr>
<tr><td>(주)설화수 귀하</td><td align="right">00420240515123456789</td></tr>
<tr><td>금 일천일백만원정</td><td align="right"><u>**11,000,000원**</u></td></tr>
<tr><td colspan="2" align="center">위의 금액을 귀하 또는 귀하의 지시인에게 지급하겠습니다.</td></tr>
<tr>
<td>
지급기일 2024년 7월 15일
지 급 지 국민은행
지급장소 서대문지점
</td>
<td>
발행일 2024년 5월 15일
발행지 서울특별시 서대문구 충정로7길
주 소 29-8 (충정로3가)
발행인 (주)닥터스킨
</td>
</tr>
</table>

자료 2. 당좌예금(국민은행) 거래내역

번 호	거래일	내 용	찾으신금액	맡기신금액	잔 액	거래점
		계좌번호 011202-04-012368 (주)닥터스킨				
1	2024-7-15	어음만기	11,000,000		***	***

자료설명	[7월 15일] 상품 구매대금으로 발행한 어음의 만기일이 도래하여 국민은행 당좌예금 계좌에서 인출되었다.
수행과제	1. 거래자료를 입력하시오. 2. 자금관련정보를 입력하여 지급어음현황에 반영하시오.

부가가치세 신고 관련 자료이다. [자료설명]을 참고하여 [수행과제]를 수행하시오.

① 과세매출자료의 전자세금계산서발행

<table>
<tr><td colspan="10" align="center">거래명세서   (공급자 보관용)</td></tr>
<tr><td rowspan="5">공급자</td><td>등록번호</td><td colspan="3" align="center">110-86-10018</td><td rowspan="5">공급받는자</td><td>등록번호</td><td colspan="3" align="center">115-81-12317</td></tr>
<tr><td>상호</td><td>(주)닥터스킨</td><td>성명</td><td>이정건</td><td>상호</td><td>(주)황금화장품</td><td>성명</td><td>김희선</td></tr>
<tr><td>사업장
주소</td><td colspan="3">서울특별시 서대문구 충정로7길 29-8
(충정로3가)</td><td>사업장
주소</td><td colspan="3">서울특별시 서대문구 충정로 30</td></tr>
<tr><td>업태</td><td colspan="2">도소매업</td><td>종사업장번호</td><td>업태</td><td colspan="2">도소매업</td><td>종사업장번호</td></tr>
<tr><td>종목</td><td colspan="3">화장품외</td><td>종목</td><td colspan="3">화장품</td></tr>
</table>

<table>
<tr><td>거래일자</td><td>미수금액</td><td>공급가액</td><td>세액</td><td>총 합계금액</td></tr>
<tr><td>2024.7.20.</td><td></td><td>15,000,000</td><td>1,500,000</td><td>16,500,000</td></tr>
</table>

<table>
<tr><td>NO</td><td>월</td><td>일</td><td>품목명</td><td>규격</td><td>수량</td><td>단가</td><td>공급가액</td><td>세액</td><td>합계</td></tr>
<tr><td>1</td><td>7</td><td>20</td><td>화장품 에센스</td><td></td><td>300</td><td>50,000</td><td>15,000,000</td><td>1,500,000</td><td>16,500,000</td></tr>
<tr><td></td><td></td><td></td><td></td><td></td><td></td><td></td><td></td><td></td><td></td></tr>
<tr><td></td><td></td><td></td><td></td><td></td><td></td><td></td><td></td><td></td><td></td></tr>
</table>

<table>
<tr><td>자료설명</td><td>1. 상품을 공급하고 발급한 거래명세서이다.
2. 대금 중 3,000,000원은 기업은행 보통예금 계좌로 입금 받고, 잔액은 다음 달 10일에 받기로 하였다.</td></tr>
<tr><td>수행과제</td><td>1. 거래명세서에 의해 매입매출자료를 입력하시오.
2. 전자세금계산서 발행 및 내역관리 를 통하여 발급 및 전송하시오.
  (전자세금계산서 발급 시 결제내역 및 전송일자는 고려하지 말 것)</td></tr>
</table>

② **매출거래**

전자계산서				(공급자 보관용)				승인번호	2022010310

<table>
<tr><td rowspan="6">공급자</td><td colspan="2">등록번호</td><td colspan="3">110-86-10018</td><td rowspan="6">공급받는자</td><td colspan="1">등록번호</td><td colspan="2">314-81-11803</td></tr>
<tr><td colspan="2">상호</td><td>(주)닥터스킨</td><td>성명
(대표자)</td><td>이정건</td><td>상호</td><td>(주)참존화장품</td><td>성명
(대표자)</td><td>박주미</td></tr>
<tr><td colspan="2">사업장
주소</td><td colspan="3">서울특별시 서대문구 충정로7길 29-8
(충정로3가)</td><td>사업장
주소</td><td colspan="3">대전광역시 서구 둔산대로 100</td></tr>
<tr><td colspan="2">업태</td><td>도소매업</td><td colspan="2">종사업장번호</td><td>업태</td><td>도소매업</td><td colspan="2">종사업장번호</td></tr>
<tr><td colspan="2">종목</td><td>화장품외</td><td colspan="2"></td><td>종목</td><td>화장품</td><td colspan="2"></td></tr>
<tr><td colspan="2">E-Mail</td><td colspan="3">Dr.skin@bill36524.com</td><td>E-Mail</td><td colspan="3">chamzone@naver.com</td></tr>
</table>

작성일자	2024.7.31.		공급가액	3,600,000		비고	

월	일	품목명	규격	수량	단가	공급가액	비고
7	31	도서		400	9,000	3,600,000	

합계금액	현금	수표	어음	외상미수금	이 금액을	○ 영수 ◉ 청구	함
3,600,000				3,600,000			

자료설명	1. 면세 상품인 도서(도서명 : 아이러브 K-뷰티)를 공급하고 발급한 전자계산서이다. 　(단, 본 문제에 한하여 과세사업과 면세사업을 경영하는 것으로 함) 2. 대금은 전액 외상으로 하였다.
수행과제	매입매출자료를 입력하시오. (전자계산서 거래는 '전자입력'으로 입력할 것)

③ 매입거래

<table>
<tr><td colspan="11" rowspan="2">전자세금계산서</td><td colspan="5">(공급받는자 보관용)</td><td colspan="2">승인번호</td><td></td></tr>
<tr><td colspan="8"></td></tr>
<tr><td rowspan="6">공급자</td><td colspan="2">등록번호</td><td colspan="5">211-81-10539</td><td rowspan="6">공급받는자</td><td colspan="2">등록번호</td><td colspan="5">110-86-10018</td></tr>
<tr><td colspan="2">상호</td><td colspan="3">(주)알소프트</td><td>성명
(대표자)</td><td>이승재</td><td colspan="2">상호</td><td colspan="3">(주)닥터스킨</td><td>성명
(대표자)</td><td>이정건</td></tr>
<tr><td colspan="2">사업장
주소</td><td colspan="5">서울특별시 금천구 디지털로 178</td><td colspan="2">사업장
주소</td><td colspan="5">서울특별시 서대문구 충정로7길 29-8
(충정로3가)</td></tr>
<tr><td colspan="2">업태</td><td colspan="3">서비스업</td><td>종사업장번호</td><td></td><td colspan="2">업태</td><td colspan="3">도소매업</td><td colspan="2">종사업장번호</td></tr>
<tr><td colspan="2">종목</td><td colspan="3">소프트웨어</td><td></td><td></td><td colspan="2">종목</td><td colspan="5">화장품외</td></tr>
<tr><td colspan="2">E-Mail</td><td colspan="5">alsoft@bill36524.com</td><td colspan="2">E-Mail</td><td colspan="5">Dr.skin@bill36524.com</td></tr>
<tr><td colspan="2">작성일자</td><td colspan="3">2024.8.15.</td><td colspan="2">공급가액</td><td colspan="4">2,000,000</td><td colspan="2">세 액</td><td colspan="3">200,000</td></tr>
<tr><td colspan="2">비고</td><td colspan="15"></td></tr>
<tr><td>월</td><td>일</td><td colspan="4">품목명</td><td>규격</td><td>수량</td><td colspan="2">단가</td><td colspan="2">공급가액</td><td colspan="2">세액</td><td colspan="2">비고</td></tr>
<tr><td>8</td><td>15</td><td colspan="4">오피스365</td><td></td><td></td><td colspan="2"></td><td colspan="2">2,000,000</td><td colspan="2">200,000</td><td colspan="2"></td></tr>
<tr><td> </td><td></td><td colspan="4"></td><td></td><td></td><td colspan="2"></td><td colspan="2"></td><td colspan="2"></td><td colspan="2"></td></tr>
<tr><td></td><td></td><td colspan="4"></td><td></td><td></td><td colspan="2"></td><td colspan="2"></td><td colspan="2"></td><td colspan="2"></td></tr>
<tr><td></td><td></td><td colspan="4"></td><td></td><td></td><td colspan="2"></td><td colspan="2"></td><td colspan="2"></td><td colspan="2"></td></tr>
<tr><td colspan="2">합계금액</td><td colspan="2">현금</td><td colspan="2">수표</td><td colspan="2">어음</td><td colspan="3">외상미수금</td><td colspan="2" rowspan="2">이 금액을</td><td colspan="2">○ 영수</td><td rowspan="2">함</td></tr>
<tr><td colspan="2">2,200,000</td><td colspan="2"></td><td colspan="2"></td><td colspan="2"></td><td colspan="3">2,200,000</td><td colspan="2">◉ 청구</td></tr>
</table>

자료설명	업무와 관련된 '소프트웨어'를 구입하고 전자세금계산서를 수취하였으며, 대금은 전액 다음달 10일에 지급하기로 하였다.
수행과제	1. 매입매출자료를 입력하시오. (전자세금계산서 거래는 '전자입력'으로 입력할 것) 2. [고정자산등록]에 고정자산을 등록(고정자산계정과목 : 240.소프트웨어, 코드 : 1001, 자산명 : 오피스365, 상각방법 : 정액법, 내용연수 5년, 경비구분 : 800번대)하시오.

④ 매입거래

전자계산서				(공급받는자 보관용)		승인번호			2022010313	

전자계산서 (공급받는자 보관용) 승인번호 2022010313

공급자	등록번호	211-96-78907				공급받는자	등록번호	110-86-10018		
	상호	더존평생교육원	성명(대표자)	한호성			상호	(주)닥터스킨	성명(대표자)	이정건
	사업장주소	서울특별시 강남구 강남대로 78길 8, 9층					사업장주소	서울특별시 서대문구 충정로7길 29-8 (충정로3가)		
	업태	서비스업		종사업장번호			업태	도소매업		종사업장번호
	종목	학원					종목	화장품외		
	E-Mail	duzone@bill36524.com					E-Mail	Dr.skin@bill36524.com		

작성일자	2024.8.22.	공급가액	280,000	비고	

월	일	품목명	규격	수량	단가	공급가액	비고
8	22	위하고 교육				280,000	

합계금액	현금	수표	어음	외상	이 금액을	⦿ 영수 함
280,000	280,000					○ 청구

자료설명	당사 회계팀의 더존 위하고(WEHAGO) 교육을 위탁하고 전자계산서를 발급받았다.
수행과제	매입매출자료를 입력하시오. (전자계산서 거래는 '전자입력'으로 입력할 것)

⑤ 매입거래

2024년 8월 청구서

작성일자: 2024.09.10.
납부기한: 2024.09.15.

금 액	126,720원
고객명	(주)닥터스킨
이용번호	02-3419-0391
명세서번호	**25328**
이용기간	8월 1일 ~ 8월 31일
8월 이용요금	126,720원
공급자등록번호	135-81-92483
공급받는자 등록번호	110-86-10018
공급가액	115,200원
부가가치세(VAT)	11,520원
10원미만 할인요금	0원
입금전용계좌	국민은행
	100-211-101155

이 청구서는 부가가치세법 시행령 제68조 제9항에 따라 발행하는
전자세금계산서입니다.

(주)케이티서대문

자료설명	영업부의 8월분 전화요금 청구서이다. 회사는 작성일자로 미지급금을 계상하고, 납부기한일에 자동이체하여 지급처리하고 있다.
수행과제	작성일자를 기준으로 매입매출자료를 입력하시오. ('51.과세매입'으로 처리하고, '전자입력'으로 입력할 것)

⑥ 부가가치세신고서에 의한 회계처리

■ 보통예금(국민은행) 거래내역

번 호	거래일	내 용	찾으신금액	맡기신금액	잔 액	거래점
		계좌번호 781006-01-774301 (주)닥터스킨				
1	2024-07-25	부가세납부	2,929,050		***	***

자료설명	제1기 부가가치세 확정신고에 대한 납부세액을 국민은행 보통예금에서 이체하여 납부하였다.
수행과제	6월 30일 일반전표를 참고하여 납부세액에 대한 회계처리를 하시오. (단, 저장된 부가가치세신고서를 이용하고 거래처코드를 입력할 것)

[결산자료]를 참고하여 결산을 수행하시오.(단, 제시된 자료 이외의 자료는 없다고 가정함)

① 수동결산 및 자동결산

자료설명	1. 결산일 현재 장기차입금에 대한 기간경과분 미지급이자 620,000원을 계상하다. 2. 기말상품재고액은 32,000,000원이다. 3. 이익잉여금처분계산서 처분 예정(확정)일 　－ 당기분: 2025년 2월 28일 　－ 전기분: 2024년 2월 28일
수행과제	1. 수동결산 또는 자동결산 메뉴를 이용하여 결산을 완료하시오. 2. 12월 31일을 기준으로 '손익계산서 ➡ 이익잉여금처분계산서 ➡ 재무상태표'를 순서대로 조회 작성하시오. 　(단, 이익잉여금처분계산서 조회 작성 시 '저장된 데이터 불러오기' ➡ '아니오' 선택 ➡ 상단부의 '전표추가' 　를 이용하여 '손익대체분개'를 수행할 것)

입력자료 및 회계정보를 조회하여 [평가문제]의 답안을 입력하시오.

평가문제 답안입력 유의사항

❶ 답안은 **지정된 단위의 숫자로만** 입력해 주십시오.
    * 한글 등 문자 금지

	정답	오답(예)
(1) **금액**은 원 단위로 숫자를 **입력**하되, 천 단위 콤마(,)는 생략 가능합니다.	1,245,000 1245000	1,245,000 1,245,000원 1,245,0000 12,45,000 1,245천원

(1-1) 답이 0원인 경우 반드시 "0"입력
    (1-2) 답이 음수(-)인 경우 숫자 앞에 "-" 입력
    (1-3) 답이 소수인 경우 반드시 "." 입력		

(2) 질문에 대한 **답안은 숫자로만 입력**하세요.	4	04 4건/매/명 04건/매/명
(3) **거래처 코드번호는 5자리 숫자로 입력**하세요.	00101	101 00101번

❷ 더존 프로그램에서 조회되는 자료를 복사하여 붙여넣기가 가능합니다.
❸ 수행과제를 올바르게 입력하지 않고 작성한 답과 모범답안이 다른 경우 오답처리됩니다.

번 호	평가문제	배 점
11	**평가문제 [거래처등록 조회]** (주)닥터스킨의 [거래처등록] 관련 내용으로 옳지 않은 것은? ① 카드거래처의 [구분 : 매출] 관련 거래처는 1개이다. ② 일반거래처 '(주)수려한'의 대표자는 김희애이다. ③ 일반거래처 '(주)수려한'의 담당자메일주소는 han24@bill36524.com이다. ④ 금융거래처 중 [3.예금종류]가 '차입금'인 거래처는 3개이다.	4
12	**평가문제 [계정과목및적요등록 조회]** '173.온라인몰상품' 계정과 관련된 내용으로 옳지 않은 것은? ① '온라인몰상품'의 구분은 '일반재고'이다. ② 표준코드는 '045.상품'이다. ③ '온라인몰상품'의 현금적요는 사용하지 않고 있다. ④ '온라인몰상품'의 대체적요는 2개를 사용하고 있다.	4
13	**평가문제 [일/월계표 조회]** 4월에 발생한 '판매비와관리비' 중 지출금액이 올바르게 연결된 것은? ① 급여 30,000,000원 ② 복리후생비 1,374,500원 ③ 여비교통비 201,000원 ④ 접대비(기업업무추진비) 105,200원	3
14	**평가문제 [일/월계표 조회]** 6월에 발생한 '보험료' 금액은 얼마인가? <div align="right">( )원</div>	2
15	**평가문제 [일/월계표 조회]** 7월(7/1 ~ 7/31)한달 동안 '외상매출금' 증가액은 얼마인가? <div align="right">( )원</div>	3
16	**평가문제 [일/월계표 조회]** 7월 ~ 9월에 현금으로 지출한 '판매관리비'는 얼마인가? <div align="right">( )원</div>	3
17	**평가문제 [합계잔액시산표 조회]** 9월 말 '가지급금'의 잔액은 얼마인가? <div align="right">( )원</div>	3
18	**평가문제 [합계잔액시산표 조회]** 9월 말 '미지급세금' 잔액으로 옳은 것은? ① 0원 ② 2,273,000원 ③ 2,929,050원 ④ 5,202,050원	3
19	**평가문제 [거래처원장 조회]** 9월 말 미지급금 잔액으로 옳지 않은 것은? ① 01500.(주)케이티서대문 126,720원 ② 04008.한진화장품 15,500,000원 ③ 05030.(주)대림화장품 26,000,000원 ④ 31113.(주)알소프트 2,200,000원	3
20	**평가문제 [재무상태표 조회]** 12월 말 '당좌예금' 잔액은 얼마인가? <div align="right">( )원</div>	3

번호	평가문제	배점
21	**평가문제 [재무상태표 조회]** 12월 말 유동부채 계정별 잔액으로 옳지 않은 것은? ① 지급어음 11,100,000원 ② 미지급금 417,289,900원 ③ 예수금 747,130원 ④ 선수금 4,450,000원	4
22	**평가문제 [재무상태표 조회]** 12월 말 '이월이익잉여금(미처분이익잉여금)' 잔액은 얼마인가? ① 455,093,690원 ② 459,214,020원 ③ 462,158,910원 ④ 582,444,210원	2
23	**평가문제 [손익계산서 조회]** 당기에 발생한 '영업외비용' 금액은 얼마인가? ( )원	3
24	**평가문제 [영수증수취명세서 조회]** '영수증수취명세서(2)'의 명세서제출 대상 개별 거래 중 금액이 가장 큰 계정과목의 코드번호 3자리를 입력하시오. ( )	3
25	**평가문제 [예적금현황 조회]** 6월 말 은행별 예금 잔액으로 옳지 않은 것은? ① 국민은행(당좌) 53,800,000원 ② 국민은행(보통) 408,362,600원 ③ 기업은행(보통) 32,589,000원 ④ 신한은행(보통) 97,591,710원	3
26	**평가문제 [지급어음현황 조회]** 2024년에 만기가 도래하는 '지급어음'의 미결제액은 얼마인가? ( )원	3
27	**평가문제 [부가가치세신고서 조회]** 제2기 예정신고기간 부가가치세신고서의 '세금계산서수취분-고정자산매입(11란)'의 금액은 얼마인가? ( )원	3
28	**평가문제 [세금계산서합계표 조회]** 제2기 예정신고기간의 매출 전자세금계산서 공급가액은 얼마인가? ( )원	4
29	**평가문제 [계산서합계표 조회]** 제2기 예정신고기간의 매입계산서 공급가액 합계는 얼마인가? ( )원	4
30	**평가문제 [고정자산등록 조회]** [계정과목 : 240.소프트웨어 – 자산명 : 오피스365]의 [19.당기상각범위액]은 얼마인가? ( )원	2
총 점		62

회계정보를 조회하여 [회계정보분석]의 답안을 입력하시오.

31 재무상태표 조회 (4점)

유동비율이란 기업의 단기 지급능력을 평가하는 지표이다. (주)닥터스킨의 전기 유동비율을 계산하면?(단, 소숫점 이하는 버림할 것)

$$\text{유동비율} = \frac{\text{유동자산}}{\text{유동부채}} \times 100$$

① 529%

② 584%

③ 634%

④ 683%

32 손익계산서 조회 (4점)

영업이익률은 기업경영활동 성과를 총괄적으로 보여주는 대표적인 지표이다. (주)닥터스킨의 전기 영업이익률을 계산하면 얼마인가?(단, 소숫점 이하는 버림할 것)

$$\text{영업이익률} = \frac{\text{영업이익}}{\text{매출액}} \times 100$$

① 15%

② 17%

③ 19%

④ 21%

실무이론평가

아래 문제에서 특별한 언급이 없으면 기업의 보고기간(회계기간)은 매년 1월 1일부터 12월 31일까지입니다. 또한 기업은 일반기업회계기준 및 관련 세법을 계속적으로 적용하고 있다고 가정하고 물음에 가장 합당한 답을 고르시기 바랍니다.

01 다음 중 도매업을 영위하는 (주)한공의 손익계산서와 관련된 설명으로 옳지 않은 것은?

① 영업외수익은 배당금수익, 임대료, 접대비 등을 포함한다.

② 판매비와관리비는 상품 등의 판매활동과 기업의 관리활동에서 발생하는 비용으로써 복리후생비, 급여, 통신비 등을 포함한다.

③ 매출액은 총매출액에서 매출할인, 매출환입, 매출에누리를 차감한 금액으로 한다.

④ 상품매출원가는 '기초상품재고액 + 당기상품매입액 − 기말상품재고액'이다.

02 다음 중 손익계산서상 영업이익에 영향을 미치지 않는 계정과목은?

① 본사 건물의 감가상각비

② 영업팀에서 사용하는 업무용 핸드폰에 대한 통신비

③ 단기대여금의 기타의대손상각비

④ 본사 직원의 복리후생비

03 다음은 (주)한공의 특허권 취득 관련 자료이다. 이를 토대로 2024년도 무형자산상각비를 계산하면 얼마인가?

• 특허권 취득일 : 2024.1.1.	• 특허권 등록비 : 2,000,000원
• 상각방법 : 정액법(내용연수 : 5년)	• 특허권 취득부대비용 : 100,000원

① 200,000원
② 220,000원
③ 400,000원
④ 420,000원

04 다음과 같은 결산회계처리 누락이 2024년도 손익계산서에 미치는 영향으로 옳은 것은?

(주)한공은 2024년 11월 1일에 가입한 1년 만기 정기예금 15,000,000원(연이율 3%, 월할 계산)에 대한 이자 경과분(미수분)을 계상하지 않았다.

① 당기순이익 75,000원 과대계상
② 당기순이익 75,000원 과소계상
③ 당기순이익 450,000원 과대계상
④ 당기순이익 450,000원 과소계상

05 다음 자료를 토대로 (주)한공의 2024년 12월 31일 결산 시 회계처리로 옳은 것은?

• 2024년 5월 1일 소모품 2,000,000원을 구입하고 대금은 현금으로 지급하였으며, 구입한 소모품은 전액 자산처리하였다.
• 2024년 12월 31일 소모품 미사용액은 450,000원이다.

①	(차) 소모품	450,000원	(대) 소모품비	450,000원
②	(차) 소모품	1,550,000원	(대) 소모품비	1,550,000원
③	(차) 소모품비	450,000원	(대) 소모품	450,000원
④	(차) 소모품비	1,550,000원	(대) 소모품	1,550,000원

06 다음 결산정리사항 중 비용의 이연에 해당하는 거래는?

① 임대료수익 미수분을 계상하다.
② 보험료 선급분을 계상하다.
③ 이자수익 선수분을 계상하다.
④ 이자비용 미지급분을 계상하다.

07 도매업을 영위하고 있는 (주)한공은 2024년 3월 10일 (주)서울의 파산으로 단기대여금 3,000,000원의 회수가 불가능하게 되었다. 이 거래로 인하여 (주)한공이 손익계산서에 계상해야 하는 계정과목과 그 금액은 얼마인가?(단, 3월 10일 이전에 설정된 단기대여금에 대한 대손충당금 잔액은 1,100,000원이다)

① 대손상각비 1,100,000원
② 대손상각비 1,900,000원
③ 기타의대손상각비1,100,000원
④ 기타의대손상각비 1,900,000원

08 다음 중 우리나라 부가가치세 특징에 대해 잘못 설명하는 사람은?

① 승 현
② 주 희
③ 희 수
④ 성 한

09 다음 중 부가가치세 과세거래에 해당하는 것을 모두 고르면?

> 가. 소형승용차를 중고차 매매상에게 유상으로 처분하는 경우
> 나. 세금을 사업용 자산으로 물납하는 경우
> 다. 상표권을 유상으로 양도하는 경우
> 라. 양도담보의 목적으로 부동산을 제공하는 경우

① 가, 다
② 가, 라
③ 나, 다
④ 나, 라

PART 2

10 컴퓨터 부품을 제조하는 (주)한공의 다음 자료를 토대로 2024년 제2기 예정신고기간(2024.7.1. ~ 2024.09.30.)의 부가가치세 납부세액을 계산하면 얼마인가?(단, 세금계산서는 적법하게 수수하였고 주어진 자료 외에는 고려하지 않는다)

> • 세금계산서 발급분 : 공급가액 6,000,000원(과세매출)
> • 세금계산서 수취분 : 공급가액 1,200,000원(과세매입)
> • 세금계산서 수취분 : 공급가액 1,000,000원[대표이사 업무용 승용차(2,000cc) 수리비]

① 380,000원
② 480,000원
③ 500,000원
④ 600,000원

(주)대우전자(회사코드 3174)은 전자제품을 도소매하는 법인으로 회계기간은 제8기(2024.1.1. ~ 2024.12.31.) 이다. 제시된 자료와 [자료설명]을 참고하여 [수행과제]의 물음에 답하시오.

실무수행 유의사항	1. 부가가치세 관련 거래는 [매입매출전표입력] 메뉴에 입력하고, 부가가치세 관련 없는 거래는 [일반전표입력] 메 　뉴에 입력한다. 2. 타계정 대체액과 관련된 적요는 반드시 코드를 입력하여야 한다. 3. 채권 · 채무, 예금거래 등 관리대상 거래자료에 대하여는 반드시 거래처코드를 입력한다. 4. 자금관리 등 추가 작업이 필요한 경우 문제의 요구에 따라 추가 작업하여야 한다. 5. 판매비와관리비는 800번대 계정코드를 사용한다. 6. 등록된 계정과목 중 가장 적절한 계정과목을 선택한다.

실무수행 1　기초정보관리의 이해

회계관련 기초정보는 입력되어 있다. [자료설명]을 참고하여 [수행과제]를 수행하시오.

① 계정과목및적요등록 수정

자료설명	디자인권의 취득과 매각 거래가 자주 발생하여 무형자산 계정과목으로 등록하여 사용하려고 한다.
수행과제	'235.의장권'을 '235.디자인권'으로 정정등록하고, 현금적요와 대체적요를 등록하시오. － 현금적요 : 1.디자인권 취득대금 현금지급 － 대체적요 : 1.디자인권 상각액

② 전기분재무제표의 입력수정

재 무 상 태 표
제7(당)기 2023. 12. 31. 현재
제6(전)기 2022. 12. 31. 현재

(주)대우전자   (단위: 원)

과　　　목	제 7 기 (2023.12.31.)		제 6 기 (2022.12.31.)	
자　　　　　　　산				
Ⅰ.유 동 자 산		257,458,000		116,640,000
(1) 당 좌 자 산		197,458,000		91,640,000
현　　　　　　금		46,894,000		22,800,000
당 좌 예 금		41,000,000		20,850,000
보 통 예 금		67,034,000		34,496,000
단 기 매 매 증 권		10,500,000		3,000,000
외 상 매 출 금	27,000,000		8,200,000	
대 손 충 당 금	270,000	26,730,000	82,000	8,118,000
받 을 어 음		5,300,000		2,376,000
(2) 재 고 자 산		60,000,000		25,000,000
상　　　　　　품		60,000,000		25,000,000
Ⅱ.비 유 동 자 산		121,165,000		50,000,000
(1) 투 자 자 산		18,000,000		0
장 기 대 여 금		18,000,000		0
(2) 유 형 자 산		93,165,000		7,300,000
토　　　　　　지		30,000,000		0
건　　　　　　물		40,000,000		
차 량 운 반 구	35,330,000		16,500,000	
감 가 상 각 누 계 액	15,000,000	20,330,000	12,300,000	4,200,000
비　　　　　　품	6,000,000		9,400,000	
감 가 상 각 누 계 액	3,165,000	2,835,000	6,300,000	3,100,000
(3) 무 형 자 산		0		0
(4) 기 타 비 유 동 자 산		10,000,000		42,700,000
임 차 보 증 금		10,000,000		42,700,000
자 산 총 계		378,623,000		166,640,000
부　　　　　　채				
Ⅰ.유 동 부 채		81,844,000		93,640,000
외 상 매 입 금		48,609,000		43,640,000
지 급 어 음		7,800,000		
미 지 급 금		22,500,000		50,000,000
예 수 금		2,935,000		0
Ⅱ.비 유 동 부 채		20,000,000		0
장 기 차 입 금		20,000,000		0
부 채 총 계		101,844,000		93,640,000
자　　　　　　본				
Ⅰ.자 본 금		157,259,000		50,000,000
자 본 금		157,259,000		50,000,000
Ⅱ.자 본 잉 여 금		0		0
Ⅲ.자 본 조 정		0		0
Ⅳ.기 타 포 괄 손 익 누 계 액		0		0
Ⅴ.이 익 잉 여 금		119,520,000		23,000,000
미 처 분 이 익 잉 여 금		119,520,000		23,000,000
(당기순이익 96,520,000)				
자 본 총 계		276,779,000		73,000,000
부 채 와 자 본 총 계		378,623,000		166,640,000

자료설명	(주)대우전자의 전기(제7기)분 재무제표는 입력되어 있다.
수행과제	입력이 누락되었거나 잘못된 부분을 찾아 수정하시오.

실무프로세스 자료이다. [자료설명]을 참고하여 [수행과제]를 수행하시오.

1 계약금 지급

■ 보통예금(우리은행) 거래내역

번 호	거래일	내 용	찾으신금액	맡기신금액	잔 액	거래점
		계좌번호 501-111923-02-123 (주)대우전자				
1	2024-8-18	(주)수정전자	300,000		***	***

자료설명	(주)수정전자에서 상품을 매입하기로 하고, 계약금을 우리은행 보통예금 계좌에서 이체하여 지급하였다.
수행과제	거래자료를 입력하시오.

2 증빙에 의한 전표입력

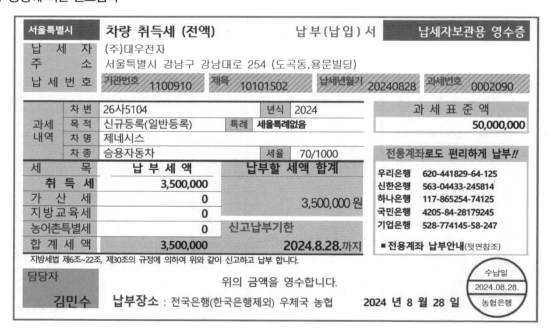

자료설명	[8월 28일] 영업부에서 사용할 목적으로 구입한 승용차와 관련된 취득세를 신고납부기한일에 현금으로 납부하였다.
수행과제	거래자료를 입력하시오.

③ 대손의 발생과 설정

자료설명	[8월 30일] (주)정진상사의 파산으로 단기대여금 20,000,000원의 회수가 불가능하게 되어 대손처리하기로 하였다.
수행과제	대손처리시점의 거래자료를 입력하시오. (단, '단기대여금'에 대한 대손충당금 잔액은 없다)

④ 증빙에 의한 전표입력

자료 1. 우체국택배 송장

자료 2. 신용카드매출전표

자료설명	자료 1. 판매상품을 발송하고 발급받은 우체국택배 송장이다. 자료 2. 택배비를 결제한 신용카드 매출전표이다.
수행과제	거래자료를 입력하시오.

5 기타일반거래

자료 1. 건강보험료 영수증

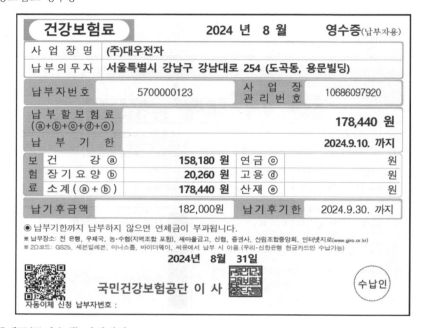

자료 2. 보통예금(국민은행) 거래내역

번 호	거래일	내 용	찾으신금액	맡기신금액	잔 액	거래점
		계좌번호 096-24-0094-123 (주)대우전자				
1	2024-09-10	건강보험료	178,440		***	***

자료설명	8월 급여지급분에 대한 건강보험료(장기요양보험료 포함)를 납부기한일에 국민은행 보통예금 계좌에서 이체하여 납부하였다. 보험료의 50%는 급여 지급 시 원천징수한 금액이며, 나머지 50%는 회사부담분이다.
수행과제	거래자료를 입력하시오.(회사부담분 건강보험료는 '복리후생비'로 처리할 것)

부가가치세 신고 관련 자료이다. [자료설명]을 참고하여 [수행과제]를 수행하시오.

① 과세매출자료의 전자세금계산서발행

거래명세서 (공급자 보관용)							

공급자	등록번호	106-86-09792			공급받는자	등록번호	106-81-44120	
	상호	(주)대우전자	성명	김대우		상호	(주)세운유통	성명	위대한
	사업장주소	서울특별시 강남구 강남대로 254 (도곡동, 용문빌딩)				사업장주소	서울 구로구 구로동로 22	
	업태	도소매업	종사업장번호			업태	도소매업	종사업장번호
	종목	전자제품외				종목	전자제품	

거래일자	미수금액	공급가액	세액	총 합계금액
2024.10.2.		10,000,000	1,000,000	11,000,000

NO	월	일	품목명	규격	수량	단가	공급가액	세액	합계
1	10	2	세탁건조기		5	2,000,000	10,000,000	1,000,000	11,000,000

자료설명	1. 상품을 공급하고 발급한 거래명세서이다. 2. 대금 중 3,000,000원은 우리은행 보통예금 계좌로 입금받고, 잔액은 다음 달 10일에 받기로 하였다.
수행과제	1. 거래명세서에 의해 매입매출자료를 입력하시오. 2. 전자세금계산서 발행 및 내역관리 를 통하여 발급 및 전송하시오. (전자세금계산서 발급 시 결제내역 및 전송일자는 고려하지 말 것)

② 매출거래

<table>
<tr><td colspan="9" align="center">전자계산서</td><td colspan="2">(공급자 보관용)</td><td colspan="2">승인번호</td><td></td></tr>
<tr><td rowspan="6">공급자</td><td colspan="2">등록번호</td><td colspan="5">106-86-09792</td><td rowspan="6">공급받는자</td><td colspan="2">등록번호</td><td colspan="3">113-81-13872</td></tr>
<tr><td colspan="2">상호</td><td colspan="3">(주)대우전자</td><td>성명
(대표자)</td><td>김대우</td><td colspan="2">상호</td><td>(주)한라전자</td><td>성명
(대표자)</td><td>김우정</td></tr>
<tr><td colspan="2">사업장
주소</td><td colspan="5">서울특별시 강남구 강남대로 254
(도곡동, 용문빌딩)</td><td colspan="2">사업장
주소</td><td colspan="3">서울특별시 서대문구 통일로 131
(충정로2가, 공화당빌딩)</td></tr>
<tr><td colspan="2">업태</td><td colspan="3">도소매업</td><td colspan="2">종사업장번호</td><td colspan="2">업태</td><td>도소매업</td><td colspan="2">종사업장번호</td></tr>
<tr><td colspan="2">종목</td><td colspan="5">전자제품외</td><td colspan="2">종목</td><td colspan="3">가전제품외</td></tr>
<tr><td colspan="2">E-Mail</td><td colspan="5">meta@bill36524.com</td><td colspan="2">E-Mail</td><td colspan="3">engel@bill36524.com</td></tr>
</table>

작성일자	2024.10.7.	공급가액	10,000,000	비 고	

월	일	품목명	규격	수량	단가	공급가액	비고
10	7	토지				10,000,000	

합계금액	현금	수표	어음	외상미수금	이 금액을	◉ 영수 함 ○ 청구
10,000,000						

자료설명	토지(장부금액 10,000,000원)를 매각하고 대금은 기업은행 보통예금 계좌로 입금받았다.(단, 본 거래에 한하여 과세사업과 면세사업을 겸영한다고 가정할 것)
수행과제	매입매출자료를 입력하시오. (전자계산서 거래는 '전자입력'으로 입력할 것)

③ 매입거래

2024년 10월 청구분	**도시가스요금** 지로영수증(고객용)			

고객번호		3154892						납부마감일	2024.11.30.
지로번호	1	3	4	0	5	2	8	미납 금액	0 원
고지금액		275,000 원							0 원

주소/성명　　　서울특별시 강남구 강남대로 254 (도곡동,용문빌딩) / (주)대우전자

사용기간		2024.10.1.~2024.10.31.	기 본 요 금	25,000 원
당월 사용량	금월지침	8,416 m³	사 용 요 금	250,000 원
	전월지침	6,104 m³	계 량 기 교 체 비 용	원
	사용량	2,312 m³	공 급 가 액	250,000 원
사용량 비교	전월	1,535 m³	부 가 세	25,000 원
	전년동월	2,931 m³	가 산 금	원
계량기번호		CD011	정 산 금 액	원
검 침 원 명			고 지 금 액	275,000 원
			공급받는자 등록번호	106-86-09792
			공 급 자 등 록 번 호	101-81-25259

작성일자　　　**2024 년 11 월 7 일**

입금전용계좌

※ 본 영수증은 부가가치세법 시행령 53 조 3 항에 따라 발행하는
　 전자세금계산서입니다.

한국도시가스(주)

자료설명	1. 회사의 10월분 도시가스요금명세서이다. 2. 작성일자를 기준으로 입력하고 납부마감일에 보통예금 계좌에서 자동이체되는 거래의 입력은 생략한다.
수행과제	매입매출자료를 입력하시오. (전자세금계산서의 발급 및 전송업무는 생략하고 '전자입력'으로 입력할 것)

④ 매입거래

신 용 카 드 매 출 전 표

가 맹 점 명   일품한식당 (02)3412-4451
사 업 자 번 호   316-01-17397
대 표 자 명   이 일 품
주   소   서울특별시 광진구 중곡동 211

농 협 카 드   신용승인
거 래 일 시   2024-11-13 20:08:04
카 드 번 호   8844-2211-****-49**
가 맹 점 번 호   45451124
매 입 사   농협카드(전자서명전표)
품   명   한정식 5인

공 급 가 액   150,000원
부 가 가 치 세   15,000원
합   계   165,000원

자료설명	영업부 직원의 회식 후 법인카드로 결제하고 수령한 신용카드 매출전표이다. (일품한식당은 일반과세사업자이다)
수행과제	매입매출자료를 입력하시오.

⑤ 매입거래

전자세금계산서   (공급받는자 보관용)   승인번호

공급자	등록번호	127-05-17529			공급받는자	등록번호	106-86-09792		
	상호	우정골프	성명(대표자)	조우정		상호	(주)대우전자	성명(대표자)	김대우
	사업장주소	서울특별시 서대문구 충정로7길 12 (충정로2가)				사업장주소	서울특별시 강남구 강남대로 254 (도곡동, 용문빌딩)		
	업태	도소매업	종사업장번호			업태	도소매업	종사업장번호	
	종목	골프용품외				종목	전자제품외		
	E-Mail	golf@nate.com				E-Mail	meta@bill36524.com		

작성일자	2024.11.15.	공급가액	3,000,000	세 액	300,000
비고					

월	일	품목명	규격	수량	단가	공급가액	세액	비고
11	15	골프용품				3,000,000	300,000	

합계금액	현금	수표	어음	외상미수금	이 금액을	◉ 영수 / ○ 청구	함
3,300,000	3,300,000						

자료설명	대표이사(김대우) 개인 취미생활을 위하여 골프용품을 구입하고, 발급받은 전자세금계산서이다.
수행과제	매입매출자료를 입력하시오.

⑥ 부가가치세신고서 조회 및 입력자료 조회

수행과제	1. 제1기 부가가치세 확정과세기간의 부가가치세신고서를 조회하시오. 2. 전자신고세액공제 10,000원을 반영하여 6월 30일 부가가치세 납부세액(환급세액)에 대한 회계처리를 하시오. (단, 저장된 자료를 이용하여 납부세액은 '미지급세금', 환급세액은 '미수금', 전자신고세액공제는 '잡이익'으로 회계처리하고 거래처코드도 입력할 것)

실무수행 4   결산

[결산자료]를 참고하여 결산을 수행하시오.(단, 제시된 자료 이외의 자료는 없다고 가정함)

① 수동결산 및 자동결산

결산자료	1. 단기매매증권의 기말 내역은 다음과 같다.(하나의 전표로 처리할 것) <table><tr><td>회사명</td><td>주식수</td><td>주당 장부금액</td><td>주당 기말평가금액</td></tr><tr><td>(주)명품</td><td>100주</td><td>25,000원</td><td>26,000원</td></tr><tr><td>(주)삼현</td><td>200주</td><td>40,000원</td><td>42,000원</td></tr><tr><td>합 계</td><td>300주</td><td></td><td></td></tr></table> 2. 기말상품재고액은 30,000,000원이다. 3. 이익잉여금처분계산서 처분 예정(확정)일 – 당기분: 2025년 2월 23일 – 전기분: 2024년 2월 23일
평가문제	1. 수동결산 또는 자동결산 메뉴를 이용하여 결산을 완료하시오. 2. 12월 31일을 기준으로 '손익계산서 ➡ 이익잉여금처분계산서 ➡ 재무상태표'를 순서대로 조회 작성하시오. (단, 이익잉여금처분계산서 조회 작성 시 '저장된 데이터 불러오기' ➡ '아니오' 선택 ➡ 상단부의 '전표추가'를 이용하여 '손익대체분개'를 수행할 것)

입력자료 및 회계정보를 조회하여 [평가문제]의 답안을 입력하시오.

평가문제 답안입력 유의사항		
❶ 답안은 **지정된 단위의 숫자로만 입력**해 주십시오. *** 한글 등 문자 금지**		
	정답	**오답(예)**

(1) **금액은 원 단위로 숫자를 입력**하되, 천 단위 콤마(,)는 생략 가능합니다.
 	
   (1-1) 답이 0원인 경우 반드시 "0"입력
   (1-2) 답이 음수(-)인 경우 숫자 앞에 "-" 입력
   (1-3) 답이 소수인 경우 반드시 "." 입력
	1,245,000
	1245000
		1,245.000
		1,245,000원
		1,245,0000
		12,45,000
		1,245천원

(2) 질문에 대한 답안은 **숫자로만 입력**하세요.	4	04 4건/매/명 04건/매/명
(3) 거래처 코드번호는 5자리 숫자로 입력하세요.	00101	101 00101번
❷ 더존 프로그램에서 조회되는 자료를 복사하여 붙여넣기가 가능합니다. ❸ 수행과제를 올바르게 입력하지 않고 작성한 답과 모범답안이 다른 경우 오답처리됩니다.		

번 호	평가문제	배 점
11	**평가문제 [계정과목및적요등록 조회]** '235.디자인권' 계정과 관련된 내용으로 옳지 않은 것은? ① '비유동자산 중 무형자산'에 해당하는 계정이다. ② 표준재무제표항목은 '175.의장권'이다. ③ '디자인권'의 현금적요는 '디자인권 취득대금 현급지급'을 사용하고 있다. ④ '디자인권'의 대체적요는 사용하지 않고 있다.	4
12	**평가문제 [거래처원장 조회]** 10월 말 '01025.(주)세운유통'의 '108.외상매출금' 잔액은 얼마인가? ( )원	3
13	**평가문제 [거래처원장 조회]** 11월 말 '134.가지급금' 잔액이 가장 많은 거래처의 코드 5자리를 입력하시오. ( )	3
14	**평가문제 [거래처원장 조회]** 12월 말 '253.미지급금' 거래처 중 잔액이 옳지 않은 것은? ① 07117.(주)엔소프트 15,000,000원 ② 06005.한국도시가스(주) 440,000원 ③ 99605.농협카드 4,365,000원 ④ 99800.하나카드 1,320,000원	2
15	**평가문제 [합계잔액시산표 조회]** 6월 말 '미지급세금' 잔액은 얼마인가? ( )원	3
16	**평가문제 [합계잔액시산표 조회]** 12월 말 '당좌자산'의 계정별 잔액으로 옳지 않은 것은? ① 단기대여금 30,000,000원 ② 받을어음 2,000,000원 ③ 선급비용 300,000원 ④ 선납세금 1,200,000원	3
17	**평가문제 [재무상태표 조회]** 12월 말 '단기매매증권' 잔액은 얼마인가? ( )원	3
18	**평가문제 [재무상태표 조회]** 12월 말 '선급금' 잔액은 얼마인가? ( )원	3
19	**평가문제 [재무상태표 조회]** 12월 말 '유형자산'의 장부금액(취득원가 – 감가상각누계액)으로 옳지 않은 것은? ① 토지 20,000,000원 ② 건물 50,000,000원 ③ 차량운반구 47,930,000원 ④ 비품 33,285,000원	3
20	**평가문제 [재무상태표 조회]** 12월 말 '이월이익잉여금(미처분이익잉여금)' 잔액은 얼마인가? ① 267,508,870원 ② 273,550,050원 ③ 279,550,050원 ④ 297,508,870원	3

번 호	평가문제	배 점
21	**평가문제 [손익계산서 조회]** 당기에 발생한 '상품매출원가'는 얼마인가? ( )원	4
22	**평가문제 [손익계산서 조회]** 당기에 발생한 '판매비와관리비' 계정별 금액으로 옳지 않은 것은? ① 복리후생비 12,401,420원 ② 수도광열비 6,284,520원 ③ 운반비 639,000원 ④ 도서인쇄비 340,000원	2
23	**평가문제 [손익계산서 조회]** 당기에 발생한 '영업외수익' 금액은 얼마인가? ( )원	3
24	**평가문제 [손익계산서 조회]** 당기에 발생한 '영업외비용' 금액은 얼마인가? ( )원	3
25	**평가문제 [부가가치세신고서 조회]** 제2기 확정신고기간 부가가치세신고서 '과세_세금계산서발급분(1란)'의 세액은 얼마인가? ( )원	4
26	**평가문제 [부가가치세신고서 조회]** 제2기 확정신고기간의 부가가치세신고서 '매입세액_그밖의공제매입세액(14란)'의 세액은 얼마인가? ( )원	4
27	**평가문제 [부가가치세신고서 조회]** 제2기 확정신고기간의 부가가치세신고서 '매입세액_공제받지못할매입세액(16란)'의 세액은 얼마인가? ( )원	3
28	**평가문제 [세금계산서합계표 조회]** 제2기 확정신고기간의 전자매입세금계산서 공급가액 합계는 얼마인가? ( )원	3
29	**평가문제 [계산서합계표 조회]** 제2기 확정신고기간의 전자매출계산서의 공급가액은 얼마인가? ( )원	3
30	**평가문제 [예적금현황 조회]** 12월 말 은행별(계좌명) 보통예금 잔액으로 옳은 것은? ① 국민은행(당좌) 38,800,000원 ② 국민은행(보통) 231,740,000원 ③ 신한은행(보통) 8,282,000원 ④ 우리은행(보통) 6,834,000원	3
총 점		62

회계정보를 조회하여 [회계정보분석]의 답안을 입력하시오.

31 손익계산서 조회 (4점)

주당순이익은 1주당 이익을 얼마나 창출하느냐를 나타내는 지표이다. 전기 주당순이익을 계산하면 얼마인가?

$$주당순이익 = \frac{당기순이익}{주식수}$$

※ 발행주식수 10,000주

① 9,000원
② 9,252원
③ 9,400원
④ 9,652원

32 재무상태표 조회 (4점)

당좌비율이란 유동부채에 대한 당좌자산의 비율로 재고자산을 제외시킴으로써 단기채무에 대한 기업의 지급능력을 파악하는데 유동비율보다 더욱 정확한 지표로 사용되고 있다. 전기 당좌비율을 계산하면 얼마인가?(단, 소숫점 이하는 버림할 것)

$$당좌비율(\%) = \frac{당좌자산}{유동부채} \times 100$$

① 41%
② 83%
③ 241%
④ 462%

할 수 있다고 믿는 사람은 그렇게 되고,
할 수 없다고 믿는 사람도 역시 그렇게 된다.

– 샤를 드골 –

PART 3
정답 및 해설

실무이론평가

01	02	03	04	05	06	07	08	09	10
②	③	④	②	②	④	②	②	④	①

01 ② 자산과 부채는 원칙적으로 상계하여 표시하지 않고 총액으로 표시한다.

[예외] 기업이 채권과 채무를 상계할 수 있는 법적 구속력 있는 권리를 가지고 있고, 채권과 채무를 순액기준으로 결제하거나 채권과 채무를 동시에 결제할 의도가 있다면 상계하여 표시한다.

> **핵심요약** 재무상태표 구분항목   416p

02 • 매도가능증권평가이익 발생 시

  (차)   매도가능증권   ×××   (대)   매도가능증권평가이익   ×××
                                                          (기타포괄손익누계액)

  • 매도가능증권평가이익은 자본 항목 중 기타포괄손익누계액 계정이므로 발생 시 자본과 기타포괄손익누계액이 증가한다.

> **핵심요약** 재무상태표의 구조   416p
> 계정과목 항목찾기   429p

03 • 대손충당금 = (600,000원 × 0.05) + (300,000원 × 0.1) + (200,000원 × 0.4) = 140,000원

[POINT] 해당 문제는 대손충당금 보충액이 아닌 표시될 금액, 즉 설정액을 물어보는 문제이다.

04 ② 운임과 숙박비는 여비교통비, 직원 회식대는 복리후생비, 매출거래처 선물대는 접대비로 회계처리한다.

05 • 매출원가 = 순매출액 5,000,000원 − 매출총이익 800,000원 = 4,200,000원

  ∴ 기말상품재고액 = 기초상품재고액 500,000원 + 순매입액 4,000,000원 − 매출원가 4,200,000원 = 300,000원

> **핵심요약** 매출원가 계산식   417p

06 • 2022년 감가상각비 = 10,000,000원 × 0.45 = 4,500,000원

  • 2023년 감가상각비 = (10,000,000원 − 4,500,000원) × 0.45 = 2,475,000원

07　① (차) 선급보험료(자산의 증가)　　×××　(대) 보험료(비용의 이연)　　×××→ (당기순이익 증가)
　　　　② (차) 이자수익(수익의 이연)　　×××　(대) 선수수익(부채의 증가)　　×××→ (당기순이익 감소)
　　　　③ (차) 미수수익(자산의 증가)　　×××　(대) 임대료수익(수익의 발생)　　×××→ (당기순이익 증가)
　　　　④ (차) 소모품(자산의 증가)　　　×××　(대) 소모품비(비용의 이연)　　×××→ (당기순이익 증가)

핵심요약	수익과 비용의 이연과 발생	421p

08　② 신규로 사업을 시작하려는 자는 사업개시일 이전이라도 사업자등록을 신청할 수 있다.

핵심요약	부가가치세 과세기간	423p

09　④ 상품권의 양도, 상속세(조세)의 물납, 주식의 양도는 재화의 공급에 해당하지 않는다.

핵심요약	재화의 공급	424p

10　• 공제가능한 매입세액 = 원재료 구입 5,000,000원 + 종업원 명절선물 200,000원 = 5,200,000원
　　　　※ 공장부지 조성을 위한 지출은 토지의 자본적 지출로 회계처리 되고, 거래처 접대용품 구입의 경우 접대비로 회계처리 되기 때문에 매입세액 불공제 내역이다.

핵심요약	불공제 사유	433p

실무수행 1 기초정보관리의 이해

① **입력** [기초정보관리] – [거래처등록]

- [추가사항] 탭

  - 4. 담당자메일주소 : star@bill36524.com → sky@bill36524.com으로 수정

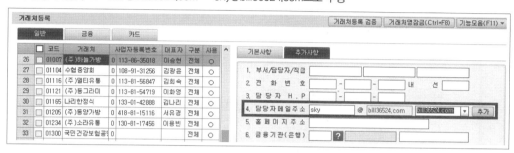

② **입력** [기초정보관리] – [계정과목및적요등록]

- Ctrl + F1을 눌러 294.임대보증금 → 294.장기임대보증금으로 수정
- 표준코드 : 326.장기임대보증금 등록

실무수행 2 거래자료 입력

① **입력** [전표입력/장부] – [일반전표입력] – 1월 9일

(차) 833.광고선전비	80,000	(대) 101.현금	80,000
또는 (출) 833.광고선전비	80,000		

□	일	번호	구분	코드	계정과목	코드	거래처	적요	차변	대변
□	9	00001	차변	833	광고선전비				80,000	
□	9	00001	대변	101	현금					80,000

입력 [결산/재무제표 I] – [영수증수취명세서]

• [영수증수취명세서(2)] 탭에서 거래자료 입력

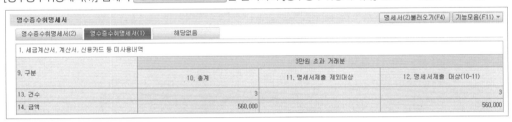

• [영수증수취명세서(1)] 탭에서 명세서(2)불러오기(F4) 를 클릭하여 [영수증수취명세서(2)] 탭에서 작성한 내용 반영

• 해당 메뉴 종료 시 작성 내용 저장

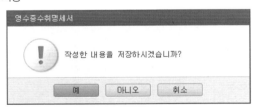

② **입력** [전표입력/장부] – [일반전표입력] – 2월 1일

(차) 813.접대비	44,000	(대) 253.미지급금	44,000
		(99603.삼성카드)	

□	일	번호	구분	코드	계정과목	코드	거래처	적요	차변	대변
□	1	00001	차변	813	접대비				44,000	
□	1	00001	대변	253	미지급금	99603	삼성카드			44,000

③ **입력** [전표입력/장부] – [일반전표입력] – 3월 10일

(차) 254.예수금 135,000 (대) 103.보통예금 270,000

811.복리후생비 135,000 (98001.신한은행(보통))

	일	번호	구분	코드	계정과목	코드	거래처	적요	차변	대변
☐	10	00001	차변	254	예수금				135,000	
☐	10	00001	차변	811	복리후생비				135,000	
☐	10	00001	대변	103	보통예금	98001	신한은행(보통)			270,000

④ **입력** [전표입력/장부] – [일반전표입력] – 4월 10일

(차) 103.보통예금 3,000,000 (대) 108.외상매출금 33,000,000

(98005.국민은행(보통)) (00115.(주)제일가방)

110.받을어음 30,000,000

(00115.(주)제일가방)

	일	번호	구분	코드	계정과목	코드	거래처	적요	차변	대변
☐	10	00001	차변	103	보통예금	98005	국민은행(보통)		3,000,000	
☐	10	00001	차변	110	받을어음	00115	(주)제일가방		30,000,000	
☐	10	00001	대변	108	외상매출금	00115	(주)제일가방			33,000,000

• 받을어음 클릭 후 F3를 눌러 어음관리 화면 활성화

• 어음종류 6.전자로 변환 후 입력

⑤ **입력** [전표입력/장부] – [일반전표입력] – 5월 15일

(차) 252.지급어음 13,200,000 (대) 102.당좌예금 13,200,000

(06002.(주)수연유통) (98000.국민은행(당좌))

	일	번호	구분	코드	계정과목	코드	거래처	적요	차변	대변
☐	15	00001	차변	252	지급어음	06002	(주)수연유통		13,200,000	
☐	15	00001	대변	102	당좌예금	98000	국민은행(당좌)			13,200,000

• 지급어음 클릭 후 F3를 눌러 어음관리 화면 활성화

• 어음번호란에서 F2를 눌러 해당 어음 조회 후 확인

● 지급어음 관리								삭제(F5)
어음상태	3	결제	**어음번호**	0042023031512345678	**어음종류**	4 전자	**발행일**	2023-03-15
만기일	2023-05-15		지급은행	98000 국민은행(당좌)	지점	강남		

① **입력** [전표입력/장부] − [매입매출전표입력] − 4월 7일

• 거래자료 입력

거래유형	공급가액	부가세	거래처명	전자세금	분개유형
11.과세	1,296,000	129,600	01234.(주)소라유통		2.외상 또는 3.혼합

	일	유형	품명	수량	단가	공급가액	부가세	합계	코드	거래처명	사업.주민번호	전자세금	분개
☐	07	과세	남성 백팩	20	64,800	1,296,000	129,600	1,425,600	01234	(주)소라유통	130-81-17456		혼합

• 하단 전표 입력

(차) 108.외상매출금　　　　　　　　　　1,425,600　　(대) 255.부가세예수금　　　　　　　　129,600
　　　　　　　　　　　　　　　　　　　　　　　　　　　401.상품매출　　　　　　　　　　1,296,000

구분	코드	계정과목	차변	대변	코드	거래처	적요	관리
대변	255	부가세예수금		129,600	01234	(주)소라유통	남성 백팩 20 X 64,800	
대변	401	상품매출		1,296,000	01234	(주)소라유통	남성 백팩 20 X 64,800	
차변	108	외상매출금	1,425,600		01234	(주)소라유통	남성 백팩 20 X 64,800	

※ 본 도서는 매입매출전표 입력 시 분개유형의 혼동을 최소화하기 위하여 모든 문제의 분개유형을 '3.혼합'으로 입력
하였다. 단, 문제별로 어떤 분개유형을 사용하는지 표시해두었으므로 '3.혼합'으로 매입매출전표입력에 익숙해진
후 문제 유형에 맞는 분개유형을 사용하여 학습하면 문제풀이의 난이도가 더욱 쉬워진다.

입력 [부가가치세 II] − [전자세금계산서 발행 및 내역관리] − 4월 7일

• 미전송된 내역을 체크한 후 전자발행 ▼ 을 클릭하여 표시되는 [로그인] 화면에서 확인(TAB) 클릭
• [전자(세금)계산서 발행] 화면이 조회되면 발행(F3) 을 클릭한 다음 확인 클릭
• 국세청란에 '발행대상'으로 표시되면 ACADEMY 전자세금계산서 클릭
• [Bill36524 교육용 전자세금계산서] 화면에서 '로그인' 클릭
• [세금계산서 리스트]에서 '미전송' 체크 → '매출 조회' 클릭 → '발행' 클릭 → '확인' 클릭

입력 [전표입력/장부] − [매입매출전표입력] − 4월 7일

• 전자세금란이 '전자발행'으로 반영되었는지 확인

	일	유형	품명	수량	단가	공급가액	부가세	합계	코드	거래처명	사업.주민번호	전자세금	분개
☐	07	과세	남성 백팩	20	64,800	1,296,000	129,600	1,425,600	01234	(주)소라유통	130-81-17456	전자발행	혼합

※ 본 문제와 같이 '실무수행 3. 부가가치세'의 첫 번째 문제는 전자세금계산서를 '1.전자입력'이 아닌 '전자발행'으로
풀어야 하므로 핵심요약집(434p)의 '(3)전자세금계산서 발급 및 전송'을 참고하여 문제를 풀이하도록 한다.

② **입력** [전표입력/장부] − [매입매출전표입력] − 5월 12일

• 거래자료 입력

거래유형	공급가액	부가세	거래처명	전자세금	분개유형
13.면세	1,200,000		08620.(주)슬금비서적	1.전자입력	1.현금 또는 3.혼합

☐	일	유형	품명	수량	단가	공급가액	부가세	합계	코드	거래처명	사업.주민번호	전자세금	분개
☐	12	면세	월간 패션	100	12,000	1,200,000		1,200,000	08620	(주)슬금비서적	214-81-09142	전자입력	혼합

• 하단 전표 입력

(차) 101.현금　　　　　　　　　1,200,000　　(대) 401.상품매출　　　　　　　1,200,000

구분	코드	계정과목	차변	대변	코드	거래처	적요	관리
대변	401	상품매출		1,200,000	08620	(주)슬금비서적	월간 패션 100 X 12,000	
차변	101	현금	1,200,000		08620	(주)슬금비서적	월간 패션 100 X 12,000	

③ **입력** [전표입력/장부] − [매입매출전표입력] − 5월 31일

• 거래유형: 17.카과, [신용카드사] 화면에서 F2를 눌러 99606.기업카드 입력 후 확인

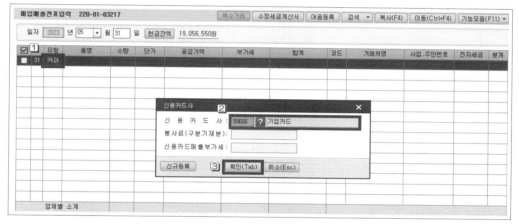

• 거래자료 입력

거래유형	공급가액	부가세	거래처명	전자세금	분개유형
17.카과	320,000	32,000	00120.신지희		4.카드 또는 3.혼합

☐	일	유형	품명	수량	단가	공급가액	부가세	합계	코드	거래처명	사업.주민번호	전자세금	분개
☐	31	카과	핸드백			320,000	32,000	352,000	00120	신지희			혼합

• 하단 전표 입력

(차) 108.외상매출금　　　　　　352,000　　(대) 255.부가세예수금　　　　　　32,000

　　(99606.기업카드)　　　　　　　　　　　　　　401.상품매출　　　　　　　320,000

구분	코드	계정과목	차변	대변	코드	거래처	적요	관리
대변	255	부가세예수금		32,000	00120	신지희	핸드백	
대변	401	상품매출		320,000	00120	신지희	핸드백	
차변	108	외상매출금	352,000		99606	기업카드	핸드백	

④　**입력** [전표입력/장부] – [매입매출전표입력] – 6월 8일
- 거래유형 : 54.불공, 불공제 사유 : 2.사업과 관련 없는 지출

- 거래자료 입력

거래유형	공급가액	부가세	거래처명	전자세금	분개유형
54.불공	2,500,000	250,000	02323.형제스포츠(주)	1.전자입력	3.혼합

□	일	유형	품명	수량	단가	공급가액	부가세	합계	코드	거래처명	사업.주민번호	전자세금	분개
□	08	불공	산악자전거	1	2,500,000	2,500,000	250,000	2,750,000	02323	형제스포츠(주)	602-86-00004	전자입력	혼합

- 하단 전표 입력

　(차) 134.가지급금　　　　　　　2,750,000　　(대) 253.미지급금　　　　　　　2,750,000
　　　(11001.이한진)

구분	코드	계정과목	차변	대변	코드	거래처	적요	관리
차변	134	가지급금	2,750,000		11001	이한진	산악자전거 1 X 2,500,000	
대변	253	미지급금		2,750,000	02323	형제스포츠(주)	산악자전거 1 X 2,500,000	

⑤　**입력** [전표입력/장부] – [매입매출전표입력] – 6월 23일
- 거래자료 입력

거래유형	공급가액	부가세	거래처명	전자세금	분개유형
11.과세	15,000,000	1,500,000	03115.(주)남도자동차	1.전자입력	3.혼합

□	일	유형	품명	수량	단가	공급가액	부가세	합계	코드	거래처명	사업.주민번호	전자세금	분개
□	23	과세	승용차			15,000,000	1,500,000	16,500,000	03115	(주)남도자동차	211-81-75191	전자입력	혼합

• 하단 전표 입력

  (차) 209.감가상각누계액   5,000,000   (대) 255.부가세예수금   1,500,000

      120.미수금   16,500,000   208.차량운반구   20,000,000

구분	코드	계정과목	차변	대변	코드	거래처	적요	관리
대변	255	부가세예수금		1,500,000	03115	(주)남도자동차	승용차	
대변	208	차량운반구		20,000,000	03115	(주)남도자동차	승용차	
차변	209	감가상각누계액	5,000,000		03115	(주)남도자동차	승용차	
차변	120	미수금	16,500,000		03115	(주)남도자동차	승용차	

⑥ **조회** [전표입력/장부] – [일반전표입력] – 3월 31일

• 미지급세금 4,918,000원 확인

	일	번호	구분	코드	계정과목	코드	거래처	적요	차변	대변
☐	31	00001	차변	255	부가세예수금			01 부가세대급금과 상계	8,458,000	
☐	31	00001	대변	135	부가세대급금			07 부가세 예수금과 상계		3,540,000
☐	31	00001	대변	261	미지급세금	05900	역삼세무서	08 부가세의 미지급계상		4,918,000

입력 [전표입력/장부] – [일반전표입력] – 4월 25일

  (차) 261.미지급세금   4,918,000   (대) 103.보통예금   4,918,000

      (05900.역삼세무서)   (98001.신한은행(보통))

	일	번호	구분	코드	계정과목	코드	거래처	적요	차변	대변
☐	25	00001	차변	261	미지급세금	05900	역삼세무서		4,918,000	
☐	25	00001	대변	103	보통예금	98001	신한은행(보통)			4,918,000

실무수행 4　결산

① **입력** [전표입력/장부] – [일반전표입력] – 12월 31일

(차) 293.장기차입금　　　　　　50,000,000　　(대) 264.유동성장기부채　　　　　50,000,000
　　(98011.국민은행(차입금))　　　　　　　　　　　　(98011.국민은행(차입금))

	일	번호	구분	코드	계정과목	코드	거래처	적요	차변	대변
☐	31	00001	차변	293	장기차입금	98011	국민은행(차입금)		50,000,000	
☐	31	00001	대변	264	유동성장기부채	98011	국민은행(차입금)			50,000,000

입력 [결산/재무제표Ⅰ] – [결산자료입력] – 1월~12월

• [매출원가 및 경비선택] 화면에서 확인(Tab) 클릭
• 상품매출원가의 기말 상품 재고액란에 45,000,000원 입력
• 우측 상단의 전표추가(F3) 를 클릭하여 결산분개를 일반전표에 추가

결산자료입력　　　　　　　　　　　　　　　　　　　　전표추가(F3)　기능모음(F11)

결산일자 2023 년 01 ▼ 월 부터 2023 년 12 ▼ 월 까지

과　　　　　　　　목		결산분개금액	결산입력사항금액	결산금액(합계)
1. 매출액				1,144,656,000
상품매출			1,144,656,000	
2. 매출원가				281,082,454
상품매출원가			281,082,454	281,082,454
(1). 기초 상품 재고액			90,000,000	
(2). 당기 상품 매입액			236,082,454	
(10).기말 상품 재고액			45,000,000	

② **조회** [결산/재무제표Ⅰ] – [손익계산서] – 12월

손익계산서　　　　　　　　　　　　　　　　　　　　　　　　　　　기능모음(F11)

기　간 2023 년 12 ▼ 월

　과목별　　제출용　　표준(법인)용　　포괄손익

과목	제 6(당)기 [2023/01/01 ~ 2023/12/31] 금액	제 5(전)기 [2022/01/01 ~ 2022/12/31] 금액
보　　험　　료	7,966,000	1,840,000
차 량 유 지 비	6,231,100	8,540,000
운　　반　　비	639,000	0
도 서 인 쇄 비	490,000	0
포　　장　　비	0	800,000
소 모 품 비	6,000,000	4,800,000
수 수 료 비 용	1,800,000	0
광 고 선 전 비	18,156,200	0
잡　　　　　비	241,000	0
Ⅴ. 영　업　이　익	614,244,029	117,920,000
Ⅵ. 영 업 외 수 익	0	3,200,000
이 자 수 익	0	3,200,000
Ⅶ. 영 업 외 비 용	9,661,000	4,800,000
이 자 비 용	9,661,000	4,800,000
Ⅷ. 법 인 세 차 감 전 이 익	604,583,029	116,320,000
Ⅸ. 법　인　세　등	0	500,000
법 인 세 등	0	500,000
Ⅹ. 당 기 순 이 익	604,583,029	115,820,000

[결산/재무제표 I] – [이익잉여금처분계산서]

- '저장된 데이터 불러오기' → '아니오' 선택
- 상단에 당기분 처분 예정일 2024년 2월 27일, 전기분 처분 확정일 2023년 2월 27일 입력
- 상단부의 전표추가(F3) 클릭 후 확인

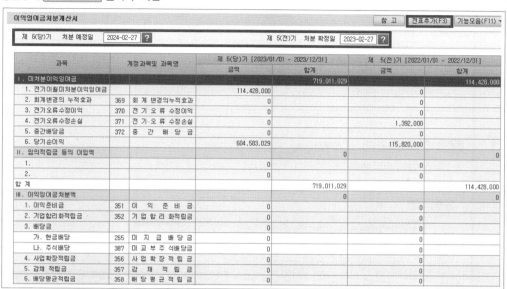

조회 [결산/재무제표 I] – [재무상태표] – 12월

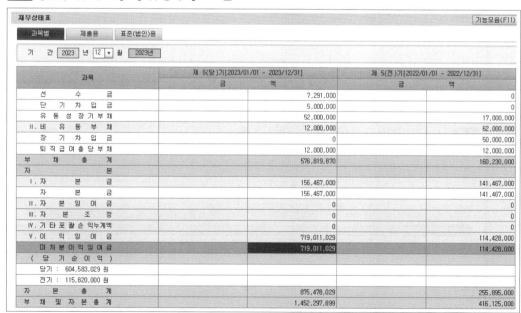

11	12	13	14	15	16
④	326	101,273,600	16,500,000	3,050,000	52,000,000
17	18	19	20	21	22
18,200,000	71,000,000	82,600,000	①	④	281,082,454
23	24	25	26	27	28
③	833	320,000	4,250,000	7,000,000	12,395,600
29	30	31	32		
2	④	③	②		

11　조회 [기초정보관리] – [거래처등록]

④ 담당자메일주소는 sky@bill36524.com이다.

12　조회 [기초정보관리] – [계정과목및적요등록]

• 294.장기임대보증금의 표준코드는 326.장기임대보증금이다.

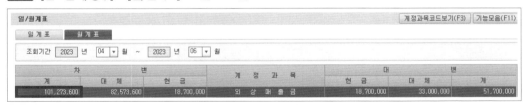

13　조회 [전표입력/장부] – [일/월계표] – 4월 ~ 6월

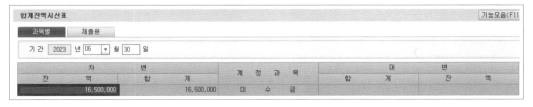

14　조회 [결산/재무제표 I] – [합계잔액시산표] – 6월 30일

15 조회 [결산/재무제표 I] − [합계잔액시산표] − 12월 31일

16 조회 [결산/재무제표 I] − [합계잔액시산표] − 12월 31일

17 조회 [금융/자금관리] − [지급어음현황]

• 조회구분 : 1.일별, 만기일 : 2023년 1월 1일 ~ 2023년 12월 31일, 어음구분 : 1.전체, 거래처 : 처음 ~ 끝 입력 후 조회

18 조회 [금융/자금관리] − [받을어음현황]

• 조회구분 : 1.일별, 1.만기일 : 2023년 1월 1일 ~ 2023년 12월 31일, 거래처 : 처음 ~ 끝 입력 후 조회

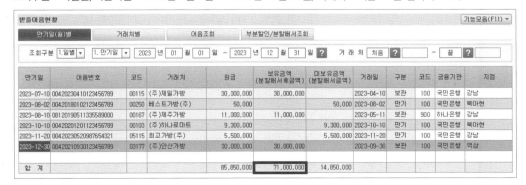

19 조회 [결산/재무제표 I] − [재무상태표] − 12월

• 차량운반구(95,600,000원) − 감가상각누계액(13,000,000원) = 82,600,000원

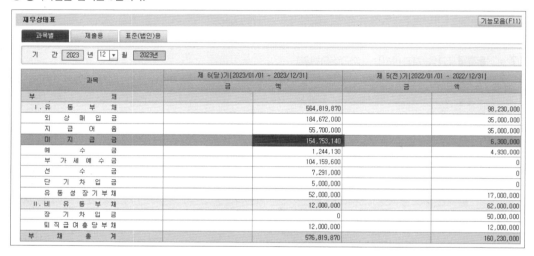

20 조회 [결산/재무제표 I] − [재무상태표] − 12월

② 예수금 잔액은 1,244,130원이다.

③ 미지급세금 잔액은 0원이다.

④ 장기차입금 잔액은 0원이다.

과목	제 6(당)기[2023/01/01 ~ 2023/12/31] 금액	제 5(전)기[2022/01/01 ~ 2022/12/31] 금액
부　　　　　채		
I. 유　동　부　채	564,819,870	98,230,000
외　상　매　입　금	184,672,000	35,000,000
지　급　어　음	55,700,000	35,000,000
미　지　급　금	154,753,140	6,300,000
예　　수　　금	1,244,130	4,930,000
부　가　세　예　수　금	104,159,600	0
선　　수　　금	7,291,000	0
단　기　차　입　금	5,000,000	0
유　동　성　장　기　부　채	52,000,000	17,000,000
II. 비　유　동　부　채	12,000,000	62,000,000
장　기　차　입　금	0	50,000,000
퇴　직　급　여　충　당　부　채	12,000,000	12,000,000
부　　채　　총　　계	576,819,870	160,230,000

21 조회 [결산/재무제표 I] – [재무상태표] – 12월

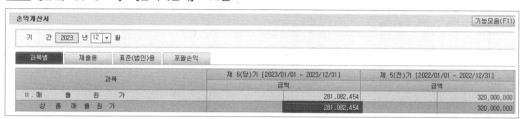

재무상태표   기능모음(F11)

과목	제 6(당)기[2023/01/01 ~ 2023/12/31]		제 5(전)기[2022/01/01 ~ 2022/12/31]	
	금	액	금	액
선 수 금		7,291,000		0
단 기 차 입 금		5,000,000		0
유 동 성 장 기 부 채		52,000,000		17,000,000
II. 비 유 동 부 채		12,000,000		62,000,000
장 기 차 입 금		0		50,000,000
퇴 직 급 여 충 당 부 채		12,000,000		12,000,000
부 채 총 계		576,819,870		160,230,000
자 본				
I. 자 본 금		156,467,000		141,467,000
자 본 금		156,467,000		141,467,000
II. 자 본 잉 여 금		0		0
III. 자 본 조 정		0		0
IV. 기 타 포 괄 손 익 누 계 액		0		0
V. 이 익 잉 여 금		719,011,029		114,428,000
미 처 분 이 익 잉 여 금		719,011,029		114,428,000

22 조회 [결산/재무제표 I] – [손익계산서] – 12월

손익계산서   기능모음(F11)

과목	제 6(당)기 [2023/01/01 ~ 2023/12/31]	제 5(전)기 [2022/01/01 ~ 2022/12/31]
	금액	금액
II. 매 출 원 가	281,082,454	320,000,000
상 품 매 출 원 가	281,082,454	320,000,000

23 조회 [결산/재무제표Ⅰ] – [손익계산서] – 12월

• 접대비 금액은 26,251,900원이다.

손익계산서		기능모음(F11)

기 간 [2023] 년 [12 ▼] 월

| 과목별 | 제출용 | 표준(법인)용 | 포괄손익 |

과목	제 6(당)기 [2023/01/01 ~ 2023/12/31] 금액		제 5(전)기 [2022/01/01 ~ 2022/12/31] 금액	
Ⅳ. 판 매 비 와 관 리 비		249,329,517		128,080,000
급　　　　　여	137,433,000		82,300,000	
복 리 후 생 비	17,547,200		10,100,000	
여 비 교 통 비	1,334,600		3,500,000	
접 　 대 　 비	26,251,900		5,200,000	
통 　 신 　 비	1,537,610		2,800,000	
수 도 광 열 비	5,884,520		0	
세 금 과 공 과 금	1,199,000		2,300,000	
감 가 상 각 비	5,922,387		5,900,000	
임 　 차 　 료	3,000,000		0	
수 　 선 　 비	7,696,000		0	
보 　 험 　 료	7,966,000		1,840,000	
차 량 유 지 비	6,231,100		8,540,000	
운 　 반 　 비	639,000		0	
도 서 인 쇄 비	490,000		0	
포 　 장 　 비	0		800,000	
소 모 품 비	6,000,000		4,800,000	
수 수 료 비 용	1,800,000		0	
광 고 선 전 비	18,156,200		0	
잡 　 　 　 비	241,000		0	

24 조회 [결산/재무제표Ⅰ] – [영수증수취명세서]

영수증수취명세서									기능모음(F11) ▼

| 영수증수취명세서(2) | 영수증수취명세서(1) | 해당없음 | | | | | | 입력순 |

□	거래일자	상 호	성 명	사업장	사업자등록번호	거래금액	구분	계정코드	계정과목	적요
□	2023-02-15	동네 수리점	권민우	서울특별시 서대문구 간호[	105-91-21517	330,000		820	수선비	
□	2023-03-15	생활광고	우영우	서울특별시 서대문구 충정	303-11-05517	150,000		826	도서인쇄비	
□	2023-01-09	스마트광고	심기재	서울특별시 구로구 디지털:	214-12-45123	80,000		833	광고선전비	

25~26 조회 [부가가치세Ⅰ] – [부가가치세신고서] – 4월 1일 ~ 6월 30일

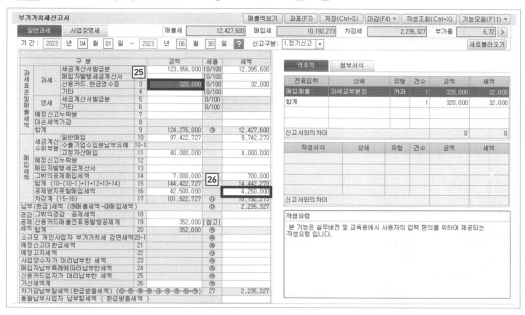

27 조회 [부가가치세Ⅰ] – [부가가치세신고서] – 4월 1일 ~ 6월 30일

• 14번란의 금액 더블 클릭 – [그밖의공제매입세액명세서] – 41번란의 금액 7,000,000원 확인

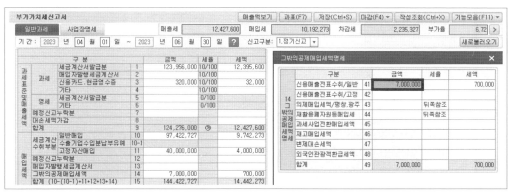

28 조회 [부가가치세 I] – [세금계산서합계표] – 4월 ~ 6월

매출세금계산서

유형	구분	매출처	매수	공급가액	부가세
전자	사업자	9	11	123,956,000	12,395,600
	주민번호				
	소계	9	11	123,956,000	12,395,600
전자외	사업자				
	주민번호				
	소계				
합계		9	11	123,956,000	12,395,600

29 조회 [부가가치세 I] – [계산서합계표] – 4월 ~ 6월

매출계산서

유형	구분	매출처	매수	공급가액
전자	사업자	2	2	1,850,000
	주민번호	1	1	430,000
	소계	3	3	2,280,000
전자외	사업자			
	주민번호			
	소계			
합계		3	3	2,280,000

30 조회 [금융/자금관리] – [예적금현황] – 12월 31일

① 국민은행(당좌)은 29,050,000원이다.

② 신한은행(보통)은 481,715,000원이다.

③ 하나은행(보통)은 14,850,000원이다.

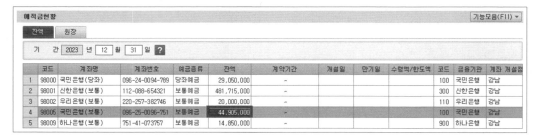

31 조회 [기초정보관리] – [전기분 재무상태표]

- 부채총계 160,230,000원, 자본총계 255,895,000원 확인

∴ (160,230,000 / 255,895,000) × 100 ≒ 62%

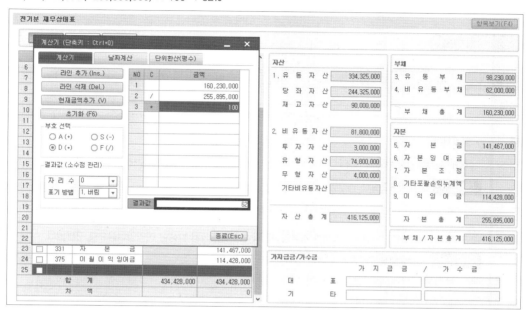

32 조회 [기초정보관리] – [전기분 손익계산서]

- 영업이익 117,920,000원, 매출액 566,000,000원 확인

∴ (117,920,000원 / 566,000,000원) × 100 ≒ 20%

실무이론평가

01	02	03	04	05	06	07	08	09	10
②	④	②	④	①	③	③	①	③	②

01 • 회계처리

　(차) 외상매입금(부채의 감소) 　　　　×××　　(대) 보통예금(자산의 감소) 　　　　×××

　핵심요약 거래의 8요소 　　　415p

02 ④ 잉여금은 주주와의 거래에서 발생한 자본잉여금과 영업활동에서 발생한 이익잉여금으로 구분한다.

　핵심요약 재무상태표 구분항목 　　　416p

03 • 외상매출 당기발생 = 총매출 1,400,000원 − 현금매출 300,000원 = 1,100,000원

∴ 기말매출채권 = 기초잔액 600,000원 + 당기발생 1,100,000원 − 당기회수 1,300,000원 = 400,000원

04 ④ 장기대여금은 비유동자산 중 투자자산에 속한다.

• 선급비용과 매출채권은 유동자산 중 당좌자산에 속하며, 상품은 유동자산 중 재고자산에 속한다.

　핵심요약 재무상태표의 구조 　　　416p
　　　　　 계정과목 항목찾기 　　　429p

05 • 판매비와관리비 = 급여 2,000,000원 + 퇴직급여 500,000원 + 복리후생비 600,000원 + 대손상각비 300,000원 + 임차료 100,000원 + 접대비 270,000원 = 3,770,000원

※ 이자비용과 기부금은 영업외비용이다.

　핵심요약 계정과목 항목찾기 　　　429p

06 ③ 매도가능증권평가손익은 자본 항목 중 기타포괄손익누계액에 속하므로 당기손익으로 보고되지 않고 기타포괄손익으로 보고된다.

07 ・결산분개

| (차) 미수수익(자산의 증가) | 20,000 | (대) 이자수익(수익의 발생) | 20,000 |
| (차) 급여(비용의 발생) | 30,000 | (대) 미지급금(부채의 증가) | 30,000 |

∴ 수정 후 당기순이익 = 수정 전 당기순이익 200,000원 + 수익발생 20,000원 − 비용발생 30,000원 = 190,000원

08 ① 컴퓨터 제조업자가 컴퓨터를 공급하는 경우에는 세금계산서를 발급할 수 있다.

핵심요약 세금계산서 발급의무 면제대상　　427p

09 가. 법률에 따라 조세를 물납하는 것은 재화의 공급으로 보지 아니한다.
다. 담보의 제공은 재화의 공급으로 보지 아니한다.

핵심요약 재화의 공급　　424p

10 ・과세표준 = 외상판매액 12,000,000원 + 할부판매액 5,200,000원 = 17,200,000원
※ 토지매각은 면세에 해당되고, 담보제공은 재화의 공급이 아니다.

핵심요약 재화의 공급　　424p

실무수행 1 　기초정보관리의 이해

① 　**입력** [기초정보관리] – [거래처등록]

　• [기본사항] 탭

　　– 3. 대표자성명 : 이영채 → 홍수빈으로 수정입력

　• [추가사항] 탭

　　– 4. 담당자메일주소 : youngche@bill36524.com → happy@naver.com으로 수정입력

② **입력** [기초정보관리] – [전기분 손익계산서]

- 833.광고선전비 800,000원 추가입력

  ※ 계정과목은 F2를 이용하여 입력

- 931.이자비용 3,200,000원 → 4,800,000원으로 수정입력

  ※ 당기순이익이 140,420,000원으로 동일한지 확인

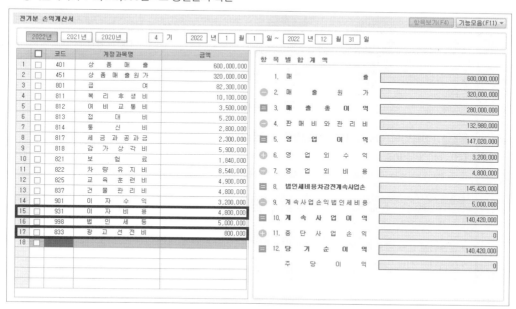

입력 [기초정보관리] – [전기분 이익잉여금처분계산서]

- 처분확정일 2023년 2월 23일 수정입력

전기분 이익잉여금처분계산서			기능모음(F11) ▼
결산 기준 제 4 기	결산 기준 시작일 2022-01-01	결산 기준 종료일 2022-12-31	처분 확정 일자 2023-02-23
과목	계정코드 및 과목명		금액
I. 미처분이익잉여금			161,342,000
1. 전기이월미처분이익잉여금			20,922,000
2. 회계변경의 누적효과	369	회 계 변 경 의 누 적 효 과	
3. 전기오류수정이익	370	전 기 오 류 수 정 이 익	
4. 전기오류수정손실	371	전 기 오 류 수 정 손 실	
5. 중간배당금	372	중 간 배 당 금	
6.			
7. 당기순이익			140,420,000
II. 임의적립금 등의 이입액			
1.			
2.			
합 계			161,342,000
III. 이익잉여금처분액			
1. 이익준비금	351	이 익 준 비 금	
2. 기업합리화적립금	352	기 업 합 리 화 적 립 금	
3. 배당금			
가. 현금배당	265	미 지 급 배 당 금	
나. 주식배당	387	미 교 부 주 식 배 당 금	
4. 사업확장적립금	356	사 업 확 장 적 립 금	
5. 감채 적립금	357	감 채 적 립 금	
6. 배당평균적립금	358	배 당 평 균 적 립 금	
IV. 차기이월 미처분이익잉여금			161,342,000

① **입력** [전표입력/장부] – [일반전표입력] – 1월 25일

(차) 801.급여   3,200,000   (대) 254.예수금   433,200

                                          103.보통예금   2,766,800

                                          (98002.신한은행(보통))

□	일	번호	구분	코드	계정과목	코드	거래처	적요	차변	대변
□	25	00001	차변	801	급여				3,200,000	
□	25	00001	대변	254	예수금					433,200
□	25	00001	대변	103	보통예금	98002	신한은행(보통)			2,766,800

② **입력** [전표입력/장부] – [일반전표입력] – 2월 13일

(차) 110.받을어음   11,000,000   (대) 108.외상매출금   11,000,000

      (05007.(주)지우식품)   (05007.(주)지우식품)

□	일	번호	구분	코드	계정과목	코드	거래처	적요	차변	대변
□	13	00001	차변	110	받을어음	05007	(주)지우식품		11,000,000	
□	13	00001	대변	108	외상매출금	05007	(주)지우식품			11,000,000

• 받을어음 클릭 후 F3을 눌러 어음관리 화면 활성화
• 어음관련 정보 입력

● 받을어음 관리							삭제(F5)
어음상태	1 보관	어음종류	6 전자	어음번호	00420230213123456789	수취구분	1 자수
발행인	05007 (주)지우식품		발행일	2023-02-13	만기일	2023-05-13	배 서 인
지급은행	100 국민은행	지점 강남	할인기관		지점	할인율(%)
지급거래처				* 수령된 어음을 타거래처에 지급하는 경우에 입력합니다.			

③ **입력** [전표입력/장부] – [일반전표입력] – 3월 21일

(차) 103.보통예금   9,200,000   (대) 107.단기매매증권   8,000,000

      (98003.수협은행(보통))   906.단기매매증권처분익   1,200,000

□	일	번호	구분	코드	계정과목	코드	거래처	적요	차변	대변
□	21	00001	차변	103	보통예금	98003	수협은행(보통)		9,200,000	
□	21	00001	대변	107	단기매매증권					8,000,000
□	21	00001	대변	906	단기매매증권처분익					1,200,000

④ **입력** [전표입력/장부] – [일반전표입력] – 4월 10일

(차) 253.미지급금   1,650,000   (대) 103.보통예금   1,650,000

      (99605.모두카드)   (98007.기업은행(보통))

□	일	번호	구분	코드	계정과목	코드	거래처	적요	차변	대변
□	10	00001	차변	253	미지급금	99605	모두카드		1,650,000	
□	10	00001	대변	103	보통예금	98007	기업은행(보통)			1,650,000

⑤　　　입력 [전표입력/장부] – [일반전표입력] – 4월 24일

(차) 813.접대비　　　　　　　　　　264,000　　(대) 101.현금　　　　　　　　　264,000

또는 (출) 813.접대비　　　　　　　264,000

□	일	번호	구분	코드	계정과목	코드	거래처	적요	차변	대변
□	24	00001	차변	813	접대비				264,000	
□	24	00001	대변	101	현금					264,000

실무수행 3　부가가치세

①　　　조회 [전표입력/장부] – [일반전표입력] – 7월 5일
• 선수금 605,000원 확인

□	일	번호	구분	코드	계정과목	코드	거래처	적요	차변	대변
□	5	00001	차변	103	보통예금	98001	농협은행(보통)		605,000	
□	5	00001	대변	259	선수금	00103	(주)청정식품			605,000

입력 [전표입력/장부] – [매입매출전표입력] – 7월 10일
• 거래자료 입력

거래유형	공급가액	부가세	거래처명	전자세금	분개유형
11.과세	5,500,000	550,000	00103.(주)청정식품		3.혼합

□	일	유형	품명	수량	단가	공급가액	부가세	합계	코드	거래처명	사업.주민번호	전자세금	분개
□	10	과세	한과세트	100	55,000	5,500,000	550,000	6,050,000	00103	(주)청정식품	215-81-24753		혼합

• 하단 전표 입력

(차) 103.보통예금　　　　　　5,445,000　　(대) 255.부가세예수금　　　　550,000
　　(98001.농협은행(보통))　　　　　　　　　　401.상품매출　　　　　5,500,000
　　259.선수금　　　　　　　　605,000

구분	코드	계정과목	차변	대변	코드	거래처	적요	관리
대변	255	부가세예수금		550,000	00103	(주)청정식품	한과세트 100 X 55,000	
대변	401	상품매출		5,500,000	00103	(주)청정식품	한과세트 100 X 55,000	
차변	103	보통예금	5,445,000		98001	농협은행(보통)	한과세트 100 X 55,000	
차변	259	선수금	605,000		00103	(주)청정식품	한과세트 100 X 55,000	
		전표건별 소계	6,050,000	6,050,000				

입력 [부가가치세Ⅱ] – [전자세금계산서 발행 및 내역관리] – 7월 10일
• 미전송된 내역을 체크한 후 전자발행 ▼ 을 클릭하여 표시되는 [로그인] 화면에서 확인(TAB) 클릭
• [전자(세금)계산서 발행] 화면이 조회되면 발행(F3) 을 클릭한 다음 확인 클릭
• 국세청란에 '발행대상'으로 표시되면 ACADEMY 전자세금계산서 클릭
• [Bill36524 교육용 전자세금계산서] 화면에서 '로그인' 클릭
• [세금계산서 리스트]에서 '미전송' 체크 → '매출 조회' 클릭 → '발행' 클릭 → '확인' 클릭

입력 [전표입력/장부] – [매입매출전표입력] – 7월 10일

• 전자세금란이 '전자발행'으로 반영되었는지 확인

□	일	유형	품명	수량	단가	공급가액	부가세	합계	코드	거래처명	사업.주민번호	전자세금	분개
□	10	과세	한과세트	100	55,000	5,500,000	550,000	6,050,000	00103	(주)청정식품	215-81-24753	전자발행	혼합

② **입력** [전표입력/장부] – [매입매출전표입력] – 7월 17일

• 거래자료 입력

거래유형	공급가액	부가세	거래처명	전자세금	분개유형
11.과세	−350,000	−35,000	01006.(주)예림유통	1.전자입력	2.외상 또는 3.혼합

□	일	유형	품명	수량	단가	공급가액	부가세	합계	코드	거래처명	사업.주민번호	전자세금	분개
□	17	과세	다과세트	−7	50,000	−350,000	−35,000	−385,000	01006	(주)예림유통	121-81-36236	전자입력	혼합

• 하단 전표 입력

(차) 108.외상매출금   −385,000   (대) 255.부가세예수금   −35,000

                                           401.상품매출   −350,000

구분	코드	계정과목	차변	대변	코드	거래처	적요	관리
대변	255	부가세예수금		−35,000	01006	(주)예림유통	다과세트 −7 X 50,000	
대변	401	상품매출		−350,000	01006	(주)예림유통	다과세트 −7 X 50,000	
차변	108	외상매출금	−385,000		01006	(주)예림유통	다과세트 −7 X 50,000	

③ **입력** [전표입력/장부] – [매입매출전표입력] – 8월 8일

• 거래유형 : 57.카과, [신용카드사] 화면에서 F2를 눌러 99601.삼성카드 입력 후 확인

• 거래자료 입력

거래유형	공급가액	부가세	거래처명	전자세금	분개유형
57.카과	90,000	9,000	00510.(주)다도해호텔		4.카드 또는 3.혼합

□	일	유형	품명	수량	단가	공급가액	부가세	합계	코드	거래처명	사업.주민번호	전자세금	분개
□	08	카과	숙박비			90,000	9,000	99,000	00510	(주)다도해호텔	310-81-12004		혼합

- 하단 전표 입력

  (차) 135.부가세대급금   9,000   (대) 253.미지급금   99,000

       812.여비교통비   90,000   (99601.삼성카드)

구분	코드	계정과목	차변	대변	코드	거래처	적요	관리
차변	135	부가세대급금	9,000		00510	(주)다도해호텔	숙박비	
차변	812	여비교통비	90,000		00510	(주)다도해호텔	숙박비	
대변	253	미지급금		99,000	99601	삼성카드	숙박비	

④ **입력** [전표입력/장부] − [매입매출전표입력] − 8월 15일

- 거래자료 입력

거래유형	공급가액	부가세	거래처명	전자세금	분개유형
13.면세	1,000,000		01002.(주)독도식품	1.전자입력	3.혼합

□	일	유형	품명	수량	단가	공급가액	부가세	합계	코드	거래처명	사업.주민번호	전자세금	분개
□	15	면세	된장	200	5,000	1,000,000		1,000,000	01002	(주)독도식품	211-86-08979	전자입력	혼합

- 하단 전표 입력

  (차) 103.보통예금   1,000,000   (대) 401.상품매출   1,000,000

       (98007.기업은행(보통))

구분	코드	계정과목	차변	대변	코드	거래처	적요	관리
대변	401	상품매출		1,000,000	01002	(주)독도식품	된장 200 X 5,000	
차변	103	보통예금	1,000,000		98007	기업은행(보통)	된장 200 X 5,000	

⑤ **입력** [전표입력/장부] − [매입매출전표입력] − 9월 1일

- 거래자료 입력

거래유형	공급가액	부가세	거래처명	전자세금	분개유형
51.과세	600,000	60,000	00200.국제클린(주)	1.전자입력	3.혼합

□	일	유형	품명	수량	단가	공급가액	부가세	합계	코드	거래처명	사업.주민번호	전자세금	분개
□	01	과세	건물청소비			600,000	60,000	660,000	00200	국제클린(주)	110-85-13250	전자입력	혼합

- 하단 전표 입력

  (차) 135.부가세대급금   60,000   (대) 253.미지급금   660,000

       837.건물관리비   600,000

구분	코드	계정과목	차변	대변	코드	거래처	적요	관리
차변	135	부가세대급금	60,000		00200	국제클린(주)	건물청소비	
차변	837	건물관리비	600,000		00200	국제클린(주)	건물청소비	
대변	253	미지급금		660,000	00200	국제클린(주)	건물청소비	

⑥　조회　[전표입력/장부] – [일반전표입력] – 6월 30일

- 미수금 539,000원 확인

| 일반전표입력 | | | | | | | | 어음등록 | 복사(F4) | 이동(Ctrl+F4) | 기간입력(Ctrl+8) | 기능모음(F11) ▼ |

| 일자 2023 년 06 ▼ 월 30 일 | 현금잔액 | 46,028,250원 |

□	일	번호	구분	코드	계정과목	코드	거래처	적요	차변	대변
□	30	00001	차변	255	부가세예수금				10,632,400	
□	30	00001	대변	135	부가세대급금					11,161,400
□	30	00001	대변	930	잡이익					10,000
□	30	00001	차변	120	미수금	00600	서대문세무서		539,000	

입력　[전표입력/장부] – [일반전표입력] – 8월 11일

(차)　103.보통예금　　　　　　　　　539,000　　　(대)　120.미수금　　　　　　　　　539,000

　　　(98003.수협은행(보통))　　　　　　　　　　　　　(00600.서대문세무서)

□	일	번호	구분	코드	계정과목	코드	거래처	적요	차변	대변
□	11	00001	차변	103	보통예금	98003	수협은행(보통)		539,000	
□	11	00001	대변	120	미수금	00600	서대문세무서			539,000

실무수행 4　결산

① 　조회　[결산/재무제표Ⅰ] – [합계잔액시산표] – 12월 31일

- 소모품 잔액 2,000,000원 확인

차　　　변		계 정 과 목	대　　　변	
잔　　액	합　　계		합　　계	잔　　액
2,000,000	2,000,000	소　　모　　품		

입력　[전표입력/장부] – [일반전표입력] – 12월 31일

(차)　830.소모품비　　　　　　　　1,430,000　　　(대)　172.소모품　　　　　　　　1,430,000

□	일	번호	구분	코드	계정과목	코드	거래처	적요	차변	대변
□	31	00001	차변	830	소모품비				1,430,000	
□	31	00001	대변	172	소모품					1,430,000

※ 소모품 잔액 2,000,000원 – 미사용 소모품 570,000원 = 소모품 사용액 1,430,000원

입력 [결산/재무제표 I] - [결산자료입력] - 1월 ~ 12월

- [매출원가 및 경비선택] 화면에서 확인(Tab) 클릭
- 상품매출원가의 기말 상품 재고액란에 26,000,000원 입력
- 우측 상단의 전표추가(F3) 를 클릭하여 결산분개를 일반전표에 추가

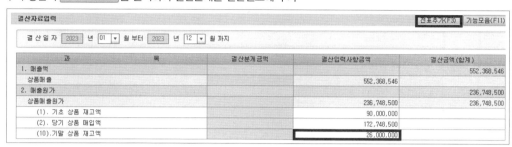

② **조회** [결산/재무제표 I] - [손익계산서] - 12월

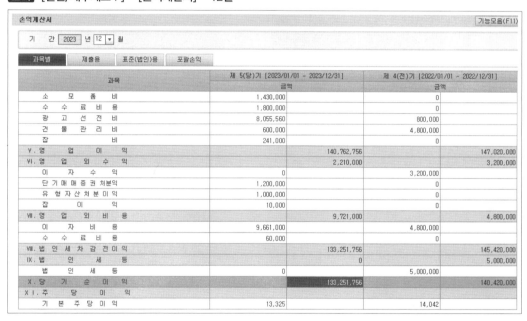

입력 [결산/재무제표 I] – [이익잉여금처분계산서]

· '저장된 데이터 불러오기' → '아니오' 선택
· 상단에 당기분 처분 예정일 2024년 2월 23일, 전기분 처분 확정일 2023년 2월 23일 입력
· 상단부의 전표추가(F3) 클릭 후 확인

조회 [결산/재무제표 I] – [재무상태표] – 12월

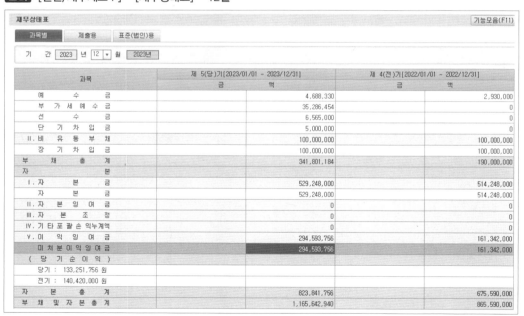

11	12	13	14	15	16
③	8,054,546	1,838,500	②	109,730,000	7,652,750
17	18	19	20	21	22
00107	①	2,090,000	③	8,000,000	①
23	24	25	26	27	28
236,748,500	④	906	1,885,000	13	2,400,000
29	30	31	32		
④	14,850,000	②	③		

11 조회 [기초정보관리] – [거래처등록]

③ 대표자명은 '홍수빈'이다.

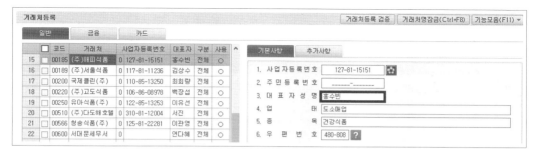

12 조회 [전표입력/장부] – [일/월계표] – 8월 ~ 8월

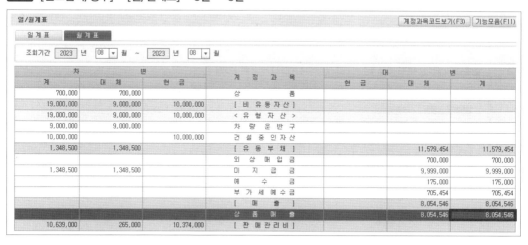

13 조회 [전표입력/장부] – [일/월계표] – 1월 ~ 6월

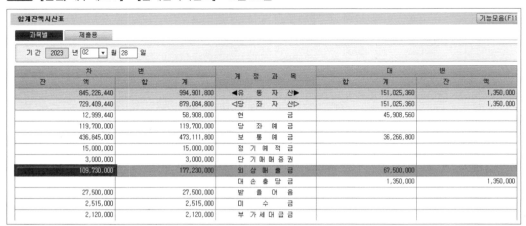

일/월계표 | 계정과목코드보기(F3) | 기능모음(F11)

일계표 **월계표**

조회기간 2023 년 01 ▼ 월 ~ 2023 년 06 ▼ 월

차	변		계 정 과 목	대	변	
계	대 체	현 금		현 금	대 체	계
1,838,500	185,000	1,653,500	접 대 비			

14 조회 [전표입력/장부] – [일/월계표] – 7월 ~ 12월

② 여비교통비 금액은 439,500원이다.

일/월계표 | 계정과목코드보기(F3) | 기능모음(F11)

일계표 **월계표**

조회기간 2023 년 07 ▼ 월 ~ 2023 년 12 ▼ 월

차	변		계 정 과 목	대	변	
계	대 체	현 금		현 금	대 체	계
90,724,540	10,590,500	80,134,040	[판 매 관 리 비]		174,857,290	174,857,290
60,349,000	692,000	59,657,000	급 여		107,583,000	107,583,000
4,570,800	300,000	4,270,800	복 리 후 생 비		17,067,200	17,067,200
439,500	90,000	349,500	여 비 교 통 비		1,418,600	1,418,600
4,535,000		4,535,000	접 대 비		6,373,500	6,373,500
636,520		636,520	통 신 비		1,487,610	1,487,610
1,074,520	200,000	874,520	수 도 광 열 비		5,806,820	5,806,820
905,000		905,000	세 금 과 공 과 금		1,199,000	1,199,000
1,500,000		1,500,000	임 차 료		3,000,000	3,000,000
7,060,000	7,000,000	60,000	수 선 비		7,366,000	7,366,000
3,100,000		3,100,000	보 험 료		4,006,000	4,006,000
2,522,700		2,522,700	차 량 유 지 비		6,144,000	6,144,000
343,000		343,000	운 반 비		639,000	639,000
550,000		550,000	도 서 인 쇄 비		640,000	640,000
1,430,000	1,430,000		소 모 품 비		1,430,000	1,430,000
800,000		800,000	수 수 료 비 용		1,800,000	1,800,000
278,500	278,500		광 고 선 전 비		8,055,560	8,055,560

15 조회 [결산/재무제표 I] – [합계잔액시산표] – 2월 28일

합계잔액시산표 | 기능모음(F11)

과목별 제출용

기 간 2023 년 02 ▼ 월 28 일

차	변		계 정 과 목	대	변	
잔 액	합	계		합	계	잔 액
845,226,440		994,901,800	◀유 동 자 산▶		151,025,360	1,350,000
729,409,440		879,084,800	◁당 좌 자 산▷		151,025,360	1,350,000
12,999,440		58,908,000	현 금		45,908,560	
119,700,000		119,700,000	당 좌 예 금			
436,845,000		473,111,800	보 통 예 금		36,266,800	
15,000,000		15,000,000	정 기 예 적 금			
3,000,000		3,000,000	단 기 매 매 증 권			
109,730,000		177,230,000	외 상 매 출 금		67,500,000	
			대 손 충 당 금		1,350,000	1,350,000
27,500,000		27,500,000	받 을 어 음			
2,515,000		2,515,000	미 수 금			
2,120,000		2,120,000	부 가 세 대 급 금			

16 조회 [결산/재무제표 I] – [합계잔액시산표] – 4월 30일

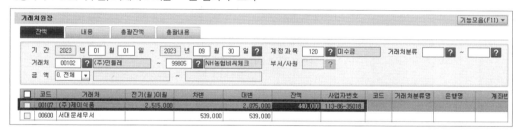

차	변		계 정 과 목	대	변	
잔 액	합 계			합 계	잔 액	
77,400,000	77,400,000		◁유 형 자 산▷	29,786,800	29,786,800	
56,500,000	56,500,000		차 량 운 반 구			
			감 가 상 각 누 계 액	21,018,000	21,018,000	
20,900,000	20,900,000		비 품			
			감 가 상 각 누 계 액	8,768,800	8,768,800	
7,000,000	7,000,000		◁무 형 자 산▷			
7,000,000	7,000,000		소 프 트 웨 어			
30,000,000	30,000,000		◁기 타 비 유 동 자 산▷			
30,000,000	30,000,000		임 차 보 증 금			
	45,338,000		◀유 동 부 채▶	141,197,950	95,859,950	
			외 상 매 입 금	47,120,000	47,120,000	
			지 급 어 음	31,900,000	31,900,000	
	34,468,000		미 지 급 금	42,120,750	7,652,750	
	412,000		예 수 금	4,449,200	4,037,200	
	10,458,000		부 가 세 예 수 금	10,608,000	150,000	
			단 기 차 입 금	5,000,000	5,000,000	

17 조회 [전표입력/장부] – [거래처원장] – 1월 1일 ~ 9월 30일

• 계정과목 : 120.미수금, 거래처 : 처음 ~ 끝 입력 후 조회

코드	거래처	전기(월)이월	차변	대변	잔액	사업자번호	코드	거래처분류명	은행명	계좌번
00107	(주)제이식품	2,515,000		2,075,000	440,000	113-86-35018				
00600	서대문세무서		539,000	539,000						

18 조회 [전표입력/장부] – [현금출납장] – 1월 1일 ~ 4월 30일

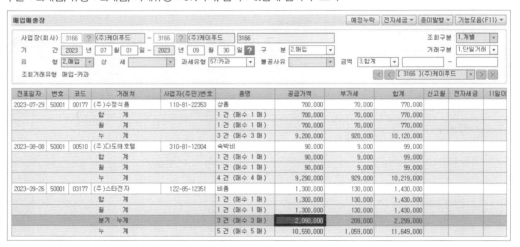

현금출납장   기능모음(F11)

전체

기간 2023 년 01 월 01 일 ~ 2023 년 04 월 30 일 ❓

전표일자	코드	적요명	코드	거래처명	입금	출금	잔액
2023-04-22	01	전화료및 전신료 납부				105,200	
2023-04-22	01	시내교통비 지급				20,000	37,261,740
		[일 계]				125,200	
2023-04-23	04	보통예금 현금인출	98007	기업은행(보통)	10,000,000		
2023-04-23	01	신문구독료 지급				10,000	47,251,740
		[일 계]			10,000,000	10,000	
2023-04-24		지급수수료	00115	(주)미래유통		20,000	
2023-04-24		지급수수료	00115	(주)미래유통		200,000	
2023-04-24						264,000	46,767,740
		[일 계]				484,000	
2023-04-26	02	직원 식대및 차대 지급				45,000	
2023-04-26	02	직원 식대				51,000	
2023-04-26	01	보통예금 현금입금	98007	기업은행(보통)		3,000,000	43,671,740
		[일 계]				3,096,000	
2023-04-27	01	차입금이자 지급				131,000	43,540,740
		[일 계]				131,000	
2023-04-28	04	보통예금 현금인출	98007	기업은행(보통)	5,000,000		
2023-04-28	01	사무실임차료 지급				250,000	48,290,740

19 조회 [전표입력/장부] – [매입매출장] – 7월 1일 ~ 9월 30일

• 구분 : 2.매입, 유형 : 2.매입, 과세유형 : 57.카과, 금액 : 3.합계 입력 후 조회

매입매출장   예정누락   전자세금 ▼   종이발행 ▼   기능모음(F11) ▼

사업장(회사) 3166 ❓ (주)케이푸드 ~ 3166 ❓ (주)케이푸드 3166   조회구분 1.개별 ▼
기 간 2023 년 07 월 01 일 ~ 2023 년 09 월 30 일 ❓ 구 분 2.매입 ▼   거래구분 1.단일거래 ▼
유 형 2.매입 ▼ 상 세 ▼ 과세유형 57:카과 ▼ 불공사유 ▼ 금액 3.합계 ▼   ~
조회거래유형 매입-카과   ❮ ❮ [3166](주)케이푸드 ▼ ❯ ❯

전표일자	번호	코드	거래처	사업자(주민)번호	품명	공급가액	부가세	합계	신고월	전자세금	11일이
2023-07-29	50001	00177	(주)수정식품	110-81-22353	상품	700,000	70,000	770,000			
			합 계		1 건 (매수 1 매)	700,000	70,000	770,000			
			월 계		1 건 (매수 1 매)	700,000	70,000	770,000			
			누 계		3 건 (매수 3 매)	9,200,000	920,000	10,120,000			
2023-08-08	50001	00510	(주)다도해호텔	310-81-12004	숙박비	90,000	9,000	99,000			
			합 계		1 건 (매수 1 매)	90,000	9,000	99,000			
			월 계		1 건 (매수 1 매)	90,000	9,000	99,000			
			누 계		4 건 (매수 4 매)	9,290,000	929,000	10,219,000			
2023-09-26	50001	03177	(주)스타전자	122-85-12351	비품	1,300,000	130,000	1,430,000			
			합 계		1 건 (매수 1 매)	1,300,000	130,000	1,430,000			
			월 계		1 건 (매수 1 매)	1,300,000	130,000	1,430,000			
			분기 누계		3 건 (매수 3 매)	2,090,000	209,000	2,299,000			
			누 계		5 건 (매수 5 매)	10,590,000	1,059,000	11,649,000			

20 조회 [결산/재무제표 I] – [재무상태표] – 12월

③ 예수금 금액은 4,688,330원이다.

재무상태표 | | | | | | | | 기능모음(F11)

과목	제 5(당)기[2023/01/01 ~ 2023/12/31]		제 4(전)기[2022/01/01 ~ 2022/12/31]	
	금	액	금	액
자 산 총 계		1,165,642,940		865,590,000
부 채				
Ⅰ. 유 동 부 채		241,801,184		90,000,000
외 상 매 입 금		153,884,650		37,670,000
지 급 어 음		31,900,000		26,900,000
미 지 급 금		4,476,750		22,500,000
예 수 금		4,688,330		2,930,000
부 가 세 예 수 금		35,286,454		0
선 수 금		6,565,000		0
단 기 차 입 금		5,000,000		0

21 조회 [결산/재무제표 I] – [재무상태표] – 12월

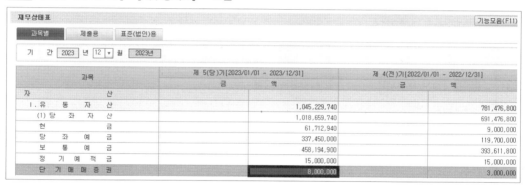

재무상태표 | | | | | | | | 기능모음(F11)

과목	제 5(당)기[2023/01/01 ~ 2023/12/31]		제 4(전)기[2022/01/01 ~ 2022/12/31]	
	금	액	금	액
자 산				
Ⅰ. 유 동 자 산		1,045,229,740		781,476,800
(1) 당 좌 자 산		1,018,659,740		691,476,800
현 금		61,712,940		9,000,000
당 좌 예 금		337,450,000		119,700,000
보 통 예 금		458,194,900		393,611,800
정 기 예 적 금		15,000,000		15,000,000
단 기 매 매 증 권		8,000,000		3,000,000

PART 3

22 조회 [결산/재무제표 I] – [재무상태표] – 12월

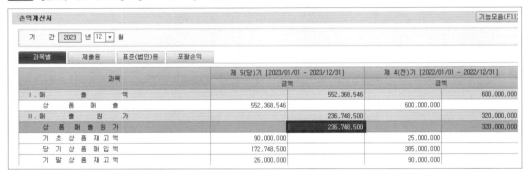

과목	제 5(당)기[2023/01/01 ~ 2023/12/31]		제 4(전)기[2022/01/01 ~ 2022/12/31]	
	금	액	금	액
예 수 금		4,688,330		2,930,000
부 가 세 예 수 금		35,286,454		0
선 수 금		6,565,000		0
단 기 차 입 금		5,000,000		0
Ⅱ. 비 유 동 부 채		100,000,000		100,000,000
장 기 차 입 금		100,000,000		100,000,000
부 채 총 계		341,801,184		190,000,000
자 본				
Ⅰ. 자 본 금		529,248,000		514,248,000
자 본 금		529,248,000		514,248,000
Ⅱ. 자 본 잉 여 금		0		0
Ⅲ. 자 본 조 정		0		0
Ⅳ. 기 타 포 괄 손 익 누 계 액		0		0
Ⅴ. 이 익 잉 여 금		294,593,756		161,342,000
미 처 분 이 익 잉 여 금		294,593,756		161,342,000
(당 기 순 이 익)				
당기 : 133,251,756 원				
전기 : 140,420,000 원				
자 본 총 계		823,841,756		675,590,000
부 채 및 자 본 총 계		1,165,642,940		865,590,000

23 조회 [결산/재무제표 I] – [손익계산서] – 12월

손익계산서 기능모음(F11)

기 간 2023 년 12 월

과목별 제출용 표준(법인)용 포괄손익

과목	제 5(당)기 [2023/01/01 ~ 2023/12/31]		제 4(전)기 [2022/01/01 ~ 2022/12/31]	
	금액		금액	
Ⅰ. 매 출 액		552,368,546		600,000,000
상 품 매 출	552,368,546		600,000,000	
Ⅱ. 매 출 원 가		236,748,500		320,000,000
상 품 매 출 원 가		236,748,500		320,000,000
기 초 상 품 재 고 액	90,000,000		25,000,000	
당 기 상 품 매 입 액	172,748,500		385,000,000	
기 말 상 품 재 고 액	26,000,000		90,000,000	

24 조회 [결산/재무제표 I] – [손익계산서] – 12월

④ 이자비용은 4,861,000원 증가하였다.

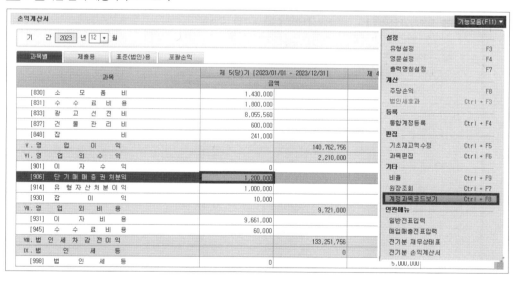

손익계산서 기능모음(F11)

기 간 2023 년 12 ▼ 월

과목별 | 제출용 | 표준(법인)용 | 포괄손익

과목	제 5(당)기 [2023/01/01 ~ 2023/12/31] 금액	제 4(전)기 [2022/01/01 ~ 2022/12/31] 금액
소 모 품 비	1,430,000	0
수 수 료 비 용	1,800,000	0
광 고 선 전 비	8,055,560	800,000
건 물 관 리 비	600,000	4,800,000
잡 비	241,000	0
Ⅴ. 영 업 이 익	140,762,756	147,020,000
Ⅵ. 영 업 외 수 익	2,210,000	3,200,000
이 자 수 익	0	3,200,000
단 기 매 매 증 권 처 분 익	1,200,000	0
유 형 자 산 처 분 이 익	1,000,000	0
잡 이 익	10,000	0
Ⅶ. 영 업 외 비 용	9,721,000	4,800,000
이 자 비 용	9,661,000	4,800,000
수 수 료 비 용	60,000	0

25 조회 [결산/재무제표 I] – [손익계산서] – 12월

• Ctrl + F8 키를 눌러 계정과목코드 조회

손익계산서 기능모음(F11) ▼

기 간 2023 년 12 ▼ 월

과목별 | 제출용 | 표준(법인)용 | 포괄손익

과목	제 5(당)기 [2023/01/01 ~ 2023/12/31] 금액	제 4
[830] 소 모 품 비	1,430,000	
[831] 수 수 료 비 용	1,800,000	
[833] 광 고 선 전 비	8,055,560	
[837] 건 물 관 리 비	600,000	
[848] 잡 비	241,000	
Ⅴ. 영 업 이 익	140,762,756	
Ⅵ. 영 업 외 수 익	2,210,000	
[901] 이 자 수 익	0	
[906] 단 기 매 매 증 권 처 분 익	1,200,000	
[914] 유 형 자 산 처 분 이 익	1,000,000	
[930] 잡 이 익	10,000	
Ⅶ. 영 업 외 비 용	9,721,000	
[931] 이 자 비 용	9,661,000	
[945] 수 수 료 비 용	60,000	
Ⅷ. 법 인 세 차 감 전 이 익	133,251,756	
Ⅸ. 법 인 세 등		0
[998] 법 인 세 등	0	5,000,000

설정
유형설정 F3
영문설정 F4
출력명칭설정 F7
계산
주당손익 F8
법인세효과 Ctrl + F3
등록
통합계정등록 Ctrl + F4
편집
기초재고액수정 Ctrl + F5
과목편집 Ctrl + F6
기타
비율 Ctrl + F9
원장조회 Ctrl + F7
계정과목코드보기 Ctrl + F8
연관메뉴
일반전표입력
매입매출전표입력
전기분 재무상태표
전기분 손익계산서

26 조회 [부가가치세 I] – [부가가치세신고서] – 7월 1일 ~ 9월 30일

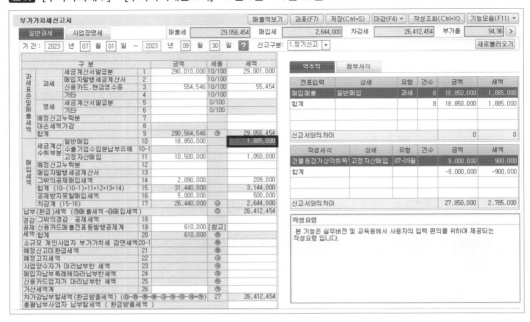

27 조회 [부가가치세 I] – [세금계산서합계표] – 7월 ~ 9월

유형	구분	매출처	매수	공급가액	부가세
매출세금계산서					
전자	사업자	8	13	290,010,000	29,001,000
	주민번호				
	소계	8	13	290,010,000	29,001,000
전자외	사업자				
	주민번호				
	소계				
합계		8	13	290,010,000	29,001,000

28 조회 [부가가치세 I] – [계산서합계표] – 7월 ~ 9월

29 조회 [금융/자금관리] – [예적금현황] – 6월 30일

④ 기업은행(보통)은 48,755,000원이다.

	코드	계좌명	계좌번호	예금종류	잔액	계약기간	개설일	만기일	수령액/한도액	코드	금융기관	계좌 개설점
1	98000	국민은행(당좌)	5412-59-521720	당좌예금	125,400,000	~				100	국민은행	서대문
2	98001	농협은행(보통)	851-11-073757	보통예금	46,274,000	~				600	농협은행	서대문
3	98002	신한은행(보통)	096-25-0096-751	보통예금	156,767,200	~				300	신한은행	서대문
4	98003	수협은행(보통)	524-55-215457	보통예금	140,996,800	~						서대문
5	98007	기업은행(보통)	204-24-0648-1007	보통예금	48,755,000	~				400	기업은행	서대문

30 조회 [금융/자금관리] – [받을어음현황]

• 조회구분 : 1.일별, 1.만기일 : 2023년 1월 1일 ~ 2023년 12월 31일, 거래처 : 처음 ~ 끝 입력 후 조회

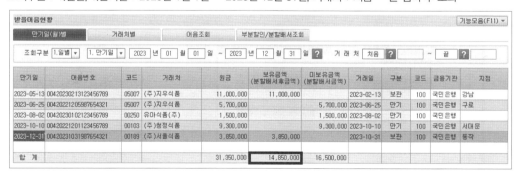

31 　조회　[기초정보관리] – [전기분 재무상태표]

- 자본총계 675,590,000원, 자산총계 865,590,000원 확인

∴ (675,590,000 / 865,590,000) × 100 ≒ 78%

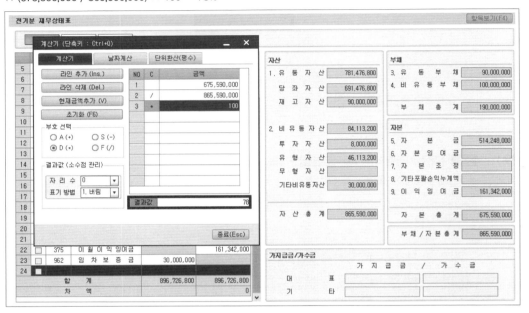

32 　조회　[기초정보관리] – [전기분 재무상태표]

- 당좌자산 691,476,800원, 유동부채 90,000,000원 확인

∴ (691,476,800 / 90,000,000) × 100 ≒ 768%

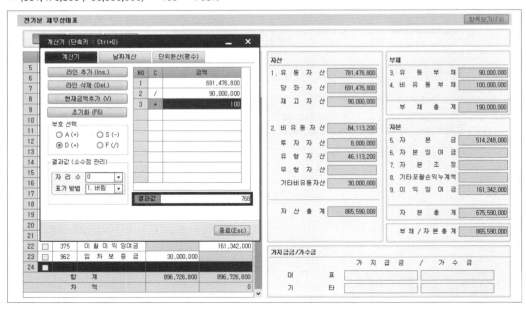

실무이론평가

01	02	03	04	05	06	07	08	09	10
③	③	②	②	④	②	③	④	①	③

01   ③ 기업실체의 가정에 대한 설명이다.

| 핵심요약 | 회계의 기본가정 | 415p |

02   ③ 기부금은 비용에 속하므로 손익계산서 계정과목이다.
- 매출채권은 유동자산, 매도가능증권평가손실은 기타포괄손익누계액, 개발비는 무형자산으로 재무상태표 계정과목이다.

| 핵심요약 | 재무상태표의 구조 | 416p |
| | 계정과목 항목찾기 | 429p |

03   • 기말 미수금 = 기초 100,000원 + 당기발생(사무실중고비품) 300,000원 = 400,000원
※ 정수기 제조판매업을 영위하므로 정수기 외상판매액은 외상매출금 계정으로 처리한다.

04   • 매출 400개가 발생하였으므로 선입선출법에 의하여 월초재고 200개와 11월 10일 매입분 200개가 매출되고, 월말까지 남은 11월 10일 매입분 100개가 월말재고자산이 된다.
∴ 11월 말 재고자산 = 100개 × 1,200원 = 120,000원

05   ④ 자기주식처분이익은 자본 항목 중 자본잉여금 계정과목으로 재무상태표에 나타난다.
- 상품매출원가(매출원가), 단기매매증권평가이익(영업외수익), 매도가능증권처분이익(영업외수익)은 손익계산서 항목이다.

| 핵심요약 | 계정과목 항목찾기 | 429p |

06   • 판매비와관리비 = 급여 600,000원 + 접대비 300,000원 + 수도광열비 50,000원 + 세금과공과 80,000원 = 1,030,000원
※ 이자비용과 잡손실은 영업외비용 항목이다.

| 핵심요약 | 계정과목 항목찾기 | 429p |

07 ③ 선수수익 → 수익의 이연
① 선급비용 → 비용의 이연
② 미수수익 → 수익의 발생
④ 미지급비용 → 비용의 발생

| 핵심요약 | 수익과 비용의 이연과 발생 | 421p |

08 ④ 둘 이상의 사업장이 있는 경우 원칙적으로 사업장별로 등록해야 하며, 본점 또는 주사무소 관할 세무서장에게 승인을 얻어 본점 또는 주사무소에서 사업자단위로 신고할 수 있다.

| 핵심요약 | 부가가치세 납세지 | 423p |
| | 주사업장 총괄납부와 사업자단위과세 | 423p |

09 ① 반환조건부 용기 포장비용은 과세표준에 포함되지 않는다.

| 핵심요약 | 과세표준의 포함여부 | 428p |

10 • 공제 가능한 매입세액 = 사무실 비품 1,500,000원 + 트럭 구입 5,000,000원 + 원재료 매입 10,000,000원 = 16,500,000원
※ 거래처 명절 선물용 선물세트는 접대비로 매입세액 불공제에 해당한다.
※ 세금계산서상 공급하는 자의 주소 누락은 필요적 기재사항이 아닌 임의적 기재사항의 누락이므로 세금계산서의 효력에는 영향이 없다.

| 핵심요약 | 세금계산서 기재사항 | 427p |
| | 불공제 사유 | 433p |

실무수행 1   기초정보관리의 이해

① **입력** [기초정보관리] – [회사등록]

• [기본사항] 탭

  – 4. 대표자명 : 한지민 → 박현웅으로 수정

  – 6. 대표자주민번호 : 770202–2045678 → 731001–1734911로 수정

  – 10. 업종코드 : 523931 입력

②　**입력** [기초정보관리] – [거래처별초기이월]

• 253.미지급금 계정

– 거래처별 금액 입력

	코드	계정과목	전기분재무상태표	차 액	거래처합계 금액		코드	거래처	금액
1	101	현금	51,794,000	51,794,000			00109	(주)스마트광고	2,800,000
2	102	당좌예금	41,000,000		41,000,000		33000	회계법인 최고	3,000,000
3	103	보통예금	112,034,000		112,034,000		99602	우리카드	6,200,000
4	104	정기예적금	20,000,000		20,000,000				
5	108	외상매출금	10,300,000		10,300,000				
6	109	대손충당금	103,000	103,000					
7	110	받을어음	9,300,000		9,300,000				
8	146	상품	90,000,000	90,000,000					
9	179	장기대여금	3,000,000		3,000,000				
10	202	건물	54,000,000	54,000,000					
11	208	차량운반구	30,000,000	30,000,000					
12	209	감가상각누계액	13,000,000	13,000,000					
13	212	비품	8,000,000	8,000,000					
14	213	감가상각누계액	4,200,000	4,200,000					
15	232	특허권	4,000,000	4,000,000					
16	251	외상매입금	35,000,000		35,000,000				
17	252	지급어음	35,000,000		35,000,000				
18	253	미지급금	12,000,000		12,000,000				
19	254	예수금	6,630,000	6,630,000					
20	264	유동성장기부채	17,000,000		17,000,000				
21	293	장기차입금	50,000,000		50,000,000				
22	295	퇴직급여충당부채	10,000,000	10,000,000					
23	331	자본금	129,675,000	129,675,000				합 계	12,000,000
24	375	이월이익잉여금	120,820,000	120,820,000				차 액	0

실무수행 2 거래자료 입력

①　**입력** [전표입력/장부] – [일반전표입력] – 10월 7일

(차) 820.수선비　　　　　　　25,000　　　(대) 101.현금　　　　　　25,000

또는 (출) 820.수선비　　　25,000

	일	번호	구분	코드	계정과목	코드	거래처	적요	차변	대변
☐	07	00001	차변	820	수선비				25,000	
☐	07	00001	대변	101	현금					25,000

②　**입력** [전표입력/장부] – [일반전표입력] – 10월 17일

(차) 251.외상매입금　　　17,700,000　　　(대) 252.지급어음　　　5,700,000

　　(07002.(주)바디케어)　　　　　　　　　　(07002.(주)바디케어)

　　　　　　　　　　　　　　　　　　　　　101.현금　　　　　12,000,000

	일	번호	구분	코드	계정과목	코드	거래처	적요	차변	대변
☐	17	00001	차변	251	외상매입금	07002	(주)바디케어		17,700,000	
☐	17	00001	대변	252	지급어음	07002	(주)바디케어			5,700,000
☐	17	00001	대변	101	현금					12,000,000

• 지급어음 클릭 후 F3을 눌러 어음관리 화면 활성화

• 어음번호란에서 F2를 눌러 해당 어음 조회 후 확인

• 만기일 2023-12-17로 수정

③ **입력** [전표입력/장부] – [일반전표입력] – 10월 21일

(차) 131.선급금   1,500,000   (대) 103.보통예금   1,500,000

     (08707.(주)대한무역)   (98005.국민은행(보통))

	일	번호	구분	코드	계정과목	코드	거래처	적요	차변	대변
☐	21	00001	차변	131	선급금	08707	(주)대한무역		1,500,000	
☐	21	00001	대변	103	보통예금	98005	국민은행(보통)			1,500,000

④ **조회** [전표입력/장부] – [일반전표입력] – 10월 24일

• 가지급금 500,000원 확인

	일	번호	구분	코드	계정과목	코드	거래처	적요	차변	대변
☐	24	00001	출금	134	가지급금	11001	박용찬	출장비 가지급	500,000	현금

입력 [전표입력/장부] – [일반전표입력] – 10월 28일

(차) 812.여비교통비   550,000   (대) 134.가지급금   500,000

                                           (11001.박용찬)

                                           101.현금   50,000

	일	번호	구분	코드	계정과목	코드	거래처	적요	차변	대변
☐	28	00001	차변	812	여비교통비				550,000	
☐	28	00001	대변	134	가지급금	11001	박용찬			500,000
☐	28	00001	대변	101	현금					50,000

⑤ **입력** [전표입력/장부] – [일반전표입력] – 10월 31일

(차) 822.차량유지비   99,000   (대) 253.미지급금   99,000

                                             (99602.우리카드)

	일	번호	구분	코드	계정과목	코드	거래처	적요	차변	대변
☐	31	00001	차변	822	차량유지비				99,000	
☐	31	00001	대변	253	미지급금	99602	우리카드			99,000

① **입력** [전표입력/장부] – [매입매출전표입력] – 7월 12일
• 거래유형 : 11.과세, 복수거래 를 이용하여 거래자료 입력 후 확인

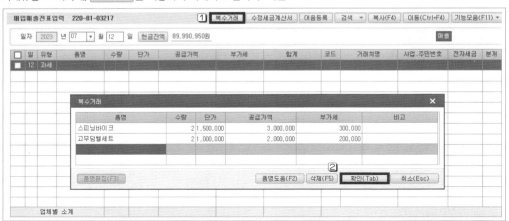

• 거래자료 입력

거래유형	공급가액	부가세	거래처명	전자세금	분개유형
11.과세	5,000,000	500,000	00107.(주)운동사랑		3.혼합

□	일	유형	품명	수량	단가	공급가액	부가세	합계	코드	거래처명	사업.주민번호	전자세금	분개
□	12	과세	스피닝바이크외			5,000,000	500,000	5,500,000	00107	(주)운동사랑	211-81-44121		혼합

• 하단 전표 입력

(차) 108.외상매출금	5,200,000	(대) 255.부가세예수금	500,000
259.선수금	300,000	401.상품매출	5,000,000

구분	코드	계정과목	차변	대변	코드	거래처	적요	관리
대변	255	부가세예수금		500,000	00107	(주)운동사랑	스피닝바이크외	
대변	401	상품매출		5,000,000	00107	(주)운동사랑	스피닝바이크외	
차변	108	외상매출금	5,200,000		00107	(주)운동사랑	스피닝바이크외	
차변	259	선수금	300,000		00107	(주)운동사랑	스피닝바이크외	

입력 [부가가치세 II] – [전자세금계산서 발행 및 내역관리] – 7월 12일
• 미전송된 내역을 체크한 후 전자발행 ▼ 을 클릭하여 표시되는 [로그인] 화면에서 확인(TAB) 클릭
• [전자(세금)계산서 발행] 화면이 조회되면 발행(F3) 을 클릭한 다음 확인 클릭
• 국세청란에 '발행대상'으로 표시되면 ACADEMY 전자세금계산서 클릭
• [Bill36524 교육용 전자세금계산서] 화면에서 '로그인' 클릭
• [세금계산서 리스트]에서 '미전송' 체크 → '매출 조회' 클릭 → '발행' 클릭 → '확인' 클릭

입력 [전표입력/장부] – [매입매출전표입력] – 7월 12일
• 전자세금란이 '전자발행'으로 반영되었는지 확인

□	일	유형	품명	수량	단가	공급가액	부가세	합계	코드	거래처명	사업.주민번호	전자세금	분개
□	12	과세	스피닝바이크외			5,000,000	500,000	5,500,000	00107	(주)운동사랑	211-81-44121	전자발행	혼합

② **입력** [전표입력/장부] – [매입매출전표입력] – 7월 20일

• 거래자료 입력

거래유형	공급가액	부가세	거래처명	전자세금	분개유형
51.과세	6,000,000	600,000	02180.(주)폼생폼	1.전자입력	2.외상 또는 3.혼합

□	일	유형	품명	수량	단가	공급가액	부가세	합계	코드	거래처명	사업.주민번호	전자세금	분개
□	20	과세	현국의 계단	10	600,000	6,000,000	600,000	6,600,000	02180	(주)폼생폼	119-81-02126	전자입력	혼합

• 하단 전표 입력

(차) 135.부가세대금   600,000   (대) 251.외상매입금   6,600,000

     146.상품   6,000,000

구분	코드	계정과목	차변	대변	코드	거래처	적요	관리
차변	135	부가세대급금	600,000		02180	(주)폼생폼	현국의 계단 10 X 600,000	
차변	146	상품	6,000,000		02180	(주)폼생폼	현국의 계단 10 X 600,000	
대변	251	외상매입금		6,600,000	02180	(주)폼생폼	현국의 계단 10 X 600,000	

③ **입력** [전표입력/장부] – [매입매출전표입력] – 8월 13일

• 거래유형 : 17.카과, [신용카드사] 화면에서 F2키를 눌러 99606.삼성카드사 입력 후 확인

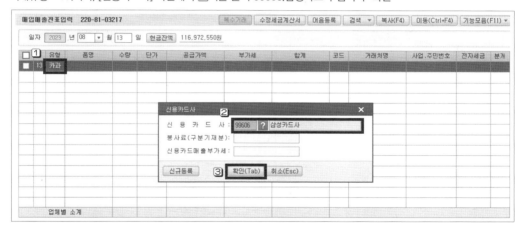

• 거래자료 입력

거래유형	공급가액	부가세	거래처명	전자세금	분개유형
17.카과	700,000	70,000	02007.(주)요가야		4.카드 또는 3.혼합

□	일	유형	품명	수량	단가	공급가액	부가세	합계	코드	거래처명	사업.주민번호	전자세금	분개
□	13	카과	요가매트			700,000	70,000	770,000	02007	(주)요가야	110-81-42359		혼합

• 하단 전표 입력

(차) 108.외상매출금   770,000   (대) 255.부가세예수금   70,000

     (99606.삼성카드사)   401.상품매출   700,000

구분	코드	계정과목	차변	대변	코드	거래처	적요	관리
대변	255	부가세예수금		70,000	02007	(주)요가야	요가매트	
대변	401	상품매출		700,000	02007	(주)요가야	요가매트	
차변	108	외상매출금	770,000		99606	삼성카드사	요가매트	

④ **입력** [전표입력/장부] – [매입매출전표입력] – 8월 30일

- 거래자료 입력

거래유형	공급가액	부가세	거래처명	전자세금	분개유형
53.면세	230,000		08620.(주)에이티	1.전자입력	3.혼합

□	일	유형	품명	수량	단가	공급가액	부가세	합계	코드	거래처명	사업.주민번호	전자세금	분개
□	30	면세	비대면 세무실무	10	23,000	230,000		230,000	08620	(주)에이티	214-81-09142	전자입력	혼합

- 하단 전표 입력

  (차) 826.도서인쇄비 　　　　　230,000　　　(대) 253.미지급금 　　　　　230,000

구분	코드	계정과목	차변	대변	코드	거래처	적요	관리
차변	826	도서인쇄비	230,000		08620	(주)에이티	비대면 세무실무 10 X 23,000	
대변	253	미지급금		230,000	08620	(주)에이티	비대면 세무실무 10 X 23,000	

⑤ **입력** [전표입력/장부] – [매입매출전표입력] – 9월 21일

- 거래유형 : 54.불공, 불공제 사유 : 4.면세사업과 관련된 분

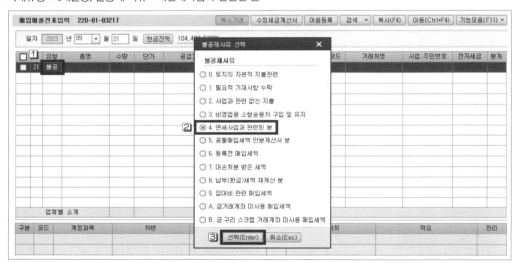

- 거래자료 입력

거래유형	공급가액	부가세	거래처명	전자세금	분개유형
54.불공	3,000,000	300,000	00227.(주)미래전자	1.전자입력	3.혼합

□	일	유형	품명	수량	단가	공급가액	부가세	합계	코드	거래처명	사업.주민번호	전자세금	분개
□	21	불공	스마트 냉장고	1	3,000,000	3,000,000	300,000	3,300,000	00227	(주)미래전자	314-81-11803	전자입력	혼합

- 하단 전표 입력

  (차) 212.비품 　　　　　3,300,000　　　(대) 253.미지급금 　　　　　3,300,000

구분	코드	계정과목	차변	대변	코드	거래처	적요	관리
차변	212	비품	3,300,000		00227	(주)미래전자	스마트 냉장고 1 X 3,000,000	
대변	253	미지급금		3,300,000	00227	(주)미래전자	스마트 냉장고 1 X 3,000,000	

입력 [고정자산등록] – [고정자산등록]

• 고정자산계정과목 : 212.비품, 자산구분 : 0.전체 입력 후 고정자산 등록

⑥ **조회** [전표입력/장부] – [일반전표입력] – 6월 30일

• 미지급세금 2,026,050원 확인

	일	번호	구분	코드	계정과목	코드	거래처	적요	차변	대변
☐	30	00001	차변	255	부가세예수금			1기 확정 부가세대급금 상계	12,928,323	
☐	30	00001	대변	261	미지급세금	05900	역삼세무서	1기 확정 부가가치세납부		2,026,050
☐	30	00001	대변	135	부가세대급금			1기 확정 부가세예수금 상계		10,892,273
☐	30	00001	대변	930	잡이익					10,000

입력 [전표입력/장부] – [일반전표입력] – 7월 25일

(차) 261.미지급세금   2,026,050   (대) 103.보통예금   2,026,050

(05900.역삼세무서)   (98001.신한은행(보통))

	일	번호	구분	코드	계정과목	코드	거래처	적요	차변	대변
☐	25	00001	차변	261	미지급세금	05900	역삼세무서		2,026,050	
☐	25	00001	대변	103	보통예금	98001	신한은행(보통)			2,026,050

① **입력** [전표입력/장부] – [일반전표입력] – 12월 31일

(차) 931.이자비용   1,320,000   (대) 262.미지급비용   1,320,000

☐	일	번호	구분	코드	계정과목	코드	거래처	적요	차변	대변
☐	31	00001	차변	931	이자비용				1,320,000	
☐	31	00001	대변	262	미지급비용					1,320,000

입력 [결산/재무제표 I] – [결산자료입력] – 1월 ~ 12월

- [매출원가 및 경비선택] 화면에서 확인(Tab) 클릭
- 상품매출원가의 기말 상품 재고액란에 54,000,000원 입력

- 감가상각비의 비품란에 220,000원 입력
- 우측 상단의 전표추가(F3) 를 클릭하여 결산분개를 일반전표에 추가

② **조회** [결산/재무제표 I] – [손익계산서] – 12월

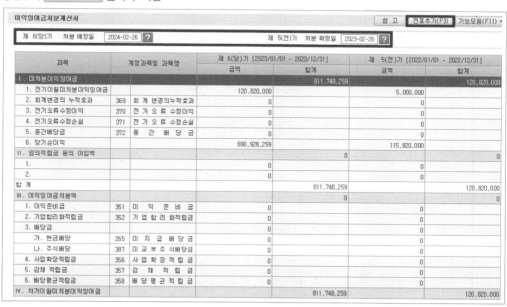

손익계산서 | 기능모음(F11)

기 간 2023 년 12 ▼ 월

과목별 | 제출용 | 표준(법인)용 | 포괄손익

과목	제 6(당)기 [2023/01/01 ~ 2023/12/31] 금액	제 5(전)기 [2022/01/01 ~ 2022/12/31] 금액
차 량 유 지 비	6,350,100	8,540,000
운 반 비	639,000	0
도 서 인 쇄 비	570,000	0
포 장 비	0	800,000
소 모 품 비	6,000,000	4,800,000
수 수 료 비 용	1,600,000	0
광 고 선 전 비	18,076,200	0
잡 비	241,000	0
V. 영 업 이 익	693,399,259	117,920,000
VI. 영 업 외 수 익	10,000	3,200,000
이 자 수 익	0	3,200,000
잡 이 익	10,000	0
VII. 영 업 외 비 용	2,481,000	4,800,000
이 자 비 용	2,481,000	4,800,000
VIII. 법 인 세 차 감 전 이 익	690,928,259	116,320,000
IX. 법 인 세 등	0	500,000
법 인 세 등	0	500,000
X. 당 기 순 이 익	690,928,259	115,820,000
XI. 주 당 이 익		
기 본 주 당 이 익	69,092	11,582

입력 [결산/재무제표 I] – [이익잉여금처분계산서]

• '저장된 데이터 불러오기' → '아니오' 선택

• 상단에 당기분 처분 예정일 2024년 2월 26일, 전기분 처분 확정일 2023년 2월 26일 입력

• 상단부의 전표추가(F3) 클릭 후 확인

이익잉여금처분계산서 | 참 고 **전표추가(F3)** 기능모음(F11) ▼

제 6(당)기 처분 예정일 2024-02-26 ? | 제 5(전)기 처분 확정일 2023-02-26 ?

과목	계정과목및 과목명		제 6(당)기 [2023/01/01 ~ 2023/12/31] 금액	합계	제 5(전)기 [2022/01/01 ~ 2022/12/31] 금액	합계
I. 미처분이익잉여금				811,748,259		120,820,000
1. 전기이월미처분이익잉여금			120,820,000		5,000,000	
2. 회계변경의 누적효과	369	회계변경의누적효과	0		0	
3. 전기오류수정이익	370	전 기 오 류 수정이익	0		0	
4. 전기오류수정손실	371	전 기 오 류 수정손실	0		0	
5. 중간배당금	372	중 간 배 당 금	0		0	
6. 당기순이익			690,928,259		115,820,000	
II. 임의적립금 등의 이입액				0		0
1.			0		0	
2.			0		0	
합 계				811,748,259		120,820,000
III. 이익잉여금처분액				0		0
1. 이익준비금	351	이 익 준 비 금	0		0	
2. 기업합리화적립금	352	기 업 합 리 화적립금	0		0	
3. 배당금			0		0	
가. 현금배당	265	미 지 급 배 당 금	0		0	
나. 주식배당	387	미 교 부주 식배당금	0		0	
4. 사업확장적립금	356	사 업 확 장 적 립 금	0		0	
5. 감채 적립금	357	감 채 적 립 금	0		0	
6. 배당평균적립금	358	배 당 평 균 적 립 금	0		0	
IV. 차기이월미처분이익잉여금				811,748,259		120,820,000

PART 3

과목	제 6(당)기[2023/01/01 - 2023/12/31] 금	액	제 5(전)기[2022/01/01 - 2022/12/31] 금	액
단 기 차 입 금		5,000,000		0
미 지 급 비 용		1,570,000		0
유 동 성 장 기 부 채		17,000,000		17,000,000
II. 비 유 동 부 채		60,000,000		60,000,000
장 기 차 입 금		50,000,000		50,000,000
퇴 직 급 여 충 당 부 채		10,000,000		10,000,000
부 채 총 계		554,824,270		165,630,000
자 본				
I. 자 본 금		144,675,000		129,675,000
자 본 금		144,675,000		129,675,000
II. 자 본 잉 여 금		0		0
III. 자 본 조 정		0		0
IV. 기 타 포 괄 손 익 누 계 액		0		0
V. 이 익 잉 여 금		811,748,259		120,820,000
미 처 분 이 익 잉 여 금		811,748,259		120,820,000
(당 기 순 이 익)				
당기 : 690,928,259 원				
전기 : 115,820,000 원				
자 본 총 계		956,423,259		250,495,000
부 채 및 자 본 총 계		1,511,247,529		416,125,000

11	12	13	14	15	16
③	④	①	99606	③	170,060,000
17	18	19	20	21	22
17	13,220,000	134	6,565,000	1,570,000	②
23	24	25	26	27	28
④	700,000	50,522,727	600,000	16	500,000
29	30	31	32		
②	07002	④	③		

11 조회 [기초정보관리] – [회사등록]

③ 표준산업코드는 'G47'이다.

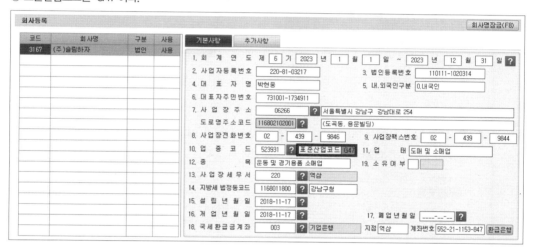

12 조회 [전표입력/장부] – [거래처원장] – 1월 1일 ~ 6월 30일

• 계정과목 : 253.미지급금, 거래처 : 처음 ~ 끝 입력 후 조회

④ 99602.우리카드의 잔액은 9,000,000원이다.

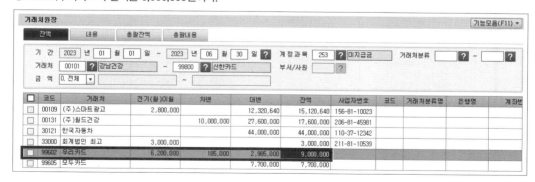

PART 3

13 조회 [전표입력/장부] – [거래처원장] – 1월 1일 ～ 12월 31일

- 계정과목 : 251.외상매입금, 거래처 : 처음 ～ 끝 입력 후 조회
② 04007.(주)필라테스의 잔액은 30,000,000원이다.
③ 07002.(주)바디케어의 잔액은 0원이다.
④ 30011.(주)행복건강의 잔액은 5,500,000원이다.

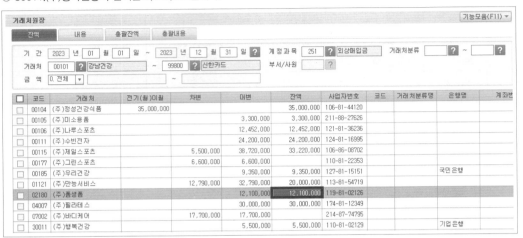

14 조회 [전표입력/장부] – [거래처원장] – 1월 1일 ～ 12월 31일

- 계정과목 : 108.외상매출금, 거래처 : 처음 ～ 끝 입력 후 조회

코드	거래처	전기(월)이월	차변	대변	잔액	사업자번호	코드	거래처분류명	은행명	계좌번
00102	(주)몰루건강원		70,385,553	18,300,000	52,085,553	113-81-32864				
00103	(주)하나로건강		9,460,000		9,460,000	215-81-24753				
00104	(주)정성건강식품	10,300,000			10,300,000	106-81-44120				
00105	(주)미소용품		1,650,000		1,650,000	211-88-27626				
00106	(주)나루스포츠		9,680,000	9,680,000		121-81-36236				
00107	(주)운동사랑		5,200,000		5,200,000	211-81-44121				
00111	(주)수빈전자		39,050,000		39,050,000	124-81-16995				
00115	(주)제일스포츠		110,000,000		110,000,000	106-86-08702				
00120	최민채		74,521,000	17,871,000	56,650,000					
00160	(주)초록스포츠		11,000,000		11,000,000	106-86-08978				
00167	(주)천호나라		3,300,000	3,300,000		220-81-12832				
00250	최고식품(주)		5,500,000	50,000	5,450,000	122-85-13253				
01121	(주)만능서비스		29,700,000	18,700,000	11,000,000	113-81-54719				
03101	(주)고구려건강		20,691,000		20,691,000	211-87-24113				
05115	최고건강(주)		20,000,000		20,000,000	123-81-15519				
08707	(주)대한무역		55,000,000	55,000,000		106-86-09792				
99601	국민카드		4,730,000	4,730,000						
99606	삼성카드사		770,000		770,000					
합	계	10,300,000	470,637,553	127,631,000	353,306,553					

15 [조회] [전표입력/장부] – [총계정원장]

① 8월 13,100,000원

② 9월 6,600,000원

④ 11월 4,400,000원

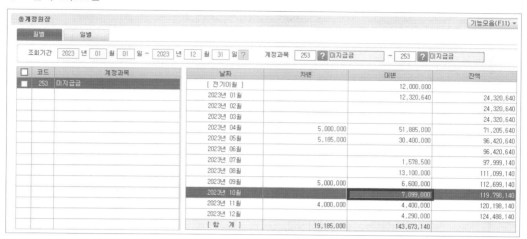

16 [조회] [전표입력/장부] – [총계정원장]

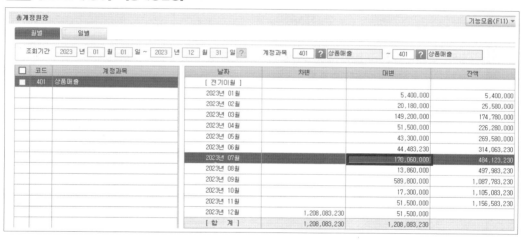

17 조회 [전표입력/장부] − [현금출납장] − 10월 1일 ∼ 10월 31일

전표일자	코드	적요명	코드	거래처명	입금	출금	잔액
2023-10-02	01	시내교통비 지급				8,000	89,524,730
		[일 계]				8,000	
2023-10-05		외상매출금 입금	00167	(주)천호나라	3,300,000		92,824,730
		[일 계]			3,300,000		
2023-10-07						25,000	92,799,730
		[일 계]				25,000	
2023-10-08	06	예수금납부				60,000	
2023-10-08	02	직원 식대	00108	(주)블루가구		24,000	92,715,730
		[일 계]				84,000	
2023-10-09		상품	00105	(주)미소용품	750,000		
2023-10-09		상품	00105	(주)미소용품	7,500,000		100,965,730
		[일 계]			8,250,000		
2023-10-13		상품	00102	(주)룰루건강원	3,000,000		
2023-10-13		보험료 지급				900,000	103,065,730
		[일 계]			3,000,000	900,000	
2023-10-17						12,000,000	91,065,730
		[일 계]				12,000,000	
2023-10-24		출장비 가지급	11001	박용찬		500,000	90,565,730
		[일 계]				500,000	
2023-10-26	01	현금 단기대여	00102	(주)룰루건강원		1,000,000	89,565,730
		[일 계]				1,000,000	
2023-10-28						50,000	89,515,730
		[일 계]				50,000	

18 조회 [고정자산등록] − [고정자산관리대장]

- 항목 : 0.전체, 구분 : 0.전체고정자산, 유형 : 0.전체 입력 후 조회
- 당기말상각누계액의 계정과목총계 확인

	계정코드	계정과목	자산코드	자산명	변동	취득일자	당기말상각누계액	당기말장부가액	매입처	사용부서(사원)	관리부서(…
□	208	차량운반구	000001	승용차(55고3500)		2020-07-01	13,000,000				
□				소 계			13,000,000				
□	212	비 품	001001	스마트 냉장고		2023-09-21	220,000	3,080,000			
□				소 계			220,000	3,080,000			
				계정과목총계			13,220,000	3,080,000			

19 조회 [결산/재무제표Ⅰ] – [재무상태표] – 12월

• 'Ctrl + F5'를 눌러 계정과목코드 조회

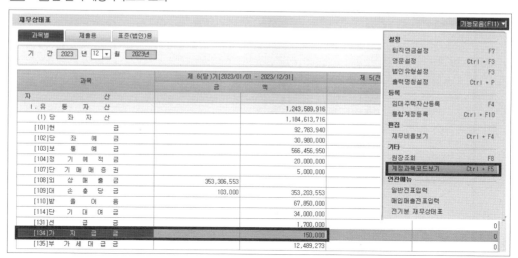

20 조회 [결산/재무제표Ⅰ] – [재무상태표] – 12월

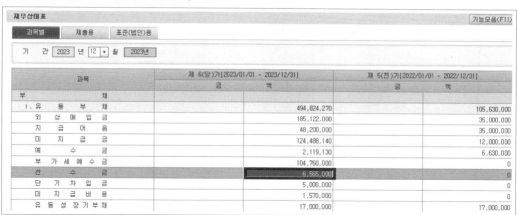

21 조회 [결산/재무제표 I] - [재무상태표] - 12월

재무상태표　　　　　　　　　　　　　　　　　　　　　　　　　　　　기능모음(F11)

| 과목별 | 제출용 | 표준(법인)용 |

기 간 2023 년 12 ▼ 월 2023년

과목	제 6(당)기[2023/01/01 ~ 2023/12/31]		제 5(전)기[2022/01/01 ~ 2022/12/31]	
	금	액	금	액
부　　　　　　채				
Ⅰ. 유　동　부　채		494,824,270		105,630,000
외　상　매　입　금		185,122,000		35,000,000
지　급　어　음		48,200,000		35,000,000
미　지　급　금		124,488,140		12,000,000
예　　수　　금		2,119,130		6,630,000
부　가　세　예　수　금		104,760,000		0
선　　수　　금		6,565,000		0
단　기　차　입　금		5,000,000		0
미　지　급　비　용		1,570,000		0
유　동　성　장　기　부　채		17,000,000		17,000,000

22 조회 [결산/재무제표 I] - [재무상태표] - 12월

재무상태표　　　　　　　　　　　　　　　　　　　　　　　　　　　　기능모음(F11)

| 과목별 | 제출용 | 표준(법인)용 |

기 간 2023 년 12 ▼ 월 2023년

과목	제 6(당)기[2023/01/01 ~ 2023/12/31]		제 5(전)기[2022/01/01 ~ 2022/12/31]	
	금	액	금	액
예　　수　　금		2,119,130		6,630,000
부　가　세　예　수　금		104,760,000		0
선　　수　　금		6,565,000		0
단　기　차　입　금		5,000,000		0
미　지　급　비　용		1,570,000		0
유　동　성　장　기　부　채		17,000,000		17,000,000
Ⅱ. 비　유　동　부　채		60,000,000		60,000,000
장　기　차　입　금		50,000,000		50,000,000
퇴　직　급　여　충　당　부　채		10,000,000		10,000,000
부　　채　　총　　계		554,824,270		165,630,000
자　　　　　　본				
Ⅰ. 자　　본　　금		144,675,000		129,675,000
자　　본　　금		144,675,000		129,675,000
Ⅱ. 자　본　잉　여　금		0		0
Ⅲ. 자　본　조　정		0		0
Ⅳ. 기　타　포　괄　손　익　누　계　액		0		0
Ⅴ. 이　익　잉　여　금		811,748,259		120,820,000
미　처　분　이　익　잉　여　금		811,748,259		120,820,000
(당　기　순　이　익)				
당기 : 690,928,259 원				
전기 : 115,820,000 원				
자　　본　　총　　계		956,423,259		250,495,000
부　채　및　자　본　총　계		1,511,247,529		416,125,000

23 조회 [결산/재무제표 I] – [손익계산서] – 12월

④ 도서인쇄비 금액은 570,000원이다.

24~26 조회 [부가가치세 I] – [부가가치세신고서] – 7월 1일 ~ 9월 30일

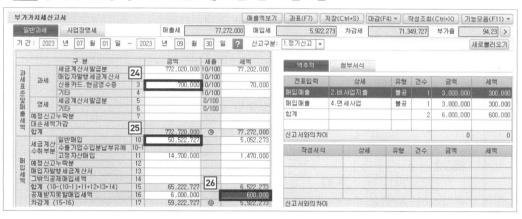

27 조회 [부가가치세Ⅰ] − [세금계산서합계표] − 7월 ∼ 9월

매출세금계산서

유형	구분	매출처	매수	공급가액	부가세
전자	사업자	12	16	772,020,000	77,202,000
	주민번호				
	소계	12	16	772,020,000	77,202,000
전자 외	사업자				
	주민번호				
	소계				
합계		12	16	772,020,000	77,202,000

28 조회 [부가가치세Ⅰ] − [계산서합계표] − 7월 ∼ 9월

매입계산서

유형	구분	매입처	매수	공급가액
전자	사업자	2	2	500,000
	주민번호			
	소계	2	2	500,000
전자 외	사업자			
	주민번호			
	소계			
합계		2	2	500,000

29 조회 [금융/자금관리] − [예적금현황] − 12월 31일

② 신한은행(보통)의 잔액은 525,026,950원이다.

	코드	계좌명	계좌번호	예금종류	잔액	계약기간	개설일	만기일	수령액/한도액	코드	금융기관	계좌 개설점
1	98000	기업은행(당좌)	096-24-0094-789	당좌예금	30,980,000	~				100	국민은행	강남
2	98001	신한은행(보통)	112-088-654321	보통예금	525,026,950	~				300	신한은행	강남
3	98002	우리은행(보통)	220-257-382746	보통예금	20,000,000	~				110	우리은행	강남
4	98005	국민은행(보통)	096-25-0096-751	보통예금	40,405,000	~				100	국민은행	강남
5	98009	하나은행(보통)	751-41-073757	보통예금	1,025,000	~				900	하나은행	강남

30 조회 [금융/자금관리] – [지급어음현황] – 1월 1일 ~ 12월 31일

평가문제   회계정보분석

31 조회 [기초정보관리] – [전기분 재무상태표]
- 부채총계 165,630,000원, 자본총계 250,495,000원 확인

∴ (165,630,000 / 250,495,000) × 100 ≒ 66%

32 조회 [기초정보관리] – [전기분 손익계산서]

• 영업이익 117,920,000원, 매출액 566,000,000원 확인

∴ (117,920,000 / 566,000,000) × 100 ≒ 20%

제**68**회 정답 및 해설

실무이론평가

01	02	03	04	05	06	07	08	09	10
④	③	③	②	③	④	④	④	②	③

01
- 영업이익이 증가하였음에도 당기순이익이 감소하였다면 영업외수익이 감소하거나 영업외비용이 증가하여야 하는데 (가)는 증가하였다고 하였으므로 영업외비용에 속하는 계정과목이어야 한다.
- 유형자산처분손실이 영업외비용에 속하며 임차료는 판매비와관리비, 이자수익은 영업외수익에 속한다.

  핵심요약 손익계산서의 구조　　　　417p

02
- 비유동부채 : 퇴직급여충당부채(다), 사채(라)
- 유동부채 : 유동성장기부채(가), 부가세예수금(나)

  핵심요약 유동부채와 비유동부채　　　420p

03
- 총평균단가 = [전월이월 30,000원 + 당월매입액 (100,000원 + 80,000원)] ÷ [전월이월 300개 + 당월매입수량 (500 개 + 200개)] = 210원
- ∴ 월말상품재고액 = 월말재고수량 (1,000개 − 400개) × 총평균단가 210원 = 126,000원

04
- 12월 10일 회계처리

(차) 기타의대손상각비	1,200,000	(대) 단기대여금	2,000,000
대손충당금	800,000		

※ 회수가 불가능한 경우로 판명된 경우 대손처리하며 설정된 충당금보다 대손액이 큰 경우 그 금액만큼 비용으로 처리하는데, 매출채권에 대해서는 대손상각비(판매비와관리비)로 처리하고 해당 문제와 같이 기타채권에 대해서는 기타의대손상각비(영업외비용)로 처리한다.

05
③ 무형자산은 내용연수 동안 합리적으로 배분하기 위해 다양한 방법(정액법, 정률법, 연수합계법, 생산량비례법 등)을 사용할 수 있다. 다만, 합리적인 상각방법을 정할 수 없는 경우에는 정액법을 사용한다.

  핵심요약 무형자산의 상각방법　　　420p

06
- 2022년 11월 22일 회계처리

| (차) 단기매매증권 | 300,000 | (대) 현금 | 302,000 |
| 수수료비용 | 2,000 | | |

① 단기매매증권의 취득 시 발생하는 취득수수료는 비용으로 처리하므로 취득원가는 300,000원이다.
- 2022년 12월 31일 회계처리

| (차) 단기매매증권 | 50,000 | (대) 단기매매증권평가이익 | 50,000 |

② 재무상태표에 기록되는 금액은 그 시점의 평가금액이므로 350,000원(= 3,500원 × 100주)이다.
③ 평가손익 = (주당 시가 3,500원 − 주당 취득가 3,000원) × 100주 = 50,000원(이익)
- 2023년 12월 7일 회계처리

| (차) 현금 | 370,000 | (대) 단기매매증권 | 350,000 |
| | | 단기매매증권처분이익 | 20,000 |

④ 처분손익 = (주당 처분가 3,700원 − 주당 평가액 3,500원) × 100주 = 20,000원(이익)

07
④ 건강보험료 중 회사부담분은 복리후생비로 회계처리하고 직원 본인부담분은 예수금으로 처리한다.

08
① 폐업의 경우 폐업일이 속한 달의 다음 달 25일 이내에 신고 · 납부하여야 한다.
② 법인사업자 확정신고의 경우 예정신고 시 이미 신고한 내용을 제외한다.
③ 간이과세자는 해당 과세기간의 공급대가가 4,800만원 미만인 경우 납부의무가 면제된다.

핵심요약 **부가가치세 과세기간** 423p

09
② 재화의 공급으로 보는 가공의 경우 : 가공된 재화를 인도하는 때

핵심요약 **재화와 용역의 공급시기** 425p

10
- 확정신고 시 납부할 세액 = 국내매출액 100,000,000원 × 세율 10% − 매입세액(접대비 제외) 5,000,000원 = 5,000,000원
※ 하치장은 사업장에 해당하지 않으므로 하치장 반출액은 재화의 공급으로 보지 않는다.
※ 접대비 관련 매입세액은 공제되지 않으므로 매입세액에서 제외한다.

핵심요약 **사업장 해당 여부** 423p

실무수행 1 기초정보관리의 이해

① **입력** [기초정보관리] – [거래처등록]

• [기본사항] 탭

– 3. 대표자성명 : 최윤나 → 이경호로 수정

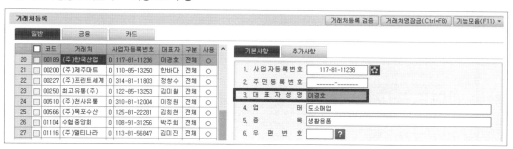

• [추가사항]탭

– 4. 담당자메일주소 : choi@bill36524.com → korea@bill36524.com로 수정

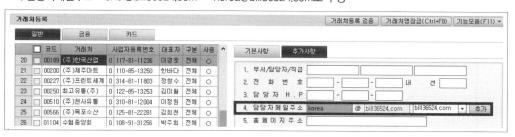

② **입력** [기초정보관리] – [계정과목및적요등록]

• 850.회사설정계정과목

– 판매촉진비로 계정과목 수정

– 구분 : 4.경비, 표준코드 : 091.광고선전비(판매촉진비포함)로 입력

① **입력** [전표입력/장부] – [일반전표입력] – 1월 9일

(차) 812.여비교통비   220,000   (대) 101.현금   220,000

또는 (출) 812.여비교통비   220,000

☐	일	번호	구분	코드	계정과목	코드	거래처	적요	차변	대변
☐	09	00001	차변	812	여비교통비				220,000	
☐	09	00001	대변	101	현금					220,000

입력 [결산/재무제표 I] – [영수증수취명세서]

• [영수증수취명세서(2)] 탭에서 거래자료 입력

• [영수증수취명세서(1)] 탭에서 명세서(2)불러오기(F4) 를 클릭하여 [영수증수취명세서(2)] 탭에서 작성한 내용 반영

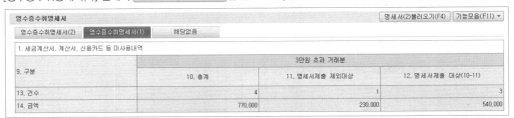

• 해당 메뉴 종료 시 작성 내용 저장

② **입력** [전표입력/장부] − [일반전표입력] − 2월 13일

(차) 822.차량유지비　　　　　　396,000　　(대) 101.현금　　　　　　396,000

또는 (출) 822.차량유지비　　　　　396,000

□	일	번호	구분	코드	계정과목	코드	거래처	적요	차변	대변
□	13	00001	차변	822	차량유지비				396,000	
□	13	00001	대변	101	현금					396,000

③ **입력** [전표입력/장부] − [일반전표입력] − 3월 25일

(차) 103.보통예금　　　　　30,000,000　　(대) 962.임차보증금　　　　30,000,000

　　(98005.국민은행(보통))　　　　　　　　　(00107.(주)금비빌딩)

□	일	번호	구분	코드	계정과목	코드	거래처	적요	차변	대변
□	25	00001	차변	103	보통예금	98005	국민은행(보통)		30,000,000	
□	25	00001	대변	962	임차보증금	00107	(주)금비빌딩			30,000,000

④ **입력** [전표입력/장부] − [일반전표입력] − 4월 7일

(차) 251.외상매입금　　　　11,000,000　　(대) 110.받을어음　　　　11,000,000

　　(00105.(주)미소용품)　　　　　　　　　(00160.(주)초록마트)

□	일	번호	구분	코드	계정과목	코드	거래처	적요	차변	대변
□	07	00001	차변	251	외상매입금	00105	(주)미소용품		11,000,000	
□	07	00001	대변	110	받을어음	00160	(주)초록마트			11,000,000

• 받을어음 클릭 후 F3을 눌러 어음관리 화면 활성화

• 어음관련 정보 입력

● 받을어음 관리								삭제(F5)
어음상태 3 배서	**어음번호** 00420230206123456789	수 취 구 분 1 자수	발 행 일 2023-02-06	만 기 일 2023-05-10
발 행 인 00160 (주)초록마트		지 급 은 행 100 국민은행		지 점 구로
배 서 인	할 인 기 관	지 점	할 인 율 (%)	어 음 종 류 6 전자
지급거래처 00105 (주)미소용품		* 수령된 어음을 타거래처에 지급하는 경우에 입력합니다.		

⑤ **입력** [전표입력/장부] − [일반전표입력] − 5월 10일

(차) 811.복리후생비　　　　　112,810　　(대) 103.보통예금　　　　225,620

　　254.예수금　　　　　　　112,810　　　　(98001.신한은행(보통))

□	일	번호	구분	코드	계정과목	코드	거래처	적요	차변	대변
□	10	00001	차변	811	복리후생비				112,810	
□	10	00001	차변	254	예수금				112,810	
□	10	00001	대변	103	보통예금	98001	신한은행(보통)			225,620

①   **입력** [전표입력/장부] – [매입매출전표입력] – 7월 12일
- 거래자료 입력

거래유형	공급가액	부가세	거래처명	전자세금	분개유형
11.과세	12,500,000	1,250,000	00115.(주)제일유통		2.외상 또는 3.혼합

□	일	유형	품명	수량	단가	공급가액	부가세	합계	코드	거래처명	사업.주민번호	전자세금	분개
□	12	과세	다목적 문구합	500	25,000	12,500,000	1,250,000	13,750,000	00115	(주)제일유통	106-86-08702		혼합

- 하단 전표 입력

  (차) 108.외상매출금   13,750,000   (대) 255.부가세예수금   1,250,000
                                                     401.상품매출   12,500,000

구분	코드	계정과목	차변	대변	코드	거래처	적요	관리
대변	255	부가세예수금		1,250,000	00115	(주)제일유통	다목적 문구합 500 X 25,000	
대변	401	상품매출		12,500,000	00115	(주)제일유통	다목적 문구합 500 X 25,000	
차변	108	외상매출금	13,750,000		00115	(주)제일유통	다목적 문구합 500 X 25,000	

입력 [부가가치세Ⅱ] – [전자세금계산서 발행 및 내역관리] – 7월 12일
- 미전송된 내역을 체크한 후 전자발행 ▾ 을 클릭하여 표시되는 [로그인] 화면에서 확인(TAB) 클릭
- [전자(세금)계산서 발행] 화면이 조회되면 발행(F3) 을 클릭한 다음 확인 클릭
- 국세청란에 '발행대상'으로 표시되면 ACADEMY 전자세금계산서 클릭
- [Bill36524 교육용 전자세금계산서] 화면에서 '로그인' 클릭
- [세금계산서 리스트]에서 '미전송' 체크 → '매출 조회' 클릭 → '발행' 클릭 → '확인' 클릭

입력 [전표입력/장부] – [매입매출전표입력] – 7월 12일
- 전자세금란이 '전자발행'으로 반영되었는지 확인

□	일	유형	품명	수량	단가	공급가액	부가세	합계	코드	거래처명	사업.주민번호	전자세금	분개
□	12	과세	다목적 문구합	500	25,000	12,500,000	1,250,000	13,750,000	00115	(주)제일유통	106-86-08702	전자발행	혼합

② **입력** [전표입력/장부] – [매입매출전표입력] – 7월 20일

- 거래유형 : 17.카과, [신용카드사] 화면에서 F2를 눌러 99606.삼성카드 입력 후 확인

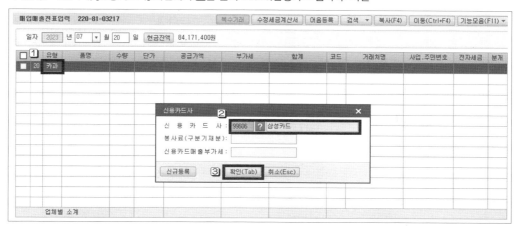

- 거래자료 입력

거래유형	공급가액	부가세	거래처명	전자세금	분개유형
17.카과	170,000	17,000	00120.신지희		4.카드 또는 3.혼합

□	일	유형	품명	수량	단가	공급가액	부가세	합계	코드	거래처명	사업.주민번호	전자세금	분개
□	20	카과	멀티펜			170,000	17,000	187,000	00120	신지희	771225-2567307		혼합

- 하단 전표 입력

(차) 108.외상매출금 187,000 (대) 255.부가세예수금 17,000
　(99606.삼성카드) 401.상품매출 170,000

구분	코드	계정과목	차변	대변	코드	거래처	적요	관리
대변	255	부가세예수금		17,000	00120	신지희	멀티펜	
대변	401	상품매출		170,000	00120	신지희	멀티펜	
차변	108	외상매출금	187,000		99606	삼성카드	멀티펜	

③ **입력** [전표입력/장부] – [매입매출전표입력] – 9월 3일

- 거래자료 입력

거래유형	공급가액	부가세	거래처명	전자세금	분개유형
51.과세	280,000	28,000	01500.(주)미래통신	1.전자입력	3.혼합

□	일	유형	품명	수량	단가	공급가액	부가세	합계	코드	거래처명	사업.주민번호	전자세금	분개
□	03	과세	전화요금			280,000	28,000	308,000	01500	(주)미래통신	135-81-92483	전자입력	혼합

- 하단 전표 입력

(차) 135.부가세대급금 28,000 (대) 253.미지급금 308,000
　814.통신비 280,000

구분	코드	계정과목	차변	대변	코드	거래처	적요	관리
차변	135	부가세대급금	28,000		01500	(주)미래통신	전화요금	
차변	814	통신비	280,000		01500	(주)미래통신	전화요금	
대변	253	미지급금		308,000	01500	(주)미래통신	전화요금	

PART 3

④　　입력 [전표입력/장부] – [매입매출전표입력] – 11월 1일

• 거래자료 입력

거래유형	공급가액	부가세	거래처명	전자세금	분개유형
53.면세	600,000		00130.시대교육	1.전자입력	3.혼합

☐	일	유형	품명	수량	단가	공급가액	부가세	합계	코드	거래처명	사업.주민번호	전자세금	분개
☐	01	면세	B2B 마케팅			600,000		600,000	00130	시대교육	211-75-24158	전자입력	혼합

• 하단 전표 입력

　　(차) 825.교육훈련비　　　　　　　600,000　　　(대) 253.미지급금　　　　　　　600,000

구분	코드	계정과목	차변	대변	코드	거래처	적요	관리
차변	825	교육훈련비	600,000		00130	시대교육	B2B 마케팅	
대변	253	미지급금		600,000	00130	시대교육	B2B 마케팅	

⑤　　입력 [전표입력/장부] – [매입매출전표입력] – 12월 1일

• 거래자료 입력

거래유형	공급가액	부가세	거래처명	전자세금	분개유형
11.과세	1,600,000	160,000	01405.(주)중고나라	1.전자입력	3.혼합

☐	일	유형	품명	수량	단가	공급가액	부가세	합계	코드	거래처명	사업.주민번호	전자세금	분개
☐	01	과세	제습기			1,600,000	160,000	1,760,000	01405	(주)중고나라	120-86-50832	전자입력	혼합

• 하단 전표 입력

　　(차) 213.감가상각누계액　　　　　500,000　　　(대) 255.부가세예수금　　　　　160,000
　　　　103.보통예금　　　　　　　1,760,000　　　　　212.비품　　　　　　　2,000,000
　　　　(98009.하나은행(보통))　　　　　　　　　　　914.유형자산처분이익　　　100,000

구분	코드	계정과목	차변	대변	코드	거래처	적요	관리
대변	255	부가세예수금		160,000	01405	(주)중고나라	제습기	
대변	212	비품		2,000,000	01405	(주)중고나라	제습기	
대변	914	유형자산처분이익		100,000	01405	(주)중고나라	제습기	
차변	213	감가상각누계액	500,000		01405	(주)중고나라	제습기	
차변	103	보통예금	1,760,000		98009	하나은행(보통)	제습기	

⑥ 　 조회 　[부가가치세 I] – [부가가치세신고서] – 4월 1일 ~ 6월 30일

• 매출세(부가세예수금) : 16,766,000원, 매입세(부가세대급금) : 7,465,000원. 차감세(미지급세금) : 9,301,000원 확인

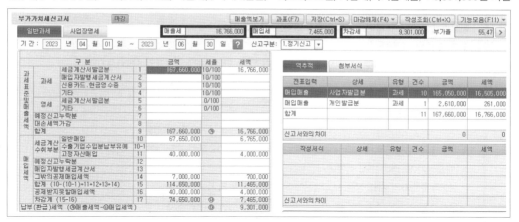

　 입력 　[전표입력/장부] – [일반전표입력] – 6월 30일

(차) 255.부가세예수금　　　　　　　　　　　16,766,000　　(대) 135.부가세대급금　　　　　　　　　　7,465,000

　　　　　　　　　　　　　　　　　　　　　　　　　　　　　 261.미지급세금　　　　　　　　　　　9,301,000

　　　　　　　　　　　　　　　　　　　　　　　　　　　　　 (05900.역삼세무서)

	일	번호	구분	코드	계정과목	코드	거래처	적요	차변	대변
☐	30	00001	차변	255	부가세예수금				16,766,000	
☐	30	00001	대변	135	부가세대급금					7,465,000
☐	30	00001	대변	261	미지급세금	05900	역삼세무서			9,301,000

① **입력** [전표입력/장부] – [일반전표입력] – 12월 31일

(차) 107.단기매매증권　　　　　　　4,500,000　　　(대) 905.단기매매증권평가익　　　　　　　4,500,000

– ㈜더존비즈온 : 300주 × (70,000원 – 55,000원) = 단기매매증권평가익 4,500,000원

☐	일	번호	구분	코드	계정과목	코드	거래처	적요	차변	대변
☐	31	00001	차변	107	단기매매증권				4,500,000	
☐	31	00001	대변	905	단기매매증권평가익					4,500,000

입력 [결산/재무제표 I] – [결산자료입력] – 1월 ~ 12월

• [매출원가 및 경비선택] 화면에서 확인(Tab) 클릭
• 상품매출원가의 기말 상품 재고액란에 31,000,000원 입력
• 우측 상단의 전표추가(F3) 를 클릭하여 결산분개를 일반전표에 추가

결산자료입력　　　　　　　　　　　　　　　　　　　　　　　전표추가(F3)　기능모음(F11)

결 산 일 자　2023 년 01 ▼ 월 부터　2023 년 12 ▼ 월 까지

과	목	결산분개금액	결산입력사항금액	결산금액(합계)
1. 매출액				619,100,000
상품매출			619,100,000	
2. 매출원가				227,809,727
상품매출원가			227,809,727	227,809,727
(1). 기초 상품 재고액			90,000,000	
(2). 당기 상품 매입액			168,809,727	
(10).기말 상품 재고액			31,000,000	

② **조회** [결산/재무제표 I] – [손익계산서] – 12월

손익계산서　　　　　　　　　　　　　　　　　　　　　　　　　　　　　　기능모음(F11)

기 간 2023 년 12 ▼ 월

과목별　제출용　표준(법인)용　포괄손익

과목	제 6(당)기 [2023/01/01 ~ 2023/12/31] 금액	제 5(전)기 [2022/01/01 ~ 2022/12/31] 금액
교 육 훈 련 비	1,150,000	0
도 서 인 쇄 비	560,000	0
포 장 비	0	800,000
소 모 품 비	6,110,000	0
수 수 료 비 용	1,800,000	0
광 고 선 전 비	18,076,200	0
잡 비	241,000	0
Ⅴ.영 업 이 익	144,742,433	111,820,000
Ⅵ.영 업 외 수 익	13,300,000	7,820,000
이 자 수 익	4,300,000	7,820,000
임 대 료	4,400,000	0
단 기 매 매 증 권 평 가 익	4,500,000	0
유 형 자 산 처 분 이 익	100,000	0
Ⅶ.영 업 외 비 용	9,761,000	4,800,000
이 자 비 용	9,661,000	4,800,000
매 출 채 권 처 분 손 실	100,000	0
Ⅷ.법 인 세 차 감 전 이 익	148,281,433	114,840,000
Ⅸ.법 인 세 등	0	500,000
법 인 세 등	0	500,000
Ⅹ.당 기 순 이 익	148,281,433	114,340,000
ⅩⅠ.주 당 이 익		
기 본 주 당 이 익	14,828	11,434

- '저장된 데이터 불러오기' → '아니오' 선택
- 상단에 당기분 처분 예정일 2024년 2월 23일, 전기분 처분 확정일 2023년 2월 23일 입력
- 상단부의 전표추가(F3) 클릭 후 확인

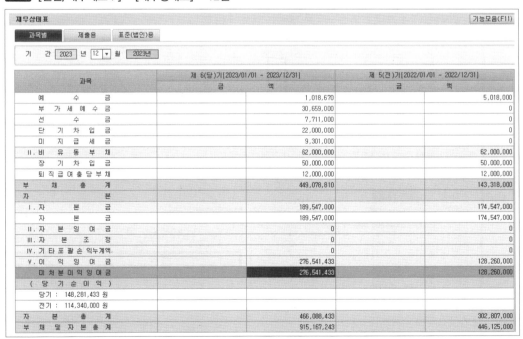

11	12	13	14	15	16
④	091	00115	①	725,540	118,147,140
17	18	19	20	21	22
48,839,390	21,000,000	51,900,000	④	③	1,150,000
23	24	25	26	27	28
905	812	3,170,000	3,980,273	15	1,150,000
29	30	31	32		
④	30,000,000	④	①		

11　**조회** [기초정보관리] – [거래처등록]

④ 담당자 메일주소는 [추가사항] 탭에서 확인 가능하다.

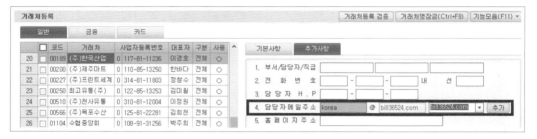

① 카드거래처의 매입 관련 거래처는 5곳이다.

② 금융거래처 중 '3.예금종류'가 '당좌예금'인 거래처는 1곳이다.

③ 일반거래처 '00189.(주)한국산업'의 대표자명은 이경호이다.

12 조회 [기초정보관리] – [계정과목및적요등록]

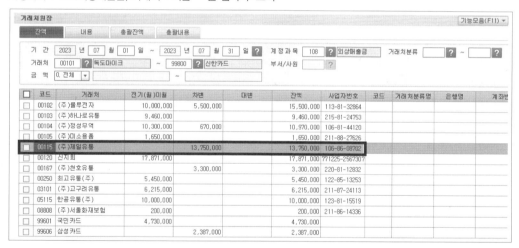

13 조회 [전표입력/장부] – [거래처원장] – 7월 1일 ~ 7월 31일

• 계정과목 : 108.외상매출금, 거래처 : 처음 ~ 끝 입력 후 조회

	코드	거래처	전기(월)이월	차변	대변	잔액	사업자번호	코드	거래처분류명	은행명	계좌번
	00102	(주)롯데전자	10,000,000	5,500,000		15,500,000	113-81-32864				
	00103	(주)하나로유통	9,460,000			9,460,000	215-81-24753				
	00104	(주)정성무역	10,300,000	670,000		10,970,000	106-81-44120				
	00105	(주)미소용품	1,650,000			1,650,000	211-88-27626				
	00115	(주)제일유통		13,750,000		13,750,000	106-86-08702				
	00120	신지희	17,871,000			17,871,000	771225-256730?				
	00167	(주)천호유통		3,300,000		3,300,000	220-81-12832				
	00250	최고유통(주)	5,450,000			5,450,000	122-85-13253				
	03101	(주)고구려유통	6,215,000			6,215,000	211-87-24113				
	05115	한공유통(주)	10,000,000			10,000,000	123-81-15519				
	08808	(주)서울화재보험	200,000			200,000	211-86-14336				
	99601	국민카드	4,730,000			4,730,000					
	99606	삼성카드		2,387,000		2,387,000					

14 조회 [전표입력/장부] – [거래처원장] – 1월 1일 ~ 12월 31일

• 계정과목 : 251.외상매입금, 거래처 : 00105.(주)미소용품 입력 후 조회

① 00105.(주)미소용품의 251.외상매입금 잔액은 10,800,000원이다.

PART 3

15 조회 [결산/재무제표 I] – [합계잔액시산표] – 5월 31일

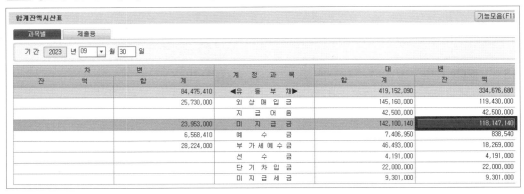

16 조회 [결산/재무제표 I] – [합계잔액시산표] – 9월 30일

차변		계정과목	대변	
잔액	합계		합계	잔액
	47,601,410	◀유 동 부 채▶	260,952,590	213,351,180
	11,000,000	외 상 매 입 금	45,055,000	34,055,000
		지 급 어 음	40,000,000	40,000,000
	18,953,000	미 지 급 금	124,043,640	105,090,640
	6,190,410	예 수 금	6,915,950	725,540
	11,458,000	부 가 세 예 수 금	22,938,000	11,480,000
		단 기 차 입 금	22,000,000	22,000,000

차변		계정과목	대변	
잔액	합계		합계	잔액
	84,475,410	◀유 동 부 채▶	419,152,090	334,676,680
	25,730,000	외 상 매 입 금	145,160,000	119,430,000
		지 급 어 음	42,500,000	42,500,000
	23,953,000	미 지 급 금	142,100,140	118,147,140
	6,568,410	예 수 금	7,406,950	838,540
	28,224,000	부 가 세 예 수 금	46,493,000	18,269,000
		선 수 금	4,191,000	4,191,000
		단 기 차 입 금	22,000,000	22,000,000
		미 지 급 세 금	9,301,000	9,301,000

17 조회 [전표입력/장부] – [현금출납장] – 1월 1일 ~ 12월 31일

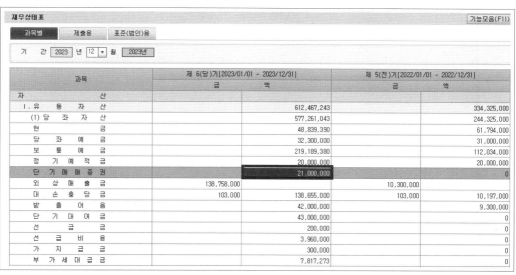

전표일자	코드	적요명	코드	거래처명	입금	출금	잔액
2023-12-24	01	유류대 지급				36,000	59,868,190
		[일 계]				55,600	
2023-12-25	02	직원식대				112,000	
2023-12-25	01	유류대 지급				55,000	
2023-12-25	01	전기요금 납부				94,500	59,606,690
		[일 계]				261,500	
2023-12-26	06	통행료지급				17,000	59,589,690
		[일 계]				17,000	
2023-12-27	01	유류대 지급				54,000	
2023-12-27	01	차입금이자 지급				131,000	59,404,690
		[일 계]				185,000	
2023-12-28	02	차량수리비 지급				65,000	
2023-12-28		직원야근시간식대지급				101,000	59,238,690
		[일 계]				166,000	
2023-12-29	02	직원식대				13,300	59,225,390
		[일 계]				13,300	
2023-12-30	01	전화료및 전신료 납부				88,000	
2023-12-30	05	핸드폰요금				60,000	
2023-12-30	02	직원식대및차대 지급				64,000	
2023-12-30	08	급여등 지급				9,924,000	
2023-12-30	01	사무실임차료 지급				250,000	48,839,390
		[일 계]				10,386,000	
		[월 계]			4,730,000	13,581,220	
		[누 계]			392,733,600	343,894,210	

18 조회 [결산/재무제표 I] – [재무상태표] – 12월

과목	제 6(당)기 [2023/01/01 ~ 2023/12/31]		제 5(전)기 [2022/01/01 ~ 2022/12/31]	
	금	액	금	액
자 산				
Ⅰ. 유 동 자 산		612,467,243		334,325,000
(1) 당 좌 자 산		577,261,043		244,325,000
현 금		48,839,390		61,794,000
당 좌 예 금		32,300,000		31,000,000
보 통 예 금		219,189,380		112,034,000
정 기 예 적 금		20,000,000		20,000,000
단 기 매 매 증 권		21,000,000		0
외 상 매 출 금	138,758,000		10,300,000	
대 손 충 당 금	103,000	138,655,000	103,000	10,197,000
받 을 어 음		42,000,000		9,300,000
단 기 대 여 금		43,000,000		0
선 급 금		200,000		0
선 급 비 용		3,960,000		0
가 지 급 금		300,000		0
부 가 세 대 급 금		7,817,273		0

19 조회 [결산/재무제표 I] – [재무상태표] – 12월

• 비품 55,400,000원 − 감가상각누계액 3,500,000원 = 51,900,000원

재무상태표　　　　　　　　　　　　　　　　　　　　　　　　　　기능모음(F11)

과목별　　제출용　　표준(법인)용

기　간 2023 년 12 ▼ 월 2023년

과목	제 6(당)기 [2023/01/01 ~ 2023/12/31]		제 5(전)기 [2022/01/01 ~ 2022/12/31]	
	금	액	금	액
Ⅱ.비 유 동 자 산		302,700,000		111,800,000
(1) 투 자 자 산		3,000,000		3,000,000
장 기 대 여 금		3,000,000		3,000,000
(2) 유 형 자 산		249,700,000		74,800,000
토　　　　　 지		80,000,000		0
건　　　　　 물		50,000,000		50,000,000
차 량 운 반 구	86,000,000		33,000,000	
감 가 상 각 누 계 액	18,200,000	67,800,000	14,200,000	18,800,000
비　　　　　 품	55,400,000		10,000,000	
감 가 상 각 누 계 액	3,500,000	51,900,000	4,000,000	6,000,000
(3) 무 형 자 산		15,000,000		4,000,000
특 　 허 　 권		8,000,000		4,000,000
소 프 트 웨 어		7,000,000		0
(4) 기 타 비 유 동 자 산		35,000,000		30,000,000
임 차 보 증 금		35,000,000		30,000,000

20 조회 [결산/재무제표 I] – [재무상태표] – 12월

재무상태표　　　　　　　　　　　　　　　　　　　　　　　　　　기능모음(F11)

과목별　　제출용　　표준(법인)용

기　간 2023 년 12 ▼ 월 2023년

과목	제 6(당)기 [2023/01/01 ~ 2023/12/31]		제 5(전)기 [2022/01/01 ~ 2022/12/31]	
	금	액	금	액
예 　 수 　 금		1,018,670		5,018,000
부 가 세 예 수 금		30,659,000		0
선 　 수 　 금		7,711,000		0
단 기 차 입 금		22,000,000		0
미 지 급 세 금		9,301,000		0
Ⅱ.비 유 동 부 채		62,000,000		62,000,000
장 기 차 입 금		50,000,000		50,000,000
퇴 직 급 여 충 당 부 채		12,000,000		12,000,000
부 　 채 　 총 　 계		449,078,810		143,318,000
자　　　　　　　 본				
Ⅰ.자 　 본 　 금		189,547,000		174,547,000
자 　 본 　 금		189,547,000		174,547,000
Ⅱ.자 본 잉 여 금		0		0
Ⅲ.자 　 본 　 조 　 정		0		0
Ⅳ.기 타 포 괄 손 익 누 계 액		0		0
Ⅴ.이 　 익 　 잉 　 여 　 금		276,541,433		128,260,000
미 처 분 이 익 잉 여 금		276,541,433		128,260,000
(당 기 순 이 익)				
당기 : 148,281,433 원				
전기 : 114,340,000 원				
자 　 본 　 총 　 계		466,088,433		302,807,000
부 채 및 자 본 총 계		915,167,243		446,125,000

21 조회 [전표입력/장부] – [일/월계표] – 9월 ~ 9월

③ 통신비의 금액은 338,020원이다.

일/월계표

계정과목코드보기(F3) 기능모음(F11)

| 일계표 | 월계표 |

조회기간 2023 년 09 ▼ 월 ~ 2023 년 09 ▼ 월

차변			계정과목	대변		
계	대체	현금		현금	대체	계
			선 수 금	825,000	1,420,000	2,245,000
			[매 출]		89,800,000	89,800,000
			상 품 매 출		89,800,000	89,800,000
14,835,820	406,000	14,429,820	[판 매 관 리 비]			
10,050,000	126,000	9,924,000	급 여			
618,000		618,000	복 리 후 생 비			
88,000		88,000	여 비 교 통 비			
185,000		185,000	접 대 비			
338,020	280,000	58,020	통 신 비			
338,000		338,000	수 도 광 열 비			
455,000		455,000	세 금 과 공 과 금			
250,000		250,000	임 차 료			
1,440,000		1,440,000	보 험 료			
830,800		830,800	차 량 유 지 비			
33,000		33,000	운 반 비			
10,000		10,000	도 서 인 쇄 비			
200,000		200,000	수 수 료 비 용			

22 조회 [결산/재무제표 Ⅰ] – [손익계산서] – 12월

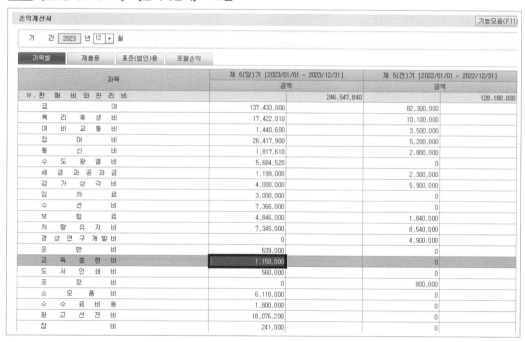

23 조회 [결산/재무제표 I] – [손익계산서] – 12월

- 'Ctrl + F8'을 눌러 계정과목코드 조회

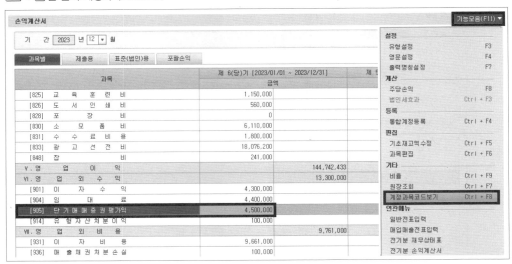

24 조회 [결산/재무제표 I] – [영수증수취명세서]

- 2023년 6월 5일자의 거래는 '3만원 초과 거래분 명세서제출 제외대상 내역'에 해당하는 거래이므로 2023년 1월 9일 자의 거래 금액이 가장 크다.

- 영수증수취명세서(1)을 통해 '3만원 초과 거래분 명세서제출 제외대상 내역'을 확인할 수 있다.

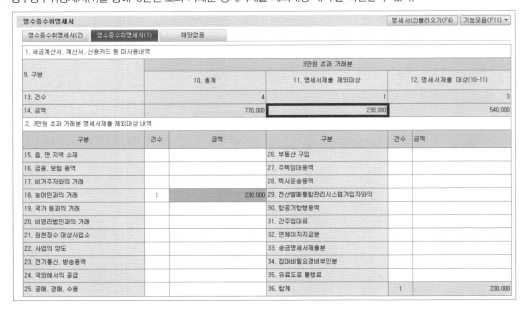

25~26 조회 [부가가치세Ⅰ] – [부가가치세신고서] – 7월 1일 ~ 9월 30일

27 조회 [부가가치세Ⅰ] – [세금계산서합계표] – 10월 ~ 12월

매출세금계산서

유형	구분	매출처	매수	공급가액	부가세
전자	사업자	8	11	81,400,000	8,140,000
	주민번호	1	4	42,500,000	4,250,000
	소계	9	15	123,900,000	12,390,000
전자외	사업자				
	주민번호				
	소계				
합계		9	15	123,900,000	12,390,000

28 조회 [부가가치세Ⅰ] – [계산서합계표] – 10월 ~ 12월

매입계산서

유형	구분	매입처	매수	공급가액
전자	사업자	1	2	1,150,000
	주민번호			
	소계	1	2	1,150,000
전자외	사업자	1	1	300,000
	주민번호			
	소계	1	1	300,000
합계		2	3	1,450,000

29 　조회　 [금융/자금관리] – [예적금현황] – 12월 31일

④ 하나은행(보통)의 예금 잔액은 30,275,000원이다.

	코드	계좌명	계좌번호	예금종류	잔액	계약기간	개설일	만기일	수령액/한도액	코드	금융기관	계좌 개설점
1	98000	국민은행(당좌)	096-24-0094-789	당좌예금	32,300,000	~				100	국민은행	강남
2	98001	신한은행(보통)	112-088-654321	보통예금	86,277,380	~				300	신한은행	강남
3	98002	우리은행(보통)	220-257-382746	보통예금	20,000,000	~				110	우리은행	강남
4	98005	국민은행(보통)	096-25-0096-751	보통예금	53,137,000	~				100	국민은행	강남
5	98006	농협은행(보통)	204-24-0648-100	보통예금	49,500,000	~				600	농협은행	강남
6	98009	하나은행(보통)	751-41-073757	보통예금	30,275,000	~				900	하나은행	강남

30 　조회　 [금융/자금관리] – [받을어음현황]

• 조회구분 : 1.일별, 1.만기일 : 2023년 1월 1일 ~ 2023년 12월 31일, 거래처 : 처음 ~ 끝 입력 후 조회

만기일	어음번호	코드	거래처	원금	보유금액 (분할배서후금액)	미보유금액 (분할배서금액)	거래일	구분	코드	금융기관	지점
2023-05-10	00420230206123456789	00160	(주)초록마트	11,000,000		11,000,000	2023-04-07	배서양도	100	국민은행	구로
2023-07-20	00420220520123456789	00111	(주)대한전자	5,500,000		5,500,000	2023-07-20	만기	100	국민은행	수원
2023-08-02	00420180102123456789	00250	최고유통(주)	50,000		50,000	2023-08-02	만기	100	국민은행	북아현
2023-08-10	08120190511335589000	00167	(주)천호유통	11,000,000		11,000,000	2023-08-10	배서양도	900	하나은행	강남
2023-10-10	00420201201123456789	00103	(주)하나로유통	9,300,000		9,300,000	2023-10-10	할인	100	국민은행	강남
2023-12-30	00420210930123456789	03177	(주)영민물류	30,000,000	30,000,000		2023-09-30	보관	100	국민은행	역삼

31 [조회] [기초정보관리] – [전기분 재무상태표]

- 유동자산 334,325,000원, 유동부채 81,318,000원 확인

∴ (334,325,000 / 81,318,000) × 100 ≒ 411%

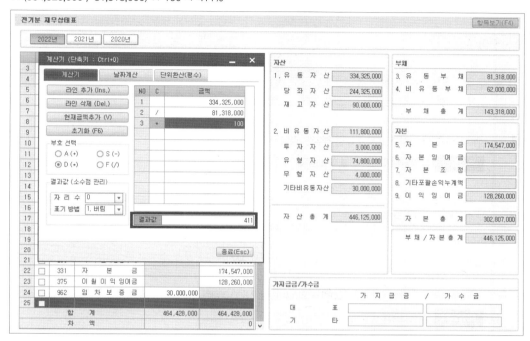

32 [조회] [기초정보관리] – [전기분 손익계산서]

- 당기순이익 114,340,000원, 매출액 560,000,000원 확인

∴ (114,340,000 / 560,000,000) × 100 ≒ 20%

실무이론평가

01	02	03	04	05	06	07	08	09	10
②	④	①	④	④	②	①	①	③	④

01 ② 재무제표의 작성과 표시에 대한 책임은 경영진에게 있다.

핵심요약 재무제표의 작성과 표시의 원칙   417p

02 • 상품판매 회계처리

(차) 현금	500,000	(대) 상품매출	6,000,000
받을어음	3,000,000		
외상매출금	2,500,000		

∴ 매출채권 = 받을어음 3,000,000원 + 외상매출금 2,500,000원 = 5,500,000원

핵심요약 매출채권과 매입채무   418p

03 • 기초자본 = 기초자산 6,000,000원 − 기초부채 3,000,000원 = 3,000,000원

• 기말자본 = 기말자산 10,000,000원 − 기말부채 4,000,000원 = 6,000,000원

• 기말자본 6,000,000원 = 기초자본 3,000,000원 + 추가출자금액 2,000,000원 + 당기순이익

∴ 당기순이익 = 1,000,000원

04 ④ 판매할 목적으로 취득한 건물의 경우 재고자산으로 처리하고, 장기간 사용할 목적으로 취득하면 유형자산으로 처리한다.

05 • 선입선출법이 적용되므로 매출수량 300개는 전월이월 200개와 당기매입 100개로 구성된다.

• 매출원가 = 전월이월 (200개 × 100원) + 당기매입 (100개 × 200원) = 40,000원

∴ 매출총이익 = 매출액 90,000원 − 매출원가 40,000원 = 50,000원

06 ② 잡손실은 영업외비용에 해당하므로 영업이익에 영향을 미치지 않는다.

※ 복리후생비, 임차료, 접대비는 판매비와관리비에 해당하므로 영업이익에 영향을 미친다.

핵심요약 손익계산서의 구조   417p

07 • 누락분개

(차) 미수수익   50,000   (대) 이자수익   50,000

※ 이자경과분 = 정기예금 10,000,000원 × 3% × 2개월/12개월 = 50,000원(미수수익)

∴ 해당 분개의 누락으로 영업외수익 50,000원이 과소계상되어 당기순이익 50,000원이 과소계상된다.

08 ② 부가가치세 납세의무와 사업자등록 여부는 무관하다.

③ 면세사업자는 부가가치세 납세의무가 없다.

④ 국가나 지방자치단체도 부가가치세 납세의무가 있다.

핵심요약	납세의무자	422p

09 ③ 국가 또는 지방자치단체에 무상으로 공급하는 재화 및 용역은 면세대상이다.

핵심요약	영세율	426p
	면세	426p

10 • 공제받을 수 있는 매입세액 = 상품 운반용 트럭 구입 관련 매입세액 6,000,000원 + 본사 건물의 자본적 지출과 관련된 매입세액 10,000,000원 = 16,000,000원

※ 거래처 접대와 관련된 매입세액은 불공제 대상이다.

핵심요약	불공제 사유	433p

실무수행 1 기초정보관리의 이해

① **입력** [기초정보관리] – [거래처등록]

· [카드] 탭에 코드, 카드명, 카드(가맹점)번호, 구분, 결제일 입력

② **입력** [기초정보관리] – [전기분 재무상태표]

· 179.장기대여금 3,000,000원 → 12,000,000원으로 수정

· 962.임차보증금 2,000,000원 → 20,000,000원으로 수정

· 차액 0원 확인

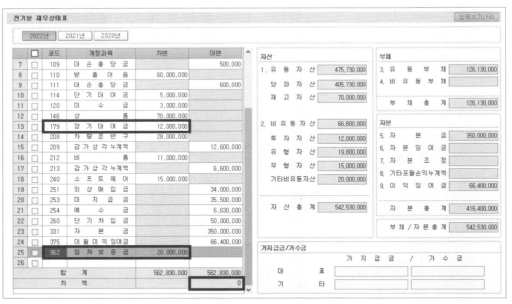

실무수행 2　거래자료 입력

① **입력** [전표입력/장부] – [일반전표입력] – 3월 29일

(차) 822.차량유지비	33,000	(대) 101.현금	33,000
또는 (출) 822.차량유지비	33,000		

	일	번호	구분	코드	계정과목	코드	거래처	적요	차변	대변
☐	29	00001	차변	822	차량유지비				33,000	
☐	29	00001	대변	101	현금					33,000

입력 [결산/재무제표 I] – [영수증수취명세서]

• [영수증수취명세서(2)] 탭에서 거래자료 입력

영수증수취명세서

불러오기(F4)　기능모음(F11) ▼

	영수증수취명세서(2)	영수증수취명세서(1)	해당없음								입력순
☐	거래일자	상 호	성 명	사업장	사업자등록번호	거래금액	구분	계정코드	계정과목	적요	
☐	2023-03-10	(주)으뜸과일	이국민	서울특별시 강남구 일원로	224-81-18032	120,000		811	복리후생비	과일 구입	
☐	2023-07-12	DB손해보험	정중표	서울특별시 강남구 테헤란	201-81-45593	520,000	16	821	보험료	화재 보험료	
☐	2023-03-29	공항주차장	김원배	서울특별시 강서구 공항대	128-14-83868	33,000		822	차량유지비		

• [영수증수취명세서(1)] 탭에서 명세서(2)불러오기(F4) 를 클릭하여 [영수증수취명세서(2)] 탭에서 작성한 내용 반영

영수증수취명세서

명세서(2)불러오기(F4)　기능모음(F11) ▼

영수증수취명세서(2)	영수증수취명세서(1)	해당없음		

1. 세금계산서, 계산서, 신용카드 등 미사용내역

9. 구분	3만원 초과 거래분		
	10. 총계	11. 명세서제출 제외대상	12. 명세서제출 대상(10-11)
13. 건수	3	1	2
14. 금액	673,000	520,000	153,000

• 해당 메뉴 종료 시 작성 내용 저장

영수증수취명세서

! 작성한 내용을 저장하시겠습니까?

예　　아니오　　취소

② **입력** [전표입력/장부] – [일반전표입력] – 4월 30일

(차) 260.단기차입금 20,000,000 (대) 103.보통예금 20,177,600
    (98007.IBK기업은행(차입금))   (98009.하나은행(보통))
    931.이자비용 177,600

□	일	번호	구분	코드	계정과목	코드	거래처	적요	차변	대변
□	30	00001	차변	260	단기차입금	98007	IBK기업은행(차입금)		20,000,000	
□	30	00001	차변	931	이자비용				177,600	
□	30	00001	대변	103	보통예금	98009	하나은행(보통)			20,177,600

③ **입력** [전표입력/장부] – [일반전표입력] – 5월 9일

(차) 103.보통예금 3,000,000 (대) 111.대손충당금 3,000,000
    (98009.하나은행(보통))

□	일	번호	구분	코드	계정과목	코드	거래처	적요	차변	대변
□	9	00001	차변	103	보통예금	98009	하나은행(보통)		3,000,000	
□	9	00001	대변	111	대손충당금					3,000,000

④ **입력** [전표입력/장부] – [일반전표입력] – 8월 31일

(차) 817.세금과공과금 55,000 (대) 103.보통예금 55,000
    (98005.신한은행(보통))

□	일	번호	구분	코드	계정과목	코드	거래처	적요	차변	대변
□	31	00001	차변	817	세금과공과금				55,000	
□	31	00001	대변	103	보통예금	98005	신한은행(보통)			55,000

⑤ **입력** [전표입력/장부] – [일반전표입력] – 9월 28일

(차) 826.도서인쇄비 70,000 (대) 103.보통예금 70,000
    (98003.농협은행(보통))

□	일	번호	구분	코드	계정과목	코드	거래처	적요	차변	대변
□	28	00001	차변	826	도서인쇄비				70,000	
□	28	00001	대변	103	보통예금	98003	농협은행(보통)			70,000

① **조회** [전표입력/장부] – [일반전표입력] – 10월 1일

• 선수금 1,000,000원 확인

□	일	번호	구분	코드	계정과목	코드	거래처	적요	차변	대변
□	1	00001	차변	103	보통예금	98005	신한은행(보통)		1,000,000	
□	1	00001	대변	259	선수금	01121	(주)탄산나라			1,000,000

입력 [전표입력/장부] – [매입매출전표입력] – 10월 6일

• 거래자료 입력

거래유형	공급가액	부가세	거래처명	전자세금	분개유형
11.과세	10,000,000	1,000,000	01121.(주)탄산나라		3.혼합

□	일	유형	품명	수량	단가	공급가액	부가세	합계	코드	거래처명	사업.주민번호	전자세금	분개
□	06	과세	제로 스파클링	5,000	2,000	10,000,000	1,000,000	11,000,000	01121	(주)탄산나라	211-81-44121		혼합

• 하단 전표 입력

(차) 108.외상매출금   10,000,000   (대) 255.부가세예수금   1,000,000

      259.선수금   1,000,000   401.상품매출   10,000,000

구분	코드	계정과목	차변	대변	코드	거래처	적요	관리
대변	255	부가세예수금		1,000,000	01121	(주)탄산나라	제로 스파클링 5,000 X 2,000	
대변	401	상품매출		10,000,000	01121	(주)탄산나라	제로 스파클링 5,000 X 2,000	
차변	108	외상매출금	10,000,000		01121	(주)탄산나라	제로 스파클링 5,000 X 2,000	
차변	259	선수금	1,000,000		01121	(주)탄산나라	제로 스파클링 5,000 X 2,000	

입력 [부가가치세Ⅱ] – [전자세금계산서 발행 및 내역관리] – 10월 6일

• 미전송된 내역을 체크한 후 전자발행 ▼ 을 클릭하여 표시되는 [로그인] 화면에서 확인(TAB) 클릭

• [전자(세금)계산서 발행] 화면이 조회되면 발행(F3) 을 클릭한 다음 확인 클릭

• 국세청란에 '발행대상'으로 표시되면 ACADEMY 전자세금계산서 클릭

• [Bill36524 교육용 전자세금계산서] 화면에서 '로그인' 클릭

• [세금계산서 리스트]에서 '미전송' 체크 → '매출 조회' 클릭 → '발행' 클릭 → '확인' 클릭

입력 [전표입력/장부] – [매입매출전표입력] – 10월 6일

• 전자세금란이 '전자발행'으로 반영되었는지 확인

□	일	유형	품명	수량	단가	공급가액	부가세	합계	코드	거래처명	사업.주민번호	전자세금	분개
□	06	과세	제로 스파클링	5,000	2,000	10,000,000	1,000,000	11,000,000	01121	(주)탄산나라	211-81-44121	전자발행	혼합

② **입력** [전표입력/장부] − [매입매출전표입력] − 10월 18일

• 거래유형 : 57.카과, [신용카드사] 화면에서 F2를 눌러 99600.삼성카드 입력 후 확인

• 거래자료 입력

거래유형	공급가액	부가세	거래처명	전자세금	분개유형
57.카과	300,000	30,000	30011.(주)상큼해		2.외상 또는 3.혼합

	일	유형	품명	수량	단가	공급가액	부가세	합계	코드	거래처명	사업.주민번호	전자세금	분개
	18	카과	제로하이콜			300,000	30,000	330,000	30011	(주)상큼해	206-81-17938		혼합

• 하단 전표 입력

(차) 135.부가세대급금   30,000   (대) 251.외상매입금   330,000

      146.상품   300,000   (99600.삼성카드)

구분	코드	계정과목	차변	대변	코드	거래처	적요	관리
차변	135	부가세대급금	30,000		30011	(주)상큼해	제로하이콜	
차변	146	상품	300,000		30011	(주)상큼해	제로하이콜	
대변	251	외상매입금		330,000	99600	삼성카드	제로하이콜	

③ **입력** [전표입력/장부] − [매입매출전표입력] − 11월 15일

• 거래자료 입력

거래유형	공급가액	부가세	거래처명	전자세금	분개유형
51.과세	254,500	25,450	30121.한국도시가스(주)	1.전자입력	3.혼합

	일	유형	품명	수량	단가	공급가액	부가세	합계	코드	거래처명	사업.주민번호	전자세금	분개
	15	과세	도시가스요금			254,500	25,450	279,950	30121	한국도시가스(주)	122-81-17950	전자입력	혼합

• 하단 전표 입력

(차) 135.부가세대급금   25,450   (대) 253.미지급금   279,950

      815.수도광열비   254,500

구분	코드	계정과목	차변	대변	코드	거래처	적요	관리
차변	135	부가세대급금	25,450		30121	한국도시가스(주)	도시가스요금	
차변	815	수도광열비	254,500		30121	한국도시가스(주)	도시가스요금	
대변	253	미지급금		279,950	30121	한국도시가스(주)	도시가스요금	

④ **입력** [전표입력/장부] – [매입매출전표입력] – 11월 22일

• 거래자료 입력

거래유형	공급가액	부가세	거래처명	전자세금	분개유형
13.면세	900,000		00156.(주)주스러브	1.전자입력	1.현금 또는 3.혼합

□	일	유형	품명	수량	단가	공급가액	부가세	합계	코드	거래처명	사업.주민번호	전자세금	분개
□	22	면세	라임	30	30,000	900,000		900,000	00156	(주)주스러브	138-81-15466	전자입력	혼합

• 하단 전표 입력

(차) 101.현금　　　　　　　　　　900,000　　(대) 401.상품매출　　　　　　　　900,000

구분	코드	계정과목	차변	대변	코드	거래처	적요	관리
대변	401	상품매출		900,000	00156	(주)주스러브	라임 30 X 30,000	
차변	101	현금	900,000		00156	(주)주스러브	라임 30 X 30,000	

⑤ **입력** [전표입력/장부] – [매입매출전표입력] – 12월 17일

• 거래유형 : 54.불공, 불공제 사유 : 0.토지의 자본적 지출관련

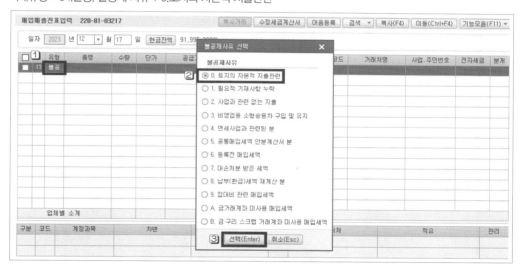

• 거래자료 입력

거래유형	공급가액	부가세	거래처명	전자세금	분개유형
54.불공	1,300,000	130,000	33000.(주)법무법인 한라	1.전자입력	1.현금 또는 3.혼합

□	일	유형	품명	수량	단가	공급가액	부가세	합계	코드	거래처명	사업.주민번호	전자세금	분개
□	17	불공	등기 대행수수료			1,300,000	130,000	1,430,000	33000	(주)법무법인 한라	211-81-10539	전자입력	혼합

• 하단 전표 입력

(차) 201.토지　　　　　　　　　1,430,000　　(대) 101.현금　　　　　　　　　1,430,000

구분	코드	계정과목	차변	대변	코드	거래처	적요	관리
차변	201	토지	1,430,000		33000	(주)법무법인 한라	등기 대행수수료	
대변	101	현금		1,430,000	33000	(주)법무법인 한라	등기 대행수수료	

⑥ **조회** [전표입력/장부] – [일반전표입력] – 6월 30일

• 미수금 1,398,000원 확인

	일	번호	구분	코드	계정과목	코드	거래처	적요	차변	대변
☐	30	00001	차변	255	부가세예수금				9,510,000	
☐	30	00001	대변	135	부가세대급금					10,898,000
☐	30	00001	대변	930	잡이익					10,000
☐	30	00001	차변	120	미수금	05900	역삼세무서		1,398,000	

입력 [전표입력/장부] – [일반전표입력] – 8월 22일

(차) 103.보통예금   1,398,000   (대) 120.미수금   1,398,000

(98002.국민은행(보통))   (05900.역삼세무서)

	일	번호	구분	코드	계정과목	코드	거래처	적요	차변	대변
☐	22	00001	차변	103	보통예금	98002	국민은행(보통)		1,398,000	
☐	22	00001	대변	120	미수금	05900	역삼세무서			1,398,000

① **입력** [전표입력/장부] – [일반전표입력] – 12월 31일

(차) 116.미수수익   600,000   (대) 901.이자수익   600,000

□	일	번호	구분	코드	계정과목	코드	거래처	적요	차변	대변
□	31	00001	차변	116	미수수익				600,000	
□	31	00001	대변	901	이자수익					600,000

입력 [결산/재무제표 I] – [결산자료입력] – 1월 ~ 12월

• [매출원가 및 경비선택] 화면에서 확인(Tab) 클릭
• 상품매출원가의 기말 상품 재고액란에 39,000,000원 입력
• 우측 상단의 전표추가(F3) 를 클릭하여 결산분개를 일반전표에 추가

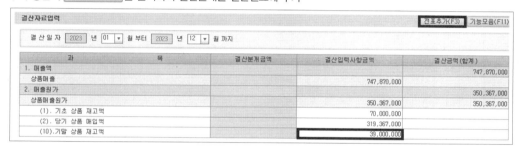

② **조회** [결산/재무제표 I] – [손익계산서] – 12월

과목	제 8(당)기 [2023/01/01 ~ 2023/12/31] 금액		제 7(전)기 [2022/01/01 ~ 2022/12/31] 금액	
수 선 비	7,366,000		0	
보 험 료	7,886,000		3,840,000	
차 량 유 지 비	6,224,100		8,540,000	
운 반 비	639,000		4,900,000	
도 서 인 쇄 비	1,330,000		0	
소 모 품 비	0		2,600,000	
수 수 료 비 용	1,800,000		0	
광 고 선 전 비	5,477,060		0	
판 매 촉 진 비	0		3,000,000	
잡 비	241,000		0	
V. 영 업 이 익		58,271,910		37,020,000
VI. 영 업 외 수 익		6,145,860		3,200,000
이 자 수 익	6,135,860		3,200,000	
잡 이 익	10,000		0	
VII. 영 업 외 비 용		10,371,400		4,800,000
이 자 비 용	10,371,400		4,800,000	
VIII. 법 인 세 차 감 전 이 익		54,046,370		35,420,000
IX. 법 인 세 등		0		7,500,000
법 인 세 등	0		7,500,000	
X. 당 기 순 이 익		54,046,370		27,920,000

입력 [결산/재무제표 I] – [이익잉여금처분계산서]

- '저장된 데이터 불러오기' → '아니오' 선택
- 상단에 당기분 처분 예정일 2024년 2월 27일, 전기분 처분 확정일 2023년 2월 27일 입력
- 상단부의 전표추가(F3) 클릭 후 확인

조회 [결산/재무제표 I] – [재무상태표] – 12월

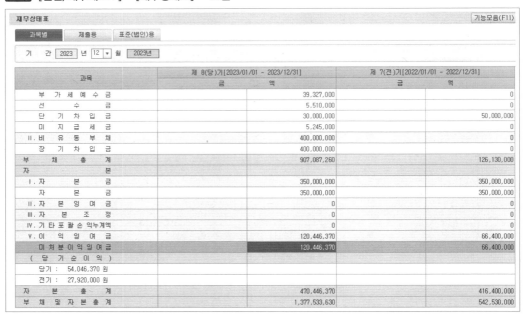

11	12	13	14	15	16
②	35,456,940	1,080,000	214,600,000	21,113,850	④
17	**18**	**19**	**20**	**21**	**22**
140,500,000	④	20,000,000	④	②	350,367,000
23	**24**	**25**	**26**	**27**	**28**
②	6,145,860	153,000	②	75,000	430,000
29	**30**	**31**	**32**		
31,325,000	4,300,000	③	①		

11 조회 [기초정보관리] – [거래처등록]

② 매출카드는 1개이고, 매입카드는 6개이다.

12 조회 [전표입력/장부] – [현금출납장] – 3월 1일 ～ 3월 31일

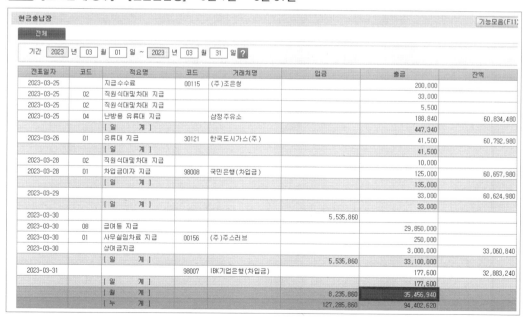

13 조회 [전표입력/장부] – [일/월계표] – 9월 ~ 9월

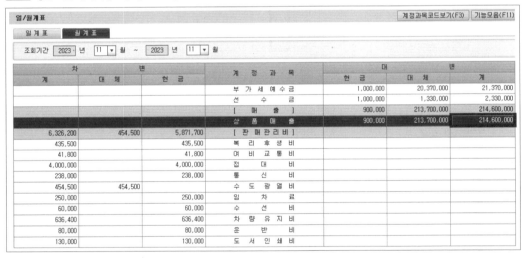

차변 계	차변 대체	차변 현금	계 정 과 목	대변 현금	대변 대체	대변 계
			선 수 금	1,100,000	1,250,000	2,350,000
			[매 출]		43,800,000	43,800,000
			상 품 매 출		43,800,000	43,800,000
6,109,000	2,043,180	4,065,820	[판 매 관 리 비]			
2,591,180	1,973,180	618,000	복 리 후 생 비			
88,000		88,000	여 비 교 통 비			
185,000		185,000	접 대 비			
58,020		58,020	통 신 비			
338,000		338,000	수 도 광 열 비			
455,000		455,000	세 금 과 공 과 금			
250,000		250,000	임 차 료			
830,800		830,800	차 량 유 지 비			
33,000		33,000	운 반 비			
1,080,000	70,000	1,010,000	도 서 인 쇄 비			
200,000		200,000	수 수 료 비 용			

14 조회 [전표입력/장부] – [일/월계표] – 11월 ~ 11월

차변 계	차변 대체	차변 현금	계 정 과 목	대변 현금	대변 대체	대변 계
			부 가 세 예 수 금	1,000,000	20,370,000	21,370,000
			선 수 금	1,000,000	1,330,000	2,330,000
			[매 출]	900,000	213,700,000	214,600,000
			상 품 매 출	900,000	213,700,000	214,600,000
6,326,200	454,500	5,871,700	[판 매 관 리 비]			
435,500		435,500	복 리 후 생 비			
41,800		41,800	여 비 교 통 비			
4,000,000		4,000,000	접 대 비			
238,000		238,000	통 신 비			
454,500	454,500		수 도 광 열 비			
250,000		250,000	임 차 료			
60,000		60,000	수 선 비			
636,400		636,400	차 량 유 지 비			
80,000		80,000	운 반 비			
130,000		130,000	도 서 인 쇄 비			

15 조회 [전표입력/장부] – [거래처원장] – 1월 1일 ~ 10월 31일

- 계정과목 : 108.외상매출금, 거래처 : 01121.(주)탄산나라 입력 후 조회

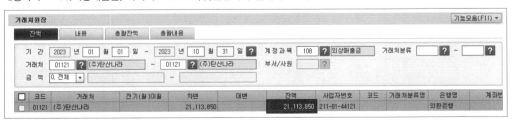

코드	거래처	전기(월)이월	차변	대변	잔액	사업자번호	코드	거래처분류명	은행명	계좌반
01121	(주)탄산나라		21,113,850		21,113,850	211-81-44121			외환은행	

16 조회 [전표입력/장부] – [거래처원장] – 1월 1일 ~ 10월 31일

· 계정과목 : 251.외상매입금, 거래처 : 처음 ~ 끝 입력 후 조회

④ 99600.삼성카드의 잔액은 2,530,000원이다.

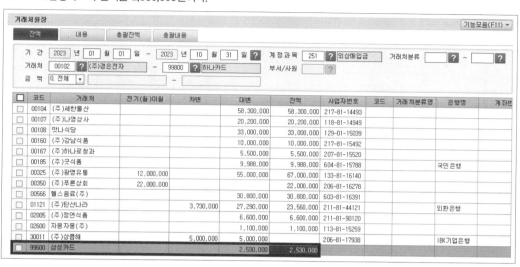

17 조회 [결산/재무제표 I] – [재무상태표] – 12월

· 받을어음 장부금액(144,100,000) – 대손충당금(3,600,000) = 140,500,000원

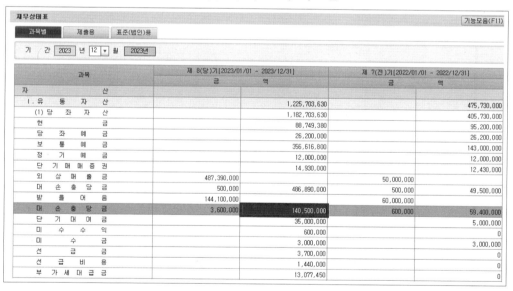

18 조회 [결산/재무제표 I] – [재무상태표] – 12월

④ 토지의 잔액은 21,430,000원이다.

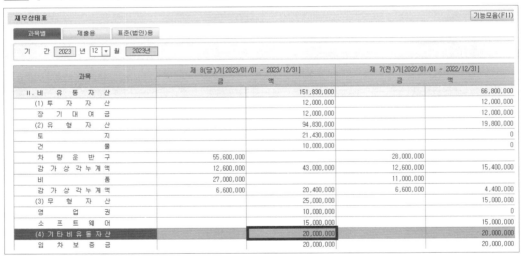

재무상태표　　　　　　　　　　　　　　　　　　　　　　　　　　　　　　　기능모음(F11)

과목별　제출용　표준(법인)용

기 간 2023 년 12 ▼ 월 2023년

과목	제 8(당)기 [2023/01/01 ~ 2023/12/31]		제 7(전)기 [2022/01/01 ~ 2022/12/31]	
	금	액	금	액
미 수 수 익		600,000		0
미 수 금		3,000,000		3,000,000
선 급 금		3,700,000		0
선 급 비 용		1,440,000		0
부 가 세 대 급 금		13,077,450		0
(2) 재 고 자 산		43,000,000		70,000,000
상 품		39,000,000		70,000,000
소 모 품		4,000,000		0
II. 비 유 동 자 산		151,830,000		66,800,000
(1) 투 자 자 산		12,000,000		12,000,000
장 기 대 여 금		12,000,000		12,000,000
(2) 유 형 자 산		94,830,000		19,800,000
토 지		21,430,000		0
건 물		10,000,000		0
차 량 운 반 구	55,600,000		28,000,000	
감 가 상 각 누 계 액	12,600,000	43,000,000	12,600,000	15,400,000
비 품	27,000,000		11,000,000	
감 가 상 각 누 계 액	6,600,000	20,400,000	6,600,000	4,400,000

19 조회 [결산/재무제표 I] – [재무상태표] – 12월

재무상태표　　　　　　　　　　　　　　　　　　　　　　　　　　　　　　　기능모음(F11)

과목별　제출용　표준(법인)용

기 간 2023 년 12 ▼ 월 2023년

과목	제 8(당)기 [2023/01/01 ~ 2023/12/31]		제 7(전)기 [2022/01/01 ~ 2022/12/31]	
	금	액	금	액
II. 비 유 동 자 산		151,830,000		66,800,000
(1) 투 자 자 산		12,000,000		12,000,000
장 기 대 여 금		12,000,000		12,000,000
(2) 유 형 자 산		94,830,000		19,800,000
토 지		21,430,000		0
건 물		10,000,000		0
차 량 운 반 구	55,600,000		28,000,000	
감 가 상 각 누 계 액	12,600,000	43,000,000	12,600,000	15,400,000
비 품	27,000,000		11,000,000	
감 가 상 각 누 계 액	6,600,000	20,400,000	6,600,000	4,400,000
(3) 무 형 자 산		25,000,000		15,000,000
영 업 권		10,000,000		0
소 프 트 웨 어		15,000,000		15,000,000
(4) 기 타 비 유 동 자 산		20,000,000		20,000,000
임 차 보 증 금		20,000,000		20,000,000

20 조회 [결산/재무제표 I] − [재무상태표] − 12월

① 미지급금의 잔액은 107,058,130원이다.

② 예수금의 잔액은 6,917,130원이다.

③ 선수금의 잔액은 5,510,000원이다.

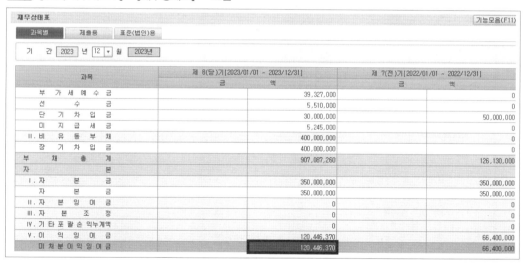

21 조회 [결산/재무제표 I] − [재무상태표] − 12월

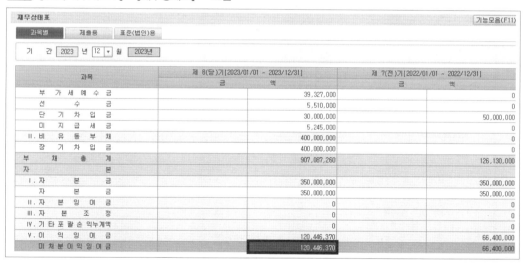

22 조회 [결산/재무제표 I] − [손익계산서] − 12월

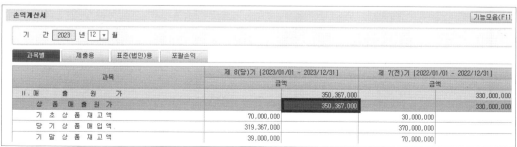

23 조회 [결산/재무제표 I] – [손익계산서] – 12월

② 수도광열비의 금액은 6,139,020원이다.

손익계산서				기능모음(F11)

기 간 2023 년 12 ▼ 월

과목별 제출용 표준(법인)용 포괄손익

과목	제 8(당)기 [2023/01/01 ~ 2023/12/31]		제 7(전)기 [2022/01/01 ~ 2022/12/31]	
	금액		금액	
Ⅳ. 판 매 비 와 관 리 비		339,231,090		132,980,000
급 여	273,000,000		82,300,000	
복 리 후 생 비	15,219,200		5,100,000	
여 비 교 통 비	1,834,600		3,500,000	
접 대 비	7,109,500		5,200,000	
통 신 비	1,255,610		1,800,000	
수 도 광 열 비	6,139,020		0	
세 금 과 공 과 금	960,000		5,300,000	
감 가 상 각 비	0		6,900,000	
임 차 료	2,750,000		0	
수 선 비	7,366,000		0	
보 험 료	7,886,000		3,840,000	
차 량 유 지 비	6,224,100		8,540,000	
운 반 비	639,000		4,900,000	
도 서 인 쇄 비	1,330,000		0	
소 모 품 비	0		2,600,000	
수 수 료 비 용	1,800,000		0	
광 고 선 전 비	5,477,060		0	
판 매 촉 진 비	0		3,000,000	
잡 비	241,000		0	

24 조회 [결산/재무제표 I] – [손익계산서] – 12월

손익계산서				기능모음(F11)

기 간 2023 년 12 ▼ 월

과목별 제출용 표준(법인)용 포괄손익

과목	제 8(당)기 [2023/01/01 ~ 2023/12/31]		제 7(전)기 [2022/01/01 ~ 2022/12/31]	
	금액		금액	
수 선 비	7,366,000		0	
보 험 료	7,886,000		3,840,000	
차 량 유 지 비	6,224,100		8,540,000	
운 반 비	639,000		4,900,000	
도 서 인 쇄 비	1,330,000		0	
소 모 품 비	0		2,600,000	
수 수 료 비 용	1,800,000		0	
광 고 선 전 비	5,477,060		0	
판 매 촉 진 비	0		3,000,000	
잡 비	241,000		0	
Ⅴ. 영 업 이 익		58,271,910		37,020,000
Ⅵ. 영 업 외 수 익		6,145,860		3,200,000
이 자 수 익	6,135,860		3,200,000	
잡 이 익	10,000		0	

25 조회 [결산/재무제표 I] – [영수증수취명세서]

9. 구분	3만원 초과 거래분		
	10. 총계	11. 명세서제출 제외대상	12. 명세서제출 대상(10-11)
13. 건수	3	1	2
14. 금액	673,000	520,000	153,000

26 조회 [금융/자금관리] – [예적금현황] – 12월 31일

① 국민은행(보통)의 잔액은 22,158,000원이다.

③ 신한은행(보통)의 잔액은 53,545,000원이다.

④ 하나은행(보통)의 잔액은 3,882,400원이다.

	코드	계좌명	계좌번호	예금종류	잔액	계약기간	개설일	만기일	수령액/한도액	코드	금융기관	계좌 개설점
1	98002	국민은행(보통)	096-24-0094-123	보통예금	22,158,000	~				100	국민은행	서대문
2	98003	농협은행(보통)	351-06-909476	보통예금	10,130,000	~				500	농협은행	강남
3	98005	신한은행(보통)	530215-71-225184	보통예금	53,545,000	~				300	신한은행	역삼
4	98009	하나은행(보통)	851-11-073757	보통예금	3,882,400	~				700	하나은행	역삼
5	98010	국민은행(당좌)	552-21-1153-777	당좌예금	293,101,400	~				100	국민은행	역삼
6	98012	신한은행(정기예금)	530215-86-409590	정기예금	12,000,000	~				300	신한은행	서초

27 조회 [부가가치세 I] – [부가가치세신고서] – 10월 1일 ~ 12월 31일

• 기간 입력 후 나오는 팝업창의 내용에 대하여 '아니오' 클릭

• 14번란의 금액 더블 클릭 – [그밖의공제매입세액명세] – 41번란의 세액 75,000원 확인

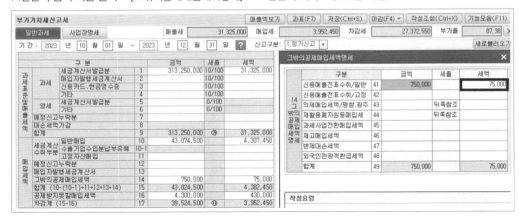

※ 해당 문제의 경우 저장된 내용을 불러왔을 때 14.그밖의공제매입세액란이 금액 : 450,000원, 세액 : 45,000원으로 확인되므로 저장된 내용을 불러오지 않아야 해당 문제에 대한 올바른 답을 조회할 수 있다.

28 조회 [부가가치세 I] – [부가가치세신고서] – 10월 1일 ~ 12월 31일

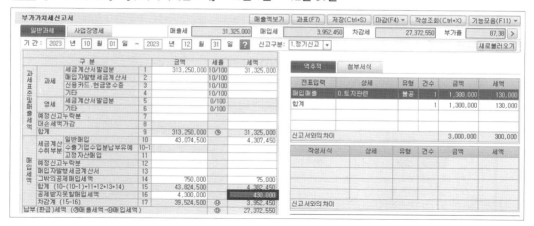

29 조회 [부가가치세 I] – [세금계산서합계표] – 10월 ~ 12월

매출세금계산서

유형	구분	매출처	매수	공급가액	부가세
전자	사업자	13	20	313,250,000	31,325,000
	주민번호				
	소계	13	20	313,250,000	31,325,000
전자외	사업자				
	주민번호				
	소계				
합계		13	20	313,250,000	31,325,000

30 조회 [부가가치세 I] – [계산서합계표] – 10월 ~ 12월

매출계산서

유형	구분	매출처	매수	공급가액
전자	사업자	3	3	4,300,000
	주민번호			
	소계	3	3	4,300,000
전자외	사업자			
	주민번호			
	소계			
합계		3	3	4,300,000

31 조회 [기초정보관리] – [전기분 재무상태표]

• 당좌자산 405,730,000원, 유동부채 126,130,000원 확인

∴ (405,730,000 / 126,130,000) × 100 ≒ 321%

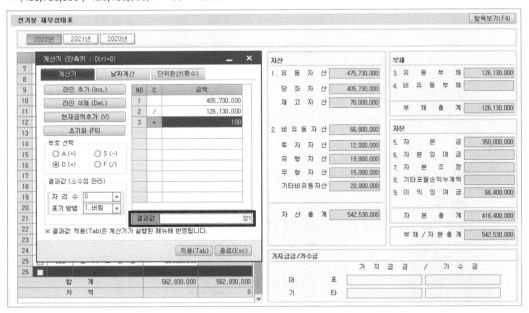

32 조회 [기초정보관리] – [전기분 손익계산서]

• 매출총이익 170,000,000원, 매출액 500,000,000원 확인

∴ (170,000,000 / 500,000,000) × 100 ≒ 34%

실무이론평가

01	02	03	04	05	06	07	08	09	10
③	②	②	①	③	①	①	④	③	③

01   ③ 매출원가의 산출과정은 재무상태표가 아닌 손익계산서 본문에 표시하거나 주석으로 기재한다.

> **핵심요약** 손익계산서의 구조   417p

02   ② 자산과 부채는 원칙적으로 상계하여 표시하지 않고 총액으로 표시한다.

[예외] 기업이 채권과 채무를 상계할 수 있는 법적 구속력 있는 권리를 가지고 있고, 채권과 채무를 순액기준으로 결제하거나 채권과 채무를 동시에 결제할 의도가 있다면 상계하여 표시한다.

> **핵심요약** 재무제표의 작성과 표시의 원칙   417p

03   • 매출총이익 = 매출액 7,000,000원 − 매출원가 5,000,000원 = 2,000,000원

• 판매비와관리비 = 급여 500,000원 + 복리후생비 50,000원 + 광고선전비 40,000원 + 접대비 10,000원 + 수도광열비 15,000원 = 615,000원

※ 기부금은 영업외비용이다.

∴ 영업이익 = 매출총이익 2,000,000원− 판매비와관리비 615,000원 = 1,385,000원

> **핵심요약** 손익계산서의 구조   417p

04   ① 물가가 계속 상승하고 재고자산의 수량이 일정하게 유지된다면 재고자산 평가방법에 따른 매출원가의 크기는 다음과 같은 순서로 나열된다.

> 선입선출법 < 이동평균법 < 총평균법 < 후입선출법

> **핵심요약** 단가 산정방법   419p

05   • 경상연구개발비 = 연구단계 지출액 500,000원 + 자산요건 미충족 개발단계 지출액 100,000원 = 600,000원

※ 개발단계에서 지출한 금액이라도 자산인식요건을 충족시키지 못한다면 경상연구개발비로 처리한다.

06 ① 유형자산의 취득 후 지출이 발생하였을 때 내용연수가 연장되거나 가치가 증대되었다면 자본적 지출로 보아 해당 자산의 계정과목 차변에 기입하여 자산의 증가로 회계처리한다.

> **핵심요약**　수익적 지출과 자본적 지출　　　　　420p

07　· 회계처리

− 4월 1일	(차) 소모품비	1,000,000	(대) 현금	1,000,000
− 12월 31일	(차) 소모품	200,000	(대) 소모품비	200,000

08 ④ 간이과세자는 1월 1일부터 12월 31일까지를 과세기간으로 한다.

> **핵심요약**　부가가치세 과세기간　　　　　423p

09 ① 현금판매 : 재화가 인도되거나 이용가능하게 되는 때
② 재화의 공급으로 보는 가공 : 가공된 재화를 인도하는 때
④ 공급단위를 구획할 수 없는 용역의 계속적 공급 : 대가의 각 부분을 받기로 한 때

> **핵심요약**　재화와 용역의 공급시기　　　　　425p

10　· 과세표준 = 5,000,000원 + 2,600,000원 + 4,500,000원 = 12,100,000원
※ 재화 또는 용역의 공급과 직접 관련되지 아니하는 국고보조금은 과세표준에 포함하지 않는다.

> **핵심요약**　과세표준의 포함여부　　　　　428p

실무수행 1   기초정보관리의 이해

① **입력** [기초정보관리] – [회사등록]

  • [기본사항] 탭

    – 7. 사업장주소 : 서울특별시 서대문구 충정로7길 29-8 (충정로3가) → 서울특별시 서대문구 충정로7길 12 (충정로2가)로 수정입력

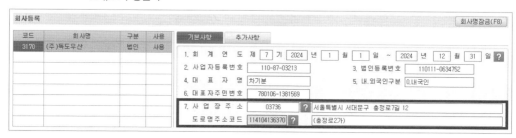

  • [추가사항] 탭

    – 7. 담당자 E-Mail : korea@hanmail.net → korea@bill36524.com으로 수정입력

② **입력** [기초정보관리] – [거래처별초기이월]

  • 137.주.임.종단기채권

    – 00123.김완선 7,000,000원, 00234.이효리 3,000,000원, 07001.엄정화 2,000,000원 입력

① **입력** [전표입력/장부] – [일반전표입력] – 3월 3일

(차) 820.수선비 80,000 (대) 101.현금 80,000

또는 (출) 820.수선비 80,000

	일	번호	구분	코드	계정과목	코드	거래처	적요	차변	대변
☐	3	00001	차변	820	수선비				80,000	
☐	3	00001	대변	101	현금					80,000

입력 [결산/재무제표 I] – [영수증수취명세서]

• [영수증수취명세서(2)] 탭에서 거래자료 입력

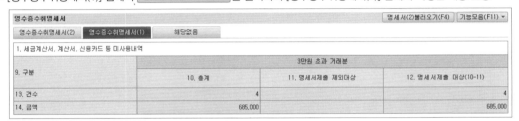

• [영수증수취명세서(1)] 탭에서 [명세서(2)불러오기(F4)]를 클릭하여 [영수증수취명세서(2)] 탭에서 작성한 내용 반영

		3만원 초과 거래분		
9. 구분		10. 총계	11. 명세서제출 제외대상	12. 명세서제출 대상(10-11)
13. 건수		4		4
14. 금액		685,000		685,000

1. 세금계산서, 계산서, 신용카드 등 미사용내역

• 해당 메뉴 종료 시 작성 내용 저장

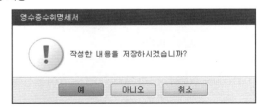

② **입력** [전표입력/장부] – [일반전표입력] – 3월 7일

(차) 131.선급금 3,000,000 (대) 103.보통예금 3,000,000

(00325.(주)무지개우산) (98001.국민은행(보통))

	일	번호	구분	코드	계정과목	코드	거래처	적요	차변	대변
☐	07	00001	차변	131	선급금	00325	(주)무지개우산		3,000,000	
☐	07	00001	대변	103	보통예금	98001	국민은행(보통)			3,000,000

③ **입력** [전표입력/장부] – [일반전표입력] – 4월 10일

(차) 201.토지　　　　　　　　　　4,140,000　　(대) 103.보통예금　　　　　　　　4,140,000
　　　　　　　　　　　　　　　　　　　　　　　　(98002.기업은행(보통))

□	일	번호	구분	코드	계정과목	코드	거래처	적요	차변	대변
□	10	00001	차변	201	토지				4,140,000	
□	10	00001	대변	103	보통예금	98002	기업은행(보통)			4,140,000

※ 토지관련 취득세는 토지의 취득원가에 포함되기 때문에 '토지'계정을 사용하여 회계처리한다.

핵심요약　유형자산 취득원가　　　　　　419p

④ **입력** [전표입력/장부] – [일반전표입력] – 4월 28일

(차) 133.선급비용　　　　　　　　　900,000　　(대) 103.보통예금　　　　　　　　900,000
　　　　　　　　　　　　　　　　　　　　　　　　(98002.기업은행(보통))

□	일	번호	구분	코드	계정과목	코드	거래처	적요	차변	대변
□	28	00001	차변	133	선급비용				900,000	
□	28	00001	대변	103	보통예금	98002	기업은행(보통)			900,000

⑤ **입력** [전표입력/장부] – [일반전표입력] – 5월 18일

(차) 102.당좌예금　　　　　　　16,250,000　　(대) 110.받을어음　　　　　　　16,500,000
　　　(98000.국민은행(당좌))　　　　　　　　　　　(02334.(주)순양유통)
　　　936.매출채권처분손실　　　　250,000

□	일	번호	구분	코드	계정과목	코드	거래처	적요	차변	대변
□	18	00001	차변	102	당좌예금	98000	국민은행(당좌)		16,250,000	
□	18	00001	차변	936	매출채권처분손실				250,000	
□	18	00001	대변	110	받을어음	02334	(주)순양유통			16,500,000

• 받을어음 클릭 후 F3을 눌러 어음관리 화면 활성화
• 어음관련 정보 입력

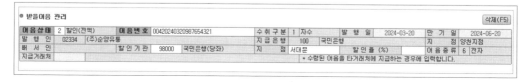

① **조회** [전표입력/장부] – [일반전표입력] – 7월 5일

• 선수금 825,000원 확인

□	일	번호	구분	코드	계정과목	코드	거래처		적요	차변	대변
□	5	00001	입금	259	선수금	00307	(주)지성마트	04	매출선수금 현금수령	현금	825,000

입력 [전표입력/장부] – [매입매출전표입력] – 7월 7일

• 거래자료 입력

거래유형	공급가액	부가세	거래처명	전자세금	분개유형
11.과세	7,000,000	700,000	00307.(주)지성마트		3.혼합

□	일	유형	품명	수량	단가	공급가액	부가세	합계	코드	거래처명	사업.주민번호	전자세금	분개
□	07	과세	골프우산	1,000	7,000	7,000,000	700,000	7,700,000	00307	(주)지성마트	119-81-02126		혼합

• 하단 전표 입력

(차) 259.선수금 825,000 (대) 255.부가세예수금 700,000
103.보통예금 6,875,000 401.상품매출 7,000,000
(98600.하나은행(보통))

구분	코드	계정과목	차변	대변	코드	거래처	적요	관리
대변	255	부가세예수금		700,000	00307	(주)지성마트	골프우산 1,000 X 7,000	
대변	401	상품매출		7,000,000	00307	(주)지성마트	골프우산 1,000 X 7,000	
차변	259	선수금	825,000		00307	(주)지성마트	골프우산 1,000 X 7,000	
차변	103	보통예금	6,875,000		98600	하나은행(보통)	골프우산 1,000 X 7,000	

입력 [부가가치세Ⅱ] – [전자세금계산서 발행 및 내역관리] – 7월 7일

• 미전송된 내역을 체크한 후 전자발행▼을 클릭하여 표시되는 [로그인] 화면에서 확인(TAB) 클릭
• [전자(세금)계산서 발행] 화면이 조회되면 발행(F3)을 클릭한 다음 확인 클릭
• 국세청란에 '발행대상'으로 표시되면 ACADEMY 전자세금계산서 클릭
• [Bill36524 교육용 전자세금계산서] 화면에서 '로그인' 클릭
• [세금계산서 리스트]에서 '미전송' 체크 → '매출 조회' 클릭 → '발행' 클릭 → '확인' 클릭

입력 [전표입력/장부] – [매입매출전표입력] – 7월 7일

• 전자세금란이 '전자발행'으로 반영되었는지 확인

□	일	유형	품명	수량	단가	공급가액	부가세	합계	코드	거래처명	사업.주민번호	전자세금	분개
□	07	과세	골프우산	1,000	7,000	7,000,000	700,000	7,700,000	00307	(주)지성마트	119-81-02126	전자발행	혼합

② **입력** [전표입력/장부] – [매입매출전표입력] – 8월 4일

• 거래자료 입력

거래유형	공급가액	부가세	거래처명	전자세금	분개유형
11.과세	2,000,000	200,000	04010.미래서점	1.전자입력	3.혼합

□	일	유형	품명	수량	단가	공급가액	부가세	합계	코드	거래처명	사업.주민번호	전자세금	분개
□	04	과세	8월 임대료			2,000,000	200,000	2,200,000	04010	미래서점	142-36-15766	전자입력	혼합

• 하단 전표 입력

(차) 120.미수금　　　　　　　　2,200,000　　(대) 255.부가세예수금　　　　　200,000
　　　　　　　　　　　　　　　　　　　　　　904.임대료　　　　　　　2,000,000

구분	코드	계정과목	차변	대변	코드	거래처	적요	관리
대변	255	부가세예수금		200,000	04010	미래서점	8월 임대료	
대변	904	임대료		2,000,000	04010	미래서점	8월 임대료	
차변	120	미수금	2,200,000		04010	미래서점	8월 임대료	

③ **입력** [전표입력/장부] – [매입매출전표입력] – 9월 12일

• 거래자료 입력

거래유형	공급가액	부가세	거래처명	전자세금	분개유형
51.과세	1,500,000	150,000	33000.(주)죽동소프트	1.전자입력	3.혼합

□	일	유형	품명	수량	단가	공급가액	부가세	합계	코드	거래처명	사업.주민번호	전자세금	분개
□	12	과세	소프트웨어			1,500,000	150,000	1,650,000	33000	(주)죽동소프트	211-81-10539	전자입력	혼합

• 하단 전표 입력

(차) 135.부가세대급금　　　　　　150,000　　(대) 253.미지급금　　　　　　1,650,000
　　240.소프트웨어　　　　　　1,500,000

구분	코드	계정과목	차변	대변	코드	거래처	적요	관리
차변	135	부가세대급금	150,000		33000	(주)죽동소프트	소프트웨어	
차변	240	소프트웨어	1,500,000		33000	(주)죽동소프트	소프트웨어	
대변	253	미지급금		1,650,000	33000	(주)죽동소프트	소프트웨어	

④ **입력** [전표입력/장부] – [매입매출전표입력] – 10월 2일

- 거래유형 : 57.카과, [신용카드사] 화면에서 F2를 눌러 99602.기업카드 입력 후 확인

- 거래자료 입력

거래유형	공급가액	부가세	거래처명	전자세금	분개유형
57.카과	500,000	50,000	00321.(주)수아기프트		4.카드 또는 3.혼합

□	일	유형	품명	수량	단가	공급가액	부가세	합계	코드	거래처명	사업.주민번호	전자세금	분개
□	02	카과	텀블러			500,000	50,000	550,000	00321	(주)수아기프트	220-81-12375		혼합

- 하단 전표 입력

(차) 135.부가세대급금   50,000   (대) 253.미지급금   550,000

     811.복리후생비   500,000   (99602.기업카드)

구분	코드	계정과목	차변	대변	코드	거래처	적요	관리
차변	135	부가세대급금	50,000		00321	(주)수아기프트	텀블러	
차변	811	복리후생비	500,000		00321	(주)수아기프트	텀블러	
대변	253	미지급금		550,000	99602	기업카드	텀블러	

⑤ **입력** [전표입력/장부] – [매입매출전표입력] – 11월 7일

• 거래유형 : 54.불공, 불공제 사유 : 3.비영업용 소형승용차 구입 및 유지

• 거래자료 입력

거래유형	공급가액	부가세	거래처명	전자세금	분개유형
54.불공	30,000,000	3,000,000	12001.(주)명성자동차	1.전자입력	1.현금 또는 3.혼합

□	일	유형	품명	수량	단가	공급가액	부가세	합계	코드	거래처명	사업.주민번호	전자세금	분개
□	07	불공	제네시스			30,000,000	3,000,000	33,000,000	12001	(주)명성자동차	211-81-75191	전자입력	혼합

• 하단 전표 입력

(차) 208.차량운반구　　　　　　33,000,000　　(대) 101.현금　　　　　　　　33,000,000

구분	코드	계정과목	차변	대변	코드	거래처	적요	관리
차변	208	차량운반구	33,000,000		12001	(주)명성자동차	제네시스	
대변	101	현금		33,000,000	12001	(주)명성자동차	제네시스	

⑥ **조회** [부가가치세 I] – [부가가치세신고서] – 1월 1일 ~ 3월 31일

• 매출세(부가세예수금) : 31,568,000원, 매입세(부가세대급금) : 31,435,000원, 차감세(미지급세금) : 133,000원

입력 [전표입력/장부] – [일반전표입력] – 3월 31일

(차) 255.부가세예수금   31,568,000   (대) 135.부가세대급금   31,435,000

                                                    261.미지급세금   133,000

                                                    (03100.서대문세무서)

	일	번호	구분	코드	계정과목	코드	거래처	적요	차변	대변
☐	31	00001	차변	255	부가세예수금				31,568,000	
☐	31	00001	대변	135	부가세대급금					31,435,000
☐	31	00001	대변	261	미지급세금	03100	서대문세무서			133,000

① **입력** [전표입력/장부] – [일반전표입력] – 12월 31일

(차) 931.이자비용　　　　　　　　300,000　　　(대) 262.미지급비용　　　　　　　　300,000

☐	일	번호	구분	코드	계정과목	코드	거래처	적요	차변	대변
☐	31	00001	차변	931	이자비용				300,000	
☐	31	00001	대변	262	미지급비용					300,000

입력 [결산/재무제표 I] – [결산자료입력] – 1월 ~ 12월

• [매출원가 및 경비선택] 화면에서 　확인(Tab)　 클릭

• 상품매출원가의 기말 상품 재고액란에 20,000,000원 입력

• 우측 상단의 　전표추가(F3)　 를 클릭하여 결산분개를 일반전표에 추가

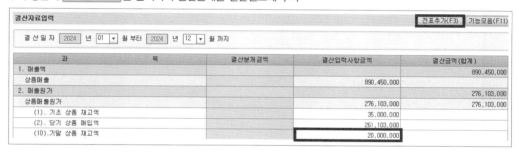

② **조회** [결산/재무제표 I] – [손익계산서] – 12월

과목	제 7(당)기 [2024/01/01 ~ 2024/12/31] 금액	제 6(전)기 [2023/01/01 ~ 2023/12/31] 금액
수　선　비	7,391,000	3,750,000
보　험　료	7,491,000	0
차　량　유　지　비	7,687,100	5,400,000
운　반　비	639,000	2,300,000
교　육　훈　련　비	1,280,000	0
도　서　인　쇄　비	508,000	0
소　모　품　비	0	1,200,000
수　수　료　비　용	1,800,000	0
광　고　선　전　비	5,477,060	0
잡　비	241,000	0
V. 영　업　이　익	268,178,010	39,600,000
VI. 영　업　외　수　익	7,985,860	3,400,000
이　자　수　익	5,985,860	3,400,000
임　대　료	2,000,000	0
VII. 영　업　외　비　용	1,765,000	2,500,000
이　자　비　용	900,000	2,500,000
매　출　채　권　처　분　손　실	865,000	0
VIII. 법　인　세　차　감　전　이　익	274,398,870	40,500,000
IX. 법　인　세　등	0	0
X. 당　기　순　이　익	274,398,870	40,500,000

입력 [결산/재무제표 I] – [이익잉여금처분계산서]

- '저장된 데이터 불러오기' → '아니오' 선택
- 상단에 당기분 처분 예정일 2025년 2월 28일, 전기분 처분 확정일 2024년 2월 28일 입력
- 상단부의 전표추가(F3) 클릭 후 확인

조회 [결산/재무제표 I] – [재무상태표] – 12월

과목	제 7(당)기 [2024/01/01 ~ 2024/12/31]		제 6(전)기 [2023/01/01 ~ 2023/12/31]	
	금	액	금	액
부 가 세 예 수 금		45,932,000		0
선 수 금		4,450,000		0
단 기 차 입 금		400,000,000		10,000,000
미 지 급 비 용		550,000		0
II. 비 유 동 부 채		51,490,000		51,490,000
장 기 차 입 금		51,490,000		51,490,000
부 채 총 계		1,263,346,300		125,490,000
자 본				
I. 자 본 금		265,000,000		265,000,000
자 본 금		265,000,000		265,000,000
II. 자 본 잉 여 금		0		0
III. 자 본 조 정		0		0
IV. 기 타 포 괄 손 익 누 계 액		0		0
V. 이 익 잉 여 금		408,538,870		134,140,000
미 처 분 이 익 잉 여 금		408,538,870		134,140,000
(당 기 순 이 익)				
당기 : 274,398,870 원				
전기 : 40,500,000 원				
자 본 총 계		673,538,870		399,140,000
부 채 및 자 본 총 계		1,936,885,170		524,630,000

11	12	13	14	15	16
④	④	③	2,000,000	36,616,850	6,700,000
17	18	19	20	21	22
2,340,000	①	4,450,000	②	276,103,000	③
23	24	25	26	27	28
1,765,000	685,000	950,000	3,353,000	2	8
29	30	31	32		
②	76,500,000	③	②		

11 　조회　 [기초정보관리] – [회사등록]

④ 7. 담당자 E-mail은 korea@bill36524.com이다.

12 　조회　 [전표입력/장부] – [거래처원장] – 1월 1일 ~ 1월 31일

• 계정과목 : 137.주.임.종단기채권, 거래처 : 처음 ~ 끝 입력 후 조회

13 조회 [전표입력/장부] – [거래처원장] – 12월 1일 ~ 12월 31일

• 계정과목 : 253.미지급금, 거래처 : 처음 ~ 끝 입력 후 조회

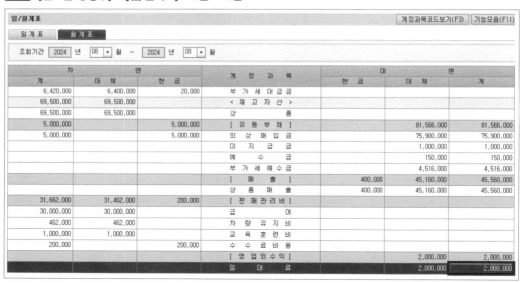

14 조회 [전표입력/장부] – [일/월계표] – 8월 ~ 8월

차	변		계 정 과 목	대	변	
계	대 체	현 금		현 금	대 체	계
6,420,000	6,400,000	20,000	부 가 세 대 급 금			
69,500,000	69,500,000		< 재 고 자 산 >			
69,500,000	69,500,000		상 품			
5,000,000		5,000,000	[유 동 부 채]		81,566,000	81,566,000
5,000,000		5,000,000	외 상 매 입 금		75,900,000	75,900,000
			미 지 급 금		1,000,000	1,000,000
			예 수 금		150,000	150,000
			부 가 세 예 수 금		4,516,000	4,516,000
			[매 출]	400,000	45,160,000	45,560,000
			상 품 매 출	400,000	45,160,000	45,560,000
31,662,000	31,462,000	200,000	[판 매 관 리 비]			
30,000,000	30,000,000		급 여			
462,000	462,000		차 량 유 지 비			
1,000,000	1,000,000		교 육 훈 련 비			
200,000		200,000	수 수 료 비 용			
			[영 업 외 수 익]		2,000,000	2,000,000
			임 대 료		2,000,000	2,000,000

15~17 조회 [결산/재무제표 I] − [재무상태표] − 12월

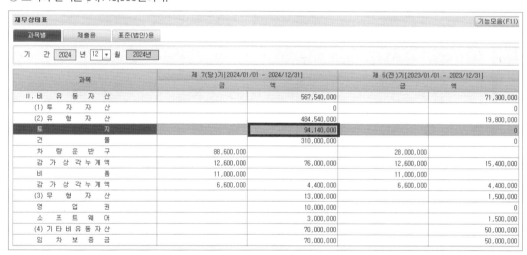

재무상태표 기능모음(F11)

과목별 제출용 표준(법인)용

기 간 2024 년 12 ▼ 월 2024년

과목	제 7(당)기 [2024/01/01 ~ 2024/12/31]		제 6(전)기 [2023/01/01 ~ 2023/12/31]	
	금	액	금	액
자 산				
Ⅰ. 유 동 자 산		1,369,345,170		453,330,000
(1) 당 좌 자 산		1,345,345,170		418,330,000
현 금 [15]		36,616,850		80,050,000
당 좌 예 금		56,850,000		55,300,000
보 통 예 금		421,753,700		155,000,000
단 기 매 매 증 권		14,830,000		12,330,000
외 상 매 출 금	702,095,000		35,000,000	
대 손 충 당 금	350,000	701,745,000	350,000	34,650,000
받 을 어 음		12,100,000		60,000,000
단 기 대 여 금		46,000,000		3,000,000
미 수 금		8,200,000		6,000,000
선 급 금 [16]		6,700,000		0
선 급 비 용 [17]		2,340,000		0

18 조회 [결산/재무제표 I] − [재무상태표] − 12월

① 토지의 잔액은 94,140,000원이다.

재무상태표 기능모음(F11)

과목별 제출용 표준(법인)용

기 간 2024 년 12 ▼ 월 2024년

과목	제 7(당)기 [2024/01/01 ~ 2024/12/31]		제 6(전)기 [2023/01/01 ~ 2023/12/31]	
	금	액	금	액
Ⅱ. 비 유 동 자 산		567,540,000		71,300,000
(1) 투 자 자 산		0		0
(2) 유 형 자 산		484,540,000		19,800,000
토 지		94,140,000		0
건 물		310,000,000		0
차 량 운 반 구	88,600,000		28,000,000	
감 가 상 각 누 계 액	12,600,000	76,000,000	12,600,000	15,400,000
비 품	11,000,000		11,000,000	
감 가 상 각 누 계 액	6,600,000	4,400,000	6,600,000	4,400,000
(3) 무 형 자 산		13,000,000		1,500,000
영 업 권		10,000,000		0
소 프 트 웨 어		3,000,000		1,500,000
(4) 기 타 비 유 동 자 산		70,000,000		50,000,000
임 차 보 증 금		70,000,000		50,000,000

19 조회 [결산/재무제표 I] – [재무상태표] – 12월

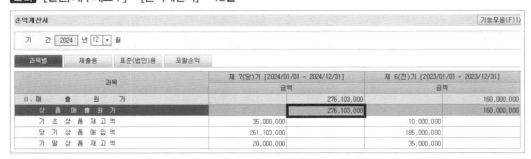

재무상태표   기능모음(F11)

과목별   제출용   표준(법인)용

기 간 2024 년 12 ▼ 월 2024년

과목	제 7(당)기 [2024/01/01 ~ 2024/12/31] 금	제 7(당)기 [2024/01/01 ~ 2024/12/31] 액	제 6(전)기 [2023/01/01 ~ 2023/12/31] 금	제 6(전)기 [2023/01/01 ~ 2023/12/31] 액
부 채				
I. 유 동 부 채		1,211,856,300		74,000,000
외 상 매 입 금		250,838,300		34,000,000
지 급 어 음		2,200,000		0
미 지 급 금		507,173,400		30,000,000
예 수 금		712,600		0
부 가 세 예 수 금		45,932,000		0
선 수 금		4,450,000		0

20 조회 [결산/재무제표 I] – [재무상태표] – 12월

재무상태표   기능모음(F11)

과목별   제출용   표준(법인)용

기 간 2024 년 12 ▼ 월 2024년

과목	제 7(당)기 [2024/01/01 ~ 2024/12/31] 금	제 7(당)기 [2024/01/01 ~ 2024/12/31] 액	제 6(전)기 [2023/01/01 ~ 2023/12/31] 금	제 6(전)기 [2023/01/01 ~ 2023/12/31] 액
부 가 세 예 수 금		45,932,000		0
선 수 금		4,450,000		0
단 기 차 입 금		400,000,000		10,000,000
미 지 급 비 용		550,000		0
II. 비 유 동 부 채		51,490,000		51,490,000
장 기 차 입 금		51,490,000		51,490,000
부 채 총 계		1,263,346,300		125,490,000
자 본				
I. 자 본 금		265,000,000		265,000,000
자 본 금		265,000,000		265,000,000
II. 자 본 잉 여 금		0		0
III. 자 본 조 정		0		0
IV. 기 타 포 괄 손 익 누 계 액		0		0
V. 이 익 잉 여 금		408,538,870		134,140,000
미 처 분 이 익 잉 여 금		408,538,870		134,140,000
(당 기 순 이 익)				
당기 : 274,398,870 원				
전기 : 40,500,000 원				
자 본 총 계		673,538,870		399,140,000
부 채 및 자 본 총 계		1,936,885,170		524,630,000

21 조회 [결산/재무제표 I] – [손익계산서] – 12월

손익계산서   기능모음(F11)

기 간 2024 년 12 ▼ 월

과목별   제출용   표준(법인)용   포괄손익

과목	제 7(당)기 [2024/01/01 ~ 2024/12/31] 금액	제 7(당)기 [2024/01/01 ~ 2024/12/31] 금액	제 6(전)기 [2023/01/01 ~ 2023/12/31] 금액	제 6(전)기 [2023/01/01 ~ 2023/12/31] 금액
II. 매 출 원 가		276,103,000		160,000,000
상 품 매 출 원 가		276,103,000		160,000,000
기 초 상 품 재 고 액	35,000,000		10,000,000	
당 기 상 품 매 입 액	261,103,000		185,000,000	
기 말 상 품 재 고 액	20,000,000		35,000,000	

22 조회 [결산/재무제표 I] – [손익계산서] – 12월

• 수선비의 금액은 7,391,000원이다.

과목	제 7(당)기 [2024/01/01 ~ 2024/12/31] 금액		제 6(전)기 [2023/01/01 ~ 2023/12/31] 금액	
Ⅳ. 판 매 비 와 관 리 비		346,168,990		55,290,000
급 여	276,000,000		22,000,000	
잡 급	2,500,000		0	
복 리 후 생 비	15,786,400		2,100,000	
여 비 교 통 비	1,322,600		1,500,000	
접 대 비	7,350,500		2,500,000	
통 신 비	1,355,810		5,000,000	
수 도 광 열 비	5,684,520		3,800,000	
전 력 비	0		4,200,000	
세 금 과 공 과 금	905,000		0	
감 가 상 각 비	0		1,540,000	
임 차 료	2,750,000		0	
수 선 비	7,391,000		3,750,000	
보 험 료	7,491,000		0	
차 량 유 지 비	7,687,100		5,400,000	
운 반 비	639,000		2,300,000	
교 육 훈 련 비	1,280,000		0	
도 서 인 쇄 비	508,000		0	
소 모 품 비	0		1,200,000	
수 수 료 비 용	1,800,000		0	

23 조회 [결산/재무제표 I] – [손익계산서] – 12월

과목	제 7(당)기 [2024/01/01 ~ 2024/12/31] 금액		제 6(전)기 [2023/01/01 ~ 2023/12/31] 금액	
수 선 비	7,391,000		3,750,000	
보 험 료	7,491,000		0	
차 량 유 지 비	7,687,100		5,400,000	
운 반 비	639,000		2,300,000	
교 육 훈 련 비	1,280,000		0	
도 서 인 쇄 비	508,000		0	
소 모 품 비	0		1,200,000	
수 수 료 비 용	1,800,000		0	
광 고 선 전 비	5,477,060		0	
잡 비	241,000		0	
Ⅴ. 영 업 이 익		268,178,010		39,600,000
Ⅵ. 영 업 외 수 익		7,985,860		3,400,000
이 자 수 익	5,985,860		3,400,000	
임 대 료	2,000,000		0	
Ⅶ. 영 업 외 비 용		1,765,000		2,500,000
이 자 비 용	900,000		2,500,000	
매 출 채 권 처 분 손 실	865,000		0	

24 조회 [결산/재무제표 I] – [영수증수취명세서]

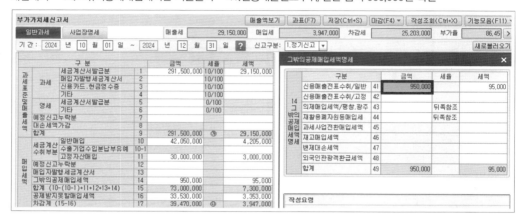

25 조회 [부가가치세 I] – [부가가치세신고서] – 10월 1일 ~ 12월 31일

- 매입세액 – 14.그밖의공제매입세액란 더블클릭 – 41.신용매출전표수취/일반 금액 950,000원 확인

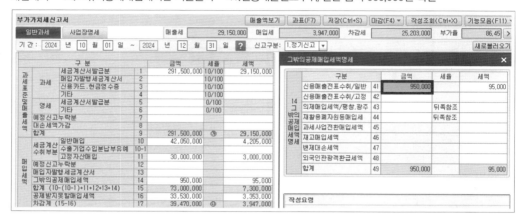

26 조회 [부가가치세 I] – [부가가치세신고서] – 10월 1일 ~ 12월 31일

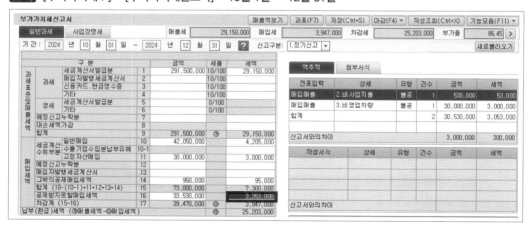

27 조회 [부가가치세Ⅱ] – [전자세금계산서 발행 및 내역관리] – 7월 1일 ~ 9월 30일

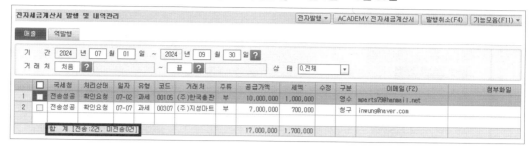

28 조회 [부가가치세Ⅰ] – [세금계산서합계표] – 10월 ~ 12월

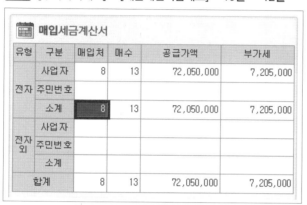

29 조회 [금융/자금관리] – [예적금현황] – 12월 31일

① 국민은행(당좌)은 56,850,000원이다.

③ 기업은행(보통)은 26,400,700원이다.

④ 하나은행(보통)은 33,875,000원이다.

30 조회 [금융/자금관리] – [받을어음현황]

- [만기일(월)별] 탭
  - 조회구분 : 1.일별, 1.만기일 : 2024년 1월 1일 ~ 2024년 12월 31일, 거래처 : 처음 ~ 끝 입력 후 조회

만기일	어음번호	코드	거래처	원금	보유금액 (분할배서후금액)	미보유금액 (분할배서금액)	거래일	구분	코드	금융기관	지점
2024-05-20	20020221201123456789	01121	(주)금빛마트	60,000,000		60,000,000	2024-05-10	할인	200	외환은행	역삼
2024-06-20	00420240320987654321	02334	(주)순양유통	16,500,000		16,500,000	2024-05-18	할인	100	국민은행	서대문
2024-12-31	00420230130987654321	00133	(주)나비전자	12,100,000	12,100,000		2024-01-30	보관	100	국민은행	마포
합 계				88,600,000	12,100,000	76,500,000					

31   조회   [기초정보관리] – [전기분 재무상태표]

- 유동자산 453,330,000원, 유동부채 74,000,000원 확인

∴ (453,330,000 / 74,000,000) × 100 ≒ 612%

32   조회   [기초정보관리] – [전기분 손익계산서]

- 영업이익 39,600,000원, 이자비용 2,500,000원 확인

∴ (39,600,000 / 2,500,000) × 100 ≒ 1,584%

실무이론평가

01	02	03	04	05	06	07	08	09	10
②	①	②	③	①	④	①	②	④	③

01　② 목적적합성의 하위 질적특성으로는 예측가치, 피드백가치, 적시성이 있다.

　　　핵심요약　재무정보의 질적특성　　　415p

02　(가) 매출원가, (나) 매출총이익, (다) 영업이익, (라) 법인세비용차감전순이익

　　　핵심요약　손익계산서의 구조　　　417p

03　② 임대보증금은 임대인(빌려준 사람)이 임차인(빌려쓴 사람)에게 받은 보증금으로 추후 임차인에게 돌려주어야 하는 금액이므로 비유동부채에 해당한다.

　　　※ 보증금은 임대인을 기준으로는 임대보증금(부채)이고 임차인을 기준으로는 임차보증금(자산)이다.

　　　핵심요약　계정과목 항목찾기　　　429p

04　• 판매비와관리비 = 여비교통비 4,000,000원 + 복리후생비 500,000원 + 감가상각비 550,000원 + 접대비 1,100,000원 = 6,150,000원

　　　※ 개발비는 무형자산이고, 단기매매증권평가손실, 기부금, 이자비용은 영업외비용이다.

　　　핵심요약　계정과목 항목찾기　　　429p

05　• 회계처리

(차) 단기매매증권	14,000,000	(대) 현금 등	14,270,000
수수료비용	270,000		

　　　※ 단기 보유 목적의 시장성 있는 주식은 단기매매증권으로 분류하며, 단기매매증권 취득 시 발생하는 거래수수료는 당기비용으로 처리한다.

　　　핵심요약　단기매매증권과 매도가능증권의 취득　　419p

06 ・취득원가 = 구입대금 10,000,000원 + (설치비 450,000원 + 운송비용 300,000원 + 시운전비 110,000원) = 10,860,000원

※ 유형자산의 취득원가는 유형자산을 사용가능한 상태에 이르게 할 때까지 발생한 모든 지출을 포함한다.

※ 기계장치 설치 후 수선비는 해당 자산의 유지 및 보수에 대한 비용이므로 당기비용으로 처리한다.

> **핵심요약** 유형자산 취득원가　　　　419p

07 ① 금액이 지급되었으나 그 정산 내역 등이 확정되지 않은 경우에는 가지급금으로 처리한다.

(차) 가지급금	500,000	(대) 보통예금	500,000

※ 가지급금(자산)은 정산 내역이 확정되면 해당 계정과목과 대응하여 상계되는 가계정이다.

08 ② 사업자가 폐업을 하는 경우에는 폐업일이 속하는 달의 다음 달 25일까지 확정신고를 해야 한다. 사업을 폐업한 날이 2024년 2월 10일이므로 2024년 3월 25일까지 확정신고를 하여야 한다.

> **핵심요약** 부가가치세 과세기간　　　　423p

09 ④ 재화의 수입은 영세율 대상에 해당하지 아니한다. 수출하는 재화의 경우 영세율 대상에 해당한다.

> **핵심요약** 영세율　　　　426p

10 ・납부세액 = 공급대가 11,000,000원 × 10/110 − 매입세액(제품 관련) 500,000원 = 500,000원

※ 공급대가(= 공급가액 + 부가가치세)이므로 10/110 곱하여 매출세액을 구해야 한다.

※ 중고승용차에 대한 매입세액은 공제하지 않는다.

실무수행 1 　기초정보관리의 이해

① **입력** [기초정보관리] – [거래처등록]
　• [기본사항] 탭
　　– 3. 대표자성명 : 박민규 → 신정일로 수정입력

　• [추가사항] 탭
　　– 4. 담당자메일주소 : goodjob@bill36524.com → shin@bill36524.com으로 수정

② **입력** [기초정보관리] – [전기분 손익계산서]

- 830.소모품비 4,800,000원 추가입력
- 998.법인세등 500,000원 → 5,000,000원으로 수정입력
- 당기순이익 100,420,000원 확인

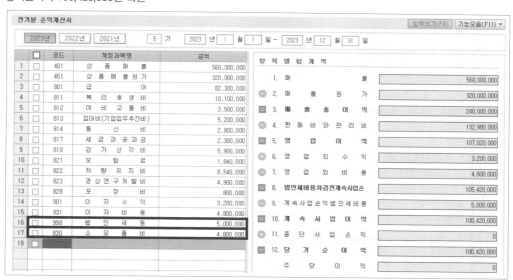

입력 [기초정보관리] – [전기분 이익잉여금처분계산서]

- 처분 확정 일자 : 2024년 2월 27일 입력

① 　**입력** [전표입력/장부] – [일반전표입력] – 1월 19일

(차)	822.차량유지비	33,000	(대)	101.현금	33,000
또는	(출) 822.차량유지비	33,000			

□	일	번호	구분	코드	계정과목	코드	거래처	적요	차변	대변
□	19	00001	차변	822	차량유지비				33,000	
□	19	00001	대변	101	현금					33,000

입력 [결산/재무제표 I] – [영수증수취명세서]

• [영수증수취명세서(2)] 탭에서 거래자료 입력

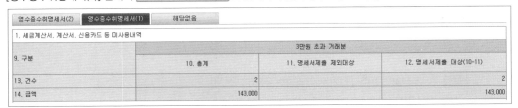

	거래일자	상호	성명	사업장	사업자등록번호	거래금액	구분	계정코드	계정과목	적요
□	2024-01-11	엄마도시락	이세희	서울특별시 구로구 경인로	301-33-16515	110,000		811	복리후생비	
□	2024-01-19	하늘주차장	이하늘	서울특별시 강남구 강남대	128-14-83868	33,000		822	차량유지비	

• [영수증수취명세서(1)] 탭에서 [명세서(2)불러오기(F4)]를 클릭하여 [영수증수취명세서(2)] 탭에서 작성한 내용 반영

1. 세금계산서, 계산서, 신용카드 등 미사용내역			
9. 구분		3만원 초과 거래분	
	10. 총계	11. 명세서제출 제외대상	12. 명세서제출 대상(10-11)
13. 건수	2		2
14. 금액	143,000		143,000

• 해당 메뉴 종료 시 작성 내용 저장

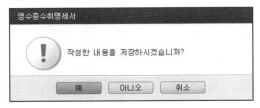

② 　**입력** [전표입력/장부] – [일반전표입력] – 2월 15일

(차)	107.단기매매증권	400,000	(대)	101.현금	450,000
	208.차량운반구	50,000			

□	일	번호	구분	코드	계정과목	코드	거래처	적요	차변	대변
□	15	00001	차변	107	단기매매증권				400,000	
□	15	00001	차변	208	차량운반구				50,000	
□	15	00001	대변	101	현금					450,000

※ 공채 매입 당시 공정가치는 '단기매매증권'으로 처리하고, 액면금액과 공정가치의 차이는 해당 자산 취득원가에 가산하므로 차액 50,000원은 '차량운반구'로 회계처리한다.

③ **입력** [전표입력/장부] – [일반전표입력] – 3월 20일

(차) 820.수선비   28,000   (대) 101.현금   28,000

또는 (출) 820.수선비   28,000

☐	일	번호	구분	코드	계정과목	코드	거래처	적요	차변	대변
☐	20	00001	차변	820	수선비				28,000	
☐	20	00001	대변	101	현금					28,000

④ **입력** [전표입력/장부] – [일반전표입력] – 7월 1일

(차) 813.접대비(기업업무추진비)   330,000   (대) 101.현금   330,000

또는 (출) 813.접대비(기업업무추진비)   330,000

☐	일	번호	구분	코드	계정과목	코드	거래처	적요	차변	대변
☐	01	00001	차변	813	접대비(기업업무추진				330,000	
☐	01	00001	대변	101	현금					330,000

⑤ **입력** [전표입력/장부] – [일반전표입력] – 7월 11일

(차) 260.단기차입금   5,000,000   (대) 103.보통예금   5,500,000

     (98011.국민은행(차입금))   (98009.하나은행(보통))

     931.이자비용   500,000

☐	일	번호	구분	코드	계정과목	코드	거래처	적요	차변	대변
☐	11	00001	차변	260	단기차입금	98011	국민은행(차입금)		5,000,000	
☐	11	00001	차변	931	이자비용				500,000	
☐	11	00001	대변	103	보통예금	98009	하나은행(보통)			5,500,000

① **입력** [전표입력/장부] – [매입매출전표입력] – 8월 7일
- 거래유형 : 11.과세, **복수거래** 를 이용하여 거래자료 입력 후 확인

- 거래자료 입력

거래유형	공급가액	부가세	거래처명	전자세금	분개유형
11.과세	4,500,000	450,000	01405.(주)유민가구		3.혼합

□	일	유형	품명	수량	단가	공급가액	부가세	합계	코드	거래처명	사업.주민번호	전자세금	분개
□	07	과세	테이블외			4,500,000	450,000	4,950,000	01405	(주)유민가구	120-86-50832		혼합

- 하단 전표 입력

　(차) 101.현금　　　　　　　　　　　450,000　　(대) 255.부가세예수금　　　　　　　450,000
　　　 108.외상매출금　　　　　　 4,500,000　　　　 401.상품매출　　　　　　　 4,500,000

구분	코드	계정과목	차변	대변	코드	거래처	적요	관리
대변	255	부가세예수금		450,000	01405	(주)유민가구	테이블외	
대변	401	상품매출		4,500,000	01405	(주)유민가구	테이블외	
차변	101	현금	450,000		01405	(주)유민가구	테이블외	
차변	108	외상매출금	4,500,000		01405	(주)유민가구	테이블외	

입력 [부가가치세 II] – [전자세금계산서 발행 및 내역관리] – 8월 7일
- 미전송된 내역을 체크한 후 **전자발행 ▼** 을 클릭하여 표시되는 [로그인] 화면에서 **확인(TAB)** 클릭
- [전자(세금)계산서 발행] 화면이 조회되면 **발행(F3)** 을 클릭한 다음 **확인** 클릭
- 국세청란에 '발행대상'으로 표시되면 **ACADEMY 전자세금계산서** 클릭
- [Bill36524 교육용 전자세금계산서] 화면에서 '로그인' 클릭
- [세금계산서 리스트]에서 '미전송' 체크 → '매출 조회' 클릭 → '발행' 클릭 → '확인' 클릭

입력 [전표입력/장부] – [매입매출전표입력] – 8월 7일
- 전자세금란이 '전자발행'으로 반영되었는지 확인

□	일	유형	품명	수량	단가	공급가액	부가세	합계	코드	거래처명	사업.주민번호	전자세금	분개
□	07	과세	테이블외			4,500,000	450,000	4,950,000	01405	(주)유민가구	120-86-50832	전자발행	혼합

②　**입력** [전표입력/장부] – [매입매출전표입력] – 8월 17일

• 거래자료 입력

거래유형	공급가액	부가세	거래처명	전자세금	분개유형
53.면세	1,000,000		00130.강남학원	1.전자입력	3.혼합

□	일	유형	품명	수량	단가	공급가액	부가세	합계	코드	거래처명	사업.주민번호	전자세금	분개
□	17	면세	소득세실무 교육	2	500,000	1,000,000		1,000,000	00130	강남학원	211-75-24158	전자입력	혼합

• 하단 전표 입력

(차) 825.교육훈련비　　　　　　1,000,000　　　(대) 253.미지급금　　　　　　1,000,000

구분	코드	계정과목	차변	대변	코드	거래처	적요	관리
차변	825	교육훈련비	1,000,000		00130	강남학원	소득세실무 교육	
대변	253	미지급금		1,000,000	00130	강남학원	소득세실무 교육	

③　**입력** [전표입력/장부] – [매입매출전표입력] – 9월 10일

• 거래자료 입력

거래유형	공급가액	부가세	거래처명	전자세금	분개유형
11.과세	1,400,000	140,000	00510.(주)천사유통	1.전자입력	3.혼합

□	일	유형	품명	수량	단가	공급가액	부가세	합계	코드	거래처명	사업.주민번호	전자세금	분개
□	10	과세	냉난방기			1,400,000	140,000	1,540,000	00510	(주)천사유통	310-81-12004	전자입력	혼합

• 하단 전표 입력

(차) 103.보통예금　　　　　　1,540,000　　　(대) 255.부가세예수금　　　　　140,000
　　　(98002.우리은행(보통))　　　　　　　　　　　　　212.비품　　　　　　　　2,000,000
　　　213.감가상각누계액　　　800,000　　　　　　914.유형자산처분이익　　　200,000

구분	코드	계정과목	차변	대변	코드	거래처	적요	관리
대변	255	부가세예수금		140,000	00510	(주)천사유통	냉난방기	
대변	212	비품		2,000,000	00510	(주)천사유통	냉난방기	
대변	914	유형자산처분이익		200,000	00510	(주)천사유통	냉난방기	
차변	103	보통예금	1,540,000		98002	우리은행(보통)	냉난방기	
차변	213	감가상각누계액	800,000		00510	(주)천사유통	냉난방기	

④ **입력** [전표입력/장부] – [매입매출전표입력] – 9월 14일
• 거래유형 : 54.불공, 불공제 사유 : 0.토지의 자본적 지출관련

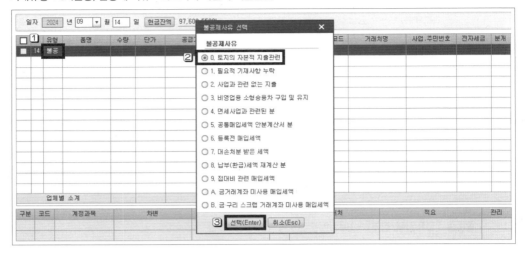

• 거래자료 입력

거래유형	공급가액	부가세	거래처명	전자세금	분개유형
54.불공	20,000,000	2,000,000	21116.(주)디딤건설	1.전자입력	3.혼합

	일	유형	품명	수량	단가	공급가액	부가세	합계	코드	거래처명	사업.주민번호	전자세금	분개
☐	14	불공	토지 평탄화 작업			20,000,000	2,000,000	22,000,000	21116	(주)디딤건설	104-81-08128	전자입력	혼합

• 하단 전표 입력

(차) 201.토지   22,000,000   (대) 103.보통예금   22,000,000
                                                    (98005.국민은행(보통))

구분	코드	계정과목	차변	대변	코드	거래처	적요	관리
차변	201	토지	22,000,000		21116	(주)디딤건설	토지 평탄화 작업	
대변	103	보통예금		22,000,000	98005	국민은행(보통)	토지 평탄화 작업	

⑤ **입력** [전표입력/장부] – [매입매출전표입력] – 9월 20일

• 거래유형 : 17.카과, [신용카드사] 화면에서 F2를 눌러 99606.삼성카드사 선택 후 확인

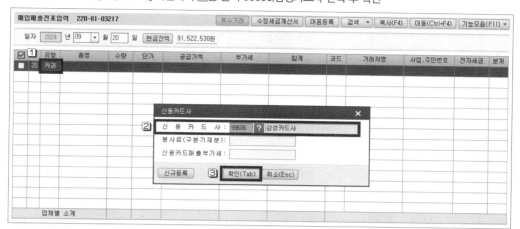

• 거래자료 입력

거래유형	공급가액	부가세	거래처명	전자세금	분개유형
17.카과	1,200,000	120,000	11002.최혜진		4.카드 또는 2.외상

□	일	유형	품명	수량	단가	공급가액	부가세	합계	코드	거래처명	사업.주민번호	전자세금	분개
□	20	카과	벽시계			1,200,000	120,000	1,320,000	11002	최혜진			혼합

※ 분개유형을 4.카드 또는 2.외상으로 하여 전표를 입력할 수 있으나, 분개유형 파악이 어려운 경우 3.혼합을 사용하여 전표를 입력한다.

• 하단 전표 입력

(차) 108.외상매출금   1,320,000   (대) 255.부가세예수금   120,000
     (99606.삼성카드사)   401.상품매출   1,200,000

구분	코드	계정과목	차변	대변	코드	거래처	적요	관리
대변	255	부가세예수금		120,000	11002	최혜진	벽시계	
대변	401	상품매출		1,200,000	11002	최혜진	벽시계	
차변	108	외상매출금	1,320,000		99606	삼성카드사	벽시계	

⑥ **조회** [전표입력/장부] – [일반전표입력] – 6월 30일

• 미지급세금 3,291,000원 확인

□	일	번호	구분	코드	계정과목	코드	거래처	적요	차변	대변
□	30	00001	차변	255	부가세예수금				10,766,000	
□	30	00001	대변	135	부가세대급금					7,465,000
□	30	00001	대변	930	잡이익					10,000
□	30	00001	대변	261	미지급세금	05900	역삼세무서			3,291,000

입력 [전표입력/장부] – [일반전표입력] – 7월 25일

(차) 261.미지급세금   3,291,000   (대) 103.보통예금   3,291,000
     (05900.역삼세무서)   (98001.신한은행(보통))

□	일	번호	구분	코드	계정과목	코드	거래처	적요	차변	대변
□	25	00001	차변	261	미지급세금	05900	역삼세무서		3,291,000	
□	25	00001	대변	103	보통예금	98001	신한은행(보통)			3,291,000

① **입력** [전표입력/장부] – [일반전표입력] – 12월 31일

(차) 116.미수수익 500,000 (대) 901.이자수익 500,000

	일	번호	구분	코드	계정과목	코드	거래처	적요	차변	대변
☐	31	00001	차변	116	미수수익				500,000	
☐	31	00001	대변	901	이자수익					500,000

입력 [결산/재무제표 I] – [결산자료입력] – 1월 ~ 12월

• [매출원가 및 경비선택] 화면에서 확인(Tab) 클릭

• 상품매출원가의 기말 상품 재고액란에 40,000,000원 입력

• 우측 상단의 전표추가(F3) 를 클릭하여 결산분개를 일반전표에 추가

결산일자 2024 년 01 ▼ 월부터 2024 년 12 ▼ 월까지

과 목	결산분개금액	결산입력사항금액	결산금액(합계)
1. 매출액			999,130,000
상품매출		999,130,000	
2. 매출원가			243,809,727
상품매출원가		243,809,727	243,809,727
(1). 기초 상품 재고액		90,000,000	
(2). 당기 상품 매입액		193,809,727	
(10).기말 상품 재고액		40,000,000	

② **조회** [결산/재무제표 I] – [손익계산서] – 12월

손익계산서 기능모음(F11)

기 간 2024 년 12 ▼ 월

과목별 | 제출용 | 표준(법인)용 | 포괄손익

과목	제 6(당)기 [2024/01/01 ~ 2024/12/31] 금액		제 5(전)기 [2023/01/01 ~ 2023/12/31] 금액	
운 반 비	639,000		0	
교 육 훈 련 비	1,500,000		0	
도 서 인 쇄 비	260,000		0	
포 장 비	0		800,000	
소 모 품 비	6,000,000		4,800,000	
수 수 료 비 용	1,800,000		0	
광 고 선 전 비	17,576,200		0	
잡 비	241,000		0	
V . 영 업 이 익		508,058,756		107,020,000
VI. 영 업 외 수 익		710,000		3,200,000
이 자 수 익	500,000		3,200,000	
유 형 자 산 처 분 이 익	200,000		0	
잡 이 익	10,000		0	
VII. 영 업 외 비 용		10,161,000		4,800,000
이 자 비 용	10,161,000		4,800,000	
VIII. 법 인 세 차 감 전 이 익		498,607,756		105,420,000
IX . 법 인 세 등		0		5,000,000
법 인 세 등	0		5,000,000	
X . 당 기 순 이 익		498,607,756		100,420,000
X I . 주 당 이 익				
기 본 주 당 이 익	49,860		10,042	

- '저장된 데이터 불러오기' → '아니오' 선택
- 상단에 당기분 처분 예정일 2025년 2월 27일, 전기분 처분 확정일 2024년 2월 27일 입력
- 상단부의 전표추가(F3) 클릭 후 확인

이익잉여금처분계산서   참고 | 전표추가(F3) | 기능모음(F11) ▼

제 6(당)기 처분 예정일 2025-02-27 ?   제 5(전)기 처분 확정일 2024-02-27 ?

과목	계정과목및 과목명		제 6(당)기 [2024/01/01 ~ 2024/12/31] 금액	합계	제 5(전)기 [2023/01/01 ~ 2023/12/31] 금액	합계
I. 미처분이익잉여금				612,947,756		114,340,000
1. 전기이월미처분이익잉여금			114,340,000		13,920,000	
2. 회계변경의 누적효과	369	회계 변경의누적효과	0		0	
3. 전기오류수정이익	370	전 기 오 류 수정이익	0		0	
4. 전기오류수정손실	371	전 기 오 류 수정손실	0		0	
5. 중간배당금	372	중 간 배 당 금	0		0	
6. 당기순이익			498,607,756		100,420,000	
II. 임의적립금 등의 이입액				0		0
1.			0		0	
2.			0		0	
합 계				612,947,756		114,340,000
III. 이익잉여금처분액				0		0
1. 이익준비금	351	이 익 준 비 금	0		0	
2. 기업합리화적립금	352	기 업 합 리 화적립금	0		0	
3. 배당금			0		0	
가. 현금배당	265	미 지 급 배 당 금	0		0	
나. 주식배당	387	미 교 부 주 식배당금	0		0	
4. 사업확장적립금	356	사 업 확 장 적 립 금	0		0	
5. 감채 적립금	357	감 채 적 립 금	0		0	
6. 배당평균적립금	358	배 당 평 균 적 립 금	0		0	
IV. 차기이월미처분이익잉여금				612,947,756		114,340,000

재무상태표   기능모음(F11)

과목별 | 제출용 | 표준(법인)용

기 간 2024 년 12 ▼ 월 2024년

과목	제 6(당)기 [2024/01/01 ~ 2024/12/31] 금	액	제 5(전)기 [2023/01/01 ~ 2023/12/31] 금	액
예 수 금		507,130		5,018,000
부 가 세 예 수 금		86,100,000		0
선 수 금		7,711,000		0
단 기 차 입 금		17,000,000		0
II. 비 유 동 부 채		62,000,000		62,000,000
장 기 차 입 금		50,000,000		50,000,000
퇴 직 급 여 충 당 부 채		12,000,000		12,000,000
부 채 총 계		521,299,270		143,318,000
자 본				
I. 자 본 금		173,467,000		158,467,000
자 본 금		173,467,000		158,467,000
II. 자 본 잉 여 금		0		0
III. 자 본 조 정		0		0
IV. 기 타 포 괄 손 익누계액		0		0
V. 이 익 잉 여 금		612,947,756		114,340,000
미 처 분 이 익 잉 여 금		612,947,756		114,340,000
(당 기 순 이 익)				
당기 : 498,607,756 원				
전기 : 100,420,000 원				
자 본 총 계		786,414,756		272,807,000
부 채 및 자 본 총 계		1,307,714,026		416,125,000

PART 3

11	12	13	14	15	16
④	②	17,000,000	120,039,140	172,171,000	500,000
17	18	19	20	21	22
2,400,000	50,277,613	③	243,809,727	②	901
23	24	25	26	27	28
200,000	684,120,000	120,000	2,800,000	68,292,000	1,500,000
29	30	31	32		
④	143,000	①	②		

11   조회 [기초정보관리] – [거래처등록]

④ 카드거래처의 매출 관련 거래처가 1곳이다. 매입 관련 거래처는 5곳이다.

		코드	카드(사)명	카드(가맹점)번호	구분	사용
1	☐	99601	국민카드	4432-9088-4561-52	매입	○
2	☐	99602	우리카드	3424-3152-7474-48	매입	○
3	☐	99603	하나카드	8449-2210-7410-32	매입	○
4	☐	99605	모두카드	7447-1221-8448-25	매입	○
5	☐	99606	삼성카드사	55721112	매출	○
6	☐	99800	신한카드	3525-3252-1111-31	매입	○

12   조회 [전표입력/장부] – [총계정원장]

② 2월 출금된 대변 금액은 27,432,000원이다.

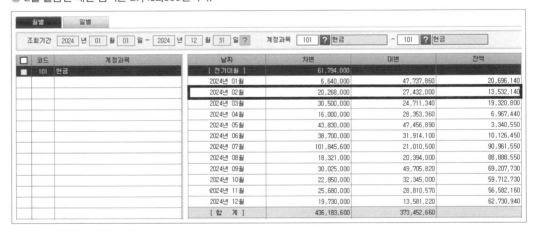

13 조회 [결산/재무제표 I] – [합계잔액시산표] – 7월 31일

차변 잔액	차변 합계	계정과목	대변 합계	대변 잔액
	39,427,600	◀유 동 부 채▶	347,428,740	308,001,140
	3,730,000	외 상 매 입 금	133,600,000	129,870,000
		지 급 어 음	40,000,000	40,000,000
	10,185,000	미 지 급 금	116,354,140	106,169,140
	6,455,600	예 수 금	6,607,600	152,000
	10,766,000	부 가 세 예 수 금	23,630,000	12,864,000
		선 수 금	1,946,000	1,946,000
	5,000,000	단 기 차 입 금	22,000,000	17,000,000
	3,291,000	미 지 급 세 금	3,291,000	

14 조회 [결산/재무제표 I] – [합계잔액시산표] – 8월 31일

차변 잔액	차변 합계	계정과목	대변 합계	대변 잔액
	39,427,600	◀유 동 부 채▶	375,339,740	335,912,140
	3,730,000	외 상 매 입 금	145,700,000	141,970,000
		지 급 어 음	40,000,000	40,000,000
	10,185,000	미 지 급 금	130,224,140	120,039,140
	6,455,600	예 수 금	6,782,600	327,000
	10,766,000	부 가 세 예 수 금	25,396,000	14,630,000
		선 수 금	1,946,000	1,946,000
	5,000,000	단 기 차 입 금	22,000,000	17,000,000
	3,291,000	미 지 급 세 금	3,291,000	

15 조회 [전표입력/장부] – [계정별원장] – 9월 1일 ~ 9월 30일

- 계정과목 : 108.외상매출금, 금액 : 0.전체 입력 후 조회

16 조회 [결산/재무제표 I] − [재무상태표] − 12월

과목별	제출용	표준(법인)용

기 간 2024 년 12 ▼ 월 2024년

과목	제 6(당)기[2024/01/01 ~ 2024/12/31] 금	액	제 5(전)기[2023/01/01 ~ 2023/12/31] 금	액
자 산				
Ⅰ.유 동 자 산		1,009,586,413		334,325,000
(1) 당 좌 자 산		964,880,213		244,325,000
현 금		62,730,940		61,794,000
당 좌 예 금		32,250,000		31,000,000
보 통 예 금		450,372,000		112,034,000
정 기 예 적 금		20,000,000		20,000,000
단 기 매 매 증 권		2,400,000		0
외 상 매 출 금	269,441,000		10,300,000	
대 손 충 당 금	103,000	269,338,000	103,000	10,197,000
받 을 어 음		67,850,000		9,300,000
단 기 대 여 금		43,000,000		0
미 수 수 익		500,000		0
선 급 금		200,000		0
선 급 비 용		3,960,000		0
가 지 급 금		300,000		0
부 가 세 대 급 금		11,979,273		0

17 조회 [결산/재무제표 I] − [재무상태표] − 12월

과목별	제출용	표준(법인)용

기 간 2024 년 12 ▼ 월 2024년

과목	제 6(당)기[2024/01/01 ~ 2024/12/31] 금	액	제 5(전)기[2023/01/01 ~ 2023/12/31] 금	액
자 산				
Ⅰ.유 동 자 산		1,009,586,413		334,325,000
(1) 당 좌 자 산		964,880,213		244,325,000
현 금		62,730,940		61,794,000
당 좌 예 금		32,250,000		31,000,000
보 통 예 금		450,372,000		112,034,000
정 기 예 적 금		20,000,000		20,000,000
단 기 매 매 증 권		2,400,000		0
외 상 매 출 금	269,441,000		10,300,000	
대 손 충 당 금	103,000	269,338,000	103,000	10,197,000
받 을 어 음		67,850,000		9,300,000
단 기 대 여 금		43,000,000		0
미 수 수 익		500,000		0
선 급 금		200,000		0
선 급 비 용		3,960,000		0
가 지 급 금		300,000		0
부 가 세 대 급 금		11,979,273		0

18 조회 [결산/재무제표 I] – [재무상태표] – 12월

- 비품 취득원가 55,400,000원 − 감가상각누계액 5,122,387원 = 50,277,613원

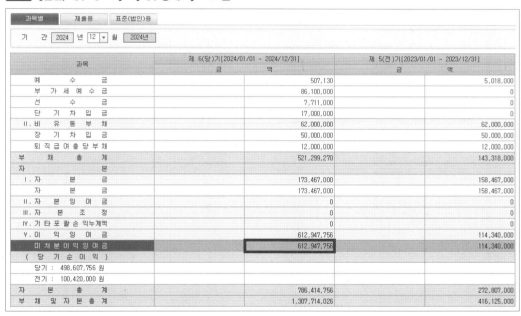

과목	제 6(당)기 [2024/01/01 ~ 2024/12/31] 금	제 6(당)기 [2024/01/01 ~ 2024/12/31] 액	제 5(전)기 [2023/01/01 ~ 2023/12/31] 금	제 5(전)기 [2023/01/01 ~ 2023/12/31] 액
II. 비 유 동 자 산		298,127,613		81,800,000
(1) 투 자 자 산		3,000,000		3,000,000
장 기 대 여 금		3,000,000		3,000,000
(2) 유 형 자 산		280,127,613		74,800,000
토 지		102,000,000		0
건 물		50,000,000		50,000,000
차 량 운 반 구	86,050,000		33,000,000	
감 가 상 각 누 계 액	18,200,000	67,850,000	14,200,000	18,800,000
비 품	55,400,000		10,000,000	
감 가 상 각 누 계 액	5,122,387	50,277,613	4,000,000	6,000,000
건 설 중 인 자 산		10,000,000		0
(3) 무 형 자 산		15,000,000		4,000,000
특 허 권		8,000,000		4,000,000
소 프 트 웨 어		7,000,000		0
(4) 기 타 비 유 동 자 산		0		0
자 산 총 계		1,307,714,026		416,125,000

19 조회 [결산/재무제표 I] – [재무상태표] – 12월

과목	제 6(당)기 [2024/01/01 ~ 2024/12/31] 금	제 6(당)기 [2024/01/01 ~ 2024/12/31] 액	제 5(전)기 [2023/01/01 ~ 2023/12/31] 금	제 5(전)기 [2023/01/01 ~ 2023/12/31] 액
예 수 금		507,130		5,018,000
부 가 세 예 수 금		86,100,000		0
선 수 금		7,711,000		0
단 기 차 입 금		17,000,000		0
II. 비 유 동 부 채		62,000,000		62,000,000
장 기 차 입 금		50,000,000		50,000,000
퇴 직 급 여 충 당 부 채		12,000,000		12,000,000
부 채 총 계		521,299,270		143,318,000
자 본				
I. 자 본 금		173,467,000		158,467,000
자 본 금		173,467,000		158,467,000
II. 자 본 잉 여 금		0		0
III. 자 본 조 정		0		0
IV. 기 타 포 괄 손 익 누 계 액		0		0
V. 이 익 잉 여 금		612,947,756		114,340,000
미 처 분 이 익 잉 여 금		612,947,756		114,340,000
(당 기 순 이 익)				
당기 : 498,607,756 원				
전기 : 100,420,000 원				
자 본 총 계		786,414,756		272,807,000
부 채 및 자 본 총 계		1,307,714,026		416,125,000

20 조회 [결산/재무제표Ⅰ] – [손익계산서] – 12월

기 간 2024 년 12 ▼ 월			
과목별 제출용 표준(법인)용 포괄손익			

과목	제 6(당)기 [2024/01/01 ~ 2024/12/31]		제 5(전)기 [2023/01/01 ~ 2023/12/31]	
	금액		금액	
Ⅰ. 매　　　출　　　액		999,130,000		560,000,000
상　품　매　출	999,130,000		560,000,000	
Ⅱ. 매　　출　　원　　가		243,809,727		320,000,000
상　품　매　출　원　가		243,809,727		320,000,000
기　초　상　품　재　고　액	90,000,000		30,000,000	
당　기　상　품　매　입　액	193,809,727		380,000,000	
기　말　상　품　재　고　액	40,000,000		90,000,000	

21 조회 [결산/재무제표Ⅰ] – [손익계산서] – 12월

② 차량유지비 금액은 7,054,100원이다.

기 간 2024 년 12 ▼ 월			
과목별 제출용 표준(법인)용 포괄손익			

과목	제 6(당)기 [2024/01/01 ~ 2024/12/31]		제 5(전)기 [2023/01/01 ~ 2023/12/31]	
	금액		금액	
Ⅳ. 판　매　비　와　관　리　비		247,261,517		132,980,000
급　　　　　여	137,433,000		82,300,000	
복　리　후　생　비	17,302,200		10,100,000	
여　비　교　통　비	1,334,600		3,500,000	
접　대　비(기업업무추진비)	26,537,900		5,200,000	
통　　신　　비	1,537,610		2,800,000	
수　도　광　열　비	5,684,520		0	
세　금　과　공　과　금	1,199,000		2,300,000	
감　가　상　각　비	5,922,387		5,900,000	
임　　차　　료	3,000,000		0	
수　　선　　비	7,394,000		0	
보　　험　　료	4,846,000		1,840,000	
차　량　유　지　비	7,054,100		8,540,000	
경　상　연　구　개　발　비	0		4,900,000	
운　　반　　비	639,000		0	
교　육　훈　련　비	1,500,000		0	
도　서　인　쇄　비	260,000		0	
포　　장　　비	0		800,000	
소　　모　품　　비	6,000,000		4,800,000	
수　수　료　비　용	1,800,000		0	
광　고　선　전　비	17,576,200		0	

22 조회 [결산/재무제표 I] - [손익계산서] - 12월

- `Ctrl` + `F8`을 눌러 계정과목코드 조회

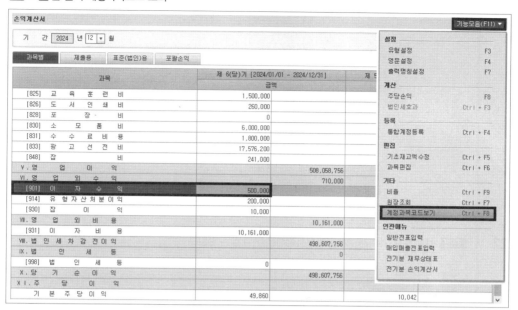

23 조회 [결산/재무제표 I] - [손익계산서] - 12월

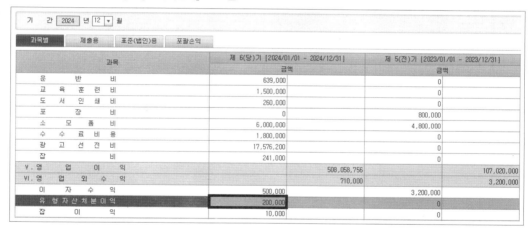

24~26 조회 [부가가치세 I] – [부가가치세신고서] – 7월 1일 ~ 9월 30일

부가가치세신고서 화면

	구분		금액	세율	세액
과세표준및매출세액	과세	세금계산서발급분 1	682,920,000	25	68,292,000
		매입자발행세금계산서 2			
		신용카드·현금영수증 3	1,200,000	10/100	120,000
		기타 4		10/100	
	영세	세금계산서발급분 5		0/100	
		기타 6		0/100	
	예정신고누락분			24	
	대손세액가감				
	합계 9		684,120,000	③	68,412,000
매입세액	세금계산서 수취부분	일반매입 10	59,522,727		5,952,273
		수출기업수입분납부유예 10-1			
		고정자산매입 11	11,700,000		1,170,000
	예정신고누락분 12				
	매입자발행세금계산서 13				
	그밖의공제매입세액 14			26	
	합계 (10-(10-1)+11+12+13+14) 15		71,222,727		7,122,273
	공제받지못할매입세액 16		28,000,000		2,800,000
	차감계 (15-16) 17		43,222,727	⑭	4,322,273

---

27 조회 [부가가치세 I] – [세금계산서합계표] – 7월 ~ 9월

매출세금계산서

유형	구분	매출처	매수	공급가액	부가세
전자	사업자	12	13	657,060,000	65,706,000
	주민번호	1	3	25,860,000	2,586,000
	소계	13	16	682,920,000	68,292,000
전자 외	사업자				
	주민번호				
	소계				
합계		13	16	682,920,000	68,292,000

---

28 조회 [부가가치세 I] – [계산서합계표] – 7월 ~ 9월

매입계산서

유형	구분	매입처	매수	공급가액
전자	사업자	2	2	1,500,000
	주민번호			
	소계	2	2	1,500,000
전자 외	사업자			
	주민번호			
	소계			
합계		2	2	1,500,000

29 조회 [금융/자금관리] – [예적금현황] – 12월 31일

① 신한은행(보통)은 434,612,000원이다.

② 우리은행(보통)은 21,540,000원이다.

③ 국민은행(보통)은 9,905,000원이다.

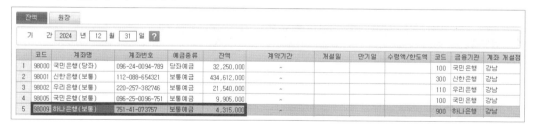

	코드	계좌명	계좌번호	예금종류	잔액	계약기간	개설일	만기일	수령액/한도액	코드	금융기관	계좌 개설점
1	98000	국민은행(당좌)	096-24-0094-789	당좌예금	32,250,000	~				100	국민은행	강남
2	98001	신한은행(보통)	112-088-654321	보통예금	434,612,000	~				300	신한은행	강남
3	98002	우리은행(보통)	220-257-382746	보통예금	21,540,000	~				110	우리은행	강남
4	98005	국민은행(보통)	096-25-0096-751	보통예금	9,905,000	~				100	국민은행	강남
5	98009	하나은행(보통)	751-41-073757	보통예금	4,315,000	~				900	하나은행	강남

30 조회 [결산/재무제표 I] – [영수증수취명세서]

9. 구분	3만원 초과 거래분		
	10. 총계	11. 명세서제출 제외대상	12. 명세서제출 대상(10-11)
13. 건수	2		2
14. 금액	143,000		143,000

영수증수취명세서(2) 영수증수취명세서(1) 해당없음

1. 세금계산서. 계산서. 신용카드 등 미사용내역

31 조회 [기초정보관리] – [전기분 재무상태표]

• 부채총계 143,318,000원, 자기자본(자본총계) 272,807,000원 확인

∴ (143,318,000 / 272,807,000) × 100 ≒ 52%

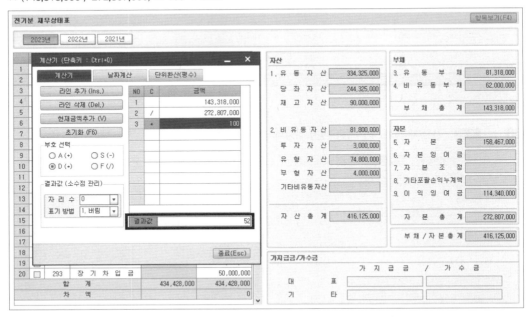

32 조회 [기초정보관리] – [전기분 손익계산서]

• 당기순이익 100,420,000원, 매출액 560,000,000원 확인

∴ (100,420,000 / 560,000,000) × 100 ≒ 17%

실무이론평가

01	02	03	04	05	06	07	08	09	10
③	①	②	②	④	③	①	①	③	②

01
- 회계처리

(차) 당좌예금(자산의 증가)   ×××   (대) 받을어음(자산의 감소)   ×××

02
① 재무상태를 나타내는 것은 재무상태표이다.
- 손익계산서는 경영성과를 나타낼 뿐 아니라 기업의 미래현금흐름과 수익창출능력 등의 예측에 유용한 정보를 제공한다.

핵심요약	재무상태표와 손익계산서	416p

03
- 회계처리

(차) 외상매출금	1,000,000	(대) 상품매출	3,000,000
현금	1,400,000		
받을어음	600,000		

※ 자기앞수표는 현금으로 처리한다.
∴ 매출채권 = 외상매출금 1,000,000원 + 받을어음 600,000원 = 1,600,000원

핵심요약	현금및현금성자산	418p
	매출채권과 매입채무	418p

04
② 영업사원의 명함제작비용은 도서인쇄비, 거래처에 선물 등 사업상 지출한 비용은 접대비로 처리한다.

05
- 매도가능증권 취득원가 = 취득금액 (700주 × 8,000원) + 취득수수료 560,000원 = 6,160,000원
※ 매도가능증권의 취득 시 발생한 취득수수료는 취득원가에 포함한다.

핵심요약	단기매매증권과 매도가능증권의 취득	419p

06　• 유형자산 처분 회계처리

(차)	현금	2,700,000	(대) 기계장치	5,000,000
	감가상각누계액	2,500,000	유형자산처분이익	200,000

　　※ 감가상각누계액 = 2023년 말 감가상각누계액 2,000,000원 + 2024년 6월 30일 감가상각비 (5,000,000원 ÷ 5년)

　　　× 6/12 = 2,500,000원

　　∴ 처분손익 = 처분액 2,700,000원 − (취득원가 5,000,000원 − 감가상각누계액 2,500,000원) = 200,000원(이익)

07　① 유형자산 중 토지와 건설중인자산은 감가상각대상이 아니다.

　　※ 토지는 내용연수가 무한하여 감가상각대상에서 제외되며, 건설중인자산은 미완성 상태로 사용되지 않고 있기 때문에

　　　감가상각대상에서 제외된다.

08　① 사업자란 사업 목적이 영리이든 비영리이든 관계없이 사업상 독립적으로 재화 또는 용역을 공급하는 자를 말하며 개

　　인과 법인(국가 · 지방자치단체 · 지방자치단체조합 포함) 및 법인격 없는 사단 · 재단 등이 이에 포함된다.

　　핵심요약　납세의무자　　　　　　422p

09　① 현금판매 : 재화가 인도되거나 이용가능하게 된 때

　　② 재화의 공급으로 보는 가공 : 가공된 재화를 인도하는 때

　　④ 공급단위를 구획할 수 없는 용역의 계속적 공급 : 대가의 각 부분을 받기로 한 때

　　핵심요약　재화와 용역의 공급시기　　425p

10　• 과세표준 = 외상판매액 15,000,000원 + 할부판매액 5,300,000원 = 20,300,000원

　　※ 견본품의 제공은 재화의 공급이 아니고, 토지매각은 면세에 해당된다.

　　핵심요약　재화의 공급　　　　424p

실무수행 1 기초정보관리의 이해

① **입력** [기초정보관리] – [거래처별초기이월]
- 252.지급어음 계정을 찾은 후 더블 클릭
  - 거래처명, 만기일자, 어음번호, 금액 입력
  - 지급어음 상세등록에서 2.발행일자 : 2023-11-30으로 수정

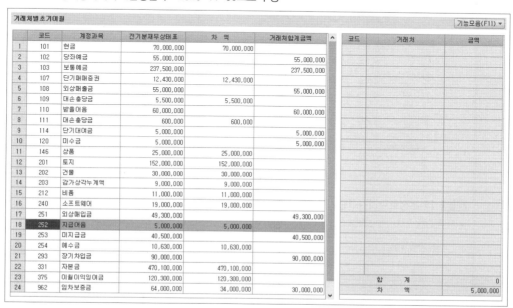

② **입력** [기초정보관리] – [전기분 손익계산서]

- 812.여비교통비 15,000,000원 → 1,500,000원으로 수정입력
- 998.법인세등 2,800,000원 추가입력
- 당기순이익 92,590,000원 확인

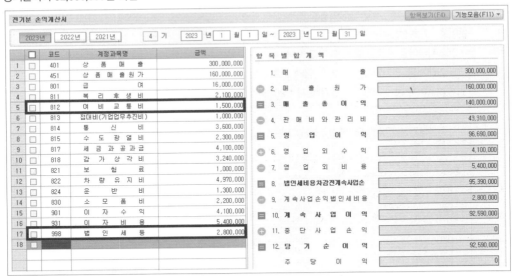

입력 [기초정보관리] – [전기분 이익잉여금처분계산서]

- 처분 확정 일자 : 2024년 2월 28일로 수정입력

실무수행 2　거래자료 입력

① **입력** [전표입력/장부] – [일반전표입력] – 1월 10일

(차) 817.세금과공과금　　　　　　　10,000　　　(대) 101.현금　　　　　　　　　　10,000

또는 (출) 817.세금과공과금　　　　　10,000

□	일	번호	구분	코드	계정과목	코드	거래처	적요	차변	대변
□	10	00001	차변	817	세금과공과금				10,000	
□	10	00001	대변	101	현금					10,000

② **입력** [전표입력/장부] – [일반전표입력] – 2월 20일

(차) 824.운반비　　　　　　　　　　40,000　　　(대) 101.현금　　　　　　　　　　40,000

또는 (출) 824.운반비　　　　　　　　40,000

□	일	번호	구분	코드	계정과목	코드	거래처	적요	차변	대변
□	20	00001	차변	824	운반비				40,000	
□	20	00001	대변	101	현금					40,000

입력 [결산/재무제표 I] – [영수증수취명세서]

• [영수증수취명세서(2)] 탭에서 거래자료 입력

• [영수증수취명세서(1)] 탭에서 명세서(2)불러오기(F4)를 클릭하여 [영수증수취명세서(2)] 탭에서 작성한 내용 반영

9. 구분	3만원 초과 거래분		
	10. 총계	11. 명세서제출 제외대상	12. 명세서제출 대상(10-11)
13. 건수	4	1	3
14. 금액	890,000	150,000	740,000

• 해당 메뉴 종료 시 작성 내용 저장

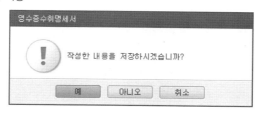

③ **입력** [전표입력/장부] – [일반전표입력] – 3월 15일

(차) 133.선급비용   580,000   (대) 103.보통예금   580,000

                                                        (98005.우리은행(보통))

□	일	번호	구분	코드	계정과목	코드	거래처	적요	차변	대변
□	15	00001	차변	133	선급비용				580,000	
□	15	00001	대변	103	보통예금	98005	우리은행(보통)			580,000

④ **입력** [전표입력/장부] – [일반전표입력] – 3월 18일

(차) 251.외상매입금   6,000,000   (대) 110.받을어음   6,000,000

    (00104.(주)대한상사)   (04520.(주)아이폰마켓)

□	일	번호	구분	코드	계정과목	코드	거래처	적요	차변	대변
□	18	00001	차변	251	외상매입금	00104	(주)대한상사		6,000,000	
□	18	00001	대변	110	받을어음	04520	㈜아이폰마켓			6,000,000

• 받을어음 클릭 후 F3을 눌러 어음관리 화면 활성화

  – 어음관련 정보 입력

● 받을어음 관리									삭제(F5)
어음상태	3	배서	**어음번호**	0042024012012 3456789	수 취 구 분	1 자수	발 행 일	2024-01-20	만 기 일	2024-03-20
발 행 인	04520	㈜아이폰마켓			지 급 은 행	100 국민은행			지 점	서대문
배 서 인			할 인 기 관		지 점		할 인 율 (%)		어 음 종 류	6 전자
지급거래처	00104	(주)대한상사					* 수령된 어음을 타거래처에 지급하는 경우에 입력합니다.			

⑤ **입력** [전표입력/장부] – [일반전표입력] – 3월 29일

(차) 103.보통예금   330,000   (대) 259.선수금   330,000

    (98002.기업은행(보통))   (00107.(주)갤럭시세상)

□	일	번호	구분	코드	계정과목	코드	거래처	적요	차변	대변
□	29	00001	차변	103	보통예금	98002	기업은행(보통)		330,000	
□	29	00001	대변	259	선수금	00107	(주)갤럭시세상			330,000

① **입력** [전표입력/장부] − [매입매출전표입력] − 7월 5일

• 거래자료 입력

거래유형	공급가액	부가세	거래처명	전자세금	분개유형
11.과세	6,000,000	600,000	05030.(주)앤텔레콤		3.혼합

□	일	유형	품명	수량	단가	공급가액	부가세	합계	코드	거래처명	사업.주민번호	전자세금	분개
□	05	과세	휴대폰 필름	2,000	3,000	6,000,000	600,000	6,600,000	05030	(주)앤텔레콤	314-81-17506		혼합

• 하단 전표 입력

  (차) 259.선수금　　　　　　　　　1,000,000　　(대) 255.부가세예수금　　　　　600,000

  　　108.외상매출금　　　　　　　5,600,000　　　　401.상품매출　　　　　6,000,000

구분	코드	계정과목	차변	대변	코드	거래처	적요	관리
대변	255	부가세예수금		600,000	05030	(주)앤텔레콤	휴대폰 필름 2,000 X 3,000	
대변	401	상품매출		6,000,000	05030	(주)앤텔레콤	휴대폰 필름 2,000 X 3,000	
차변	259	선수금	1,000,000		05030	(주)앤텔레콤	휴대폰 필름 2,000 X 3,000	
차변	108	외상매출금	5,600,000		05030	(주)앤텔레콤	휴대폰 필름 2,000 X 3,000	

입력 [부가가치세Ⅱ] − [전자세금계산서 발행 및 내역관리] − 7월 5일

• 미전송된 내역을 체크한 후 전자발행▼ 을 클릭하여 표시되는 [로그인] 화면에서 확인(TAB) 클릭
• [전자(세금)계산서 발행] 화면이 조회되면 발행(F3) 을 클릭한 다음 확인 클릭
• 국세청란에 '발행대상'으로 표시되면 ACADEMY 전자세금계산서 클릭
• [Bill36524 교육용 전자세금계산서] 화면에서 '로그인' 클릭
• [세금계산서 리스트]에서 '미전송' 체크 → '매출 조회' 클릭 → '발행' 클릭 → '확인' 클릭

입력 [전표입력/장부] − [매입매출전표입력] − 7월 5일

• 전자세금란이 '전자발행'으로 반영되었는지 확인

□	일	유형	품명	수량	단가	공급가액	부가세	합계	코드	거래처명	사업.주민번호	전자세금	분개
□	05	과세	휴대폰 필름	2,000	3,000	6,000,000	600,000	6,600,000	05030	(주)앤텔레콤	314-81-17506	전자발행	혼합

PART 3

② **입력** [전표입력/장부] – [매입매출전표입력] – 7월 20일

• 거래자료 입력

거래유형	공급가액	부가세	거래처명	전자세금	분개유형
51.과세	1,500,000	150,000	02117.미래회계법인	1.전자입력	3.혼합

□	일	유형	품명	수량	단가	공급가액	부가세	합계	코드	거래처명	사업.주민번호	전자세금	분개
□	20	과세	컨설팅수수료			1,500,000	150,000	1,650,000	02117	미래회계법인	825-86-00742	전자입력	혼합

• 하단 전표 입력

(차) 135.부가세대급금	150,000	(대) 103.보통예금	1,650,000
831.수수료비용	1,500,000	(98005.우리은행(보통))	

구분	코드	계정과목	차변	대변	코드	거래처	적요	관리
차변	135	부가세대급금	150,000		02117	미래회계법인	컨설팅수수료	
차변	831	수수료비용	1,500,000		02117	미래회계법인	컨설팅수수료	
대변	103	보통예금		1,650,000	98005	우리은행(보통)	컨설팅수수료	

③ **입력** [전표입력/장부] – [매입매출전표입력] – 7월 30일

• 거래유형 : 17.카과, [신용카드사] 화면에서 F2를 눌러 99700.우리카드 클릭 후 확인

• 거래자료 입력

거래유형	공급가액	부가세	거래처명	전자세금	분개유형
17.카과	100,000	10,000	30123.이민우		4.카드 또는 2.외상

□	일	유형	품명	수량	단가	공급가액	부가세	합계	코드	거래처명	사업.주민번호	전자세금	분개
□	30	카과	휴대폰 가죽지갑			100,000	10,000	110,000	30123	이민우	801105-1678549		혼합

※ 분개유형을 4.카드 또는 2.외상으로 하여 전표를 입력할 수 있으나, 분개유형 파악이 어려운 경우 3.혼합을 사용하여 전표를 입력한다.

- 하단 전표 입력

(차) 108.외상매출금   110,000   (대) 255.부가세예수금   10,000

        (99700.우리카드)   401.상품매출   100,000

구분	코드	계정과목	차변	대변	코드	거래처	적요	관리
대변	255	부가세예수금		10,000	30123	이민우	휴대폰 가죽지갑	
대변	401	상품매출		100,000	30123	이민우	휴대폰 가죽지갑	
차변	108	외상매출금	110,000		99700	우리카드	휴대폰 가죽지갑	

④   **입력** [전표입력/장부] – [매입매출전표입력] – 8월 10일

- 거래유형 : 54.불공, 불공제사유 : 9.접대비 관련 매입세액

- 거래자료 입력

거래유형	공급가액	부가세	거래처명	전자세금	분개유형
54.불공	2,000,000	200,000	30125.(주)에스스킨	1.전자입력	3.혼합

□	일	유형	품명	수량	단가	공급가액	부가세	합계	코드	거래처명	사업.주민번호	전자세금	분개
□	10	불공	화장품세트	40	50,000	2,000,000	200,000	2,200,000	30125	(주)에스스킨	268-88-00787	전자입력	혼합

- 하단 전표 입력

(차) 813.접대비(기업업무추진비)   2,200,000   (대) 103.보통예금   2,200,000

                                                 (98005.우리은행(보통))

구분	코드	계정과목	차변	대변	코드	거래처	적요	관리
차변	813	접대비(기업업무추진	2,200,000		30125	(주)에스스킨	화장품세트 40 X 50,000	
대변	103	보통예금		2,200,000	98005	우리은행(보통)	화장품세트 40 X 50,000	

⑤ **입력** [전표입력/장부] – [매입매출전표입력] – 9월 8일

• 거래유형 : 57.카과, [신용카드사] 화면에서 F2를 눌러 99605.농협카드 선택 후 확인

• 거래자료 입력

거래유형	공급가액	부가세	거래처명	전자세금	분개유형
57.카과	1,200,000	120,000	05115.쿠팡(주)		4.카드 또는 3.혼합

□	일	유형	품명	수량	단가	공급가액	부가세	합계	코드	거래처명	사업.주민번호	전자세금	분개
□	08	카과	냉난방기			1,200,000	120,000	1,320,000	05115	쿠팡(주)	120-88-00767		혼합

• 하단 전표 입력

  (차) 135.부가세대급금   120,000   (대) 253.미지급금   1,320,000

        212.비품   1,200,000   (99605.농협카드)

구분	코드	계정과목	차변	대변	코드	거래처	적요	관리
차변	135	부가세대급금	120,000		05115	쿠팡(주)	냉난방기	
차변	212	비품	1,200,000		05115	쿠팡(주)	냉난방기	
대변	253	미지급금		1,320,000	99605	농협카드	냉난방기	

입력 [고정자산등록] – [고정자산등록]

- 고정자산계정과목 : 212.비품, 자산구분 : 0.전체 입력 후 고정자산등록

⑥ **조회** [전표입력/장부] – [일반전표입력] – 6월 30일

- 미수금 302,000원 확인

☐	일	번호	구분	코드	계정과목	코드	거래처	적요	차변	대변
☐	30	00001	차변	255	부가세예수금				5,578,000	
☐	30	00001	대변	135	부가세대급금					5,870,000
☐	30	00001	대변	930	잡이익					10,000
☐	30	00001	차변	120	미수금	03100	서대문세무서		302,000	

입력 [전표입력/장부] – [일반전표입력] – 8월 5일

(차) 103.보통예금   302,000   (대) 120.미수금   302,000

    (98005.우리은행(보통))   (03100.서대문세무서)

☐	일	번호	구분	코드	계정과목	코드	거래처	적요	차변	대변
☐	05	00001	차변	103	보통예금	98005	우리은행(보통)		302,000	
☐	05	00001	대변	120	미수금	03100	서대문세무서			302,000

실무수행 4 결산

① **입력** [전표입력/장부] – [일반전표입력] – 12월 31일

(차) 293.장기차입금　　　　　　　　50,000,000　　(대) 264.유동성장기부채　　　　　　　50,000,000

　　(98500.신한은행(차입금))　　　　　　　　　　　　　(98500.신한은행(차입금))

□	일	번호	구분	코드	계정과목	코드	거래처	적요	차변	대변
□	31	00001	차변	293	장기차입금	98500	신한은행(차입금)		50,000,000	
□	31	00001	대변	264	유동성장기부채	98500	신한은행(차입금)			50,000,000

입력 [결산/재무제표 I] – [결산자료입력] – 1월 ~ 12월

• [매출원가 및 경비선택] 화면에서 **확인(Tab)** 클릭
• 상품매출원가의 기말 상품 재고액란에 28,000,000원 입력
• 우측 상단의 **전표추가(F3)** 를 클릭하여 결산분개를 일반전표에 추가

결산자료입력				**전표추가(F3)**	기능모음(F11)

결 산 일 자 　2024　년 01 ▼ 월 부터 　2024　년 12 ▼ 월 까지

과	목	결산분개금액	결산입력사항금액	결산금액(합계)
2. 매출원가				215,187,000
상품매출원가			215,187,000	215,187,000
(1). 기초 상품 재고액			25,000,000	
(2). 당기 상품 매입액			218,187,000	
(10).기말 상품 재고액			28,000,000	

② **조회** [결산/재무제표 I] – [손익계산서] – 12월

손익계산서			기능모음(F11)

기　간 　2024　년 12 ▼ 월

과목별　　제출용　　표준(법인)용　　포괄손익

과목	제 5(당)기 [2024/01/01 ~ 2024/12/31] 금액	제 4(전)기 [2023/01/01 ~ 2023/12/31] 금액
임　　차　　료	2,750,000	0
수　　선　　비	7,311,000	0
보　　험　　료	8,680,000	1,000,000
차　량　유　지　비	6,191,100	4,970,000
운　　반　　비	1,310,000	1,300,000
도　서　인　쇄　비	260,000	0
소　　모　품　비	2,229,000	2,200,000
수　수　료　비　용	3,300,000	0
광　고　선　전　비	5,400,000	0
잡　　　　　비	241,000	0
Ⅴ. 영　업　이　익	338,203,830	96,690,000
Ⅵ. 영　업　외　수　익	5,545,860	4,100,000
이　자　수　익	5,535,860	4,100,000
잡　이　익	10,000	0
Ⅶ. 영　업　외　비　용	9,661,000	5,400,000
이　자　비　용	9,661,000	5,400,000
Ⅷ. 법 인 세 차 감 전 이 익	334,088,690	95,390,000
Ⅸ. 법　인　세　등	0	2,800,000
법　인　세　등	0	2,800,000
Ⅹ. 당　기　순　이　익	334,088,690	92,590,000

입력 [결산/재무제표Ⅰ] – [이익잉여금처분계산서]

- '저장된 데이터 불러오기' → '아니오' 선택
- 상단에 당기분 처분 예정일 2025년 2월 28일, 전기분 처분 확정일 2024년 2월 28일 입력
- 상단부의 전표추가(F3) 클릭 후 확인

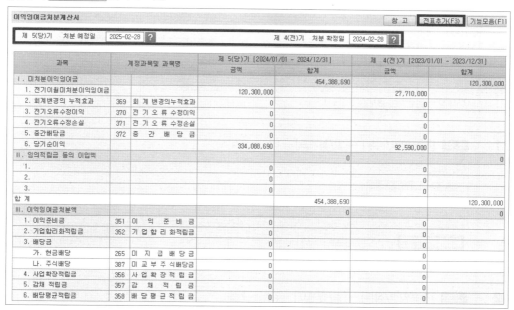

조회 [결산/재무제표Ⅰ] – [재무상태표] – 12월

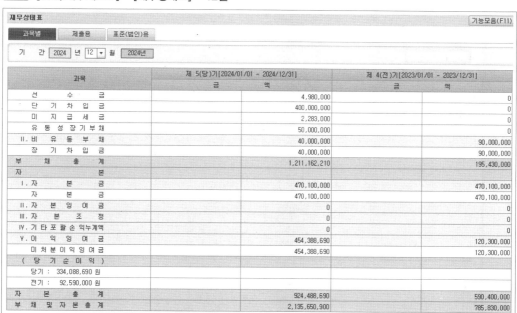

11	12	13	14	15	16
111,190,000	24,410,000	②	②	39,174,000	65,170,000
17	18	19	20	21	22
830,000	④	215,187,000	6,123,000	700,000	40,000,000
23	24	25	26	27	28
①	740,000	1,200,000	86,020,000	180,400	③
29	30	31	32		
17,000,000	30122	①	②		

11　조회　[전표입력/장부] – [일/월계표] – 1월 ~ 3월

일/월계표					계정과목코드보기(F3)	기능모음(F11)
일계표	월계표					

조회기간 2024 년 01 월 ~ 2024 년 03 월

차		변	계 정 과 목	대		변
계	대 체	현 금		현 금	대 체	계
111,190,000	32,529,000	78,661,000	[판 매 관 리 비]			

12　조회　[전표입력/장부] – [일/월계표] – 7월 ~ 7월

일/월계표					계정과목코드보기(F3)	기능모음(F11)
일계표	월계표					

조회기간 2024 년 07 월 ~ 2024 년 07 월

차		변	계 정 과 목	대		변
계	대 체	현 금		현 금	대 체	계
24,410,000	24,410,000		외 상 매 출 금			

13　조회　[전표입력/장부] – [일/월계표] – 7월 ~ 9월

일/월계표					계정과목코드보기(F3)	기능모음(F11)
일계표	월계표					

조회기간 2024 년 07 월 ~ 2024 년 09 월

차		변	계 정 과 목	대		변
계	대 체	현 금		현 금	대 체	계
79,127,500	70,213,180	8,914,320	[판 매 관 리 비]			
60,000,000	60,000,000		급　　여			
6,625,180	3,973,180	2,652,000	복 리 후 생 비			
113,000		113,000	여 비 교 통 비			
3,835,000	3,300,000	535,000	접대비(기업업무추진비)			
58,020		58,020	통 신 비			
128,000		128,000	수 도 광 열 비			
210,000		210,000	전 력 비			
3,090,000		3,090,000	세 금 과 공 과 금			
500,000		500,000	임 차 료			
1,440,000	1,440,000		보 험 료			
945,300		945,300	차 량 유 지 비			
33,000		33,000	운 반 비			
20,000		20,000	도 서 인 쇄 비			
2,100,000	1,500,000	600,000	수 수 료 비 용			
30,000		30,000	잡 비			

14 조회 [전표입력/장부] – [거래처원장] – 12월 1일 ~ 12월 31일

② ㈜대한상사의 12월 말 외상매입금 잔액은 9,300,000원이다.

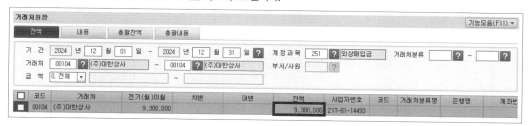

① 우리카드의 외상매출금 잔액은 110,000원이다.

③ 농협카드의 미지급금 잔액은 5,610,000원이다.

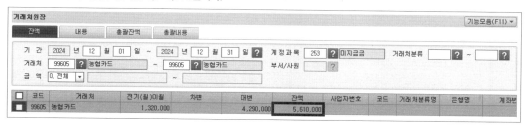

④ 서대문세무서의 미지급세금 잔액은 2,283,000원이다

15 조회 [전표입력/장부] - [현금출납장] - 2월 1일 ~ 2월 29일

전표일자	코드	적요명	코드	거래처명	입금	출금	잔액
2024-02-25	04	보통예금 현금인출	98001	국민은행(보통)	5,000,000		
2024-02-25		지급수수료	00115	(주)블랙폰		20,000	
2024-02-25		지급수수료	00115	(주)블랙폰		200,000	
2024-02-25	04	거래처접대비(기업업무추진비)	00108	강남식당		98,000	
2024-02-25	01	신문구독료 지급				10,000	
2024-02-25	01	신문구독료 지급				10,000	69,855,700
		[일 계]			5,000,000	338,000	
2024-02-26	02	직원식대				8,400	
2024-02-26	01	유류대 지급	30121	충정주유소		55,000	69,792,300
		[일 계]				63,400	
2024-02-27	02	직원식대				13,000	
2024-02-27		직원야근시간식대지급				5,200	
2024-02-27	01	차입금이자 지급	98005	우리은행(보통)		131,000	
2024-02-27	01	사무실임차료 지급	00156	(주)따르릉		250,000	
2024-02-27			00108	강남식당		301,200	
2024-02-27	05	전기요금납부		한국전력		59,900	
2024-02-27	01	시내교통비 지급				8,000	
2024-02-27	08	급여등 지급				29,850,000	39,174,000

16 조회 [결산/재무제표 I] - [합계잔액시산표] - 3월 31일

차변 잔액	차변 합계	계정과목	대변 합계	대변 잔액
	6,000,000	외 상 매 입 금	71,170,000	65,170,000

17 조회 [결산/재무제표 I] - [합계잔액시산표] - 7월 31일

차변 잔액	차변 합계	계정과목	대변 합계	대변 잔액
	1,000,000	선 수 금	1,830,000	830,000

18 조회 [결산/재무제표 I] - [손익계산서] - 9월

④ 수수료비용은 3,100,000원이 증가하였다.

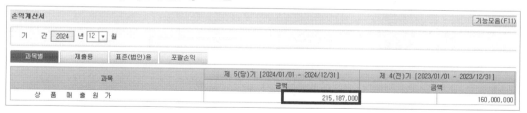

손익계산서

기 간 2024 년 09 월

과목별 | 제출용 | 표준(법인)용 | 포괄손익

과목	제 5(당)기 [2024/01/01 ~ 2024/09/30] 금액	제 4(전)기 [2023/01/01 ~ 2023/12/31] 금액
Ⅳ. 판 매 비 와 관 리 비	292,379,250	43,310,000
급 여	243,000,000	16,000,000
복 리 후 생 비	13,177,780	2,100,000
여 비 교 통 비	1,090,000	1,500,000
접 대 비(기업업무추진비)	5,184,500	1,000,000
통 신 비	625,310	3,600,000
수 도 광 열 비	1,766,000	2,300,000
전 력 비	3,150,960	0
세 금 과 공 과 금	3,100,000	4,100,000
감 가 상 각 비	0	3,240,000
임 차 료	2,000,000	0
수 선 비	251,000	0
보 험 료	2,340,000	1,000,000
차 량 유 지 비	4,613,700	4,970,000
운 반 비	1,000,000	1,300,000
도 서 인 쇄 비	110,000	
소 모 품 비	2,229,000	2,200,000
수 수 료 비 용	3,100,000	0
광 고 선 전 비	5,400,000	0
잡 비	241,000	0

19 조회 [결산/재무제표 I] - [손익계산서] - 12월

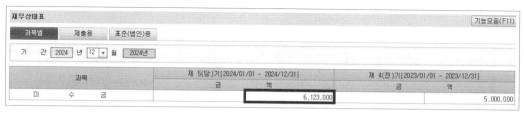

손익계산서

기 간 2024 년 12 월

과목별 | 제출용 | 표준(법인)용 | 포괄손익

과목	제 5(당)기 [2024/01/01 ~ 2024/12/31] 금액	제 4(전)기 [2023/01/01 ~ 2023/12/31] 금액
상 품 매 출 원 가	215,187,000	160,000,000

20 조회 [결산/재무제표 I] - [재무상태표] - 12월

재무상태표

기 간 2024 년 12 월 2024년

과목별 | 제출용 | 표준(법인)용

과목	제 5(당)기[2024/01/01 ~ 2024/12/31] 금 액	제 4(전)기[2023/01/01 ~ 2023/12/31] 금 액
미 수 금	6,123,000	5,000,000

21 조회 [결산/재무제표Ⅰ] – [재무상태표] – 12월

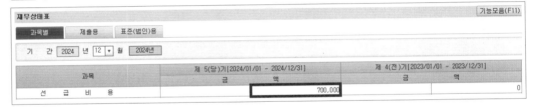

과목	제 5(당)기[2024/01/01 ~ 2024/12/31] 금	액	제 4(전)기[2023/01/01 ~ 2023/12/31] 금	액
선 급 비 용		700,000		0

22 조회 [결산/재무제표Ⅰ] – [재무상태표] – 12월

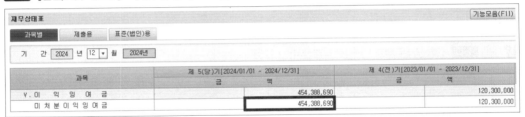

과목	제 5(당)기[2024/01/01 ~ 2024/12/31] 금	액	제 4(전)기[2023/01/01 ~ 2023/12/31] 금	액
Ⅱ. 비 유 동 부 채		40,000,000		90,000,000
장 기 차 입 금		40,000,000		90,000,000

23 조회 [결산/재무제표Ⅰ] – [재무상태표] – 12월

과목	제 5(당)기[2024/01/01 ~ 2024/12/31] 금	액	제 4(전)기[2023/01/01 ~ 2023/12/31] 금	액
Ⅴ. 이 익 잉 여 금		454,388,690		120,300,000
미 처 분 이 익 잉 여 금		454,388,690		120,300,000

24 조회 [결산/재무제표Ⅰ] – [영수증수취명세서]

영수증수취명세서

명세서(2)불러오기(F4) 기능모음(F11) ▼

영수증수취명세서(2) 영수증수취명세서(1) 해당없음

1. 세금계산서, 계산서, 신용카드 등 미사용내역

9. 구분	3만원 초과 거래분		
	10. 총계	11. 명세서제출 제외대상	12. 명세서제출 대상(10-11)
13. 건수	4	1	3
14. 금액	890,000	150,000	740,000

25 조회 [부가가치세 I] – [부가가치세신고서] – 7월 1일 ~ 9월 30일

- 14.그밖의공제매입세액란의 금액 더블 클릭 – [그밖의공제매입세액명세] – 42번란의 금액 확인

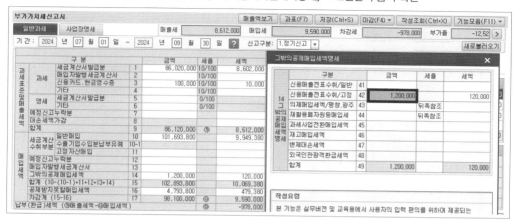

26 조회 [부가가치세 I] – [세금계산서합계표] – 7월 ~ 9월

유형	구분	매출처	매수	공급가액	부가세
매출세금계산서					
전자	사업자	8	11	86,020,000	8,602,000
	주민번호				
	소계	8	11	86,020,000	8,602,000
전자외	사업자				
	주민번호				
	소계				
합계		8	11	86,020,000	8,602,000

PART 3

27 **조회** [고정자산등록] – [고정자산관리대장]

- 항목 : 0.전체, 구분 : 0.전체고정자산, 유형 : 0.전체 입력 후 조회

28 **조회** [금융/자금관리] – [예적금현황] – 3월 31일

① 국민은행(당좌)의 잔액은 64,500,000원이다.

② 국민은행(보통)의 잔액은 251,250,000원이다.

④ 우리은행(보통)의 잔액은 52,020,000원이다.

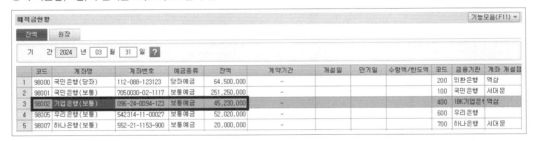

29 조회 [금융/자금관리] – [받을어음현황]

- 조회구분 : 1.일별, 1.만기일 : 2024년 1월 1일 ~ 2024년 3월 31일, 거래처 : 처음 ~ 끝 입력 후 조회

30 조회 [금융/자금관리] – [지급어음현황]

- 조회구분 : 1.일별, 만기일 : 2024년 5월 1일 ~ 2024년 5월 31일, 어음구분 : 1. 전체, 거래처 : 처음 ~ 끝 입력 후 조회

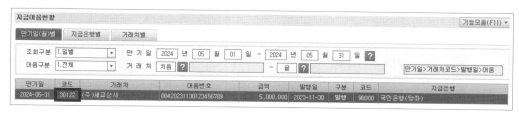

31 조회 [기초정보관리] – [전기분 손익계산서]

- 당기순이익 92,590,000원, 매출액 300,000,000원 확인

∴ (92,590,000 / 300,000,000) × 100 ≒ 30%

32 조회 [기초정보관리] – [전기분 재무상태표]

- 유동자산 518,830,000원, 유동부채 105,430,000원 확인

∴ (518,830,000 / 105,430,000) × 100 ≒ 492%

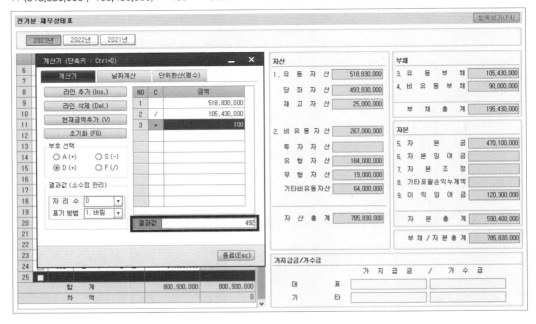

실무이론평가

01	02	03	04	05	06	07	08	09	10
③	③	①	④	③	②	③	②	①	②

01 ③ 손익계산서는 일정 기간 동안 기업의 경영성과에 대한 정보를 제공하는 재무보고서이다.

핵심요약	재무상태표와 손익계산서	416p
	재무상태표 구분항목	416p

PART 3

02
- 2023년 감가상각비(정률법) = 취득금액 15,000,000원 × 25% = 3,750,000원
- 2024년 감가상각비(정률법) = (취득금액 15,000,000원 − 감가상각누계액 3,750,000원) × 25% = 2,812,500원

03 ① 매입에누리는 매입한 상품에 하자나 파손이 있는 경우 가격을 할인 받는 것이고, 매입할인은 상품의 구매자가 판매대금을 조기에 지급하는 경우 약정에 의해 할인 받는 것이다.

핵심요약	재고자산 매입 · 매출의 차감계정	419p

04 ④ 유형자산의 취득 후 지출이 발생하였을 때 내용연수가 연장되거나 가치가 증대되었다면 자본적 지출로 보아 해당 자산의 계정과목을 차변에 기입하여 자산의 증가로 회계처리한다.

핵심요약	수익적 지출과 자본적 지출	420p

05
- 매출채권(가) = 외상매출금 1,000,000원 + 받을어음 2,000,000원 = 3,000,000원
- 대손충당금(나) = 매출채권 3,000,000원 × 대손율 2% = 60,000원

06
- 가지급금 300,000원에 대하여 250,000원을 여비교통비로 사용하고 잔액 50,000원을 현금으로 반납하였으므로 아래와 같이 회계처리한다.

(차) 여비교통비	250,000	(대) 가지급금	300,000
현금	50,000		

07 ③ 유형자산에 대한 감가상각비는 판매비와관리비에 속하므로 손익계산서에 반영된다.

① 재고자산을 매입하면서 발생하는 부대비용은 그 재고자산의 취득원가에 포함되므로 재무상태표에 반영된다.

② 특허권을 취득하기 위해 지급한 금액은 무형자산에 포함되므로 재무상태표에 반영된다.

④ 매도가능증권평가손익은 기타포괄손익누계액(자본)에 속하므로 재무상태표에 반영된다.

08 ② 직전연도의 사업장별 재화 및 용역의 공급가액의 합계액이 8천만원 이상인 개인사업자는 전자세금계산서를 발급하여야 한다.

핵심요약	전자세금계산서 발급대상	427p

09 ② 견본품의 인도는 재화의 공급으로 보지 아니한다.

③ 담보제공은 재화의 공급으로 보지 아니한다.

④ 상품권의 양도는 재화의 공급으로 보지 아니한다.

핵심요약	재화의 공급	424p

10 • 공제가능한 매입세액 = 원재료 매입세액 20,000,000원 + 업무용 승합차 매입세액 3,000,000원 = 23,000,000원

※ 토지의 자본적 지출과 접대비 관련 매입세액은 매입세액 불공제 내역이다.

핵심요약	불공제 사유	433p

실무수행 1   기초정보관리의 이해

① **입력** [기초정보관리] – [거래처등록]
- [기본사항] 탭
  - 3. 대표자성명 : 김희애 → 이영애로 수정입력

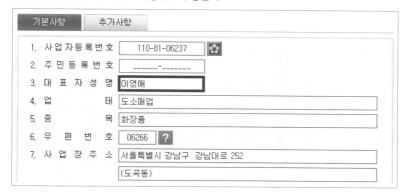

- [추가사항] 탭
  - 4. 담당자메일주소 : soorye@bill36524.com → han24@bill36524.com로 수정입력

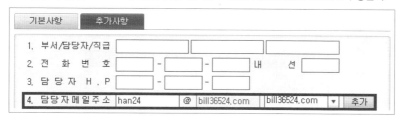

② **입력** [기초정보관리] – [계정과목및적요등록]
- 173.회사설정계정과목 → 173.온라인몰상품으로 수정입력
- 구분 : 1.일반재고, 표준코드 : 045.상품으로 수정입력

□	코드	계정과목	구분	사용	과목	관계	관리항목	표준코드	표준재무제표항목
□	173	온 라 인 몰 상 품	일반재고	○	173		거래처,부서/사원	045	상품

① **입력** [전표입력/장부] – [일반전표입력] – 4월 10일

(차) 827.회의비	92,000	(대) 101.현금	92,000
또는 (출) 827.회의비	92,000		

□	일	번호	구분	코드	계정과목	코드	거래처	적요	차변	대변
□	10	00001	차변	827	회의비				92,000	
□	10	00001	대변	101	현금					92,000

입력 [결산/재무제표Ⅰ] – [영수증수취명세서]

• [영수증수취명세서(2)] 탭에서 거래자료 입력

	거래일자	상 호	성 명	사업장	사업자등록번호	거래금액	구분	계정코드	계정과목	적요
□	2024-02-11	(주)한강마트	김육현	서울특별시 서대문구 경기대	125-81-15607	70,000		811	복리후생비	직원 간식 구입
□	2024-03-07	금화한식(주)	기예원	대전광역시 동구 가양남로 3	110-81-17530	88,000		813	접대비(기업업무추진비)	매출거래처 직원 식사
□	2024-06-11	김영농		경주시 외동읍 외동로 1234		60,000	18	811	복리후생비	직원 간식 구입
□	2024-04-10	비뚤기마트	이종수	서울특별시 강남구 봉은사로	114-51-25414	92,000		827	회의비	

• [영수증수취명세서(1)] 탭에서 명세서(2)불러오기(F4) 를 클릭하여 [영수증수취명세서(2)] 탭에서 작성한 내용 반영

1. 세금계산서, 계산서, 신용카드 등 미사용내역			
9. 구분	3만원 초과 거래분		
	10. 총계	11. 명세서제출 제외대상	12. 명세서제출 대상(10-11)
13. 건수	4	1	3
14. 금액	310,000	60,000	250,000

• 해당 메뉴 종료 시 작성 내용 저장

영수증수취명세서

! 작성한 내용을 저장하시겠습니까?

[예] [아니오] [취소]

② **조회** [전표입력/장부] – [계정별원장]

• 기간 : 2024년 1월 1일 ~ 2024년 4월 20일, 계정과목 : 137.주.임.종단기채권 입력 후 조회

• 137.주.임.종단기채권 잔액 : 1,000,000원, 거래처명 : 00101.김지선 확인

기 간 2024 년 01 월 01 일 ~ 2024 년 04 월 20 일 ? 계정과목 137 ? 주.임.종단기채권 ~ 137 ? 주.임.종단기채권
금 액 0.전체 ▼ ~

□	코드	계정과목	날자	적요	코드	거래처명	차변	대변	잔액	전표번호	구분
■	137	주.임.종단기채권	03-12		00101	김지선	1,000,000		1,000,000	00001	출금

입력 [전표입력/장부] – [일반전표입력] – 4월 20일

(차) 801.급여	4,000,000	(대) 103.보통예금	2,408,290
		(98005.신한은행(보통))	
		137.주.임.종단기채권	1,000,000
		(00101.김지선)	
		254.예수금	591,710

□	일	번호	구분	코드	계정과목	코드	거래처	적요	차변	대변
□	20	00001	차변	801	급여				4,000,000	
□	20	00001	대변	103	보통예금	98005	신한은행(보통)			2,408,290
□	20	00001	대변	137	주.임.종단기채권	00101	김지선			1,000,000
□	20	00001	대변	254	예수금					591,710

③ **조회** [전표입력/장부] – [일반전표입력] – 4월 25일

- 가지급금 500,000원 확인

□	일	번호	구분	코드	계정과목	코드	거래처	적요	차변	대변
□	25	00001	출금	134	가지급금	00112	이승수		500,000	현금

입력 [전표입력/장부] – [일반전표입력] – 4월 30일

(차) 812.여비교통비 460,000   (대) 134.가지급금 500,000
     101.현금 40,000   (00112.이승수)

□	일	번호	구분	코드	계정과목	코드	거래처	적요	차변	대변
□	30	00001	차변	812	여비교통비				460,000	
□	30	00001	차변	101	현금				40,000	
□	30	00001	대변	134	가지급금	00112	이승수			500,000

④ **입력** [전표입력/장부] – [일반전표입력] – 6월 9일

(차) 821.보험료 138,000   (대) 103.보통예금 138,000
       (98002.기업은행(보통))

□	일	번호	구분	코드	계정과목	코드	거래처	적요	차변	대변
□	09	00001	차변	821	보험료				138,000	
□	09	00001	대변	103	보통예금	98002	기업은행(보통)			138,000

⑤ **입력** [전표입력/장부] – [일반전표입력] – 7월 15일

(차) 252.지급어음 11,000,000   (대) 102.당좌예금 11,000,000
     (00321.(주)설화수)   (98000.국민은행(당좌))

□	일	번호	구분	코드	계정과목	코드	거래처	적요	차변	대변
□	15	00001	차변	252	지급어음	00321	(주)설화수		11,000,000	
□	15	00001	대변	102	당좌예금	98000	국민은행(당좌)			11,000,000

- 지급어음 클릭 후 F3을 눌러 어음관리 화면 활성화
- 어음관련 정보 입력
  - 어음상태 : 3.결제, 어음번호 : F2를 눌러 조회 후 입력

● 지급어음 관리								삭제(F5)
어음상태	3	결제	어음번호	00420240515123456789	어음종류	4	전자	발행일	2024-05-15
만 기 일		2024-07-15	지 급 은 행	98000	국민은행(당좌)	지 점	서대문	

① **입력** [전표입력/장부] − [매입매출전표입력] − 7월 20일

- 거래자료 입력

거래유형	공급가액	부가세	거래처명	전자세금	분개유형
11.과세	15,000,000	1,500,000	01121.(주)황금화장품		3.혼합

□	일	유형	품명	수량	단가	공급가액	부가세	합계	코드	거래처명	사업.주민번호	전자세금	분개
□	20	과세	화장품 에센스	300	50,000	15,000,000	1,500,000	16,500,000	01121	(주)황금화장품	115-81-12317		혼합

- 하단 전표 입력

(차) 103.보통예금   3,000,000   (대) 255.부가세예수금   1,500,000

     (98002.기업은행(보통))

     108.외상매출금   13,500,000   401.상품매출   15,000,000

구분	코드	계정과목	차변	대변	코드	거래처	적요	관리
대변	255	부가세예수금		1,500,000	01121	(주)황금화장품	화장품 에센스 300 X 50,000	
대변	401	상품매출		15,000,000	01121	(주)황금화장품	화장품 에센스 300 X 50,000	
차변	103	보통예금	3,000,000		98002	기업은행(보통)	화장품 에센스 300 X 50,000	
차변	108	외상매출금	13,500,000		01121	(주)황금화장품	화장품 에센스 300 X 50,000	

입력 [부가가치세Ⅱ] − [전자세금계산서 발행 및 내역관리] − 7월 20일

- 미전송된 내역을 체크한 후 [전자발행 ▼]을 클릭하여 표시되는 [로그인] 화면에서 [확인(TAB)] 클릭
- [전자(세금)계산서 발행] 화면이 조회되면 [발행(F3)]을 클릭한 다음 [확인] 클릭
- 국세청란에 '발행대상'으로 표시되면 [ACADEMY 전자세금계산서] 클릭
- [Bill36524 교육용 전자세금계산서] 화면에서 '로그인' 클릭
- [세금계산서 리스트]에서 '미전송' 체크 → '매출 조회' 클릭 → '발행' 클릭 → '확인' 클릭

입력 [전표입력/장부] − [매입매출전표입력] − 7월 20일

- 전자세금란이 '전자발행'으로 반영되었는지 확인

□	일	유형	품명	수량	단가	공급가액	부가세	합계	코드	거래처명	사업.주민번호	전자세금	분개
□	20	과세	화장품 에센스	300	50,000	15,000,000	1,500,000	16,500,000	01121	(주)황금화장품	115-81-12317	전자발행	혼합

② **입력** [전표입력/장부] − [매입매출전표입력] − 7월 31일

- 거래자료 입력

거래유형	공급가액	부가세	거래처명	전자세금	분개유형
13.면세	3,600,000		02334.(주)참존화장품	1.전자입력	2.외상 또는 3.혼합

□	일	유형	품명	수량	단가	공급가액	부가세	합계	코드	거래처명	사업.주민번호	전자세금	분개
□	31	면세	도서	400	9,000	3,600,000		3,600,000	02334	(주)참존화장품	314-81-11803	전자입력	혼합

- 하단 전표 입력

(차) 108.외상매출금   3,600,000   (대) 401.상품매출   3,600,000

구분	코드	계정과목	차변	대변	코드	거래처	적요	관리
대변	401	상품매출		3,600,000	02334	(주)참존화장품	도서 400 X 9,000	
차변	108	외상매출금	3,600,000		02334	(주)참존화장품	도서 400 X 9,000	

③　입력 [전표입력/장부] – [매입매출전표입력] – 8월 15일

・거래자료 입력

거래유형	공급가액	부가세	거래처명	전자세금	분개유형
51.과세	2,000,000	200,000	31113.(주)알소프트	1.전자입력	3.혼합

☐	일	유형	품명	수량	단가	공급가액	부가세	합계	코드	거래처명	사업.주민번호	전자세금	분개
☐	15	과세	오피스365			2,000,000	200,000	2,200,000	31113	(주)알소프트	211-81-10539	전자입력	혼합

・하단 전표입력

(차) 135.부가세대급금　　　　　　200,000　　(대) 253.미지급금　　　　　2,200,000
　　240.소프트웨어　　　　　　2,000,000

구분	코드	계정과목	차변	대변	코드	거래처	적요	관리
차변	135	부가세대급금	200,000		31113	(주)알소프트	오피스365	
차변	240	소프트웨어	2,000,000		31113	(주)알소프트	오피스365	
대변	253	미지급금		2,200,000	31113	(주)알소프트	오피스365	

입력 [고정자산등록] – [고정자산등록]

・고정자산계정과목 : 240.소프트웨어, 자산구분 : 0.전체 입력 후 고정자산등록

④ **입력** [전표입력/장부] – [매입매출전표입력] – 8월 22일

• 거래자료 입력

거래유형	공급가액	부가세	거래처명	전자세금	분개유형
53.면세	280,000		31112.더존평생교육원	1.전자입력	1.현금 또는 3.혼합

□	일	유형	품명	수량	단가	공급가액	부가세	합계	코드	거래처명	사업.주민번호	전자세금	분개
□	22	면세	위하고 교육			280,000		280,000	31112	더존평생교육원	211-96-78907	전자입력	혼합

• 하단 전표 입력

   (차) 825.교육훈련비   280,000   (대) 101.현금   280,000

구분	코드	계정과목	차변	대변	코드	거래처	적요	관리
차변	825	교육훈련비	280,000		31112	더존평생교육원	위하고 교육	
대변	101	현금		280,000	31112	더존평생교육원	위하고 교육	

⑤ **입력** [전표입력/장부] – [매입매출전표입력] – 9월 10일

• 거래자료 입력

거래유형	공급가액	부가세	거래처명	전자세금	분개유형
51.과세	115,200	11,520	01500.(주)케이티서대문	1.전자입력	3.혼합

□	일	유형	품명	수량	단가	공급가액	부가세	합계	코드	거래처명	사업.주민번호	전자세금	분개
□	10	과세	전화요금			115,200	11,520	126,720	01500	(주)케이티서대문	135-81-92483	전자입력	혼합

• 하단 전표 입력

   (차) 135.부가세대급금   11,520   (대) 253.미지급금   126,720
      814.통신비   115,200

구분	코드	계정과목	차변	대변	코드	거래처	적요	관리
차변	135	부가세대급금	11,520		01500	(주)케이티서대문	전화요금	
차변	814	통신비	115,200		01500	(주)케이티서대문	전화요금	
대변	253	미지급금		126,720	01500	(주)케이티서대문	전화요금	

⑥ **조회** [전표입력/장부] – [일반전표입력] – 6월 30일

• 미지급세금 2,929,050원 확인

□	일	번호	구분	코드	계정과목	코드	거래처	적요	차변	대변
□	30	00001	차변	255	부가세예수금				8,842,350	
□	30	00001	대변	135	부가세대급금					5,913,300
□	30	00001	대변	261	미지급세금	03100	서대문세무서			2,929,050

입력 [전표입력/장부] – [일반전표입력] – 7월 25일

   (차) 261.미지급세금   2,929,050   (대) 103.보통예금   2,929,050
      (03100.서대문세무서)   (98001.국민은행(보통))

□	일	번호	구분	코드	계정과목	코드	거래처	적요	차변	대변
□	25	00001	차변	261	미지급세금	03100	서대문세무서		2,929,050	
□	25	00001	대변	103	보통예금	98001	국민은행(보통)			2,929,050

실무수행 4 결산

① **입력** [전표입력/장부] – [일반전표입력] – 12월 31일

(차) 931.이자비용　　　　　　　620,000　　(대) 262.미지급비용　　　　　　620,000

□	일	번호	구분	코드	계정과목	코드	거래처	적요	차변	대변
□	31	00001	차변	931	이자비용				620,000	
□	31	00001	대변	262	미지급비용					620,000

입력 [결산/재무제표 I] – [결산자료입력] – 1월 ~ 12월

- [매출원가 및 경비선택] 화면에서 확인(Tab) 클릭
- 상품매출원가의 기말 상품 재고액란에 32,000,000원 입력
- 우측 상단의 전표추가(F3) 를 클릭하여 결산분개를 일반전표에 추가

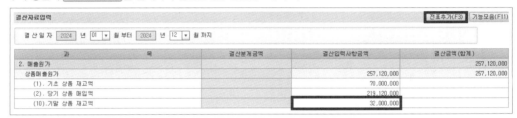

결산자료입력　　　　　　　　　　　　　　　　　　　　전표추가(F3) 기능모음(F11)

결산일자 2024 년 01 ▼ 월 부터 2024 년 12 ▼ 월 까지

과　　　　　목	결산분개금액	결산입력사항금액	결산금액(합계)
2. 매출원가			257,120,000
상품매출원가		257,120,000	257,120,000
(1). 기초 상품 재고액		70,000,000	
(2). 당기 상품 매입액		219,120,000	
(10).기말 상품 재고액		32,000,000	

② **조회** [결산/재무제표 I] – [손익계산서] – 12월

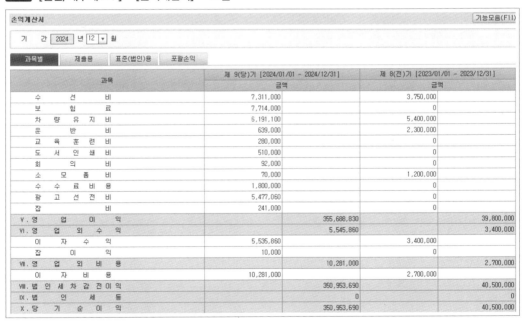

손익계산서　　　　　　　　　　　　　　　　　　　　　　　　기능모음(F11)

기 간 2024 년 12 ▼ 월

과목별　|　제출용　|　표준(법인)용　|　포괄손익

과목	제 9(당)기 [2024/01/01 ~ 2024/12/31] 금액	제 8(전)기 [2023/01/01 ~ 2023/12/31] 금액
수　　선　　비	7,311,000	3,750,000
보　　험　　료	7,714,000	0
차　량　유　지　비	6,191,100	5,400,000
운　　반　　비	639,000	2,300,000
교　육　훈　련　비	280,000	0
도　서　인　쇄　비	510,000	0
회　　의　　비	92,000	0
소　모　품　비	70,000	1,200,000
수　수　료　비　용	1,800,000	0
광　고　선　전　비	5,477,060	0
잡　　　　　비	241,000	0
V. 영　업　이　익	355,688,830	39,800,000
VI. 영　업　외　수　익	5,545,860	3,400,000
이　자　수　익	5,535,860	3,400,000
잡　이　익	10,000	0
VII. 영　업　외　비　용	10,281,000	2,700,000
이　자　비　용	10,281,000	2,700,000
VIII. 법 인 세 차 감 전 이 익	350,953,690	40,500,000
IX. 법　인　세　등	0	0
X. 당　기　순　이　익	350,953,690	40,500,000

입력 [결산/재무제표 I] - [이익잉여금처분계산서]

· '저장된 데이터 불러오기' → '아니오' 선택

· 상단에 당기분 처분 예정일 2025년 2월 28일, 전기분 처분 확정일 2024년 2월 28일 입력

· 상단부의 전표추가(F3) 클릭 후 확인

조회 [결산/재무제표 I] - [재무상태표] - 12월

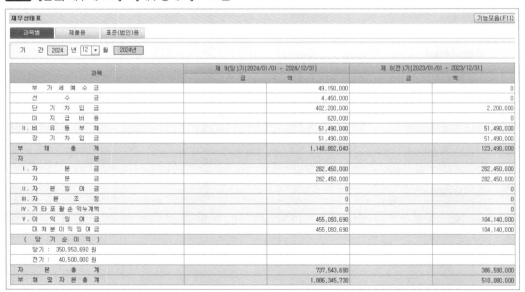

11	12	13	14	15	16
②	③	②	208,000	140,300,000	7,356,300
17	18	19	20	21	22
500,000	①	③	42,800,000	③	①
23	24	25	26	27	28
10,281,000	827	②	11,100,000	2,000,000	200,000,000
29	30	31	32		
530,000	166,666	③	①		

11   조회 [기초정보관리] – [거래처등록] – 45678.(주)수려한
- ㈜수려한의 대표자는 이영애이다.

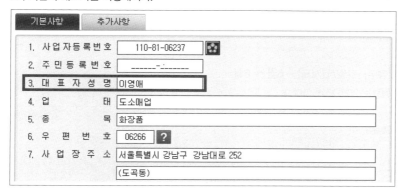

12   조회 [기초정보관리] – [계정과목및적요등록]
- '173.온라인몰상품'은 현금적요를 사용하고 있다.

13 조회 [전표입력/장부] – [일/월계표] – 4월 ~ 4월

- 급여는 34,000,000원, 여비교통비는 634,000원, 접대비(기업업무추진비)는 201,000원 지출되었다.

일/월계표　　　　　　　　　　　　　　　　　　　　계정과목코드보기(F3)　기능모음(F11)

일계표　**월계표**

조회기간 2024 년 04 ▼ 월 ~ 2024 년 04 ▼ 월

차	변		계 정 과 목	대	변	
계	대 체	현 금		현 금	대 체	계
39,363,260	34,845,000	4,516,260	[판 매 관 리 비]			
34,000,000	34,000,000		급　　　　여			
1,374,500	200,000	1,174,500	복 리 후 생 비			
634,000	460,000	174,000	여 비 교 통 비			
201,000	185,000	16,000	접대비(기업업무추진비)			
105,200		105,200	통　신　비			
2,051,560		2,051,560	수 도 광 열 비			
250,000		250,000	임　차　료			
84,000		84,000	수　선　비			
70,000		70,000	보　험　료			
266,000		266,000	차 량 유 지 비			
25,000		25,000	운　반　비			
10,000		10,000	도 서 인 쇄 비			
92,000		92,000	회　의　비			
200,000		200,000	수 수 료 비 용			

14 조회 [전표입력/장부] – [일/월계표] – 6월 ~ 6월

- 6월에 발생한 보험료는 208,000원이다.

일/월계표　　　　　　　　　　　　　　　　　　　　계정과목코드보기(F3)　기능모음(F11)

일계표　**월계표**

조회기간 2024 년 06 ▼ 월 ~ 2024 년 06 ▼ 월

차	변		계 정 과 목	대	변	
계	대 체	현 금		현 금	대 체	계
			[매　출]	3,020,000	34,260,000	37,280,000
			상 품 매 출	3,020,000	34,260,000	37,280,000
33,173,100	30,138,000	3,035,100	[판 매 관 리 비]			
30,000,000	30,000,000		급　　　　여			
1,502,600		1,502,600	복 리 후 생 비			
112,000		112,000	여 비 교 통 비			
500,000		500,000	접대비(기업업무추진비)			
55,000		55,000	통　신　비			
185,000		185,000	수 도 광 열 비			
250,000		250,000	임　차　료			
208,000	138,000	70,000	보　험　료			
225,500		225,500	차 량 유 지 비			
29,000		29,000	운　반　비			
20,000		20,000	도 서 인 쇄 비			
86,000		86,000	잡　　　비			

15 조회 [전표입력/장부] – [일/월계표] – 7월 ~ 7월

일/월계표　　　　　　　　　　　　　　　　　　　　계정과목코드보기(F3)　기능모음(F11)

일계표　**월계표**

조회기간 2024 년 07 ▼ 월 ~ 2024 년 07 ▼ 월

차	변		계 정 과 목	대	변	
계	대 체	현 금		현 금	대 체	계
140,300,000	140,300,000		외 상 매 출 금			

16 조회 [전표입력/장부] − [일/월계표] − 7월 ～ 9월

차	변		계 정 과 목	대	변	
계	대 체	현 금		현 금	대 체	계
102,544,680	95,188,380	7,356,300	[판 매 관 리 비]			
90,000,000	90,000,000		급 여			
6,652,180	3,973,180	2,679,000	복 리 후 생 비			
113,000		113,000	여 비 교 통 비			
1,635,000	1,100,000	535,000	접대비(기업업무추진비)			
173,200	115,200	58,000	통 신 비			
338,000		338,000	수 도 광 열 비			
905,000		905,000	세 금 과 공 과 금			
500,000		500,000	임 차 료			
70,000		70,000	보 험 료			
945,300		945,300	차 량 유 지 비			
33,000		33,000	운 반 비			
280,000		280,000	교 육 훈 련 비			
270,000		270,000	도 서 인 쇄 비			
600,000		600,000	수 수 료 비 용			
30,000		30,000	잡 비			

17 조회 [결산/재무제표Ⅰ] − [합계잔액시산표] − 9월 30일

차	변		계 정 과 목	대	변	
잔 액	합	계		합	계	잔 액
500,000		1,000,000	가 지 급 금		500,000	

18 조회 [결산/재무제표Ⅰ] − [합계잔액시산표] − 9월 30일

차	변		계 정 과 목	대	변	
잔 액	합	계		합	계	잔 액
		5,202,050	미 지 급 세 금		5,202,050	

19 조회 [전표입력/장부] – [거래처원장] – 9월 1일 ~ 9월 30일

- 계정과목 : 253.미지급금, 거래처 : 처음 ~ 끝 입력 후 조회
- ㈜대림화장품의 미지급금 잔액은 27,600,000원이다.

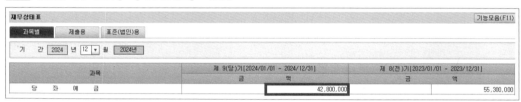

20 조회 [결산/재무제표 I] – [재무상태표] – 12월

과목	제 9(당)기 [2024/01/01 ~ 2024/12/31]		제 8(전)기 [2023/01/01 ~ 2023/12/31]	
	금	액	금	액
당 좌 예 금		42,800,000		55,300,000

21 조회 [결산/재무제표 I] – [재무상태표] – 12월

- 예수금 잔액은 1,338,840원이다.

과목	제 9(당)기 [2024/01/01 ~ 2024/12/31]		제 8(전)기 [2023/01/01 ~ 2023/12/31]	
	금	액	금	액
I . 유 동 부 채		1,097,312,040		72,000,000
외 상 매 입 금		211,163,300		32,000,000
지 급 어 음		11,100,000		7,800,000
미 지 급 금		417,289,900		30,000,000
예 수 금		1,338,840		0
부 가 세 예 수 금		49,150,000		0
선 수 금		4,450,000		0
단 기 차 입 금		402,200,000		2,200,000
미 지 급 비 용		620,000		0

22 조회 [결산/재무제표 I] - [재무상태표] - 12월

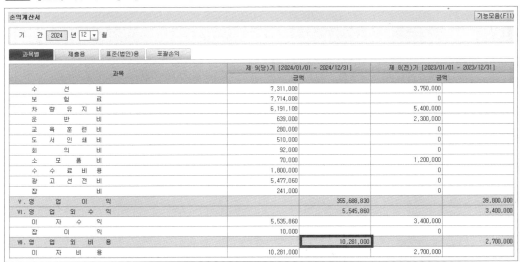

재무상태표 | | | | | 기능모음(F11)

과목별 | 제출용 | 표준(법인)용

기 간 2024 년 12 ▼ 월 2024년

과목	제 9(당)기 [2024/01/01 ~ 2024/12/31] 금액	제 8(전)기 [2023/01/01 ~ 2023/12/31] 금액
부 가 세 예 수 금	49,150,000	0
선 수 금	4,450,000	0
단 기 차 입 금	402,200,000	2,200,000
미 지 급 비 용	620,000	0
II . 비 유 동 부 채	51,490,000	51,490,000
장 기 차 입 금	51,490,000	51,490,000
부 채 총 계	1,148,802,040	123,490,000
자 본		
I . 자 본 금	282,450,000	282,450,000
자 본 금	282,450,000	282,450,000
II . 자 본 잉 여 금	0	0
III . 자 본 조 정	0	0
IV . 기 타 포 괄 손 익 누 계 액	0	0
V . 이 익 잉 여 금	455,093,690	104,140,000
미 처 분 이 익 잉 여 금	455,093,690	104,140,000
(당 기 순 이 익)		
당기 : 350,953,690 원		
전기 : 40,500,000 원		
자 본 총 계	737,543,690	386,590,000
부 채 및 자 본 총 계	1,886,345,730	510,080,000

23 조회 [결산/재무제표 I] - [손익계산서] - 12월

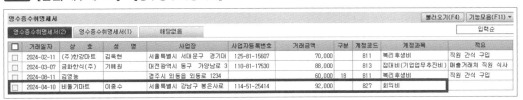

손익계산서 | | | | | 기능모음(F11)

기 간 2024 년 12 ▼ 월

과목별 | 제출용 | 표준(법인)용 | 포괄손익

과목	제 9(당)기 [2024/01/01 ~ 2024/12/31] 금액	제 8(전)기 [2023/01/01 ~ 2023/12/31] 금액
수 선 비	7,311,000	3,750,000
보 험 료	7,714,000	0
차 량 유 지 비	6,191,100	5,400,000
운 반 비	639,000	2,300,000
교 육 훈 련 비	280,000	0
도 서 인 쇄 비	510,000	0
회 의 비	92,000	0
소 모 품 비	70,000	1,200,000
수 수 료 비 용	1,800,000	0
광 고 선 전 비	5,477,060	0
잡 비	241,000	0
V . 영 업 이 익	355,688,830	39,800,000
VI . 영 업 외 수 익	5,545,860	3,400,000
이 자 수 익	5,535,860	3,400,000
잡 이 익	10,000	0
VII . 영 업 외 비 용	10,281,000	2,700,000
이 자 비 용	10,281,000	2,700,000

24 조회 [결산/재무제표 I] - [영수증수취명세서]

영수증수취명세서 | | | | | 불러오기(F4) | 기능모음(F11) ▼

영수증수취명세서(2) | 영수증수취명세서(1) | 해당없음 | | | | 입력순

	거래일자	상 호	성 명	사업장	사업자등록번호	거래금액	구분	계정코드	계정과목	적요
☐	2024-02-11	(주)한강마트	김옥현	서울특별시 서대문구 경기대	125-81-15607	70,000		811	복리후생비	직원 간식 구입
☐	2024-03-07	금화한식(주)	기예원	대전광역시 동구 가양남로 3	110-81-17530	88,000		813	접대비(기업업무추진비)	매출거래처 직원 식사
☐	2024-08-11	김영농		경주시 외동읍 외동로 1234		60,000	18	811	복리후생비	직원 간식 구입
☐	2024-04-10	비둘기마트	이종수	서울특별시 강남구 봉은사로	114-51-25414	92,000		827	회의비	

25 조회 [금융/자금관리] – [예적금현황] – 6월 30일

② 국민은행(보통)의 예금 잔액은 407,855,000원이다.

26 조회 [금융/자금관리] – [지급어음현황]

- 조회구분 : 1.일별, 만기일 : 2024년 1월 1일 ~ 2024년 12월 31일, 어음구분 : 1.전체, 거래처 : 처음 ~ 끝 입력 후 조회

27 조회 [부가가치세Ⅰ] – [부가가치세신고서] – 7월 1일 ~ 9월 30일

- 매입세액 – 세금계산서수취부분 – 11.고정자산매입란 금액 2,000,000원 확인

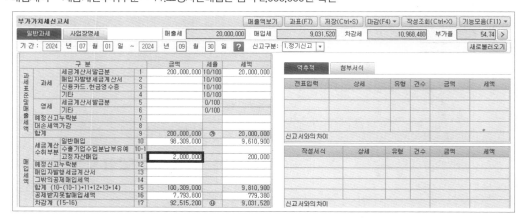

28 조회 [부가가치세 I] – [세금계산서합계표] – 7월 ~ 9월

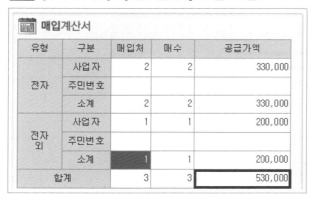

유형	구분	매출처	매수	공급가액	부가세
				매출세금계산서	
전자	사업자	10	13	200,000,000	20,000,000
	주민번호				
	소계	10	13	200,000,000	20,000,000
전자 외	사업자				
	주민번호				
	소계				
합계		10	13	200,000,000	20,000,000

29 조회 [부가가치세 I] – [계산서합계표] – 7월 ~ 9월

유형	구분	매입처	매수	공급가액
				매입계산서
전자	사업자	2	2	330,000
	주민번호			
	소계	2	2	330,000
전자 외	사업자	1	1	200,000
	주민번호			
	소계	1	1	200,000
합계		3	3	530,000

30 조회 [고정자산등록] – [고정자산등록]

• 고정자산계정과목 : 240.소프트웨어, 자산구분 : 0.전체 입력 후 조회

| 고정자산계정과목 | 240 | ? | 소프트웨어 | 자산구분 | 0.전체 | ▼ | 상각방법구분 | 0.전체 | ▼ |

	코드	자산	취득일	방법	주요사항	추가사항	자산변동
1	001001	오피스365	2024-08-15	정액법			
2							

1. 기 초 가 액	0	15. 전기말부인누계	0
2. 전기말상각누계액	0	16. 전기말자본지출계	0
3. 전기말장부가액	0	17. 자본지출즉시상각	0
4. 신규취득및증가	2,000,000	18. 전기말의제누계	0
5. 부분매각및폐기	0	19. 당기상각범위액	166,666
6. 성실기초가액		20. 회사계상상각비	166,666

31 조회 [기초정보관리] – [전기분 재무상태표]

- 유동자산 456,780,000원, 유동부채 72,000,000원 확인
- ∴ (456,780,000 / 72,000,000) × 100 ≒ 634%

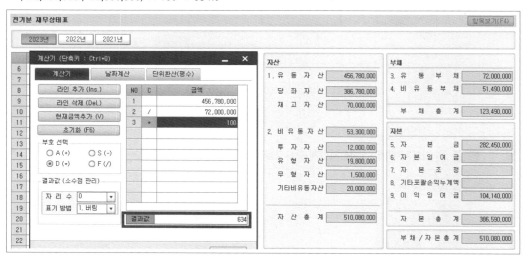

32 조회 [기초정보관리] – [전기분 손익계산서]

- 영업이익 39,800,000원, 매출액 254,800,000원 확인
- ∴ (39,800,000 / 254,800,000) × 100 ≒ 15%

실무이론평가

01	02	03	04	05	06	07	08	09	10
①	③	④	②	④	②	④	④	①	②

01 ① 접대비는 판매비와관리비로 분류되는 계정과목이다.

※ 영업외수익에는 이자수익, 배당금수익, 임대료, 유형자산처분이익 등이 있다.

핵심요약 계정과목 항목찾기   429p

02 ③ 기타의대손상각비는 영업외비용에 속하므로 영업이익에 영향을 미치지 않는다.

• ①, ②, ④은 판매비와관리비이므로 영업이익에 영향을 미친다.

핵심요약 손익계산서의 구조   417p

03 • 특허권 취득원가 = 등록비 2,000,000원 + 취득부대비용 100,000원 = 2,100,000원

∴ 2024년 무형자산상각비 = 특허권 취득원가 2,100,000원 ÷ 5년 = 420,000원

04 • 누락분개

  (차) 미수수익   75,000   (대) 이자수익   75,000

※ 이자경과분 = 정기예금 15,000,000원 × 연이율 3% ×2개월/12개월 = 75,000원(미수수익)

∴ 해당 분개의 누락으로 영업외수익 75,000원이 과소계상되어 당기순이익 75,000원이 과소계상된다.

05 • 회계처리

  – 5월 1일   (차) 소모품   2,000,000   (대) 현금   2,000,000

  – 12월 31일   (차) 소모품비   1,550,000   (대) 소모품   1,550,000

∴ 소모품비 = 소모품 2,000,000원 − 미사용액 450,000원 = 1,550,000원

06 • 회계처리

② 보험료 선급분	(차) 선급비용(자산의 증가)	×××	(대) 보험료(비용의 이연)	×××
① 임대료수익 미수분	(차) 미수수익(자산의 증가)	×××	(대) 임대료수익(수익의 발생)	×××
③ 이자수익 선수분	(차) 선수수익(부채의 감소)	×××	(대) 이자수익(수익의 이연)	×××
④ 이자비용 미지급분	(차) 이자비용(비용의 발생)	×××	(대) 미지급비용(부채의 증가)	×××

핵심요약 수익과 비용의 이연과 발생   421p

07 • 회계처리

(차) 대손충당금	1,100,000	(대) 단기대여금	3,000,000
기타의대손상각비	1,900,000		

※ 회수가 불가능한 경우로 판명된 경우 대손처리하며 설정된 충당금보다 대손액이 큰 경우 그 금액만큼 비용으로 처리하는데, 매출채권에 대해서는 대손상각비(판매비와관리비)로 처리하고 해당 문제와 같이 기타채권에 대해서는 기타의대손상각비(영업외비용)로 처리한다.

08 ④ 우리나라 부가가치세는 납세의무자의 인적사항과 관계없이 과세물건에 대하여 과세하는 물세이다.

핵심요약 우리나라 부가가치세 특징   422p

09 ① 가, 다는 부가가치세 과세거래에 해당한다.
나. 사업자가 사업용 자산으로 세금을 물납하는 경우 재화의 공급으로 보지 않는다.
라. 질권, 저당권, 양도담보의 목적으로 동산, 부동산 및 부동산상의 권리를 제공하는 담보의 제공은 재화의 공급으로 보지 않는다.

핵심요약 재화의 공급   424p

10 • 납부세액 = (세금계산서 발급분 6,000,000원 × 10%) − (세금계산서 수취분 1,200,000원 × 10%) = 480,000원
※ 대표이사 업무용(비영업용) 승용차 수리비 매입세액은 비영업용이므로 공제되지 않는다.

실무수행 1 　기초정보관리의 이해

① 　**입력** [기초정보관리] – [계정과목및적요등록]

- 235.의장권 계정과목을 선택하고 Ctrl + F1을 누른 뒤 235.디자인권으로 수정
- 현금적요 : 01.디자인권 취득대금 현금지급, 대체적요 : 01.디자인권 상각액 입력

② **입력** [기초정보관리] – [전기분 재무상태표]

- 202.건물 4,000,000원 → 40,000,000원으로 수정입력
- 213.감가상각누계액 3,165,000원 추가입력
- 차액 0원인지 확인

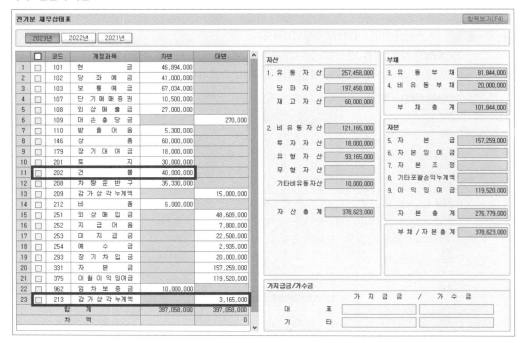

① **입력** [전표입력/장부] – [일반전표입력] – 8월 18일

(차) 131.선급금　　　　　　　　　　300,000　　(대) 103.보통예금　　　　　　　　300,000

　　　(05003.(주)수정전자)　　　　　　　　　　　　　　　(98006.우리은행(보통))

□	일	번호	구분	코드	계정과목	코드	거래처	적요	차변	대변
□	18	00001	차변	131	선급금	05003	(주)수정전자		300,000	
□	18	00001	대변	103	보통예금	98006	우리은행(보통)			300,000

② **입력** [전표입력/장부] – [일반전표입력] – 8월 28일

(차) 208.차량운반구　　　　　　　　3,500,000　　(대) 101.현금　　　　　　　　　3,500,000

또는 (출) 208.차량운반구　　　　　3,500,000

□	일	번호	구분	코드	계정과목	코드	거래처	적요	차변	대변
□	28	00001	차변	208	차량운반구				3,500,000	
□	28	00001	대변	101	현금					3,500,000

③ **입력** [전표입력/장부] – [일반전표입력] – 8월 30일

(차) 934.기타의대손상각비　　　　　20,000,000　　(대) 114.단기대여금　　　　　20,000,000

　　　　　　　　　　　　　　　　　　　　　　　　　(00107.(주)정진상사)

□	일	번호	구분	코드	계정과목	코드	거래처	적요	차변	대변
□	30	00001	차변	934	기타의대손상각비				20,000,000	
□	30	00001	대변	114	단기대여금	00107	(주)정진상사			20,000,000

④ **입력** [전표입력/장부] – [일반전표입력] – 9월 5일

(차) 824.운반비　　　　　　　　　　20,000　　(대) 253.미지급금　　　　　　　　20,000

　　　　　　　　　　　　　　　　　　　　　　　(99605.농협카드)

□	일	번호	구분	코드	계정과목	코드	거래처	적요	차변	대변
□	05	00001	차변	824	운반비				20,000	
□	05	00001	대변	253	미지급금	99605	농협카드			20,000

⑤ **입력** [전표입력/장부] – [일반전표입력] – 9월 10일

(차) 811.복리후생비　　　　　　　　89,220　　(대) 103.보통예금　　　　　　　178,440

　　　254.예수금　　　　　　　　　89,220　　　　(98001.국민은행(보통))

□	일	번호	구분	코드	계정과목	코드	거래처	적요	차변	대변
□	10	00001	차변	811	복리후생비				89,220	
□	10	00001	차변	254	예수금				89,220	
□	10	00001	대변	103	보통예금	98001	국민은행(보통)			178,440

① **입력** [전표입력/장부] – [매입매출전표입력] – 10월 2일

• 거래자료 입력

거래유형	공급가액	부가세	거래처명	전자세금	분개유형
11.과세	10,000,000	1,000,000	01025.(주)세운유통		3.혼합

☐	일	유형	품명	수량	단가	공급가액	부가세	합계	코드	거래처명	사업.주민번호	전자세금	분개
☐	02	과세	세탁건조기	5	2,000,000	10,000,000	1,000,000	11,000,000	01025	(주)세운유통	106-81-44120		혼합

• 하단 전표 입력

(차) 108.외상매출금   8,000,000   (대) 255.부가세예수금   1,000,000

      103.보통예금   3,000,000   401.상품매출   10,000,000

      (98006.우리은행(보통))

구분	코드	계정과목	차변	대변	코드	거래처	적요	관리
대변	255	부가세예수금		1,000,000	01025	(주)세운유통	세탁건조기 5 X 2,000,000	
대변	401	상품매출		10,000,000	01025	(주)세운유통	세탁건조기 5 X 2,000,000	
차변	108	외상매출금	8,000,000		01025	(주)세운유통	세탁건조기 5 X 2,000,000	
차변	103	보통예금	3,000,000		98006	우리은행(보통)	세탁건조기 5 X 2,000,000	

입력 [부가가치세Ⅱ] – [전자세금계산서 발행 및 내역관리] – 10월 2일

• 미전송된 내역을 체크한 후 전자발행 ▼ 을 클릭하여 표시되는 [로그인] 화면에서 확인(TAB) 클릭

• [전자(세금)계산서 발행] 화면이 조회되면 발행(F3) 을 클릭한 다음 확인 클릭

• 국세청란에 '발행대상'으로 표시되면 ACADEMY 전자세금계산서 클릭

• [Bill36524 교육용 전자세금계산서] 화면에서 '로그인' 클릭

• [세금계산서 리스트]에서 '미전송' 체크 → '매출 조회' 클릭 → '발행' 클릭 → '확인' 클릭

입력 [전표입력/장부] – [매입매출전표입력] – 10월 2일

• 전자세금란이 '전자발행'으로 반영되었는지 확인

☐	일	유형	품명	수량	단가	공급가액	부가세	합계	코드	거래처명	사업.주민번호	전자세금	분개
☐	02	과세	세탁건조기	5	2,000,000	10,000,000	1,000,000	11,000,000	01025	(주)세운유통	106-81-44120	전자발행	혼합

② **입력** [전표입력/장부] – [매입매출전표입력] – 10월 7일

• 거래자료 입력

거래유형	공급가액	부가세	거래처명	전자세금	분개유형
13.면세	10,000,000		00111.(주)한라전자	1.전자입력	3.혼합

☐	일	유형	품명	수량	단가	공급가액	부가세	합계	코드	거래처명	사업.주민번호	전자세금	분개
☐	07	면세	토지			10,000,000		10,000,000	00111	(주)한라전자	113-81-13872	전자입력	혼합

• 하단 전표 입력

　(차) 103.보통예금　　　　　　　　　　　10,000,000　　(대) 201.토지　　　　　　　　　　10,000,000

　　　(98005.기업은행(보통))

구분	코드	계정과목	차변	대변	코드	거래처	적요	관리
대변	201	토지		10,000,000	00111	(주)한라전자	토지	
차변	103	보통예금	10,000,000		98005	기업은행(보통)	토지	

③ **입력** [전표입력/장부] – [매입매출전표입력] – 11월 7일

• 거래자료 입력

거래유형	공급가액	부가세	거래처명	전자세금	분개유형
51.과세	250,000	25,000	06005.한국도시가스(주)	1.전자입력	3.혼합

☐	일	유형	품명	수량	단가	공급가액	부가세	합계	코드	거래처명	사업.주민번호	전자세금	분개
☐	07	과세	도시가스요금			250,000	25,000	275,000	06005	한국도시가스(주)	101-81-25259	전자입력	혼합

• 하단 전표 입력

　(차) 135.부가세대급금　　　　　　　　　25,000　　(대) 253.미지급금　　　　　　　　275,000

　　　815.수도광열비　　　　　　　　　　250,000

구분	코드	계정과목	차변	대변	코드	거래처	적요	관리
차변	135	부가세대급금	25,000		06005	한국도시가스(주)	도시가스요금	
차변	815	수도광열비	250,000		06005	한국도시가스(주)	도시가스요금	
대변	253	미지급금		275,000	06005	한국도시가스(주)	도시가스요금	

④ **입력** [전표입력/장부] – [매입매출전표입력] – 11월 13일
• 거래유형 : 57.카과, [신용카드사] 화면에서 F2를 눌러 99605.농협카드 선택 후 확인

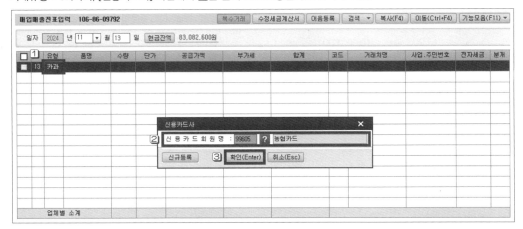

• 거래자료 입력

거래유형	공급가액	부가세	거래처명	전자세금	분개유형
57.카과	150,000	15,000	05122.일품한식당		4.카드 또는 3.혼합

	일	유형	품명	수량	단가	공급가액	부가세	합계	코드	거래처명	사업.주민번호	전자세금	분개
□	13	카과	영업부 직원 회식			150,000	15,000	165,000	05122	일품한식당	316-01-17397		혼합

• 하단 전표 입력

  (차) 135.부가세대급금   15,000   (대) 253.미지급금   165,000

       811.복리후생비   150,000   (99605.농협카드)

구분	코드	계정과목	차변	대변	코드	거래처	적요	관리
차변	135	부가세대급금	15,000		05122	일품한식당	영업부 직원 회식	
차변	811	복리후생비	150,000		05122	일품한식당	영업부 직원 회식	
대변	253	미지급금		165,000	99605	농협카드	영업부 직원 회식	

⑤ **입력** [전표입력/장부] – [매입매출전표입력] – 11월 15일
• 거래유형 : 54.불공, 불공제 사유 : 2.사업과 관련 없는 지출

• 거래자료 입력

거래유형	공급가액	부가세	거래처명	전자세금	분개유형
54.불공	3,000,000	300,000	30123.우정골프	1.전자입력	1.현금 또는 3.혼합

□	일	유형	품명	수량	단가	공급가액	부가세	합계	코드	거래처명	사업.주민번호	전자세금	분개
□	15	불공	골프용품			3,000,000	300,000	3,300,000	30123	우정골프	127-05-17529	전자입력	혼합

• 하단 전표 입력

  (차) 134.가지급금   3,300,000   (대) 101.현금   3,300,000

    (40001.김대우)

구분	코드	계정과목	차변	대변	코드	거래처	적요	관리
차변	134	가지급금	3,300,000		40001	김대우	골프용품	
대변	101	현금		3,300,000	30123	우정골프	골프용품	

⑥ **조회** [부가가치세Ⅰ] – [부가가치세신고서] – 4월 1일 ~ 6월 30일

• 매출세(부가세예수금) : 4,510,000원, 매입세(부가세대급금) : 3,250,000원, 차감세(미지급세금) : 1,250,000원 확인

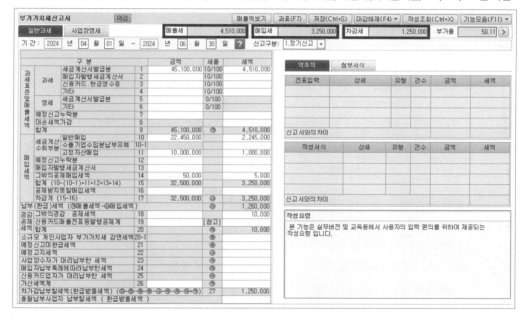

• '18.그밖의경감 · 공제세액'란 더블클릭 후 '54.전자신고및전자고지'란에 10,000원 반영되어있는지 확인

입력 [전표입력/장부] – [일반전표입력] – 6월 30일

(차) 255.부가세예수금   4,510,000   (대) 135.부가세대급금   3,250,000
                                                   930.잡이익   10,000
                                                   261.미지급세금   1,250,000
                                                   (60000.역삼세무서)

□	일	번호	구분	코드	계정과목	코드	거래처	적요	차변	대변
□	30	00001	차변	255	부가세예수금				4,510,000	
□	30	00001	대변	135	부가세대급금					3,250,000
□	30	00001	대변	930	잡이익					10,000
□	30	00001	대변	261	미지급세금	60000	역삼세무서			1,250,000

실무수행 4   결산

①   **입력** [전표입력/장부] – [일반전표입력] – 12월 31일

(차) 107.단기매매증권   500,000   (대) 905.단기매매증권평가이익   500,000

– ㈜명품 : 주식수 100주 × (주당 기말평가금액 26,000원 – 주당 장부금액 25,000원)

         = 100,000원 이익

– ㈜삼현 : 주식수 200주 × (주당 기말평가금액 42,000원 – 주당 장부금액 40,000원)

         = 400,000원 이익

∴ 100,000원 + 400,000원 = 단기매매증권평가이익 500,000원

□	일	번호	구분	코드	계정과목	코드	거래처	적요	차변	대변
□	31	00001	차변	107	단기매매증권				500,000	
□	31	00001	대변	905	단기매매증권평가이익					500,000

입력 [결산/재무제표 I] – [결산자료입력] – 1월 ~ 12월

- [매출원가 및 경비선택] 화면에서 **확인(Tab)** 클릭
- 상품매출원가의 기말 상품 재고액란에 30,000,000원 입력
- 우측 상단의 **전표추가(F3)** 를 클릭하여 결산분개를 일반전표에 추가

② **조회** [결산/재무제표 I] – [손익계산서] – 12월

과목	제 8(당)기 [2024/01/01 ~ 2024/12/31] 금액	제 7(전)기 [2023/01/01 ~ 2023/12/31] 금액
수 선 비	6,766,000	0
보 험 료	7,966,000	3,840,000
차 량 유 지 비	6,251,100	8,540,000
운 반 비	659,000	4,900,000
도 서 인 쇄 비	340,000	0
소 모 품 비	3,500,000	800,000
수 수 료 비 용	1,800,000	0
광 고 선 전 비	5,477,060	0
잡 비	241,000	0
Ⅴ. 영 업 이 익	183,645,190	98,120,000
Ⅵ. 영 업 외 수 익	6,045,860	3,200,000
이 자 수 익	5,535,860	3,200,000
단 기 매 매 증 권 평 가 이 익	500,000	0
잡 이 익	10,000	0
Ⅶ. 영 업 외 비 용	29,661,000	4,800,000
이 자 비 용	9,661,000	4,800,000
기 타 의 대 손 상 각 비	20,000,000	0
Ⅷ. 법 인 세 차 감 전 이 익	160,030,050	96,520,000
Ⅸ. 법 인 세 등	0	0
Ⅹ. 당 기 순 이 익	160,030,050	96,520,000

입력 [결산/재무제표 I] – [이익잉여금처분계산서]

- '저장된 데이터 불러오기' → '아니오' 선택
- 상단에 당기분 처분 예정일 2025년 2월 23일, 전기분 처분 확정일 2024년 2월 23일 입력
- 상단부의 전표추가(F3) 클릭 후 확인

이익잉여금처분계산서 참 고 전표추가(F3) 기능모음(F11) ▼

제 8(당)기 처분 예정일 2025-02-23 ?   제 7(전)기 처분 확정일 2024-02-23 ?

과목	계정과목및 과목명		제 8(당)기 [2024/01/01 ~ 2024/12/31] 금액	합계	제 7(전)기 [2023/01/01 ~ 2023/12/31] 금액	합계
Ⅰ. 미처분이익잉여금				279,550,050		119,520,000
1. 전기이월미처분이익잉여금			119,520,000		23,000,000	
2. 회계변경의 누적효과	369	회 계 변 경 의 누 적 효 과	0		0	
3. 전기오류수정이익	370	전 기 오 류 수 정 이 익	0		0	
4. 전기오류수정손실	371	전 기 오 류 수 정 손 실	0		0	
5. 중간배당금	372	중 간 배 당 금	0		0	
6. 당기순이익			160,030,050		96,520,000	
Ⅱ. 임의적립금 등의 이입액				0		0
1.			0		0	
2.			0		0	
합 계				279,550,050		119,520,000
Ⅲ. 이익잉여금처분액				0		0
1. 이익준비금	351	이 익 준 비 금	0		0	
2. 기업합리화적립금	352	기 업 합 리 화 적 립 금	0		0	
3. 배당금			0		0	
가. 현금배당	265	미 지 급 배 당 금	0		0	
나. 주식배당	387	미 교 부 주 식 배 당 금	0		0	
4. 사업확장적립금	356	사 업 확 장 적 립 금	0		0	
5. 감채적립금	357	감 채 적 립 금	0		0	
6. 배당평균적립금	358	배 당 평 균 적 립 금	0		0	

재무상태표　　　　　　　　　　　　　　　　　　　　　　　　　　　　　　　　기능모음(F11)

과목별　　제출용　　표준(법인)용

기　간 2024 년 12 ▼ 월　2024년

과목	제 8(당)기[2024/01/01 ~ 2024/12/31]		제 7(전)기[2023/01/01 ~ 2023/12/31]	
	금	액	금	액
부 가 세 예 수 금		22,932,000		0
가　　수　　금		12,000,000		0
선　　수　　금		4,450,000		0
단 기 차 입 금		10,000,000		0
II. 비 유 동 부 채		320,000,000		20,000,000
장 기 차 입 금		320,000,000		20,000,000
부　　채　　총　　계		756,119,690		101,844,000
자　　　　　본				
I. 자　　본　　금		172,259,000		157,259,000
자　　본　　금		172,259,000		157,259,000
II. 자 본 잉 여 금		0		0
III. 자　본　조　정		0		0
IV. 기 타 포 괄 손 익 누 계 액		0		0
V. 이　익　잉　여　금		279,550,050		119,520,000
미 처 분 이 익 잉 여 금		279,550,050		119,520,000
（ 당 기 순 이 익 ）				
당기 : 160,030,050 원				
전기 : 96,520,000 원				
자　　본　　총　　계		451,809,050		276,779,000
부 채 및 자 본 총 계		1,207,928,740		378,623,000

11	12	13	14	15	16
④	11,500,000	40001	③	1,250,000	①
17	**18**	**19**	**20**	**21**	**22**
11,000,000	500,000	③	③	289,687,000	③
23	**24**	**25**	**26**	**27**	**28**
6,045,860	29,661,000	14,930,000	60,000	600,000	44,770,000
29	**30**	**31**	**32**		
15,000,000	③	④	③		

11　조회 [기초정보관리] – [계정과목및적요등록]

• 235.디자인권의 대체적요는 '01.디자인권 상각액'이 있다.

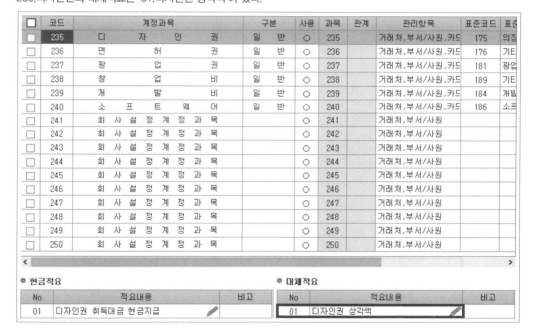

12　조회 [전표입력/장부] – [거래처원장] – 10월 1일 ～ 10월 31일

• 계정과목 : 108.외상매출금, 거래처 : 01025.(주)세운유통 입력 후 조회

• 01025.(주)세운유통의 108.외상매출금 잔액은 11,500,000원이다.

13 조회 [전표입력/장부] – [거래처원장] – 11월 1일 ~ 11월 30일

- 계정과목 : 134.가지급금, 거래처 : 처음 ~ 끝 입력 후 조회
- 40001.김대우의 가지급금 잔액이 3,300,000원으로 가장 많다.

14 조회 [전표입력/장부] – [거래처원장] – 12월 1일 ~ 12월 31일

- 계정과목 : 253.미지급금, 거래처 : 처음 ~ 끝 입력 후 조회
- 99605.농협카드의 미지급금 잔액은 4,530,000원이다.

15 조회 [결산/재무제표 I] – [합계잔액시산표] – 6월 30일

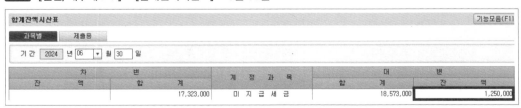

16 조회 [결산/재무제표Ⅰ] - [합계잔액시산표] - 12월 31일

- 단기대여금의 잔액은 10,000,000원이다.

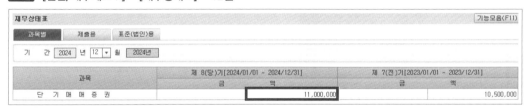

합계잔액시산표							기능모음(F11)
과목별	제출용						

기 간 2024 년 12 ▼ 월 31 일

차	변		계 정 과 목	대	변	
잔 액	합	계		합	계	잔 액
985,483,740	1,602,374,460		◁당 좌 자 산▷		617,160,720	270,000
56,154,180	337,393,460		현 금		281,239,280	
36,300,000	46,300,000		당 좌 예 금		10,000,000	
274,577,560	510,264,000		보 통 예 금		235,686,440	
11,000,000	11,000,000		단 기 매 매 증 권			
572,890,000	622,870,000		외 상 매 출 금		49,980,000	
			대 손 충 당 금		270,000	270,000
2,000,000	7,300,000		받 을 어 음		5,300,000	
10,000,000	30,000,000		단 기 대 여 금		20,000,000	
500,000	500,000		선 급 금			
300,000	300,000		선 급 비 용			
7,500,000	7,500,000		가 지 급 금			
13,062,000	27,747,000		부 가 세 대 급 금		14,685,000	
1,200,000	1,200,000		선 납 세 금			

17 조회 [결산/재무제표Ⅰ] - [재무상태표] - 12월

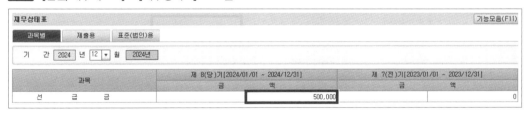

재무상태표				기능모음(F11)
과목별	제출용	표준(법인)용		

기 간 2024 년 12 ▼ 월 2024년

과목	제 8(당)기 [2024/01/01 ~ 2024/12/31]		제 7(전)기 [2023/01/01 ~ 2023/12/31]	
	금	액	금	액
단 기 매 매 증 권		11,000,000		10,500,000

18 조회 [결산/재무제표Ⅰ] - [재무상태표] - 12월

재무상태표				기능모음(F11)
과목별	제출용	표준(법인)용		

기 간 2024 년 12 ▼ 월 2024년

과목	제 8(당)기 [2024/01/01 ~ 2024/12/31]		제 7(전)기 [2023/01/01 ~ 2023/12/31]	
	금	액	금	액
선 급 금		500,000		0

19 조회 [결산/재무제표Ⅰ] – [재무상태표] – 12월

• 차량운반구의 장부금액은 51,430,000원(= 취득원가 66,430,000원 – 감가상각누계액 15,000,000원)이다.

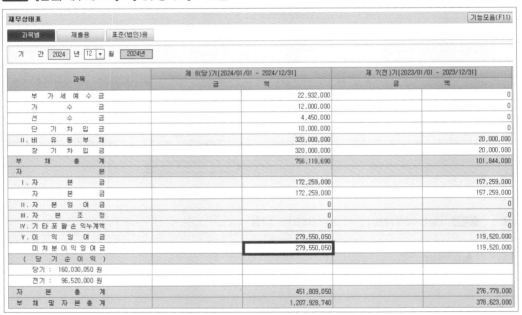

20 조회 [결산/재무제표Ⅰ] – [재무상태표] – 12월

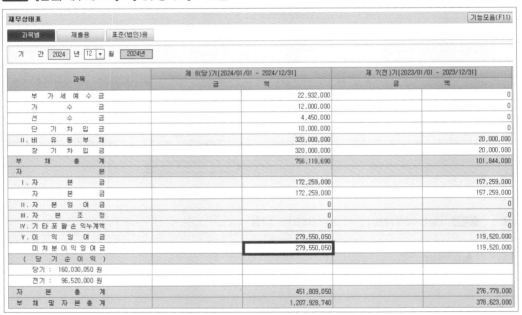

과목	제 8(당)기 [2024/01/01 ~ 2024/12/31] 금	액	제 7(전)기 [2023/01/01 ~ 2023/12/31] 금	액
부 가 세 예 수 금		22,932,000		0
가 수 금		12,000,000		0
선 수 금		4,450,000		0
단 기 차 입 금		10,000,000		0
Ⅱ. 비 유 동 부 채		320,000,000		20,000,000
장 기 차 입 금		320,000,000		20,000,000
부 채 총 계		756,119,690		101,844,000
자 본				
Ⅰ. 자 본 금		172,259,000		157,259,000
자 본 금		172,259,000		157,259,000
Ⅱ. 자 본 잉 여 금		0		0
Ⅲ. 자 본 조 정		0		0
Ⅳ. 기 타 포 괄 손 익 누 계 액		0		0
Ⅴ. 이 익 잉 여 금		279,550,050		119,520,000
미 처 분 이 익 잉 여 금		279,550,050		119,520,000
(당 기 순 이 익)				
당기 : 160,030,050 원				
전기 : 96,520,000 원				
자 본 총 계		451,809,050		276,779,000
부 채 및 자 본 총 계		1,207,928,740		378,623,000

21 조회 [결산/재무제표Ⅰ] – [손익계산서] – 12월

과목	제 8(당)기 [2024/01/01 ~ 2024/12/31] 금액	제 7(전)기 [2023/01/01 ~ 2023/12/31] 금액
상 품 매 출 원 가	289,687,000	330,000,000

22 조회 [결산/재무제표Ⅰ] – [손익계산서] – 12월

• 운반비의 금액은 659,000원이다.

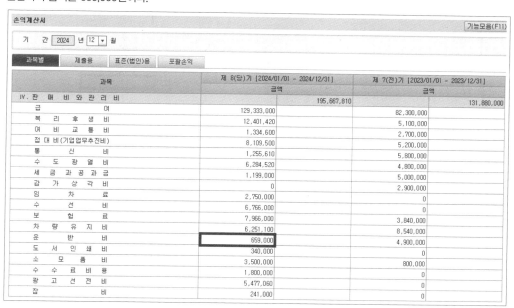

23~24 조회 [결산/재무제표Ⅰ] – [손익계산서] – 12월

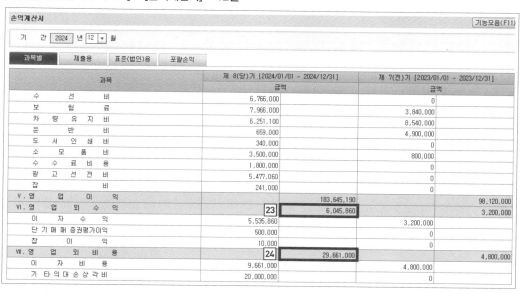

부가가치세신고서

일반과세　사업장명세　매출세 14,930,000　매입세

기 간 : 2024 년 10 월 01 일 ~ 2024 년 12 월 31 일 ? 신고구

	구 분		금액	세율	세액
과세표준및매출세액	과세	세금계산서발급분 1	149,300,000	10/**25**	14,930,000
		매입자발행세금계산서 2		10/100	
		신용카드·현금영수증 3		10/100	
		기타 4		10/100	
	영세	세금계산서발급분 5		0/100	
		기타 6		0/100	
	예정신고누락분 7				
	대손세액가감 8				
	합계 9		149,300,000	㉮	14,930,000
매입세액	세금계산서수취부분	일반매입 10	44,770,000		4,477,000
		수출기업수입분납부유예 10-1			
		고정자산매입 11			
	예정신고누락분 12				
	매입자발행세금계산서 13				
	그밖의공제매입세액 14	600,000	**26**	60,000	
	합계 (10-(10-1)+11+12+13+14) 15		45,370,000		4,537,000
	공제받지못할매입세액 16		6,000,000	**27**	600,000
	차감계 (15-16) 17		39,370,000	㉯	3,937,000

매입세금계산서

유형	구분	매입처	매수	공급가액	부가세
전자	사업자	8	13	44,770,000	4,477,000
	주민번호				
	소계	8	13	44,770,000	4,477,000
전자외	사업자				
	주민번호				
	소계				
합계		8	13	44,770,000	4,477,000

29 조회 [부가가치세 I] – [계산서합계표] – 10월 ~ 12월

매출계산서

유형	구분	매출처	매수	공급가액
전자	사업자	2	2	15,000,000
	주민번호			
	소계	2	2	15,000,000
전자 외	사업자			
	주민번호			
	소계			
합계		2	2	15,000,000

30 조회 [금융/자금관리] – [예적금현황] – 12월 31일

• 국민은행(당좌)의 잔액은 36,300,000원이다.

• 국민은행(보통)의 잔액은 231,561,560원이다.

• 우리은행(보통)의 잔액은 9,734,000원이다.

예적금현황 · 기능모음(F11) ▼

잔액 | 원장

기 간 2024 년 12 월 31 일 [?]

	코드	계좌명	계좌번호	예금종류	잔액	계약기간	개설일	만기일	수령액/한도액	코드	금융기관	계좌 개설점
1	98000	국민은행(당좌)	096-24-0094-789	당좌예금	36,300,000	~				100	국민은행	역삼
2	98001	국민은행(보통)	096-24-0094-123	보통예금	231,561,560	~				100	국민은행	역삼
3	98002	신한은행(보통)	308-12-374123	보통예금	8,282,000	~				300	신한은행	역삼
4	98005	기업은행(보통)	110-531133-64-77	보통예금	25,000,000	~				400	IBK기업은행	역삼
5	98006	우리은행(보통)	501-111923-02-12	보통예금	9,734,000	~				600	우리은행	역삼

31 　조회　[기초정보관리] – [전기분 손익계산서]

- 당기순이익 96,520,000원 확인

∴ 96,520,000 / 10,000 = 9,652원

32 　조회　[기초정보관리] – [전기분 재무상태표]

- 당좌자산 197,458,000원, 유동부채 81,844,000원 확인

∴ (197,458,000 / 81,844,000) × 100 ≒ 241%

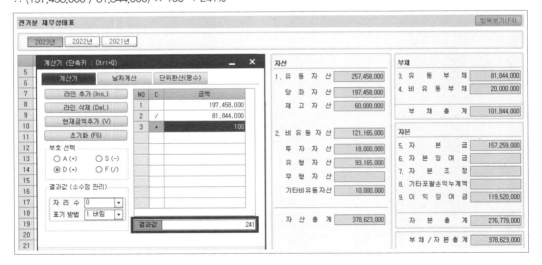

부 록

핵심요약집
[이론 + 실무]

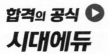
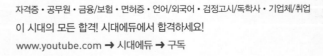

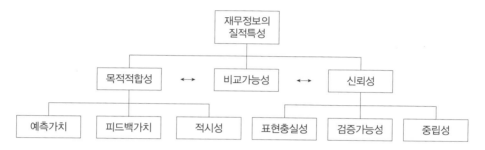

CHAPTER

01 재무회계

01 기본개념

(1) 재무정보의 질적특성 기출 71-1

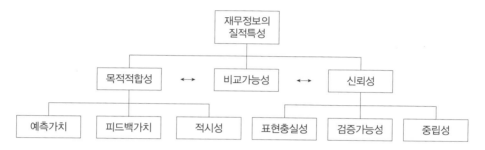

(2) 거래의 8요소 기출 66-1

차 변	대 변
자산의 증가	자산의 감소
부채의 감소	부채의 증가
자본의 감소	자본의 증가
비용의 발생	수익의 발생

(3) 회계의 기본가정 기출 67-1

구 분	내 용
기업실체의 가정	• 기업을 소유주와는 독립적으로 존재하는 회계단위로 간주 • 이 회계단위의 관점에서 그 경제활동에 대한 재무정보를 측정·보고하는 것
계속기업의 가정	기업실체는 그 목적과 의무를 이행하기에 충분할 정도로 장기간 존속한다고 가정하는 것
기간별보고의 가정	기업실체의 존속기간을 일정한 기간 단위로 분할하여 각 기간별로 재무제표를 작성하는 것

(1) 재무상태표와 손익계산서 기출 72-2, 73-1

구 분	재무상태표	손익계산서
목 적	일정 시점 기업의 재무상태	일정 기간 기업의 경영성과
등 식	자산 = 부채 + 자본	수익 – 비용 = 당기순이익

(2) 재무상태표 구분항목 기출 65-1, 66-2, 73-1

구분표시	자산, 부채, 자본으로 구분
총액주의	자산과 부채는 원칙적으로 상계하여 표시하지 않고 총액으로 표시
1년 기준	자산과 부채는 1년을 기준으로 유동 · 비유동을 구분
유동성 배열법	자산과 부채는 유동성이 큰 항목부터 배열
잉여금 구분	• 주주와의 거래에서 발생한 잉여금 : 자본잉여금 • 영업활동에서 발생한 잉여금 : 이익잉여금
구분과 통합표시	• 중요항목 : 구분표시 • 중요하지 않은 항목 : 성격이나 기능이 유사한 항목과 통합표시
미결산 표시금지	미결산 항목은 적절한 과목으로 표시하고 자산 · 부채항목으로 표시하지 않음

(3) 재무상태표의 구조 기출 65-2, 66-4, 67-2

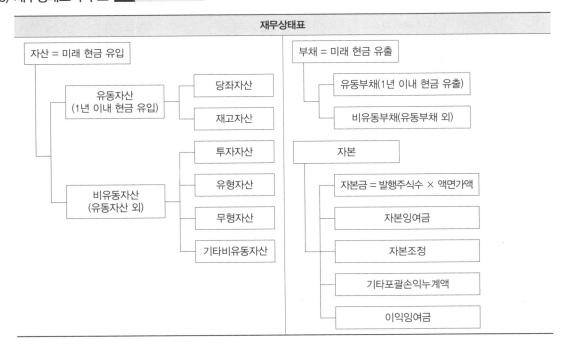

(4) 손익계산서의 구조 `기출` 68-1, 69-6, 70-1, 70-3, 71-2, 74-2

	매출액	… 상품매출, 제품매출
−	매출원가	(= 기초상품재고액 + 당기상품순매입액 − 기말상품재고액)
	매출총이익	
−	판매비와관리비	… 보험료, 임차료, 접대비, 급여, 감가상각비, 도서인쇄비 등
	영업이익	
+	영업외수익	… 이자수익, 배당금수익 등
−	영업외비용	… 이자비용, 기부금, 유형자산처분손실, 잡손실, 재해손실 등
	법인세비용차감전순이익	
−	법인세비용	
	당기순이익	

(5) 매출원가 계산식 `기출` 65-5

매출액 − 매출원가 = 매출총이익
   ↳ = 기초상품재고액 + 당기상품순매입액 − 기말상품재고액
       ↳ = 상품매입금액 + 매입부대비용 − 매입에누리 · 매입환출 · 매입할인

(6) 재무제표의 작성과 표시의 원칙 `기출` 69-1, 70-2

구 분	내 용
계속기업	• 재무제표 작성 시 계속기업으로서의 존속가능성 평가할 것 • 청산 · 중단 등의 불확실성이 있는 경우 이를 공시
책 임	재무제표의 작성책임과 공정한 표시에 대한 책임은 경영진에게 있음
구분과 통합표시	• 중요항목 : 구분표시 • 중요하지 않은 항목 : 성격이나 기능이 유사한 항목과 통합표시
상계처리	원칙적으로 자산과 부채, 수익과 비용은 상계하지 않음
보고빈도	전체 재무제표는 적어도 1년마다 작성 · 보고
기간별 비교가능성	• 전기 재무제표의 모든 정보를 당기와 비교하는 형식으로 표시 • 재무제표 항목의 표시와 분류는 특수한 경우를 제외하고는 매기 동일해야 함
기재사항	재무제표는 이해하기 쉽도록 간단하고 명료하게 표시하고 다음이 기재되어야 함 − 재무제표 명칭 − 기업명 − 보고기간종료일 또는 회계기간 − 보고통화 및 금액단위

(1) 회계정책 · 추정의 변경

구 분	회계정책의 변경	회계추정의 변경
의 의	회계정책을 다른 회계정책으로 바꾸는 것	회계적 추정치의 근거와 방법 등을 바꾸는 것
적용방법	소급법	전진법
사 례	• 재고자산 평가방법 변경 • 유가증권의 취득단가 산정방법 변경 • 표시통화의 변경 • 유형자산의 평가모형 변경	• 감가상각자산의 내용연수 또는 감가상각방법의 변경, 잔존가액의 추정 등 • 대손의 추정 • 재고자산의 진부화 여부에 대한 판단과 평가 • 우발부채의 추정

(1) 현금및현금성자산 기출 72-3

구 분		내 용
현 금	통 화	지폐, 주화
	통화대용증권	타인발행당좌수표, 자기앞수표, 송금환, 만기가 도래한 공 · 사채이자표, 만기가 도래한 어음, 배당금지급통지표 등
	요구불예금	보통예금, 당좌예금
현금성자산		큰 거래비용 없이 현금으로 전환이 용이하며, 취득 당시 만기(상환일)이 3개월 이내인 금융상품

(2) 매출채권과 매입채무 기출 69-2, 72-3

(3) 재고자산 매입 · 매출의 차감계정 `기출` 73-3

매입액의 차감계정	매출액의 차감계정	조정내용
매입환출	매출환입	품질불량 등의 사유로 반품(수량 감소)
매입에누리	매출에누리	하자가 미미하여 대금 일부를 에누리
매입할인	매출할인	결제대금을 조기에 상환 시 일부 할인

(4) 단기매매증권과 매도가능증권의 취득 `기출` 71-5, 72-5

단기매매증권 취득	매도가능증권 취득
취득원가 = 취득가액 부대비용 = 당기비용(영업외비용) 처리	취득원가 = 취득가액 + 부대비용(거래수수료 등)

(5) 단가 산정방법 `기출` 70-4

물가가 상승, 재고자산의 수량이 일정하게 유지된다는 가정하에 단가 산정방법 비교

- 기말재고금액, 매출총이익, 당기순이익, 법인세비용
  선입선출법 > 이동평균법 > 총평균법 > 후입선출법

- 매출원가
  선입선출법 < 이동평균법 < 총평균법 < 후입선출법

(6) 유형자산 취득원가 `기출` 70-2·3, 71-6

- 유형자산의 취득원가 = 매입가액 + 취득 시 부대비용 − 매입할인

〈취득 시 부대비용〉
1. 설치장소 준비지출
2. 운송 및 취급비
3. 설치비
4. 설계 관련하여 전문가에게 지급하는 수수료
5. 국 · 공채 매입금액과 현재가치의 차액
6. 자본화대상 차입원가
7. 취득과 직접 관련된 제세공과금
8. 복구원가
9. 정상작동 시험 과정 발생 원가
   (단, 시험과정에서 생산된 재화의 순매각금액은 당해 원가에서 차감)

(7) 감가상각방법

방 법	계산식
정액법	(취득원가 − 잔존가치) ÷ 내용연수
정률법	(취득원가 − 감가상각누계액) × 감가상각률
생산량비례법	(취득원가 − 잔존가치) × $\dfrac{당기 \ 실제생산량}{추정 \ 총생산량}$
연수합계법	(취득원가 − 잔존가치) × $\dfrac{미상각 \ 내용연수}{내용연수 \ 합계}$

(8) 수익적 지출과 자본적 지출 기출 70-6, 73-4

구 분	수익적 지출	자본적 지출
내 용	자산의 원상회복, 능률유지를 위한 지출	자산의 가치가 증가하거나 내용연수를 연장시키는 지출
회계처리	수선비 등 당기비용 처리	자산의 취득원가로 계상

(9) 무형자산의 상각방법 기출 68-5

구 분	내 용	감가상각방법
원 칙	자산의 경제적 효익이 소비되는 형태를 반영하여 체계적이고 합리적인 방법을 선택	정액법, 정률법, 연수합계법, 생산량비례법 등
예 외	합리적인 상각방법을 정할 수 없는 경우	정액법

(10) 유동부채와 비유동부채 기출 68-2

유동부채	비유동부채
① 매입채무(외상매입금, 지급어음) ② 미지급금, 미지급비용 ③ 예수금 ④ 당좌차월 ⑤ 가수금 ⑥ 선수금, 선수수익 ⑦ 단기차입금 ⑧ 미지급세금 ⑨ 유동성장기부채 ⑩ 부가세예수금	① 사채 ② 장기차입금 ③ 임대보증금 ④ 퇴직급여충당부채 ⑤ 퇴직연금충당부채 ⑥ 장기미지급금

(11) 수익과 비용의 이연과 발생 `기출` 65-7, 67-7, 74-6

구 분	회계처리
비용의 이연	선급비용
수익의 이연	선수수익
비용의 발생	미지급비용
수익의 발생	미수수익

02 부가가치세

01 부가가치세 기초

(1) 우리나라 부가가치세 특징 기출 74-8

- 국 세
- 전단계세액공제법
- 보통세
- 면세제도
- 다단계거래세
- 물 세
- 단일 비례세율(10%)
- 일반소비세
- 간접세
- 소비지국과세원칙
- 종가세

(2) 납세의무자 기출 69-8, 72-8

1. 사업자의 개념

사업자의 개념	영리 목적의 유무에 상관없이, 사업상 독립적으로 재화 또는 용역을 공급하는 자	
사업자의 범위	개인과 법인(국가 · 지방자치단체 포함) 및 법인격이 없는 사단 · 재단 등 포함	
사업자의 분류	과세사업자	일반과세자
		간이과세자
	면세사업자	

2. 사업자의 요건

재화 · 용역의 공급	• 부가가치세 과세 재화 · 용역 : 사업자에 해당 • 부가가치세 면세 재화 · 용역 : 사업자에 해당하지 않음
계속 · 반복적 사업성	계속적이고 반복적으로 재화 · 용역을 공급하는 것 (단, 일시적이고 우발적인 공급을 하는 자는 사업자에 해당하지 않음)
독립적	자기책임으로 사업활동을 한다는 것을 의미
영리 불문	영리를 불문하고 재화나 용역을 공급하는 경우 부가가치세 납부 의무가 있음

3. 납세의무자

사업자		구 분
과세사업자	일반과세자 (겸영사업자)	• 법인사업자 • 개인사업자 중 간이과세자가 아닌 자 • 국가 · 지방자치단체
	간이과세자	개인사업자 중 직전 연도의 공급대가(부가가치세 포함)가 10,400만원 미만인 자
면세사업자		납세의무 없음

(3) 부가가치세 과세기간 `기출` 65-8, 68-8, 70-8, 71-8

• 과세기간 원칙

사업자 구분		과세기간
간이과세자		1월 1일 ~ 12월 31일
일반과세자	제1기	1월 1일 ~ 6월 30일
	제2기	7월 1일 ~ 12월 31일
신규 사업자	원 칙	사업개시일 ~ 해당 과세기간 종료일
	개시일 이전 등록	등록일 ~ 등록일이 속하는 과세기간 종료일
폐업하는 경우		폐업일이 속하는 과세기간 개시일 ~ 폐업일

• 부가가치세 신고 · 납부기한 : 과세기간 종료일로부터 25일 이내

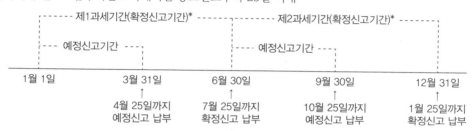

*확정신고 시 예정신고분은 제외하고 예정신고 이후분과 누락분만 확정신고한다.

(4) 부가가치세 납세지 `기출` 67-8

• 부가가치세의 납세지는 원칙적으로 각 사업장의 소재지이다. 즉, 부가가치세는 각 사업장마다 신고납부하여야 하며 각 사업장마다 사업자등록을 하여야 한다.

(5) 사업장 해당 여부 `기출` 68-10

구 분	내 용	사업장
직매장	사업과 관련하여 생산하거나 취득한 재화를 직접 판매하기 위하여 판매시설을 갖춘 장소	○
하치장	재화를 보관하고 관리할 수 있는 시설만 갖춘 장소	×
임시사업장	임시사업장을 개설하기 전에 두고 있던 기존사업장에 포함	×

(6) 주사업장 총괄납부와 사업자단위과세 `기출` 67-8

구 분	주사업장 총괄납부	사업자단위과세
개 념	사업장이 둘 이상인 사업자가 납부할 세액을 주된 사업장에서 총괄하여 납부	사업장이 둘 이상인 사업자가 주사무소에서 총괄하여 사업자등록, 세금계산서 발급, 신고 · 납부
주된 사업장	법인 : 본점 또는 지점 개인 : 주사무소	법인 : 본점 개인 : 주사무소

(1) 재화의 공급 [기출] 65-9, 66-9, 66-10, 72-10, 73-9, 74-9

구 분	내 용
일반적인 재화의 공급	〈계약상의 원인〉 ① 매매거래 ② 가공거래 ③ 교환거래 ④ 현물출자 등 기타 계약상의 원인 ⑤ 국내로부터 보세구역에 있는 창고에 임치된 임치물을 국내로 다시 반입하는 것 〈법률상의 원인〉 경매, 수용, 현물출자, 그 밖의 계약상 또는 법률상 원인에 따라 재화를 인도하거나 양도
특수한 재화의 공급 (간주공급)	① 자가공급 　– 면세사업 전용 　– 비영업용 소형승용차와 그 유지비용 　– 타사업장 반출 ② 개인적 공급 ③ 사업상 증여 ④ 폐업 시 잔존재화
재화의 공급으로 보지 않는 경우	① 질권, 저당권, 양도담보 목적으로 동산, 부동산 및 부동산상의 권리를 제공하는 것 ② 사업에 관한 모든 권리와 의무를 포괄적으로 승계시키는 사업양도 ③ 조세물납

(2) 용역의 공급

구 분	내 용
범 위	재화 이외의 재산적 가치가 있는 모든 역무 및 기타 행위 ① 건설업 ② 숙박 및 음식점업 ③ 운수업 등
실질공급	① 건설업에 있어서 건설업자가 건설자재의 전부 또는 일부를 부담하는 것 ② 상대방으로부터 인도받은 재화에 주요자재를 전혀 부담하지 아니하고 단순히 가공만 하여 주는 것 　(단, 주요자재를 전부 또는 일부 부담하여 가공하는 것은 **재화의 공급**) ③ 산업상 · 상업상 또는 과학상의 지식 · 경험 또는 숙련에 관한 정보를 제공하는 것
용역의 공급으로 보지 않는 경우	① 용역의 자가공급(간주공급) ② 용역의 무상공급 　– 단, 특수관계인 간 사업용 부동산 무상임대용역에 대해서는 과세함 ③ 고용관계에 의한 근로의 제공

(3) 재화와 용역의 공급시기 `기출` 68-9, 70-9, 72-9

- 재화의 공급시기

구 분		공급시기
일반적	재화 이동 필요	재화가 인도되는 때
	재화 이동 불필요	재화가 이용가능하게 되는 때
	그 외	재화의 공급이 확정되는 때
현금 · 외상 · 할부판매		재화가 인도되거나 이용가능하게 되는 때
재화의 공급으로 보는 가공의 경우		가공된 재화를 인도하는 때
장기할부판매		대가의 각 부분을 받기로 한 때
조건부 · 기한부판매		조건이 성취되거나 기한이 경과되어 판매가 확정되는 때
완성도기준지급		대가의 각 부분을 받기로 한 때
중간지급조건부판매		
계속적 공급		
면세전용		재화를 사용하거나 소비하는 때
비영업용 소형승용차와 그 유지에 사용 · 소비		
개인적 공급		
사업상 증여		재화를 증여하는 때
폐업 시 잔존재화		폐업일
판매목적 타사업장 반출		재화를 반출하는 때
수출재화		수출재화의 선(기)적일

- 용역의 공급시기

구 분	공급시기
일반적	역무가 제공되거나 재화, 시설물 또는 권리가 사용되는 때
통상적	역무의 제공이 완료되는 때
완성도기준지급	대가의 각 부분을 받기로 한 때
중간지급	
장기할부 · 기타 조건부용역공급	
공급단위를 구획할 수 없는 용역의 계속적 공급	
위 기준 이외	역무의 제공이 완료되고 그 공급가액이 확정되는 때
부동산 임대용역	대가의 각 부분을 받기로 한 때
선불 또는 후불로 받은 임대료	예정신고기간 또는 과세기간 종료일
간주임대료	

03 영세율과 면세

(1) 영세율 기출 69-9, 71-9

• 영세율 적용대상 거래

구 분	내 용
수출하는 재화	직수출, 내국신용장 · 구매확인서에 의한 공급 등
국외에서 제공하는 용역	해외건설용역 등
선박 또는 항공기의 외국항행용역	국내 – 국외, 국외 – 국내, 국외 – 국외로 수송
기타 외화를 취득하는 재화 또는 용역	외화획득이 되는 국내거래

(2) 면세 기출 69-9

구 분	면세 적용 대상
기초생활필수품	• 국내산과 국외산 식용 농 · 축 · 수 · 임산물(미가공식료품) • 국내산 비식용 농 · 축 · 수 · 임산물(국외산은 과세) • 수돗물(생수는 과세) • 연탄과 무연탄 • 여성용 생리 처리 위생용품, 영유아용 기저귀, 분유(액상형 포함) • 여객운송 용역(시내버스, 지하철, 일반고속버스 포함) – 항공기, 우등고속버스, 전세버스, 택시, 고속철도에 의한 여객운송용역은 과세 – 삭도, 유람선 등 관광 또는 유흥 목적의 운송수단에 의한 여객운송용역은 과세
국민후생 및 문화관련	• 의료보건 용역(수의사의 용역을 포함)과 혈액 • 교육용역(무인허가, 무도학원, 자동차운전학원은 과세) • 우표(수집용 우표는 과세), 인지, 증지, 복권 및 공중전화 • 도서(대여 및 실내 도서열람 용역 포함), 신문(인터넷신문 포함), 잡지, 관보, 뉴스통신(광고는 과세) • 법 소정 특수용 담배(일반 담배는 과세) • 예술창작품, 예술행사, 문화행사 또는 아마추어 운동경기 • 도서관, 과학관, 박물관, 미술관, 동물원, 식물원 등 입장
부가가치 구성요소	• 토지의 공급 • 금융 · 보험 용역 • 저술가 · 작곡가나 그 밖의 자가 직업상 제공하는 인적용역
기 타	• 국가, 지방자치단체, 지방자치단체조합이 공급하는 재화 또는 용역 • 국가, 지방자치단체, 지방자치단체조합 및 공익단체에 무상으로 공급하는 재화 또는 용역 • 종교, 자선, 학술, 구호, 그 밖의 공익을 목적으로 하는 단체가 공급하는 재화 또는 용역 • 주택과 이에 부수되는 토지의 임대용역 • 국민주택 및 국민주택건설용역(리모델링 용역 포함)

04 　세금계산서

(1) 세금계산서 기재사항 　기출 67-10

- 세금계산서에 필요적 기재사항을 기재하지 않으면 세금계산서의 효력을 잃게 된다. 임의적 기재사항은 편의를 위함이므로 반드시 기재할 필요는 없다.

필요적 기재사항	임의적 기재사항
• 공급하는 사업자의 등록번호, 성명, 명칭 • 공급받는 자의 등록번호 • 공급가액과 부가가치세액 • 작성연월일	• 공급하는 자의 주소 • 공급받는 자의 상호, 성명, 주소 • 업태와 종목 • 공급연월일 등(필요적 기재사항 이외)

(2) 전자세금계산서 발급대상 　기출 73-8

- 법인사업자와 직전 연도 사업장별 공급가액 합계액이 8천만원 이상인 개인사업자는 전자세금계산서를 발급한다.
- 전자세금계산서 의무발급대상자가 아니더라도 사업자가 원하는 경우에는 전자세금계산서를 발급할 수 있다.

(3) 세금계산서 발급의무 면제대상 　기출 66-8

구 분	내 용
세금계산서 발급의무 면제	• 택시운송 사업자, 노점 또는 행상을 하는 사람이 공급하는 재화 또는 용역 • 소매업 또는 미용, 욕탕 및 유사 서비스업을 경영하는 자가 공급하는 재화 또는 용역 • 재화의 간주공급(타사업장 반출 제외) • 간주임대료 • 영세율 적용대상이 되는 일정한 재화

(1) 과세표준의 포함여부 기출 67-9, 70-10

구 분	내 용
과세표준 포함	• 현물로 받는 경우 자기가 공급한 재화 또는 용역의 시가 • 할부판매, 장기할부판매 이자 상당액 • 대가의 일부로 받는 운송비, 포장비, 운송보험료, 산재보험료 등 • 개별소비세, 주세, 교통세, 교육세 및 농어촌특별세 상당액
과세표준 미포함	• 부가가치세 • 매출환입, 매출에누리, 매출할인 • 공급받는 자에게 도달하기 전에 파손, 훼손, 멸실된 재화의 가액 • 재화 또는 용역의 공급과 직접 관련되지 아니하는 국고보조금과 공공보조금 • 공급대가의 지급이 지체되었음으로 인하여 받는 연체이자 • 반환조건 물건의 용기대금과 포장비용 • 용기 또는 포장의 회수를 보장하기 위해 받는 보증금 • 용역대가와 구분하여 받는 봉사료 • 임차인이 부담하여야 할 보험료 · 수수료 · 공공요금 등을 임대료와 구분하여 징수 시

03 실무 TIP

(1) 계정과목 항목찾기 [기출] 65-2, 66-4, 66-5, 67-2, 67-5, 67-6, 71-3, 71-4, 74-1

방법 1. 계정과목이 어떤 항목인지, 어떤 재무제표에 들어가는지 혼동될 때 실무 프로그램의 '기초정보관리 – 계정과목및적요등록'을 통해 계정과목이 어떤 항목에 있는지 찾을 수 있다.

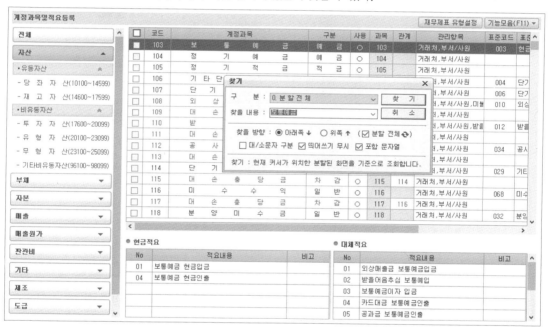

※ Ctrl + F를 눌러 찾고자 하는 계정과목을 검색하고 계정과목 코드를 확인한 뒤 왼쪽의 각 항목을 클릭하여 계정과 목 코드가 포함되어 있는 항목을 찾는다.

방법 2. 재무상태표나 손익계산에서 기능모음(F11) ▼ 을 눌러 [기타 - 계정과목코드보기]를 통해 계정과목코드를 확인하여 계정과목을 찾을 수 있다.

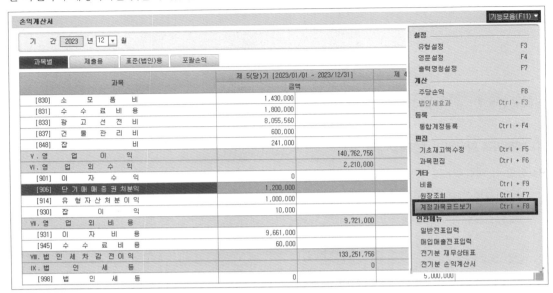

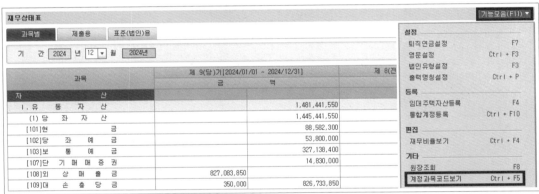

※ 손익계산서의 경우 'Ctrl + F8', 재무상태표의 경우 'Ctrl + F5'를 눌러 계정과목코드를 바로 확인할 수 있다.

(2) 계정과목및적요등록

- [계정과목및적요등록]에서 붉은색으로 입력되어 있는 계정과목의 경우 [Ctrl] + [F1]을 눌러 수정할 수 있다.

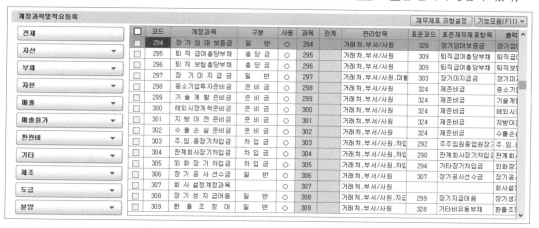

(3) 계정과목명 변경점

- 2024년부터 접대비 계정과목이 접대비(기업업무추진비)로 변경되었다. 따라서 2023년 시험의 경우 전표입력 시 접대비 계정과목으로, 2024년 시험의 경우 전표입력 시 접대비(기업업무추진비) 계정과목을 사용해야 한다.

(1) 전표 입력

- 전표입력 시 [구분]란에 출금항목은 1, 입금항목은 2, 차변항목은 3, 대변항목은 4를 입력한다. 단, 대부분의 문제가 3.차변, 4.대변으로 입력되므로 구분이 어려울 경우 1.출금, 2.입금은 사용하지 않아도 무방하다.
- 계정과목코드, 거래처, 적요란은 F2를 이용하여 입력한다.

(2) 거래처코드 입력

- 거래처코드 입력

  거래처코드의 경우 채권(외상매출금, 받을어음, 단기대여금, 미수금 등), 채무(외상매입금, 지급어음, 단기차입금, 미지급금 등), 예금(당좌예금, 보통예금 등) 계정과목에 반드시 입력해야 한다. 이외의 계정과목은 별도의 언급이 없다면 입력하지 않아도 무방하다.

  예 국민은행의 단기차입금 원금과 이자를 하나은행 보통예금 계좌에서 이체하여 상환한 경우 회계처리

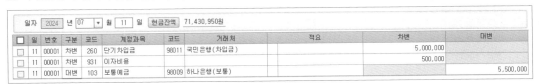

(3) 대손충당금 · 감가상각누계액

- 대손충당금과 감가상각누계액의 계정과목코드는 관계되는 계정과목코드 아래의 코드를 선택한다.

	코드	계정과목	구분	사용	과목	관계		코드	계정과목	구분	사용	과목	관계
☐	108	외 상 매 출 금	일 반	○	108		☐	201	토 지	비상각	○	201	
☐	109	대 손 충 당 금	차 감	○	109	108	☐	202	건 물	상 각	○	202	
☐	110	받 을 어 음	일 반	○	110		☐	203	감 가 상 각 누 계 액	차 감	○	203	202
☐	111	대 손 충 당 금	차 감	○	111	110	☐	204	구 축 물	상 각	○	204	
☐	112	공 사 미 수 금	일 반	○	112		☐	205	감 가 상 각 누 계 액	차 감	○	205	204
☐	113	대 손 충 당 금	차 감	○	113	112	☐	206	기 계 장 치	상 각	○	206	
☐	114	단 기 대 여 금	일 반	○	114		☐	207	감 가 상 각 누 계 액	차 감	○	207	206
☐	115	대 손 충 당 금	차 감	○	115	114	☐	208	차 량 운 반 구	상 각	○	208	
☐	116	미 수 익	일 반	○	116		☐	209	감 가 상 각 누 계 액	차 감	○	209	208
☐	117	대 손 충 당 금	차 감	○	117	116	☐	210	공 구 와 기 구	상 각	○	210	
☐	118	분 양 미 수 금	일 반	○	118		☐	211	감 가 상 각 누 계 액	차 감	○	211	210
☐	119	대 손 충 당 금	차 감	○	119	118	☐	212	비 품	상 각	○	212	
☐	120	미 수 금	일 반	○	120		☐	213	감 가 상 각 누 계 액	차 감	○	213	212
☐	121	대 손 충 당 금	차 감	○	121	120	☐	214	건 설 중 인 자 산	임 시	○	214	
☐	122	회 사 설 정 계 정 과 목	일 반	○	122		☐	215	미 착 기 계	상 각	○	215	
☐	123	매 도 가 능 증 권	유가증권	○	123		☐	216	감 가 상 각 누 계 액	차 감	○	216	215

대손충당금 계정과목코드 / *감가상각누계액 계정과목코드*

(1) 분개유형

- 매입매출전표 분개유형에는 1.현금, 2.외상, 3.혼합, 4.카드로 구성되어 있다. 매입매출전표입력 시 어떤 분개유형을 써야 하는지 잘 모르는 경우 분개유형 3.혼합을 사용하여 직접 전표입력을 하면 된다. 단, 거래 처를 일부 변경하는 문제에 유의하여 거래처 수정도 진행하도록 한다.

  <u>예</u> 사업과 관련 없는 거래의 매입매출전표입력

  - 아래의 매입매출전표입력은 분개유형 3.혼합을 사용한 뒤 가지급금의 거래처를 40001.김대우로 변경한 매입매출전표이다. 분개유형 1.현금을 사용하여 입력할 수 있는 문제이다.

	일	유형	품명	수량	단가	공급가액	부가세	합계	코드	거래처명	사업.주민번호	전자세금	분개
	15	불공	골프용품			3,000,000	300,000	3,300,000	30123	우정골프	127-05-17529	전자입력	혼합

구분	코드	계정과목	차변	대변	코드	거래처	적요	관리
차변	134	가지급금	3,300,000		40001	김대우	골프용품	
대변	101	현금		3,300,000	30123	우정골프	골프용품	

※ 본 도서는 매입매출전표 입력 시 분개유형의 혼동을 최소화하기 위하여 모든 문제의 분개유형을 '3.혼합'으로 입력하였다. 단, 문제별로 어떤 분개유형을 사용하는지 표시해두었으므로 '3.혼합'으로 매입매출전표입력에 익숙해진 후 문제 유형에 맞는 분개유형을 사용하여 학습하면 문제풀이의 난이도가 더욱 쉬워진다.

(2) 불공제 사유 `기출` 65-10, 67-10, 69-10, 73-10

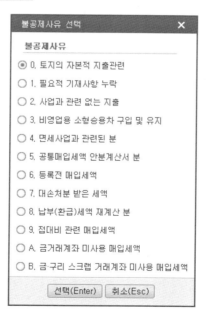

(3) 전자세금계산서 발급 및 전송

1. 문제에 제시된 내용을 매입매출전표에 입력(단, 전자세금란은 공란으로 둘 것)

□	일	유형	품명	수량	단가	공급가액	부가세	합계	코드	거래처명	사업.주민번호	전자세금	분개
□	02	과세	세탁건조기	5	2,000,000	10,000,000	1,000,000	11,000,000	01025	(주)세운유통	106-81-44120		혼합

구분	코드	계정과목	차변	대변	코드	거래처	적요	관리
대변	255	부가세예수금		1,000,000	01025	(주)세운유통	세탁건조기 5 X 2,000,000	
대변	401	상품매출		10,000,000	01025	(주)세운유통	세탁건조기 5 X 2,000,000	
차변	108	외상매출금	8,000,000		01025	(주)세운유통	세탁건조기 5 X 2,000,000	
차변	103	보통예금	3,000,000		98006	우리은행(보통)	세탁건조기 5 X 2,000,000	

2. [부가가치세Ⅱ] - [전자세금계산서 발행 및 내역관리]에서 해당 매입매출전표의 날짜를 입력한 뒤 미전송된 내역을 체크한 후 전자발행▼을 클릭하여 표시되는 [로그인] 화면에서 확인(TAB) 클릭

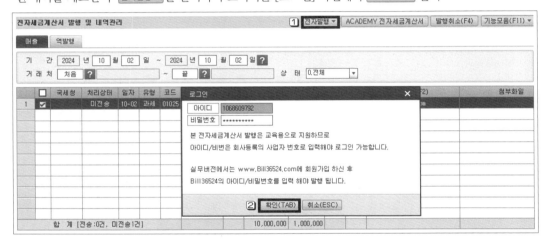

3. [전자(세금)계산서 발행] 화면이 조회되면 발행(F3) 을 클릭한 다음 확인 클릭, ACADEMY 전자세금계산서 클릭

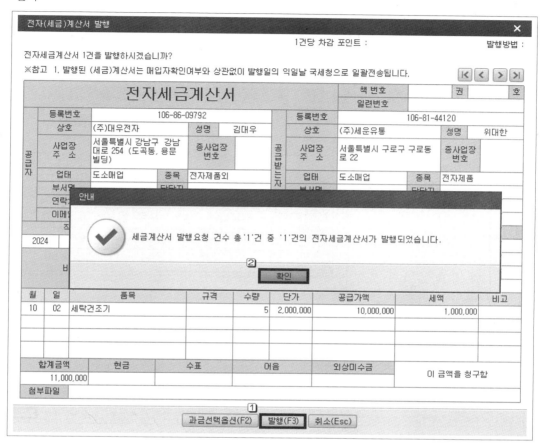

4. [Bill36524 교육용 전자세금계산서] 화면에서 '로그인' 클릭

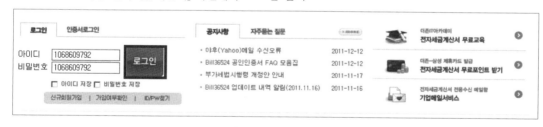

5. [세금계산서 리스트]에서 '미전송' 체크 → '매출 조회' 클릭 → '발행' 클릭 → '확인' 클릭

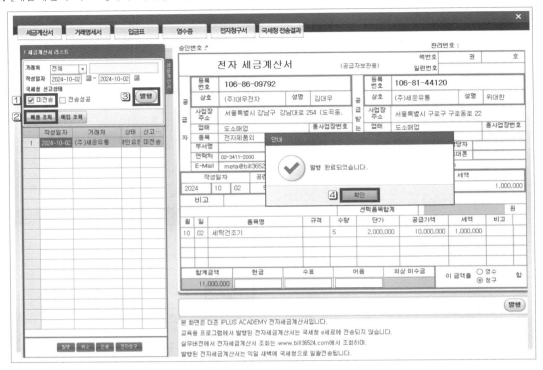

6. 매입매출전표 전자세금란에 '전자발행'이 입력되어 있는지 확인

	일	유형	품명	수량	단가	공급가액	부가세	합계	코드	거래처명	사업.주민번호	전자세금	분개
	02	과세	세탁건조기	5	2,000,000	10,000,000	1,000,000	11,000,000	01025	(주)세운유통	106-81-44120	전자발행	혼합

(4) 현과 · 카과 매입매출전표 입력

- 거래유형이 현과 또는 카과인 매입매출전표입력 시 공급대가(공급가액 + 부가가치세)를 공급가액란에 입력할 경우 자동으로 공급가액과 부가세가 계산되어 입력된다.

    예 영업부 직원의 회식 후 법인카드로 165,000원(공급가액 150,000원, 부가가치세 15,000원)을 결제했을 경우

- 57.카과 입력 후 신용카드 선택한 뒤 공급가액에 공급대가인 165,000원 입력

	일	유형	품명	수량	단가	공급가액	부가세	합계	코드	거래처명	사업.주민번호	전자세금	분개
	13	카과	영업부 직원 회식			165,000							

- 입력 후 엔터를 누르면 아래 그림과 같이 공급가액과 부가세가 자동으로 계산되어 표시된다.

	일	유형	품명	수량	단가	공급가액	부가세	합계	코드	거래처명	사업.주민번호	전자세금	분개
	13	카과	영업부 직원 회식			150,000	15,000	165,000					

- 공급가액만 입력하여 공급가액과 부가세가 잘못 표시되어 나왔을 경우 직접 공급가액과 부가세를 문제에 나온 값으로 입력하여 수정할 수 있다.
  - 공급가액만 입력한 경우

(5) 부가가치세신고서에 의한 회계처리

- 부가가치세신고서를 참고하여 부가가치세 납부세액(환급세액)에 대한 회계처리를 할 경우 다음의 계정과목으로 회계처리 한다.

구 분		회계처리
매출세		부가세예수금
매입세		부가세대급금
차감세	양수(+)인 경우	미지급세금
	음수(-)인 경우	미수금

- 부가가치세신고서 자료 조회

부가가치세신고서	마감			매출액보기	과표(F7)	저장(Ctrl+S)	마감해제(F4) ▼	작성조회(Ctrl+X)	기능모음(F11) ▼

일반과세　사업장명세　　매출세 31,568,000　매입세 31,435,000　차감세 133,000　부가율 95.45 >

기 간 : 2024 년 01 월 01 일 ~ 2024 년 03 월 31 일 ? 신고구분 : 1.정기신고 ▼

- 회계처리

□	일	번호	구분	코드	계정과목	코드	거래처	적요	차변	대변
□	31	00001	차변	255	부가세예수금				31,568,000	
□	31	00001	대변	135	부가세대급금					31,435,000
□	31	00001	대변	261	미지급세금	03100	서대문세무서			133,000

(6) 전자신고세액공제

전자신고와 관련된 문제가 나왔을 때 [부가가치세신고서]에 들어가 신고기간을 입력한 뒤 '경감공제세액 − 18.그밖의경감 · 공제세액의 금액(세액)'란을 더블클릭하여 '54.전자신고및전자고지'란에 세액 10,000원을 입력한다.

그 밖의 경감 · 공제 세액 명세 ✕

18 그 밖의 경감공제 세액명세	구분		금액	세율	세액
	전자신고및전자고지	54			10,000
	전자세금발급세액	55			
	택시운송사업자경감세	56			
	대리납부 세액공제	57			
	현금영수증사업자세액	58			
	기타	59			
	합계	60			10,000

(1) 수동결산분개

구 분	결산정리사항	차 변		대 변	
비용의 이연	보험료 선급분 계상	선급비용	×××	보험료	×××
수익의 이연	이자수익 선수분 계상	이자수익	×××	선수수익	×××
비용의 발생	임차료 미지급분 계상	임차료	×××	미지급비용	×××
수익의 발생	임대료 미수분 계상	미수수익	×××	임대료	×××
소모품의 정리	구입시 자산으로 처리	소모품비	×××	소모품	×××
	구입시 비용으로 처리	소모품	×××	소모품비	×××
단기매매증권 평가	장부금액 < 공정가치	단기매매증권	×××	단기매매증권평가이익	×××
	장부금액 > 공정가치	단기매매증권평가손실	×××	단기매매증권	×××
매도가능증권 평가	장부금액 < 공정가치	매도가능증권	×××	매도가능증권평가이익	×××
	장부금액 > 공정가치	매도가능증권평가손실	×××	매도가능증권	×××
재고자산감모	비정상적인 감모	재고자산감모손실	×××	재고자산 (적요8.타계정으로 대체액)	×××
부가가치세정리	매출세액 > 매입세액	부가세예수금	×××	부가세대급금 미지급세금	×××
	매출세액 < 매입세액	부가세예수금 미수금	×××	부가세대급금	×××
선납세금정리	선납세금 법인세대체	법인세등	×××	선납세금	×××
외화자산평가	장부금액 > 기말평가액	외화환산손실	×××	외화예금	×××
	장부금액 < 기말평가액	외화예금	×××	외화환산이익	×××
외화부채평가	장부금액 > 기말평가액	외화차입금	×××	외화환산이익	×××
	장부금액 < 기말평가액	외화환산손실	×××	외화환산이익	×××
대손충당금환입	대손충당금잔액 > 설정액	대손충당금	×××	대손충당금환입	×××

(2) 결산 시 유의사항

• [결산자료입력]과 [이익잉여금처분계산서] 모두 문제에 주어진 자료를 입력한 뒤에 <u>전표추가(F3)</u>를 눌러 결산분개와 손익대체분개를 해야 한다. 전표추가를 하지 않을 경우 이후 실무수행평가 답안 입력 시 잘못된 답안이 조회된다.

- 결산자료입력

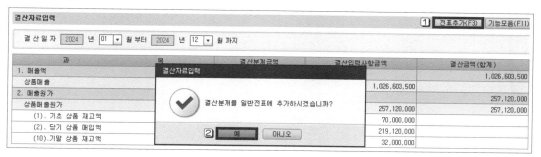

- 이익잉여금처분계산서

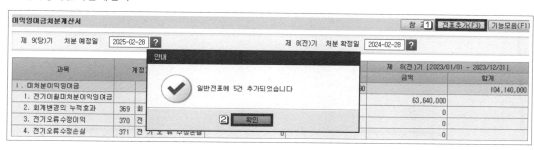

FAT 1급 기출문제해설 10회 + 핵심요약집

개정4판1쇄 발행	2025년 01월 03일 (인쇄 2024년 08월 29일)
초 판 발 행	2020년 01월 10일 (인쇄 2019년 09월 18일)
발 행 인	박영일
책 임 편 집	이해욱
저 자	세무회계연구소
편 집 진 행	김준일 · 백한강 · 김홍석
표지디자인	박수영
편집디자인	박지은 · 장성복
발 행 처	(주)시대고시기획
출 판 등 록	제10-1521호
주 소	서울시 마포구 큰우물로 75 [도화동 538 성지 B/D] 9F
전 화	1600-3600
팩 스	02-701-8823
홈 페 이 지	www.sdedu.co.kr
I S B N	979-11-383-7672-3 (13320)
정 가	20,000원

시대에듀와 함께하는
합격의 STEP

Step. 1 회계를 처음 접하는 당신을 위한 도서

★☆☆☆☆
회계 입문자

최신 기출복원문제가 수록된
hoa 전산회계운용사
3급 필기

무료 동영상으로 학습하는
hoa 전산회계운용사
3급 실기

핵심이론+기출문제 8회
hoa 회계관리 2급
한권으로 끝내기

자격증, 취업, 실무를 위한
회계 입문서
왕초보 회계원리

Step. 2 회계의 기초를 이해한 당신을 위한 도서

★★☆☆☆
회계 초급자

최신 기출복원문제가 수록된
hoa 전산회계운용사
2급 필기

실기이론+모의고사
hoa 전산회계운용사
2급 실기

기출 핵심요약집을 제공하는
[기출이 답이다]
FAT 1급

무료 동영상으로 학습하는
[기출이 답이다]
전산회계 1급

Step. 3 회계의 기본을 이해한 당신을 위한 도서

★★★☆☆
회계 중급자

개정세법 완벽 적용 +
기출 1,800제가 수록된
hoa 세무회계 2·3급
한권으로 끝내기

핵심이론 + 적중문제 +
기출문제로 합격하는
hoa 회계관리 1급
한권으로 끝내기

기출 트렌드를
분석하여 정리한
hoa 기업회계 2·3급
한권으로 끝내기

동영상 강의 없이
혼자서도 쉽게 합격하는
[기출이 답이다]
TAT 2급

Step. 4 회계의 전반을 이해한 당신을 위한 도서

★★★★★
회계 상급자

기출유형이 완벽 적용된
hoa 재경관리사
3주 완성

합격으로 가는 최단코스
hoa 재경관리사
한권으로 끝내기

※ 도서의 이미지 및 세부사항은 변경될 수 있습니다.